utb 6258

Eine Arbeitsgemeinschaft der Verlage

Brill | Schöningh – Fink · Paderborn
Brill | Vandenhoeck & Ruprecht · Göttingen – Böhlau Verlag · Wien · Köln
Verlag Barbara Budrich · Opladen · Toronto
facultas · Wien
Haupt Verlag · Bern
Verlag Julius Klinkhardt · Bad Heilbrunn
Mohr Siebeck · Tübingen
Narr Francke Attempto Verlag – expert verlag · Tübingen
Ernst Reinhardt Verlag · München
transcript Verlag · Bielefeld
Verlag Eugen Ulmer · Stuttgart
UVK Verlag · München
Waxmann · Münster · New York
wbv Publikation · Bielefeld
Wochenschau Verlag · Frankfurt am Main

Themen der Theologie

herausgegeben von
Christian Albrecht, Volker Henning Drecoll,
Hermut Löhr, Friederike Nüssel, Konrad Schmid

Band 15

Stefan Beyerle (Hg.)

Apokalyptik

Mohr Siebeck

Stefan Beyerle, geboren 1964, Professor für Altes Testament / Hebräische Bibel an der Theologischen Fakultät der Universität Greifswald.

ISBN 978-3-8252-6258-7 (UTB Band 6258)

Online-Angebote oder elektronische Ausgaben sind erhältlich unter *www. utb-shop.de*.

Die Deutsche Nationalbibliothek verzeichnet diese Publikation in der Deutschen Nationalbibliographie; detaillierte bibliographische Daten sind im Internet über *https://dnb.de* abrufbar.

© 2024 Mohr Siebeck, Tübingen. www.mohrsiebeck.com

Das Werk einschließlich aller seiner Teile ist urheberrechtlich geschützt. Jede Verwertung außerhalb der engen Grenzen des Urheberrechtsgesetzes ist ohne Zustimmung des Verlags unzulässig und strafbar. Das gilt insbesondere für die Verbreitung, Vervielfältigung, Übersetzung und die Einspeicherung und Verarbeitung in elektronischen Systemen.

Das Buch wurde von Martin Fischer in Tübingen gesetzt.

Inhaltsverzeichnis

Einführung
Stefan Beyerle: Die Apokalyptik in Religion, Politik, Kultur und Theologie 1

1. Die religiöse Dimension der Apokalyptik 1
2. Die politische Dimension der Apokalyptik 6
3. Die kulturelle Dimension der Apokalyptik 9
4. Die theologische Dimension der Apokalyptik 14
5. Die apokalyptischen Dimensionen im Kontext von „Themen der Theologie" 20

Quellen und Literaturverzeichnis 22

Altes Testament / Antikes Judentum
Stefan Beyerle: Apokalyptik im antiken Judentum 29

1. Begriff, Gegenstand und Trägerkreise 29
   1.1 Begriff und Gegenstand 29
   1.2 Trägerkreise 33
2. Epochen der Apokalyptik 36
   2.1 Wegbereiter der Apokalyptik in der Perserzeit (6.–5. Jahrhundert v. Chr.)? 36
   2.2 Von Alexander dem Großen bis Antiochus IV. (4.–2. Jahrhundert v. Chr.) 38
   2.3 Von den Hasmonäern zu Herodes (2.–1. Jahrhundert v. Chr.) 41
   2.4 Nach Herodes' Tod bis Bar Kochba (1.–2. Jahrhundert n. Chr.) 42
3. Theologische Themen der Apokalyptik 46
   3.1 Geheimnis und Offenbarung 47
   3.2 Geschichte und Determination 48
   3.3 Weltzeitalter und Dualismus 52
   3.4 Angelologie und Messianismus 53
   3.5 Historiographie und Pseudepigraphie 55
4. Apokalyptik in den Schriftrollen vom Toten Meer 58

4.1 Die Apokalypsen unter den Schriftrollen
vom Toten Meer 60
4.2 Das Offenbarungsmotiv in den Schriftrollen
der Gemeinschaft(en) 61
5. Apokalyptik im Vorderen Orient und in Ägypten:
religionsgeschichtlicher Ausblick...................... 63

Quellen- und Literaturverzeichnis 68

Neues Testament / Frühes Christentum
Marco Frenschkowski: Apokalyptik und Neues Testament:
Frühchristliche Zukunftsbilder im Kontext der Spätantike ... 74

1. Einführung: Apokalyptik, Apokalypsen
und apokalyptische Themen und Stoffe 74
2. Apokalyptische Themen in der frühchristlichen
Elementarverkündigung und ihre Plausibilität
für Nichtchristen 79
3. Jesus und das Reich Gottes 85
4. Paulus und das Seufzen der Schöpfung 89
5. Krieg oder Frieden vor dem Ende? Apokalyptische
Szenarien der synoptischen Evangelien 92
6. „Die Stunde ist schon da": Apokalyptik
und johanneischer Kreis 96
7. „Die Zeit ist nahe": Die Johannesoffenbarung
und andere frühchristliche Apokalypsen 98
8. Apologien der Apokalyptik 103
9. „Die Auferstehung ist schon geschehen":
Überlagerungen der Apokalyptik 106
10. Einheit und Vielfalt frühchristlicher Eschatologien 108

Quellen- und Literaturverzeichnis 111

Kirchengeschichte
Michael Basse: Apokalyptik in der Kirchengeschichte 117

1. Einleitung 117
2. Alte Kirche 117

2.1 Apokalyptik als Selbstvergewisserung
in der Zeit der Christenverfolgungen 117
2.2 Die Verdrängung apokalyptischer Vorstellungen durch
die religionspolitische Wende des 4. Jahrhunderts und
Augustins Geschichtstheologie 119
3. Mittelalter 121
3.1 Die Rezeption apokalyptischer Vorstellungen
im frühen Mittelalter 121
3.2 Die Intensivierung der Apokalyptik im Investiturstreit
und während der Kreuzzüge 123
3.3 Joachim von Fiore und die Rezeption seiner
Geschichtstheologie im Armutsstreit 124
3.4 Apokalyptische Ängste angesichts der Pest
und des Abendländischen Schismas 126
4. Reformationszeit und Konfessionelles Zeitalter 130
4.1 Einleitung 130
4.2 Martin Luthers ambivalente Haltung zur Apokalyptik 130
4.3 Die Apokalyptik und ihre sozialrevolutionären
Implikationen in der radikalen Reformation 132
4.4 Apokalyptische Motive der Konfessionalisierung 134
5. Neuzeit 136
5.1 Pietismus 136
5.2 Puritanismus und Erweckungsbewegung 138
5.3 Die Kritik an der Apokalyptik durch die Aufklärung .. 139
5.4 Apokalyptische Gegenbewegungen 141
5.5 Die Ambivalenz der Apokalyptik im 20. Jahrhundert .. 143

Quellen- und Literaturverzeichnis 145

Systematische Theologie
Ulrich H. J. Körner: Enthüllung der Wirklichkeit:
Systematisch-theologische Zugänge zur Apokalyptik 157

1. Apokalyptik und Eschatologie 157
    1.1 Begriff und Geschichte der Eschatologie 157
    1.2 Die fragwürdige Entgegensetzung von Eschatologie
        und Apokalyptik 160
2. Systematisch-theologische Positionen zur Apokalyptik 162
    2.1 Wolfhart Pannenberg 162
    2.2 Jürgen Moltmann 164

2.3 Gerhard Sauter 167
2.4 Johann Baptist Metz 168
3. Weltangst und Weltende 170
4. Christlicher Glaube und apokalyptische Daseinserfahrung 174

Quellen- und Literaturverzeichnis 178

Religionswissenschaft
Daria Pezzoli-Olgiati: Apokalyptische Zerstörung
und Hoffnung: Kulturhistorische Spurensuche
von Weltendszenarien 181

1. Apokalypse aus religionswissenschaftlicher Perspektive ... 182
2. Die Bildersprache visualisieren: Apokalypse
   in der darstellenden Kunst 185
3. In Stein gemeißelt: architektonische Umsetzung
   des himmlischen Jerusalems 198
4. Apokalypse *reloaded*: das Ende der Welt auf der Leinwand
   miterleben 201
5. Apokalypse als Lebenspraxis 206
6. Einmaligkeit jeder Interpretation, erkennbare Linien
   im Tradierungsprozess 209

Quellen- und Literaturverzeichnis 211

Praktische Theologie
Jörg Schneider: Untergänge und Übergänge: Die evangelische
Praktische Theologie und ihre Krisenphänomene 215

1. Die Krisen der Praktischen Theologie 217
   1.1 Die Dauerkrise der Praktischen Theologie 219
2. Religiöse Krisenphänomene als Gegenstand
   der Praktischen Theologie 221
   2.1 „Apokalyptische Momente" als Gegenstand
       der Praktischen Theologie 221
   2.2 Säkularisierungsangst als Theorie- und
       Programmmotor 223
3. Apokalypse und Kunst: Utopien und Dystopien 226
   3.1 Apokalypse in moderner Bildenden Kunst 227

3.2 Apokalypse in Film und Literatur 228
3.3 Apokalypse in Kirchenbau und kirchlicher Kunst 231
4. Veränderungen der Religionslandschaft durch „Neue Religiöse Bewegungen": Über apokalyptische Lebensgefühle 235
4.1 Unterwegs zum Reich Gottes oder zum Omega-Punkt 241
4.2 Unterwegs nach Armageddon 243
4.3 Die unberechenbare Rationalität der Heilsgeschichte .. 247
4.4 Armageddon revisited 250
5. Praktische Theologie im Neuen Jerusalem 251

Quellen- und Literaturverzeichnis 251

Zusammenschau
Stefan Beyerle: Apokalyptik als zentrale Peripherie 255

1. Zentrum und Peripherie 255
2. Die Apokalyptik zwischen Zentrum und Peripherie – kanonische Dimensionen 256
3. Die Apokalyptik zwischen Zentrum und Peripherie – historische Dimensionen 257
4. Die Apokalyptik zwischen Zentrum und Peripherie – theologisch-hermeneutische Dimensionen 261
5. Ausblick 264
Quellen-und Literaturverzeichnis 266

Autorinnen und Autoren 269

Stellenregister 271

Sachregister 281

Namensregister 284

Einführung

Stefan Beyerle

Die Apokalyptik in Religion, Politik, Kultur und Theologie

1. Die religiöse Dimension der Apokalyptik

Wer sich in den gängigen modernen Bibelausgaben auf die Suche nach Apokalypsen begibt, gelangt rasch an sein Ziel: Da ist zum einen die Apokalypse schlechthin, das letzte Buch der Bibel, die Johannesoffenbarung, die den griechischen Begriff ἀποκάλυψις *apokálypsis* („Offenbarung") bereits in der Überschrift nennt. Im Alten Testament findet sich die literarische Gattung gar nur in den Visionen des Danielbuches (Dan 7–12), jedoch ohne Verwendung titularer Hinweise auf die *apokálypsis*. Angesichts des inflationären Gebrauchs der Begriffe „Apokalypse" oder „apokalyptisch", bis hinein in die Umgangssprache, wirkt dieser Befund geradezu paradox. Denn bereits in der Antike finden apokalyptisches Denken und apokalyptische Weltsicht insbesondere jenseits der Grenzen des sich späterhin herausbildenden biblischen Kanons im westlichen Christentum ihren Niederschlag. Darüber hinaus lassen sich in allen drei „großen" Primär-Religionen der Gegenwart – dem Judentum, dem Christentum und dem Islam – apokalyptische Weltanschauungen beobachten.

In der christlichen Religion steht die Wiederkunft Christi (Parusie, Naherwartung), im Judentum die Erwartung des עוֹלָם הַבָּא / *'ôlām habbā'* („kommende Welt") im Vordergrund. Auch der Islam greift bereits im Koran stetig apokalyptische Denkmuster auf, die durch die jüdisch-christliche Tradition vermittelt wurden. Es begegnen etwa zugespitzte Zukunftserwartungen im Kontext von Prophetie, Auferstehung (vgl. Koran, Sure 75) und Weltüberwindung (vgl. Arjomand 1998: 238–275). Dabei schlagen nicht nur Texte aus dem Koran zu Buche, sondern es wären auch Überlieferungen aus der islamischen Tradition, der *Ḥadīth* („Erzählung"), zu beachten. So verweist etwa ein

Prophetenwort aus dem 9. Jahrhundert auf kosmische Ereignisse wie Finsternis und Feuer, aber auch auf die Herabkunft Jesu sowie Gog und Magog als Zeichen der Endzeit, die sämtlich auch in der jüdischen und christlichen Tradition bezeugt sind (vgl. Khoury 2008: 154f., Nr. 380). In der Antike sowie Spätantike haben Christentum und Islam also gemeinsam, dass sie auf die Apokalyptik des Judentums zurückgreifen, der Islam nicht selten vermittelt durch das Christentum. Dabei lassen an den historischen Verzweigungen die Überschneidungen religiöse Differenzierungen, zumindest in „jüdisch" und „christlich", nur tentativ zu. Den religiösen Wurzeln der Apokalyptik eignet die Gemeinsamkeit, dass Chaos, Katastrophe und Untergang lediglich das Durchgangsstadium zur ersehnten Erlösung markieren. Wie sich nun Apokalyptiker solche Durchgangsstadien ausmalen, unterscheidet sich insbesondere in ihrer Haltung zur vorfindlichen Welt.

Die Haltung der Apokalyptiker kann als „apokalyptische Pragmatik" zwischen „Quietismus" und „Aktivismus" angesiedelt sein, und dies zeit- und situationsunabhängig (vgl. Nagel 2008: 52f.62–67; Nagel 2021: 42–44). Bereits in der hellenistisch-römischen Epoche (3. Jahrhundert v. Chr. bis 2. Jahrhundert n. Chr.) zeigt sich die Bandbreite an der wohl „quietistischen" Haltung der Trägerkreise des apokalyptischen Danielbuches, der „Kundigen" (מַשְׂכִּילִים *maśkîlîm* in Dan 1,4; 11,33.35; 12,3.10), die den „aktivistischen" Makkabäern eine nur „kleine Hilfe" (עֵזֶר מְעָט *ʿezær mᵉʿāṭ* in Dan 11,34) in den religionspolitischen Auseinandersetzungen um Antiochus IV. Epiphanes attestieren (vgl. dazu Portier-Young 2011: 277–279; Allison Jr. 2014: 308, aber auch die Kritik von Newsom 2014: 352f.). Mit dem Sprung in die Gegenwart gerät eine extremistische und terroristische Gruppierung des Islam ins Blickfeld, die bislang sowohl „quietistische" wie „aktivistische" Haltungen zeigte: die Hamas in Gaza (vgl. Kippenberg 2008: 282–286). Daneben sind Judentum und Christentum, vor allem durch ihre apokalyptischen Prägungen, immer wieder zum Spielfeld fundamentalistischer und extremistischer Gruppierungen geworden, und man hat dies im Christentum mit der auffällig „unapokalyptischen Haltung der Großkirchen und Theologie" in Verbindung gebracht (Taxacher 2010: 10; vgl. auch ebd., 218–250; Stamm 1998: 190–198).

So stellt etwa die ehemalige Präses der Evangelischen Kirche von Westfalen und vormalige Vorsitzende des Rates der EKD, Annette Kurschus, „Leugner" und „Apokalyptiker" beim Thema Klimawandel gegen solche, die verantwortlich handeln (vgl. Kurschus 2019). Begrifflich nähert sich der Gebrauch von Apokalyptik hier dem metaphorischen und stereotypischen Sinngehalt an, der als „Weltuntergang" oder „Katastrophe" verstanden wird. Dies entspricht in vieler Hinsicht dem modernen Wortgebrauch in Massenmedien (vgl. Kaube 2008) und hat kontextbezogen durchaus seine Berechtigung. Dabei wird dem im modernen Sprachgebrauch dominierenden negativen Sinngehalt der „Apokalypse" Rechnung getragen. Dieser umfasst neben den Katastrophen- auch immer wieder Gewaltszenarien, die maßgeblich zu den negativen Konnotationen in der modernen, auch alltagssprachlichen Verwendung des Wortfelds geführt haben. Von der Antike (vgl. 1Hen 6–11; Dan 7,1–8; Apk 13,1–10) über das Mittelalter (Kreuzzüge), die frühe Neuzeit (Wiedertäufer in Münster) bis in die Moderne (die post-9/11-Rhetorik von George W. Bush) greifen die Apokalyptik und die von ihr angeleiteten Gruppierungen auf Gewaltbilder zu. Befeuert wird jenes Gewaltpotential durch einen „radikalen Dualismus", der in ausgezeichneter Weise die an das Böse verfallene diesseitige von der Heil versprechenden jenseitigen Welt trennt (vgl. Wessinger 2014: 422–438).

Nun muss zunächst beachtet werden, dass zumindest die in den Begriffen „Neuschöpfung" oder „Äonendualismus" kondensierten Vorstellungen eines kosmischen Dualismus explizit nur in wenigen, zumeist spät datierenden antik-jüdischen Apokalypsen begegnen (etwa 4Esr 7,75; 2Bar 32,6 und dazu Jes 43,19; 65,17; 66,22; vgl. Löhr 2019). In den zumal sich über die Zeitläufte hin ändernden apokalyptischen Haltungen spielen dann unterschiedliche Motive und Motivationen bei Gewaltszenarien eine Rolle: Während in der Antike die enge Verknüpfung von Kultur und Religion dazu führte, dass Angriffe auf letztere unausweichlich als Angriffe auf die Weltordnungen aufgefasst wurden, müssen in Mittelalter, früher Neuzeit und Moderne die Gewaltszenarien aus der antiken Apokalyptik heraus erst noch begründet werden. Der Begründungszusammenhang für Gewalt erscheint hier also geradezu auf den Kopf gestellt. Anders formuliert: „Die Jenseitsbezogenheit führt zu einer Diesseitsvergessenheit, die Erlösungsgewissheiten fundamentalisiert und die Gegenwart zum Ort des göttlichen Gerichts erklärt" (Langenfeld 2014: 173). Dies ändert jedoch nichts an der Gewaltaffinität der Apokalyptik, die nahezu allen apokalyptischen Weltanschauungen in den Religionen und Konfessionen von der Antike bis in die Gegenwart inhärent ist (vgl. etwa Hellholm 2006: 415–432; Hall 2009: 161–199). Entscheidend bleiben die historische Einordnung und die Strategie einer hermeneutischen Aktualisierung der Gewaltmotivik, nicht nur, aber vor allem in der Apokalyptik.

Zunächst darf die historische Einordnung gerade nicht in eine – historisierende – Relativierung der Gewaltvorstellungen ausmünden. Von Bedeutung ist zunächst die Frage, ob man von einem klar definierten Gattungsbegriff „Apokalypse" ausgeht, der ja dann sprachlich-idiomatische Konventionen impliziert. Hier ist sich die Forschung uneins. Während die ältere Forschung vor allem mehr oder weniger spezifische apokalyptische Motive oder literarische Stilelemente (Pseudonymität, Jenseitshoffnung, Determinismus, Naherwartung) zur Beschreibung nutzte, werden in jüngerer Zeit am literarischen Genre orientierte Definitionen der Gattung „Apokalypse" diskutiert (vgl. Markschies 2016: 11–17). Ganz unabhängig von der Beurteilung der Erkenntnisleistung, die literarische Definitionen von „Apokalypsen" erbringen mögen (vgl. Beyerle und Frenschkowski, in diesen Band; s. a. die Skepsis bei Zolles 2016: 29–39), reichen weder die literarischen Konventionen einer Gattung „Apokalypse" noch die Stilelemente der „Apokalyptik" aus, um die diagnostizierte Gewaltaffinität zu erklären.

Die Apokalyptik ist vielmehr ein Krisenphänomen, dessen Nähe zu Gewalt sich sowohl an der historischen Situierung antiker und spät-antiker Quellen als auch an der Rezeptionshermeneutik apokalyptischer Weltbilder festmachen lässt. Letztere zielt zumeist auf eine „kupierte Apokalypse" (Vondung 1988: 12.106; vgl. Zolles 2021: 67f.), die den Heilsaspekt im apokalyptischen Drama bewusst ausklammert und damit eine dem kosmischen Untergang geweihte Welt propagiert (vgl. Nagel 2021: 15). Wesentlich ist der Zugang der Übertragung und Rezeption apokalyptischer Motive in die Gegenwart als ein stärker kulturelles denn religiöses Phänomen. Dabei stehen sich insbesondere phänomenologische, symbol- und modernisierungstheoretische Ansätze gegenüber, wobei vor allem letztere angemessen die Übertragung apokalyptischer Semantiken in die Moderne gewährleisten (vgl. Nagel 2021: 34–38). Außerdem ist „die apokalyptische Semantik ursprünglich im Rahmen eines religiösen Krisendiskurses verortet" (Matern 2020: 33). Die Krisen, als historisierende Zuschreibungen, reichen von den Anfängen der antik-jüdischen Apokalyptik, etwa in der „syrischen Religionskrise" unter Antiochus IV. (167–164 v. Chr.; vgl. 1Hen 85–90 oder Dan 2; 7–12), über judäo-christliche Traditionen während der durch die römischen Kaiser Domitian, Trajan und Hadrian ausgelösten Bedrängnisse (1.–2. Jahrhundert n. Chr.; vgl. Apk) bis hin zur im Koran interpretierten sassanidischen Eroberung Jerusalems (614 n. Chr.; vgl. Sure 17,4–8 u. ö.; vgl. Ghaffar 2020: vor allem 5–26). Sie zeitigen bisweilen Phänomene, die man im Kontext von „Staatsterror" einordnen kann (vgl. Portier-Young 2011: 140–175) und die innerhalb des Islamismus gegenwärtig wieder offen zutage treten, etwa beim sogenannten Islamischen Staat (vgl. Lohlker 2016: 120–124).

Die Krisensituation muss, um apokalyptisch interpretiert zu werden, bestimmte Kriterien erfüllen. In der Antike sind damit die tiefgreifende Bedrohung religiöser Identitäten und die in Aktion sowie Reaktion deutlichen kosmischen Bezüge gemeint (vgl. nur Dan 7,1–8). Zudem ist die Krisenbewältigung allein einem göttlichen Wesen oder auch seinem Mandatar anheimgestellt. Dies bedeutet, dass in durchaus angemessener Anspielung an die Wortbedeutung von „Apokalypse" (s. o.) die legitimierte Offenbarung in den Fokus rückt. Sich fortschreibende, andauernde oder immer wieder auftretende Offenbarungsgeschehnisse und die sich selbst zu „Propheten" erklärenden Personen, etwa im Kontext bestimmter Sekten oder (christlicher) Fundamentalisten, gehören nicht dazu (vgl. Stamm 1998: 201–330; s. a. Schneider, 235–249). Falsche Propheten werden schon in der Hebräischen Bibel kritisiert (vgl. Mi 3; Jer 27–28 oder die „Liste falscher Propheten" in 4Q339: Tigchelaar/García Martínez 1998: 708f.). Auch innerhalb der antiken Apokalyptik können Offenbarungen als illegitim und straf- bzw. gerichtswürdig gebrandmarkt werden (vgl. 1Hen 6–11; 22; vgl. Beyerle 2007: 210–218). Unterscheidungskriterien zwischen wahrer und falscher Prophetie bzw. legitimer und illegitimer Offenbarung sind: das Eintreten der Prophetie (vgl. Jeremias 2012: 65–73), auch etwa in der Apokalyptik in „vaticinia ex eventu", also *nachträglich* und auf bereits eingetretene Ereignisse bezogene, konstruierte „Prophezeiungen", bzw. die etwa durch Traditionsbezüge (vgl. 1Hen 6–11 mit Gen 6,1–4) erlangte göttliche Legitimation im alten Israel bzw. dem antiken Judentum.

Zwar wird man in der bei Sekten, aber auch bei Fundamentalisten und in evangelikalen Kreisen, vorherrschenden Bezugsquelle, der Johannesoffenbarung, sowie in weiteren Apokalypsen (vgl. 1Hen 80–81 oder 4Esr), ein Ethos nicht in Abrede stellen können (vgl. Kerner 1998). Doch legitimiert dieses Ethos in der antik-jüdischen Apokalyptik an keiner Stelle Gewalt und Chaos. Textpragmatisch liegen vielmehr Reaktionen auf Gewalt und Chaos vor, die eine gerechte und friedvolle – „himmlische" – Zukunft inaugurieren. Es begegnet hier eben keine „kupierte Apokalyptik" (s. o.) ohne ein Heilsversprechen. Somit übernehmen die apokalyptischen Visionen und Mahnungen insbesondere konsolidierende, therapeutische und gar quietistische Funktionen (Collins 2019: 158–166). Davon unberührt bleibt die nicht zu ignorierende Ambivalenz der in der Apokalyptik verwendeten Gewalt-Metaphern, die bis in die Gegenwart hinein immer wieder stimulierend zur Nachahmung wirken. Alle diese Nachahmer, ob in Judentum, Islam oder Christentum, haben jedoch gemein, dass sie „die Prophezeiungen über die Letzten Tage durch das Prisma ihrer eigenen persönlichen Erfahrungen" betrachten (Thompson 1997: 417). Hinzu kommt, dass nicht wenige „Propheten" der Moderne *für sich selbst* ein „wörtliches" Verständnis der religiösen Quellen, vor allem der Bibel, in Anspruch nehmen. Dies ist sowohl der Methode als auch dem Textbefund unangemessen. Widerspricht doch bereits die Polyphonie biblischer Zeugnisse einem „wörtlichen" Lesen und Verstehen (vgl. Schmid 2019: 96–112).

2. Die politische Dimension der Apokalyptik

Wie bereits an der Gewaltproblematik und ihrem Bezugspunkt der Krise deutlich geworden ist, stehen politische Motive und Aspekte im Zentrum apokalyptischer Weltanschauungen. Etwa die Fragen nach Legitimation und Sukzession, wie sie im Kontext von Ämtern bei Herrschern (Königtum), Priestern oder (visionären) Propheten begegnen, weisen in politische Sphären. Ebenfalls werden bereits in der Antike Spekulation über die Abfolge von Weltreichen als politisches Mittel genutzt (vgl. nur Dan 2; 7), um Jenseitshoffnungen zu begründen und zu „terminieren". End- und Zielpunkt ist in diesen imperialen Geschichtskonstruktionen die Königsherrschaft Gottes (Dan 2,44; 7,22.27). Auf dem Weg dorthin beschreibt das Danielbuch eine Abfolge von historischen Imperien: Babylonien, Medien, Persien und Griechenland (vgl. Frisch 2017: 20f.86–96.102–124). Namen und Reihenfolge der genannten Herrschaftsbereiche sind im Danielbuch einzigartig, wenngleich ein dekadentes Geschichtsverständnis mit Hilfe der Abfolge von vier Großreichen in anderen antiken Quellen durchaus bezeugt ist. Bei Hesiod (8. Jahrhundert v. Chr.) wechseln sich die Metallzeitalter ab und signalisieren eine Verfallsgeschichte, allerdings ohne die Zuordnung zu Weltmächten, sondern zu „Geschlechtern" (Hesiod, *Werke und Tage* 106–201; vgl. Frenschkowski, 82). Der römische Geschichtsschreiber Aemilius Sura aus dem 2. Jahrhundert v. Chr. liefert durch ein Zitat des Velleius Paterculus (*Kompendium der römischen Geschichte* 1,6,6) dann den ersten Beleg für die Abfolge von Assyrern – Medern – Persern – Makedonen (Griechen). Allerdings fehlt in dieser Abfolge die Idee eines progredienten Verfalls. Wiederum ist beiden Traditionen das Ziel eines eschatologischen, jenseitigen oder himmlischen Reichs, wie im Danielbuch bezeugt, unbekannt.

Außerhalb antik-jüdischer Vorstellungen wäre auch eine mittel-iranische Tradition zu beachten. In *Bahman Yašt* oder *Zand i Vohuman Yasn* (frühestens aus dem 5. oder 6. Jahrhundert n. Chr.) sieht Zoroaster einen großen Baum („Weltenbaum") mit vier Zweigen, die jeweils ein anderes Metall darstellen. In der Deutung von Ohrmazd (Ahura Mazda) steht der Baum für den gesamten Kosmos, die Zweige für bevorstehende vier Zeitalter (*Bahman Yašt* II,5f.; insgesamt: II,4–22; dazu Beyerle, 66). Allerdings fehlt auch in dieser Tradition das Telos der fünften und finalen Herrschaft, zumal die Datierung der Traditionen notorisch unsicher bleibt. Im vierten Buch der *Oracula Sibyllina* aus dem späten 1. (vielleicht auch frühen 2.) Jahrhundert n. Chr. zielt das Weltreiche-Schema zwar auf ein endzeitliches Gericht, das den Frommen eine Restitution auf Erden verheißt, einschließlich astraler Eschatologie (Sib 4,179–192; vgl. 4,187f.191). Doch bietet die Geschichtsdeutung in Sib 4,49–101 die Abfolge Assyrer – Meder – Perser – Makedonen (Griechen) und fügt als fünftes, jedoch kaum finales Weltreich Rom ein (Sib 4,102–151), um auf die Zerstörung des Jerusalemer Tempels Bezug nehmen zu können und um „politisch" Kritik an der Herrschaft Roms zu üben (Sib 4,125–127; vgl. Collins 2016: 298–300). Allerdings bleiben in Hinsicht auf diesen Text antik-jüdische Provenienz und insbesondere die überlieferungsgeschichtliche Erweiterung einer älteren Vorlage strittig (vgl. Stewart Lester 2021: 126–139). Jedenfalls bahnt sich bereits im antiken Judentum eine Weltreich-Ideologie an, die auf eine Jenseitshoffnung hin konzipiert ist, auch wenn diese schon im Danielbuch nicht konsequent durchgehalten ist, jedoch etwa in der zweiten Vater-Unser-Bitte mit „Dein Reich komme" (Mt 6,10) ein weiteres Mal aufscheint (vgl. Beyerle 1999: 26–29).

Die Rezeption der Abfolge von Weltreichen ist an zahlreichen, zumeist ideologisch aufgeladenen, politischen Systemen abzulesen – bis hinein in die Moderne. Je stärker dabei utopische Hoffnungskonzepte für eine diesseitige Zukunft betont werden, desto gewaltaffiner, menschenverachtender und kriegerischer agiert das jeweilige politische System. Totalitäre Regime bieten hierfür Beispiele, sei es in Stalins Russland oder, bei aller Unvergleichbarkeit seiner Menschenverachtung und Verbrechen, in Deutschland zur Zeit der Nationalsozialisten (vgl. Gray 2010: 61–117; anders Taubes 1959/2017: 130). Utopie begegnet im politischen Gewand auch in der Erwartung eines tausendjährigen

Reiches als Chiliasmus oder Millenarismus (vgl. griech. χίλια ἔτη bzw. lat. *mille anni*; dazu Schneider, 243–247). Nach Johannesoffenbarung 20 bezeichnet die Frist von tausend Jahren eine prä-eschatologische Zwischenzeit, bis für kurze Zeit der Satan wieder das Regime übernimmt. Zwar wird den um ihres Zeugnisses willen Enthaupteten bereits die erste Auferstehung zugesprochen (Apk 20,4f.), jedoch kommt es erst nach dem satanischen Interregnum, nach dem Ablauf von tausend Jahren, zum allgemeinen Gericht (vgl. dazu ausführlich Frey 1999: 18–50). Apokalyptische Denkmodelle im politischen Raum weisen insgesamt eine starke Beeinflussung durch chiliastische Vorstellungen aus (vgl. Landes 2021: 364.378–386).

Das „Tausendjährige Reich" diente – und dient nach wie vor – in zahlreichen religiösen und politischen Extremen seit der Spätantike als Grundmodell eines vor allem gesellschaftlich-politischen Umsturzes. So missbrauchten die Nationalsozialisten die an der Trinität orientierte Epochengliederung eines Joachim von Fiore (um 1130/35–1202) zu ihrer Selbstverortung im „Dritten Reich" (zu Fiore vgl. Basse, 124–126; s. a. Taubes 1947/2007: 111–143; zur Namensadaption über Arthur Moeller van den Bruck vgl. Künzli 1998: 215). „Apokalyptisch", im Sinne einer innerweltlichen „Endzeit" chiliastischer Spekulationen, wäre hier bestenfalls die bestialische Menschenverachtung zu nennen. Andere „eschatologische Diesseitserwartungen" (vgl. Hofmann 1982: 331–334) im Sinne des sogenannten „Postmillenarismus" (vgl. Körtner 2014: 113f.), von Thomas Müntzer über Johann von Leiden bis Johann Albrecht Bengel (1687–1752) und Friedrich Christoph Oetinger (1702–1782), sogar hin zu Vertretern des religiösen Sozialismus und der Befreiungstheologie, haben sämtlich Spuren eines joachimitischen Einflusses hinterlassen (vgl. Frey 1999: 50–67; vor allem 64–67).

Nicht wenige chiliastisch geprägte Bewegungen küren eine messianische Gestalt aus ihrer Mitte heraus oder sehen sich unter Führung selbsternannter Messiasse. In den 1530er Jahren galt dies etwa für Jan Bockelson alias Johann von Leiden (vgl. Cohn 1988: 299–310), sowie, bis hinein in die Gegenwart, in „apokalyptisch" orientierten Sekten – wie etwa den „Sonnentemplern" (vgl. Stamm 1998: 211–229). Dabei verschwimmen die Selbstbezeichnungen und -verständnisse als „Messias" und „Prophet". Die antik-jüdische Apokalyptik selbst ist nicht so Messias-affin, wie es auf den ersten Blick scheinen mag. Gerade in der älteren Apokalyptik, seit dem Auftreten Serubbabels (vgl. Hag 2,21–24; Sach 4,7.12; 6,11f.) zwischen ca. 500 und 200 v. Chr. fehlen Verweise auf messianische Gestalten in Apokalypsen sowie apokalyptischer Literatur nahezu völlig (vgl. den Überblick in Witte 2014: 58f.). Dennoch begegnet im Messianismus eine wesentliche Ausgestaltung der politischen Dimension der Apokalyptik – nicht nur wegen der problematischen Wirkungsgeschichte des Messianismus. Bereits in der Antike betonen jüdische und christliche Quellen die enge Verbindung messianischer Konzepte mit der davidischen Dynastie. Außerdem bleiben „Palast" und „Tempel" eng aufeinander bezogen.

Die Funktionalisierung endzeitlicher Heilsgestalten dient im besten der denkbaren Fälle zur Abwendung von Katastrophen, dann zur Katastrophenbewältigung, und im schlimmsten denkbaren Fall zur Katastrophenmaximierung. Jeweils geht es dabei um innerweltliche Vorgänge, deren politische Dimension durch Vorhersagbarkeiten und Bewältigungsstrategien zum Tragen kommt – trotz bisweilen religiöser Implikationen. Nun zeigen aktuelle Studien zur Katastrophenforschung, dass deren Netzwerkstrukturen (vgl. Ferguson 2021: vor allem 32–40.77–93.156–166) weder „messianische" noch auch nur religiös konnotierte Bewältigungsstrategien nahelegen. Im „Messianismus" geht es demgegenüber um nichts anderes, als um die Aneignung oder Zusprechung von Souveränität im universalen Geschichtsentwurf. Politisch wird daraus, im schlimmsten der denkbaren Fälle, ersichtlich, dass *„die Apokalyptik als Modell eines Rechtfertigungsparadigmas souveräner Feinderklärung in der Politik"* fungiert (Rudolph 2001: 126; Kursivierung im Original).

3. Die kulturelle Dimension der Apokalyptik

Ob in Literatur, Film, Musik, Kunst oder (Kirchen-)Architektur: apokalyptische Anspielungen scheinen allgegenwärtig und begegnen mitunter als Leitmotive oder verständnisleitende Narrative. Und dies alles, ohne explizit auf „Apokalypsen" oder „Katastrophen" zu verweisen. Dass dabei vorrangig das letzte Buch der christlichen Bibel, die Johannesoffenbarung, kulturprägend rezipiert wird, versteht sich nahezu von selbst (vgl. dazu Pezzoli-Olgiati und Schneider, 231–233). Sowohl die Nähe der Apokalyptik zur Krise als auch die gemeinsame Haltung der Selbstkritik benennen strukturelle Gründe jener Allgegenwart, sei es die in ihrer Zuspitzung artikulierte Weltverneinung in der Apokalyptik oder seien es grundsätzlich kritische Positionen in der Kultur, bis hin zum Kulturpessimismus.

Aus der Mitte des 2. Jahrhunderts v. Chr. datieren gleich mehrere antik-jüdische Apokalypsen, wie die Daniel-Visionen (Dan 7–12), die *Zehnwochenapokalypse* (1Hen 93,1–10; 91,11–17) oder die *Tierapokalypse* (1Hen 85–90), die auf die Auseinandersetzungen um die Maßnahmen des Seleukiden Antiochus IV. Epiphanes (175–164 v. Chr.) Bezug nehmen. Hier wie auch in anderen historisch noch rekonstruierbaren Zusammenhängen treffen zwei Kulturen aufeinander: die „orientalische", repräsentiert im antiken Judentum, und die „okzidentalische", repräsentiert in den hellenistischen Herrschern. Nicht zuletzt aus den historischen Rekonstruktionen ergeben sich Konfliktlagen, die in späteren Bedrückungen und Verfolgungen des Judentums einen Entdeckungszusammenhang ausweisen (vgl. Schmidt 2002: 154–165). Die sich bereits in der antiken Apokalyptik spiegelnde Frage nach der Verehrung des einen Gottes – und der Tora (Gen–Dtn) in Speisegeboten (vgl. Dan 1), Sabbatruhe, Beschneidung oder Gebetsrichtung (vgl. Dan 6,11; 9,3) – als Differenzmerkmal besitzt dabei nicht nur religiöse, sondern auch politische und kulturelle Implikationen. Als solche sind sie bereits im Umfeld der antiken Texte selbst fest verankert. Geht man nämlich davon aus, dass der Ursprung der Kultur im Ritual (vgl. Fauser 2011: 73–81), und damit im (Opfer-)Kult zu finden ist (so Taubes 1969/1996: 300, mit Bezug auf Arnold Gehlen), so weisen bereits die antiken Apokalypsen kulturelle Bezugspunkte aus. Die Linien interagierender Vorstellungen in Kult und Kultur lassen sich bis in die Ethnologie hinein verfolgen. Hingewiesen sei nur auf die millenaristisch ausgerichteten melanesischen „Cargo-Kulte" (vgl. dazu Schneider, 238f.).

Bereits im sogenannten *Wächterbuch* (1Hen 1–36), einer der ältesten antik-jüdischen Apokalypsen (wohl schon 3. Jahrhundert v. Chr.), besitzt der eher antagonistisch zu verstehende Offenbarungszusammenhang am Sinai gegenüber dem Gewalt hervorrufenden, illegitimen Offenbarungshandeln der engelgleichen „Wächter" kultische Implikationen: In 1Hen 1,3f. tritt der „Auserwählte", der „Weltengott", auf den *Sinai* (vgl. 1Hen 1–5), während in 1Hen 6,6 zweihundert Engelwesen auf den *Hermon* herabsteigen (vgl. 1Hen 6–11). Darüber hinaus markiert die Lehre des Engelwesens Asael (und Schemihasas), die Kosmetik, Schmuck, Kriegsgerät und Astrologie bzw. Astronomie umfasst, zugleich dezidiert kulturelle Errungenschaften (8,1–4; vgl. 1Hen 72–82). Hinzu kommen zahlreiche Verweise auf Heiligtumskonzeptionen in der *Tierapokalypse* (vgl. 1Hen 89,50; vgl. auch 91,6–10) und der *Zehnwochenapokalypse* (vgl. 1Hen 93,7f.; 91,13). Zudem verweist die sogenannte Ziegenbockvision in Dan 8 auf die Abschaffung der Opfertätigkeit (8,11–13: des täglichen oder *tāmîd*-Opfers) und die Zerstörung des Tempels unter Antiochus IV. Epiphanes (vgl. Sommer 2016: 240–251 zu tempel- und kulttheologischen Konzepten in der Apokalyptik nach der Zerstörung des Zweiten Tempels im Jahr 70 n. Chr.). Schließlich wäre im jüdisch-christlichen Kontext auf die Vorstellung vom „himmlischen Jerusalem" in Apk 21,1–22,5 zu verweisen (vgl. dazu Pezzoli-Olgiati, 198–201).

Während alle genannten Textbeispiele aus der Antike Jenseitskonzepte einer Heilserwartung, teilweise auch restaurative Elemente wie die Wiedereinführung des Tempelkultes (vgl. 4Esr und 2Bar), imaginieren, ist die kulturelle *Rezeption* der Apokalyptik durch das Verharren in der Katastrophe geprägt. Hier bricht sich Bahn, was Klaus Vondung „kupierte Apokalypse" nennt (s. o. Punkt 1. und Schneider, 218). Jedenfalls werden innerweltlich verortete Katastrophen- und Chaos-Szenarien, wenn überhaupt, „in der Welt" überwunden (vgl. Ferguson 2021: 54–68; Zolles 2021: 58–66).

In ihrem Roman *Über Menschen* beschreibt Julie Zeh die Trennungsmotive ihrer Protagonistin Dora von ihrem Freund Robert und die Gründe für ihren „Exodus" aus dem Stadtmilieu in Berlin aufs brandenburgische Land, das fiktive Dorf Bracken, mit folgenden Worten: „Robert, der ihre Beziehung einfach weggeworfen hat und sich in die Apokalypse verliebt hat. Die Apokalypse ist eine Nebenbuhlerin, mit der es Dora nicht aufnehmen kann. Die Apokalypse verlangt Gefolgschaft, hinauf zu den Höhen kollektiver Schicksalsbewältigung. Dora ist nicht gut im Folgen" (Zeh 2021: 8).

Die „apokalyptische" Konstellation wird in Zehs Roman noch weitere Male adressiert (Zeh 2021: 28.63.67 f. u. ö., auch 33: „neue Galaxien") und findet am Schluss ihrer „Dorfgeschichten" ihre Kulmination. Auch in ihren anderen Romanen inszeniert Julie Zeh apokalyptische Katastrophen, ohne dass diese in irgendeiner Weise eine Katastrophenüberwindung inaugurieren. Als „sachliche Apokalyptikerin" trägt die Autorin somit den Schrecken weiter (so Preusser 2018: 632f.), auch in der Perspektive der Roman-Protagonistin Dora, die sich an der „kollektiven Schicksalsbewältigung" der Klima-Aktivistinnen und -Aktivisten nicht beteiligen kann und doch ihre persönliche „Apokalypse" am Ende des Romans zu gewärtigen hat.

Ein anderes literarisches Beispiel unterscheidet die persönliche von der kollektiven „Apokalypse". In Julio Cortázars (1914–1984) Erzählung „Apokalypse in Solentiname" bleiben zwar Vorstellungen einer kosmischen Katastrophe, die zu einer Weltverwandlung oder Jenseitshoffnung führt, unberührt. Doch folgt der Plot der Erzählung darüber hinaus den Kriterien einer literarischen Apokalypse nach John J. Collins (vgl. dazu Beyerle, 30), ohne dass das Erzähler-Ich in die geschilderte Katastrophe eingebunden wäre. Dabei ist die Schilderung des gewaltsamen Endes der von Ernesto Cardenal gegründeten christlichen Kommune auf dem Solentiname-Archipel (Nicaragua) im Jahre 1977 durch die Truppen von Diktator Samoza auch aus der Autorenperspektive zeitlich visionär (vgl. dazu Pagni 1986: 207–212).

Eine weitere, im Horizont apokalyptischer Rhetorik gewichtige und auch wirkmächtige Lesart, in diesem Fall der Johannesoffenbarung, liefert der britische Schriftsteller David Herbert Lawrence (1885–1930). In seinem posthum erschienenen Essay „Apocalypse" (1931) setzt er sich eher exegetisch als literarisch mit dem letzten Buch der Bibel auseinander. Im Gegensatz etwa zu Cortázars Erzählung treten bei Lawrence die Aspekte der kosmischen Katastrophe und der Weltverwandlung geradezu in den Vordergrund. Sie dienen einer auch gesellschaftskritisch akzentuierten „Wandlung" hin zu einem sinnlichen Bewusstsein, das die Johannesoffenbarung als ein Buch des Lebens lesen lässt (vgl. Lawrence 1931/2001: 149; dazu Zolles 2016: 2.19–24). Aus einer Spannung von kosmischer und individueller Heilssehnsucht bei Lawrence erschließt sich an der Johannesoffenbarung eine Neuformulierung apokalyptischer Rhetorik.

Mit der Frage nach der apokalyptischen Rhetorik ist ein bedeutender Aspekt der Rezeptionsgeschichte angesprochen. Bereits die Verortung von Apokalypsen und apokalyptischen Motiven in Krisensituationen (s. o. Punkt 1.) unterstreicht die enge Verknüpfung von apokalyptischer und krisenorientierter Rhetorik. In den allgegenwärtigen Krisen ist man zudem geneigt, dieser Krisenrhetorik ganz grundsätzlich einen apokalyptischen Ton zu unterstellen. Blickt man zunächst auf die antiken Redeformen der Apokalyptik, zeigt sich, dass rhetorischen Figuren bereits in den antiken Zeugnissen eine konstitutive Funktion zugeschrieben wird (vgl. Wolter 2009: 429–452; Newsom 2019: 67–82). So dienen sie der „Überbrückung" von Transzendenz und Immanenz, indem sie eine Verbindung der Lesenden und Hörenden der Apokalyptik zu den Visionären und zur himmlisch-göttlichen Welt herstellen, die durch Visionäre und Engel vermittelt wird.

Insbesondere in der Moderne wird nun in der Rezeption der apokalyptischen Rhetorik genau dieser Vermittlungsaspekt ignoriert. Zwar setzt sich in zahlreichen apokalyptischen Narrativen der Gegenwart die Überzeugung durch, dass die um den Heilsaspekt „kupierte" Apokalypse (s. o.), die sich ganz auf Chaos und Untergang fokussiert, zu kurz greift. Da jedoch in Bewegungen wie den Globalisierungskritikerinnen und -kritikern, der „Fridays for Future"-Bewegung oder anderen Klimaaktivistinnen und -aktivisten konsequent immanente Strategien zur Bewältigung oder Verhinderung von Katastrophen zum Zuge kommen, müssen strenggenommen auch die apokalyptischen Chaosschilderungen in ihren Zuspitzungen „gekappt" werden. Es kommt also nur noch in den eher seltenen Fällen einer dezidiert religiös motivierten apokalyptischen Rhetorik zur endzeitlichen Verwandlung dieser in eine *andere* Welt (vgl. dazu Unrau 2021: 169–172).

Damit verbindet sich aber eine Gefahr: Die weitestgehend ihrem Kontext entzogenen und damit verselbständigten, wenngleich „abgeschwächten", Unterweltszenarien begegnen nämlich gleichermaßen in den Rhetoriken der zumeist liberal-demokratisch gesinnten Globalisierungskritik wie in rechtspopulistischen und auch rechtsradikalen Foren. Letzteres gilt etwa für die „Identitäre Bewegung" oder die AfD und vergleichbare Parteien in Europa (vgl. Roepert 2021: 44–60; Schilk 2021: 453–462.465f.). Eine Unterscheidung ist dabei „lediglich" über die radikal divergierenden Pragmatiken der jeweiligen apokalyptischen Rhetorik erkennbar (vgl. Unrau 2021: 174–176). Auch innerhalb der jüngeren Geistesgeschichte lassen sich Beispiele einer solchen Diversifizierung erst in Funktion und Pragmatik apokalyptischer Rhetorik finden. Etwa Jacob Taubes (1923–1987) hat am gemeinsamen apokalyptischen „Urwort" der „Selbstentfremdung" die höchst differenten Funktionsweisen der jeweiligen apokalyptischen Rhetorik in den „Eschatologien" bei Karl Marx (1818–1883) und Søren Kierkegaard (1813–1855) herausgearbeitet (Taubes 1947/2007: 40–42.246–255; zu Taubes vgl. Zolles 2016: 62–89).

Insgesamt ist zudem deutlich, dass sich die rezipierten Motive im „Katastrophen-Diskurs" nur in höchst seltenen Fällen zu einem Narrativ der „Apokalypse" verbinden, soziologisch (Jean-François Lyotard) und erzähltheoretisch (Albrecht Koschorke), und der moderne Diskurs kaum noch Anzeichen eines historischen Bewusstseins hinsichtlich der verwendeten Motive ausweist. Dabei gilt dies unabhängig von ideologischer Orientierung und Verwendungszusammenhang. Jedenfalls wird man den kulturellen Beitrag einer apokalyptischen Rhetorik nicht in pauschalen Funktionen wie „Trost" und „Herrschaftskritik" (vor allem mit Blick auf die antiken Quellen) oder „Agitation" und „Krisenüberwindung" (vor allem mit Blick auf die neuzeitliche

Rhetorik) erschließen können. Nicht zuletzt zeigt die Pragmatik rhetorischer Aussagen, wie wenig mit einer formalen oder auch historischen Engführung des „Apokalyptischen" innerhalb neuzeitlicher Diskurse gewonnen ist.

In der aktuellen medientheoretischen Debatte wird Apokalyptik zum einen im Sinne der Katastrophe und zum anderen als (technische) Offenbarung oder Erkenntnismodell verstanden (so Zolles 2021: 11.78). Zur Vermeidung der oben adressierten Engführungen spricht die Forschung hier von „apokalyptischen Bedeutungsgehalten". Sie zielt damit auf apokalyptische Motive zu Katastrophen, Untergangsszenarien und Offenbarungsmustern, die sich bereits verselbständigt haben und eines Wissens um ihre traditionsgeschichtliche Verankerung gar nicht mehr bedürfen (vgl. Kaube 2008; Zolles 2021: 100). Als Beispiele seien – seit der frühen Neuzeit – Phänomene wie astrale Auffälligkeiten (etwa Kometen), Motive wie Totentanz oder auch apokalyptische Konstellationen wie Fegefeuer bzw. Feuerregen genannt.

Von besonderem Interesse bleibt die momentan noch nicht abschließend zu beantwortende Frage, inwiefern technische Entwicklungen im Umfeld der Digitalisierung, wie „Künstliche Intelligenz" oder das *World Wide Web*, apokalyptisches Potenzial besitzen (vgl. Zolles 2021: 121–131). Immerhin könnten Tendenzen der digitalen Medialität, die zunehmend den Menschen in den passiven Beobachterstatus zwingen und ihm zunehmend die Kontrolle über die Medien zu entziehen drohen, Entdeckungszusammenhänge mit dem Charakter apokalyptischer Offenbarung als determinierten Geschehnissen evozieren, die allein aus einer transzendenten, göttlichen Sphäre heraus gesteuert werden.

4. Die theologische Dimension der Apokalyptik

Zwischen der religiösen (s. o. Punkt 1.) und theologischen Bedeutung der Apokalyptik existieren natürlich zahlreiche Überschneidungen. Die theologische Dimension greift insbesondere genuin christliche Interpretationen auf, die sich vor allem in den Rezeptionsvollzügen der Geschichte des Christentums widerspiegeln (vgl. Frenschkowski und Basse). Es zeigt sich, dass christliche Apokalyptik auch in solchen Zeiten theologische Bedeutung besitzt, da die Entstehung apokalyptischer Texte längst zu ihrem Ende gekommen war. Dies gilt zwar, wie gesehen, auch für Rezeptionsprozesse im kulturellen oder politischen

Kontext. Allerdings zeigen sich innerhalb der christlichen Theologie dabei organische Verknüpfungen mit den ursprünglich apokalyptischen Sachgehalten, was angesichts der Verselbständigungsprozesse in den übrigen Bereichen apokalyptischer Rezeption so nicht deutlich wird (s. o. Punkt 3.).

Bevor eine theologische Würdigung der Apokalyptik die wesentlichen Motive und Denkformen von den antiken Zeugnissen her zu erheben vermag, ist auf die in fast allen Disziplinen der theologischen Wissenschaft deutliche Ambivalenz im Umgang mit der Apokalyptik hinzuweisen. Jene Ambivalenz zeigt sich zwischen den „Polen" der Auffassung von der Apokalyptik als „Mutter aller christlichen Theologie" (Käsemann 1960/1986: 128) einerseits und einer vehementen Ablehnung von, ja bisweilen Ignoranz gegenüber apokalyptischen Themen andererseits. Da ist zunächst die zeitliche und hermeneutische Randlage der Apokalyptik im Kanon der Bibel zu beachten. Die Apokalyptik kam einerseits „zu spät" und hat sich auch hermeneutisch, etwa im Diskurs um Käsemanns Diktum von der Apokalyptik „als Mutter aller christlichen Theologie", als „sperrig" erwiesen (vgl. dazu Taxacher 2010: 74f.115–122). Hinzu kommt, dass die christlich-theologischen Entwürfe im engeren Sinne, also vor allem dogmatische Darstellungen, die Eschatologie als christliche Lehre über die „letzten Dingen" (*De Novissimis*) häufig von der Apokalyptik mehr oder weniger stark abgrenzen (zur Kritik vgl. Körtner, 157–162). Hermeneutisch begründen die katastrophischen (Gewalt-)Vorstellungen der Apokalyptik, wie sie gerade durch die Johannesoffenbarung generiert werden, Skepsis bis hin zur Ablehnung. Als Konsequenz übergehen gelegentlich eschatologische Ansätze im 20. Jahrhundert, selbst wenn sie die Apokalyptik explizit einbeziehen, die Erwartung einer endzeitlichen Katastrophe: etwa Wolfhart Pannenberg oder Jürgen Moltmann (vgl. dazu Körtner, 162–167). Ulrich Körtner begründet demgegenüber die Notwendigkeit und Vollgültigkeit der Welt-Katastrophe in einer apokalyptisch orientierten Theologie, die im apokalyptischen Denken durch den Umschlag der Katastrophen-Angst in eine Krisen-Angst verarbeitet wird. In diesem Geschehen wird der Gottheit durchaus eine Funktion zugeschrieben, auch wenn Gott im endzeitlichen Weltgeschehen vor allem als verborgen (*Deus absconditus*), jedoch nicht als abwesend, agiert (vgl. auch Körtner 2014: 102–105).

Dennoch darf man in der vermeintlichen Abwesenheit Gottes vor allem in den deterministischen, also festgelegten, Geschichtskonstruktionen der Apokalyptik (vgl. Dan 2; 7; *Zehnwochenapokalypse* in 1Hen

93,1–10; 91,11–17; *Tierapokalypse* in 1Hen 85–90) einen wesentlichen Grund für die zurückhaltende Behandlung apokalyptischer Vorstellungen in theologischen Entwürfen, auch der Gegenwart, vermuten. Als weitere Indizien für diese Zurückhaltung können die kanonische Randständigkeit und die „sektiererische" Rezeption gelten. Einerseits werden apokalyptische Motive in der Antike insbesondere jenseits der Grenzen des biblischen Kanons verortet, und werden deshalb – vielsagend – dem nachbiblischen Judentum zugewiesen. Andererseits gehört nach der Auffassung vieler Forschungspositionen bereits die Produktion der Apokalyptik in das Umfeld sektiererischer Gruppen. Dies gilt etwa für die Gemeinschaft vom Toten Meer (Qumran) als „apokalyptische Gruppierung". Nicht zu reden von den vielfältigen Rezeptionsprozessen, insbesondere mit Blick auf die Johannesoffenbarung, innerhalb mehr oder weniger radikaler Sekten bis in die Gegenwart (s. o. Punkt 1.; Stamm 1998).

Dem wäre zu entgegnen: Wie die neuere Qumranforschung klar herausgearbeitet hat, stellen die sich in den Handschriften vom Toten Meer spiegelnden Gemeinschaften kein Randphänomen oder gar eine jüdische Sekte dar, sondern eines von vielen Gruppenphänomenen innerhalb vielgestaltiger Judentümer in der Antike (vgl. pointiert Kratz 2022). Ähnliche sozio-religiöse Dynamiken wird man mit Blick auf das sich aus dem Judentum heraus entwickelnde antike Christentum konstatieren können (vgl. dazu detailliert Frenschkowski, 79.108–110). Außerdem dürfen die apokalyptischen Bilder und Motive nicht für eine Radikalhermeneutik in ihrer Rezeption durch religiöse und politische Sekten zur Verantwortung gezogen werden.

Fragt man nach den apokalyptischen Spezifika einer christlichen Theologie, dann sollten folgende Themenfelder bedacht werden: Kosmologie, Messianismus und Ethos. Dass die Apokalyptik den Kosmos, also das Weltganze, bedenkt, wird in unterschiedlichen Sachzusammenhängen deutlich: Bereits der Schöpfungsbezug der Apokalyptik in der Vorstellung eines neuen Himmels und einer neuen Erde bezeugt dies biblisch (vgl. Jes 65,17; 66,22; 1Hen 91,16 [nur: „neuer Himmel"]; 2Petr 3,13; Apk 21,1; dazu Schmid 2012: 102–104.111–113). Während die exegetischen Interpretationen den Abbruch zwischen Alt und Neu, im Sinne eines *Endes* der gegenwärtig erfahrbaren Welt ernstnehmen und von den Aussagen zum Übergang der alten in die neue Welt (1Hen 45,4f.; Jub 1,29) unterscheiden (vgl. Öhler 2016: 4–11), interpretieren einige systematisch-theologische Entwürfe, reichlich unbeeindruckt von der Exegese, die kosmische Motivik pauschal im Horizont christologischer und vor allem soteriologischer Topoi als Übergang bzw. Verwandlung von Welt (vgl. Remenyi 2008: 55–66).

Von hier aus wäre die kritische Frage nach der Existenzberechtigung eines weiteren wichtigen apokalyptisch-theologischen Motivzusammenhangs zu stellen, nämlich: nach dem endzeitlichen Gericht. Welche Funktion sollte das „Jüngste Gericht" besitzen angesichts einer doch im Kontext der Christus-Ereignisses „nur" verwandelten Welt? Die Antworten auf diese Fragen können in der Antike ansetzen, die die Vorstellung eines Weltgerichtes breit bezeugt (vgl. nur 1Hen 1,3–9; Mt 25,32–46; Apk 20,11–15: vgl. Frenschkowski, 79–84). In der Geschichte des Christentums zeichnet sich seit dem späten Mittelalter eine immer stärkere Zurückdrängung kosmischer Gerichtsvorstellungen zugunsten einer individuellen Eschatologie ab (vgl. Basse, 130). Damit ist der Konflikt zwischen der Idee einer Weltvernichtung (*annihilatio mundi*) und einer Welterneuerung (*renovatio mundi*), etwa zwischen lutherischer und reformierter Orthodoxie (vgl. Körtner, 158f.), keineswegs zugunsten der letzteren entschieden. Etwa Johann Baptist Metz kritisiert scharf, dass die kosmische oder universale Eschatologie durch die „auf die Existenzzeit gerichtete Individualeschatologie" fast völlig „überblendet" wird. Hierzu fügt sich auch seine Rede von der Religion bzw. Apokalyptik als „Unterbrechung" und „Abbruch" (Metz 1992: 166.171.173; vgl. auch die Konsequenzen aus politikwissenschaftlicher Sicht bei Brocker 2020). In seinem Beitrag hält Ulrich Körtner diesen Thesen entgegen, dass sie die Ambivalenz zwischen christlichem Glauben und Apokalyptik ignorieren. Insbesondere verweist Körtner auf den Glauben an Kreuz und Auferstehung, worin sich die bereits angebrochene Heilszeit manifestiert. Darin tut sich, bei allen Gemeinsamkeiten zwischen christlichem Glauben und Apokalyptik, die entscheidende Differenz zwischen den beiden interagierenden religiösen Strukturen kund. „Die aus dem Raum Gottes herkommende Zukunft als Verheißung des *adventus* Gottes, auf welche sich die christliche Hoffnung richtet, ist also zugleich nichts anderes, als die Vollendung dessen, was sich in der Sendung, im irdischen Leben, im Sterben und in der Auferstehung Jesu Christi bereits ereignet hat" (Boysen 2021: 101 [Hervorhebung im Original], ähnlich: 121).

Aus den vorausgehenden Bemerkungen wird deutlich, wie eng im christlich-apokalyptischen Denken Kosmologie und Messianismus zusammengedacht werden. Für die Antike ist zunächst bemerkenswert, dass in spätpersischer und frühhellenistischer Zeit (ca. 500–200 v. Chr.) Messias-Gestalten in den – auch apokalyptischen – Quellen nahezu völlig fehlen und dann vor allem am Ende des ersten und zu Beginn des 2. Jahrhunderts n. Chr. auftauchen. Letzteres gilt etwa schon vor der Zeitenwende in den Handschriften vom Toten Meer (vgl. *Messianische Apokalypse* in 4Q521 bei Tigchelaar/García Martínez 1998: 1044–1047) oder im 2. Jahrhundert n. Chr. in 4Esr und 2Bar. Trotz dieses Befunds bezeugen bereits die antik-jüdischen Quellen vielfältig Gesalbten-Vorstellungen, auch in apokalyptischen Zusammenhängen.

Im Judentum wie Christentum ist „Messianisches" und „Apokalyptik" durch die Erwartung und Hoffnung auf den Messias bzw. seine Wiederkunft geprägt, die das Ende der Welt oder die radikale Verwandlung der Welt zum Ziel hat (vgl. Askani 2017: 318–324). Bereits die jüdisch-christliche Antike verbindet die „messianische" Hoffnung mit der Konkretisierung jener Verwandlung in der Rede vom „Königreich Gottes" (vgl. Jes 24,23; Dan 2,44; PsSal 17,3; 1QM 12,7; 4QShirShabb^d [4Q403] 1 i 32; Mt 12,28; Mk 4,11.26.30) oder vom „Reich des Himmels" (s. o. Punkt 2.; vgl. 3Bar 11,2; Mt 13,11.24.31.33.44f.47.52). Umso mehr muss auffallen, dass unter den zahlreichen antiken Belegen nur sehr vereinzelt die Motive „Messianismus" und „Königreich Gottes" miteinander verknüpft werden (vgl. PsSal 17,1–3). Bedeutsame dogmatische Themen einer (apokalyptischen) Eschatologie reihen sich hier ein, da sie nur unter hypothetischen Vorannahmen oder auf der Basis geringer Belegdichte in judaeo-christlichen Traditionen angezeigt sind: Dazu zählen neben der Verknüpfung von Messianologie und Reich Gottes-Erwartung auch die „Menschensohn"-Messias-Vorstellung, die dann Teil einer Christologie wird, oder die Lehre von der körperlichen Auferstehung.

In jüngster Zeit greift die christliche Dogmatik wieder stärker auf apokalyptische Denkformen und Strukturen zurück (vgl. Körtner, 162–170), um sie für zentrale *loci* fruchtbar zu machen. Konkret und im Kontext christologischer Fragen greift Heinrich Assel in seiner „Elementaren Christologie" die apokalyptische Struktur der „Verwandlung" oder „Verkehrung" auf. Das Motiv geht auf das hebräische Verb הפך (*hpk* „umstürzen, verwandeln") zurück, das etwa in Am 5,7 und 6,12 auf das „Recht" (מִשְׁפָּט *mišpāṭ*) und die „Gerechtigkeitstat" (צְדָקָה *ṣᵉdāqāh*) bezogen ist, jedoch bereits kosmologische Konnotationen ausweist, die auch in der altorientalischen Umwelt mit dem Motivzusammenhang verknüpft sind (vgl. Müller 2021). Die Apokalyptik nimmt dieses Motiv auf, das in neueren systematisch-theologischen Entwürfen dann einen Strukturzusammenhang ausbildet. So betont

Assel, dass der in den vier Evangelien erinnerte Jesus durch „Textwirkungs-Kategorien" christologisch bestimmbar werde, und unter jene Kategorien gehöre „die apokalyptische Struktur der verkehrten Welt" (Assel 2020: 21.34f.). Etwa der „Menschensohn"-Titel fungiere als Hinweis auf eine „Repräsentations-Figur" (Jesus), die in der Abwesenheit Gottes und dem Gericht die verkehrte apokalyptische Welt erinnere. Noch unmittelbarer kommt die apokalyptische Struktur der „Verkehrung" in der Reich Gottes-Botschaft der Evangelien zum Tragen (Assel 2020: 90–94.120–148). Der gegenwärtig-erinnerte Jesus und der am Kreuz leidende und auferstandene Christus werden in der *textlichen*, genauer: textsemiotischen, Struktur von (historisch-)irdischer und (apokalyptisch-)verkehrter Welt gespiegelt. Daher bedarf die Christologie der apokalyptischen Vorstellungen von „Abbruch" (s. o.) und „Verwandlung" bzw. „Verkehrung", ohne dass die Apokalyptik christologisch vereinnahmt wird.

Schließlich ist das Ethos der Apokalyptik zu beachten, das bereits in der Antike im Kontext der Gottes Reich-Verkündigung der Evangelien durchscheint. Entsprechend haben ethische Begründungszusammenhänge von Immanuel Kant über Friedrich Schleiermacher bis Ernst Troeltsch und Trutz Rendtorff in der Hoffnung auf das Reich Gottes eine Orientierung gesehen (vgl. Arntz 2011: 96f.). Ob man grundsätzlich von einem spezifisch apokalyptischen Ethos sprechen darf, dürfte für Epoche zu Epoche und für Trägerkreis zu Trägerkreis unterschiedlich zu beantworten sein. Bereits die antike Apokalyptik zeigt sich ethisch eher an überkommenen und geläufigen Vorstellungen wie der „Tora" orientiert (zu 2Bar und 4Esr vgl. Allison Jr. 2014: 295; Kerner 1998: 277.284f.). Im Fokus steht dabei das erste Gebot, das Bekenntnis zu dem einen Gott Israels. Allerdings generiert die apokalyptische Erwartung des bevorstehenden Endes angesichts kosmischer Krisenphänomene spezifische Haltungen und Ansprüche an das Ethos, verstanden als rechtes, gottgemäßes Handeln. Die Naherwartung kommt bereits in bestimmten Phrasen, wie dem griechischen δεῖ *deî* („es ist nötig, es muss") zum Ausdruck (vgl. nur die griechischen Zeugen zu 1Hen 15,2; Dan 2,28f.; s. a. Mk 13,10.14). Neben der religiösen Orientierung prägt auch die soziale Gerechtigkeit (Sozialkritik), wie sie bereits aus der älteren Prophetie des Alten Testaments bekannt ist, das apokalyptische Ethos (vgl. Collins 2019: 189–211).

Im aktuellen theologisch-ethischen Diskurs wird die Gerechtigkeitsfrage sowohl im Kontext von Politik und Ökonomie (Assel 2016: 384) als auch vor dem Hintergrund technologie-ethischer Fragestellungen

(Dupuy 2007: 237f.243–246) erörtert. Basis aller christlichen wie jüdischen Ausrichtung auf die Zukunft, die zugleich eine anthropologische Grundverfasstheit benennt (Askani 2017: 313), ist die Hoffnung. Diese Hoffnung kann sowohl als eschatologische oder, konkreter, apokalyptische Haltung des Menschen beschrieben werden. Im vor allem christlich-ethischen Diskurs um die Gerechtigkeitsfrage bietet das jesuanische Evangelium von dem bereits angebrochenen Reich Gottes den Bezugsrahmen jener Hoffnung. Neutestamentlicher Bezugspunkt ist die Bergpredigt (Mt 5–7). Ende des 19. und zu Beginn des 20. Jahrhunderts, in den Ansätzen der liberalen Theologie (Albert Schweitzer, Johannes Weiß u. a.), führte dies zu einer Zurückweisung des apokalyptischen Ethos im Sinne einer „Interimsethik" (vgl. die Kritik bei Schockenhoff 2015: 94–101). Wie auch immer man das Ethos im apokalyptischen Deutungsrahmen versteht, es wird in der Vorgabe des bereits als initiiert verstandenen Reiches Gottes innerhalb christlicher Traditionen und Rezeptionen als „anti-utopisch" oder zumindest „Utopie-kritisch" aufzufassen sein (vgl. Boysen 2021: 110–116). Jedenfalls kann von hier aus gegen gewaltaffine, fatalistische oder strikt weltverneinende Ansätze eines apokalyptischen Ethos im Umfeld von Sekten oder auch fundamentalistischen Gruppierungen argumentiert werden (s. o. Punkt 2.). Insgesamt wird man nicht von einem apokalyptischen Ethos – oder gar einer apokalyptischen Ethik – sprechen dürfen, insofern die Kriterien des Ethos durch die aus der apokalyptischen Denkfigur heraus sich ergebenden Zeit- und Raumvorstellungen generiert werden.

5. Die apokalyptischen Dimensionen im Kontext von „Themen der Theologie"

Die Darlegung zur religiösen, politischen, kulturellen und theologischen Dimension der Apokalyptik ergibt zahlreiche Überschneidungen, die in ihren vor allem theologischen Bezügen durch die nachfolgenden Einzelbeiträge näher diskutiert werden. Zwei ganz grundlegende Beobachtungen seien vorausgeschickt: Zum einen erweisen die Dimensionen der Apokalyptik die Traditionskonstanz und aktuelle Relevanz jener Denkform. Zum anderen bedürfen die Rezeptionsprozesse letztlich keiner Differenzierung in eine literarische Gattung „Apokalypse" und die darauf bezogenen Motive in der Apokalyptik von der Antike bis in die Gegenwart. Die Motivkonstellationen und Vorstellungen der Apokalyptik können gar in „kupierter" Form begegnen (Vondung 1988; s. o. Punkt 1.). Dabei zeigen kulturelle und theologische Ansätze, dass in den Reden von der „postapokalyptischen" Epoche ganz und gar innerweltliche Kriterien und Maßnahmen zur Krisenbewältigung bemüht werden, die einen kosmischen Abbruch der vorfindlichen Welt gerade ausschließen (s. o. Punkt 4.; Ferguson 2021). Vielmehr wird die Apokalyptik als Katastrophe in vorfindlichen Lebenszusammenhängen verstanden, die auch „in der Welt" überwunden werden kann. Dieser Denkform einer „profanen Eschatologie" (Boysen 2021: 64–71) korrespondieren innerweltlich bereits realisierte Heilskonstellationen in der christlichen Theologie (vgl. Körtner, 175f.).

Die Frage nach dem mit der Apokalypse einhergehenden „Abbruch", der „Verwandlung" bzw. „Verkehrung" (s. o. Punkt 4.), verknüpft in der Forschung aktuelle Bedeutungsgehalte mit denen antiker Quellen. Nun hatte sich insbesondere zur kulturellen und politischen Dimension der Apokalyptik gezeigt, dass zwischen antiken und vor allem neuzeitlichen apokalyptischen Konzeptionen durchaus Traditionsabbrüche festzustellen sind. Anders formuliert: Trotz der nicht nur terminologischen Verbindungen sind „Apokalypsen" in Antike und Gegenwart nicht einfach deckungsgleich. Die neuzeitliche und vor allem zeitgeschichtliche Beschreibung von „Apokalypse" tendiert zu einer kupierten Form (s. o.) bzw. entwirft innerweltliche Lösungsstrategien zu ihrer Überwindung in einem „postapokalyptischen Zeitalter". Gemeinsam ist allen apokalyptischen Denkformen durch die Geschichte hindurch der Auslöser einer krisenhaften Erscheinung von globaler Bedeutung (s. o. Punkt 1.). So wird etwa in der Neuzeit häufig das verheerende Erdbeben in Lissabon (1755) als Orientierung genannt (vgl. Gray 2010: 43; Ferguson 2021: 132–134.151–153).

Theologisch ergeben sich allerdings Spezifika, wenn man neben den erläuterten Aspekten „Kosmologie", „Messianismus" und „Ethos" (s. o. Punkt 4.) insbesondere die Theodizee-Problematik berücksichtigt. So kann eine kosmische Krise als Abbruch des göttlichen Heilsplans aufgefasst werden. Allerdings arbeiten bereits die antik-apokalyptischen Konzepte diesem Verständnis entgegen: Sie kombinieren Gottesvorstellungen, die sich einem deterministischen Geschichtsbild verpflichtet wissen (vgl. etwa die Periodisierung der *Zehnwochenapokalypse* in 1Hen 93,1–10; 91,11–17), die die himmlische und göttliche trennscharf von der irdischen Welt unterscheiden (vgl. die unterschiedlichen Offenbarungen in 1Hen 1–5 und 6–11) und dadurch den Akzent auf ein häufig durch Mittlergestalten wie den *angelus interpres* („Deuteengel") gewährleistetes Offenbarungsgeschehen legen (vgl. Dan 7–12). Das geoffenbarte Wissen wird als „Geheimnis", als eschatologisches, himmlisches Wissen für wenige Auserwählte, beschrieben (vgl. Dan 2,18f.; 1Hen 106,19; 1QM 3,8f.; 14,14f.; 3Bar 1,6.8; 2,6). Entscheidend ist, dass jene Offenbarungen eine Jenseitswelt, zumeist für die Zukunft, erschließen, in der die „Gerechtigkeit" eines heilvollen Zustands wiederhergestellt erscheint.

Die christliche Dogmatik sieht dann im „Nein" Gottes zur an das Böse verfallenen Welt ein „verborgenes Ja", das in Gottes Treue zu seiner Schöpfung gründe (so Moltmann 1995: 256). Unter Berücksichtigung einer Präexistenzchristologie (vgl. schon Kol 1,15–20; Joh 1,1–18) lässt sich diese „Treue Gottes" gleichsam verlängern: nämlich hinein in die Menschwerdung Gottes in Christus. Schon die mittelalterliche Theologie kann die christliche Eschatologie in Verknüpfung mit der Lehre von der Vollendung der Schöpfung oder als Abschluss der Christologie diskutieren (siehe Körtner, 159). Zudem weist die Rezeptionsgeschichte der Johannesoffenbarung eine dualistische Vision des Weltendes aus. Mit Hilfe christologischer Interpretationen der Welt wird so die eschatologische Relevanz des christlichen Lebens bis in die Gegenwart hinein verdeutlicht (siehe Pezzoli-Olgiati, 206–209). Schon für die frühchristliche Zeit wäre hier von einer „kosmischen Christologie" zu sprechen (so Frenschkowski, 107). Insbesondere die Theologie Karl Barths hat dann im Kontext der Dialektischen Theologie für die neuzeitliche Dogmatik die Endzeit ins Zentrum gerückt (siehe Körtner, 161).

Insgesamt gehören apokalyptische Motive und Denkformen also nicht nur in den Kontext der Eschatologie oder Lehre von den letzten Dingen, sondern werden auch in dogmatischen Lehrstücken wie der Schöpfungstheologie, der Christologie oder der Soteriologie und Anthropologie aufgerufen.

Quellen und Literaturverzeichnis

1. Quellen

Bahman Yašt/Zand-î Vohûman Yasn: Zand-î Vohûman Yasn and Two Pahlavi Fragments. With Text, Transliteration and Translation by Behramgore Tehmuras Anklesaria, Bombay 1957.

2Bar/griechische Baruch-Apokalypse: Hage, Wolfgang: Die griechische Baruch-Apokalypse (JSHRZ V/1), Gütersloh 1974, 15–44.

3Bar/syrische Baruch-Apokalypse: Klijn, Albertus F. J.: Die syrische Baruch-Apokalypse (JSHRZ V/2), Gütersloh 1976, 107–191.
Cortázar 1976/1987: Cortázar, Julio: Apokalypse in Solentiname (1976), in: ders.: Passatwinde. Erzählungen, übers. aus dem Spanischen von Rudolf Wittkopf, Frankfurt a. M. 1987, 59–66.
4Esr: Schreiner, Josef: Das 4. Buch Esra (JSHRZ V/4), Gütersloh 1981.
Ḥadīth/Khoury 2008: Khoury, Adel Theodor: Der Ḥadīth. Urkunde der islamischen Tradition, Bd. 1: Der Glaube, Gütersloh 2008.
1Hen: Nickelsburg, George W. E./VanderKam, James C. (Hgg.): 1Enoch. A New Translation Based on the Hermeneia Commentary, Minneapolis 2004.
Hesiod: *Werke und Tage*, übers. und hg. von Otto Schönberger, Stuttgart 2004.
Jub/Jubiläen: Berger, Klaus: Das Buch der Jubiläen (JSHRZ II/3), Gütersloh 1981.
Koran: Der Koran, übers. aus dem Arabischen von Hartmut Bobzin, München 2015².
Lawrence 1931/2001: Lawrence, David Herbert: Apocalypse and the Writings on Revelation, hg. von Mara Kalnins (The Cambridge Edition of the Letters and Works of D. H. Lawrence), Cambridge 2001.
PsSal/Psalmen Salomons: Holm-Nielsen, Svend: Die Psalmen Salomos (JSHRZ IV/2), Gütersloh 1977.
Sib/Sibyllinen: Gauger, Jörg-Dieter: Sibyllinische Weissagungen. Griechisch-Deutsch. Auf der Grundlage der Ausgabe von Alfons Kurfeß (Sammlung Tusculum), Düsseldorf/Zürich 1998.
Texte vom Toten Meer (Qumran etc.): Tigchelaar, Eibert J. C./García Martínez, Florentino (Hgg.): The Dead Sea Scrolls Study Edition, 2 Bde., Leiden/Boston/Köln 1998.
Velleius Paterculus: *Res gestae divi Augusti*/Kompendium der römischen Geschichte: Velleius Paterculus: Compendium of Roman History/Res gestae divi Augusti, hg. von Frederick W. Shipley (LCL 152), Cambridge, MA/London 1924.
Zeh 2021: Zeh, Julie: Über Menschen. Roman, München 2021².

2. Sekundärliteratur

Allison Jr. 2014: Allison, Dale C. Jr.: Apocalyptic Ethics and Behavior, in: Collins, John J. (Hg.): The Oxford Handbook of Apocalyptic Literature, Oxford 2014, 295–311.
Arjomand 1998: Arjomand, Saïd Amir: Islamic Apocalypticism in the Classic Period, in: McGinn, Bernard (Hg.): The Encyclopedia of Apocalypticism, Bd. 2: Apocalypticism in the Western History and Culture, New York 1998, 238–283.
Arntz 2011: Arntz, Klaus: „Ich will nicht ins Paradies!" Ethische Implikationen einer apokalyptischen Weltdeutung, in: Riedl, Gerda u. a. (Hgg.): Apokalyptik – Zeitgefühl mit Perspektive?, Paderborn 2011, 83–99.
Askani 2017: Askani, Hans-Christoph: „Amen, ja, komm Herr Jesu!". Gedanken zum eschatologischen Charakter des christlichen Glaubens, in: Chalamet, Christophe u. a. (Hgg.): Game Over? Reconsidering Eschatology (TBT 180), Berlin/Boston 2017, 313–333.
Assel 2016: Assel, Heinrich, Art. Eschatologie und Ethik, ESL⁹, Stuttgart 2016, 382–386.

Assel 2020: Assel, Heinrich: Elementare Christologie, 2. Bd.: Der gegenwärtig erinnerte Jesus, Gütersloh 2020.
Beyerle 1999: Beyerle, Stefan: Von der Löwengrube ins himmlische Jerusalem. Erwägungen zur jüdischen Apokalyptik, GlLern 14 (1999), 23–34.
Beyerle 2007: Beyerle, Stefan: Angelic Revelation in Jewish Apocalyptic Literature, in: Reiterer, Friedrich V. u. a. (Hgg.): Angels. The Concept of Celestial Beings – Origins, Development and Reception (DCLY 2007), Berlin/New York 2007, 205–223.
Boysen 2021: Boysen, Knud Henrik: Eschatologisches Denken. Ein theologischer Essay über Kategorien, Typen und Interaktionen profaner und christlicher Gegenwartsdeutung (T-K-H 34), Leipzig 2021.
Brocker 2020: Brocker, Manfred: Flucht von der Erde. Kann man die Menschheit evakuieren?, in: Pfleiderer, Georg/ders. (Hgg.): Krise der Zukunft I. Apokalyptische Diskurse in interdisziplinärer Diskussion (Religion – Wirtschaft – Politik 15), Zürich 2020, 303–367.
Cohn 1988: Cohn, Norman: Das neue irdische Paradies. Revolutionärer Millenarismus und mystischer Anarchismus im mittelalterlichen Europa, Reinbek 1988.
Collins 2016: Collins, John J.: The Apocalyptic Imagination. An Introduction to Jewish Apocalyptic Literature, Grand Rapids 2016³.
Collins 2019: Collins, John J.: What Are Biblical Values? What the Bible Says on Key Ethical Issues, New Haven/London 2019.
Dupuy 2007: Dupuy, Jean-Pierre: Ethik der Technologie im Zeitalter der drohenden Apokalypse, in: Palaver, Wolfgang u. a. (Hgg.): Aufgeklärte Apokalyptik. Religion, Gewalt und Frieden im Zeitalter der Globalisierung (Edition Weltordnung – Religion – Gewalt 1), Innsbruck 2007, 229–249.
Fauser 2011: Fauser, Markus: Einführung in die Kulturwissenschaft, Darmstadt 2011⁵.
Ferguson 2021: Ferguson, Niall: Doom. Die großen Katastrophen der Vergangenheit und einige Lehren für die Zukunft, übers. aus dem Englischen von Jürgen Neubauer, München 2021.
Frey 1999: Frey, Jörg: Das apokalyptische Millennium. Zu Herkunft, Sinn und Wirkung der Millenniumsvorstellung in Offenbarung 20,4–6, in: Bochinger, Christoph/Timm, Hermann (Hgg.): Millennium. Deutungen zum christlichen Mythos der Jahrtausendwende, Gütersloh 1999, 10–72.
Frisch 2017: Frisch, Alexandria: The Danielic Discourse on Empire in the Second Temple Literature (JSJ.S 176), Leiden/Boston 2017.
Ghaffar 2020: Ghaffar, Zishan: Der Koran in seinem religions- und weltgeschichtlichen Kontext. Eschatologie und Apokalyptik in den mittelmekkanischen Suren (Beiträge zur Koranforschung 1), Paderborn 2020.
Gray 2010: Gray, John: Politik der Apokalypse. Wie Religion die Welt in die Krise stürzt, übers. aus dem Englischen von Christoph Trunk, Stuttgart 2010³.
Hall 2009: Hall, John R.: Apocalypse. From Antiquity to the Empire of Modernity, Cambridge/Malden 2009.
Hellholm 2006: Hellholm, David: Religion und Gewalt in der Apokalyptik, in: Schweitzer, Friedrich (Hg.): Religion, Politik und Gewalt. Kongressband des XII. Europäischen Kongresses für Theologie 18.–22. September 2005 in Berlin (VWGTh 29), Gütersloh 2006, 413–438.

Hofmann 1982: Hofmann, Rupert: Chiliasmus statt politischer Vernunft, Zeitschrift für Politik NF 29 (1982), 331–347.

Jeremias 2012: Jeremias, Jörg: Prophetische Wahrheit im Wandel der Geschichte, in: Beyerle, Stefan u. a. (Hgg.): Viele Wege zu dem Einen. Historische Bibelkritik – Die Vitalität der Glaubensüberlieferung in der Moderne (BThSt 121), Neukirchen-Vluyn 2012, 61–81.

Käsemann 1960/1986: Käsemann, Ernst: Die Anfänge christlicher Theologie (1960), in: ders.: Exegetische Versuche und Besinnungen. Auswahl, Göttingen 1986, 110–132.

Kaube 2008: Kaube, Jürgen: Die Apokalypse in den Medien – Etwas zur Soziologie der Übertreibung, in: Nagel, Alexander-Kenneth u. a. (Hgg.): Apokalypse. Zur Soziologie und Geschichte religiöser Krisenrhetorik, Frankfurt/New York 2008, 289–299.

Kerner 1998: Kerner, Jürgen: Die Ethik der Johannes-Apokalypse im Vergleich mit der des 4. Esra. Ein Beitrag zum Verhältnis von Apokalyptik und Ethik (BZNW 94), Berlin/New York 1998.

Khoury 2008: Khoury, Adel Theodor: Der Ḥadīth. Urkunde der islamischen Tradition, Bd. 1: Der Glaube, Gütersloh 2008.

Kippenberg 2008: Kippenberg, Hans G.: Vom Quietismus zum Aktivismus – Apokalyptische Pragmatik, überprüft anhand des Falles Hamas, in: Nagel, Alexander-Kenneth u. a. (Hgg.): Apokalypse. Zur Soziologie und Geschichte religiöser Krisenrhetorik, Frankfurt/New York 2008, 262–288.

Körtner 2014: Körtner, Ulrich H. J.: Die letzten Dinge (Theologische Bibliothek 1), Neukirchen-Vluyn 2014.

Kratz 2022: Kratz, Reinhard G.: Qumran. Die Schriftrollen vom Toten Meer und die Entstehung des biblischen Judentums, München 2022.

Künzli 1998: Künzli, Arnold: Gotteskrise. Fragen zu Hiob, Lob des Agnostizismus (Rowohlts Enzyklopädie), Reinbek 1998.

Kurschus 2019: Kurschus, Annette: Wandel ohne Apokalypse. Neue Verantwortungskultur in Solidarität und Kooperation, Zeitzeichen 20/5 (2019), 15.

Landes 2021: Landes, Richard: Apocalyptic Millennialism. The Most Powerful, Volatile, Imaginary Force in Human History, in: Lehner, Hans-Christian (Hg.): The End(s) of Time(s). Apocalypticism, Messianism, and Utopianism through the Ages (Prognostication in History 6), Leiden/Boston 2021, 358–392.

Langenfeld 2014: Langenfeld, Aaron: Apokalyptik und Gewalt. Religiöse Gewaltpotenziale und ihre theologische Reflexion, in: Mohagheghi, Hamideh/Stosch, Klaus von (Hgg.): Gewalt in den Heiligen Schriften von Islam und Christentum (Beiträge zur komparativen Theologie 10), Paderborn 2014, 159–176.

Löhr 2019: Löhr, Hermut: The „Two Aeons". Remarks on an Early Christian Concept of the World and Its Implications and Explications, in: Ramond, Sophie/Achenbach, Reinhard (Hgg.): Aux commencements. Création et temporalité dans la Bible et dans son contexte culturel. Collected Essays on Creation and Temporality in Ancient Near Eastern and Biblical Texts (BZABR 24), Wiesbaden 2019, 101–110.

Lohlker 2016: Lohlker, Rüdiger: Theologie der Gewalt. Das Beispiel IS (UTB 4648), Wien 2016.

Markschies 2016: Markschies, Christoph: Editorial/Einleitung, ZAC 20 (2016), 1–20.
Matern 2020: Matern, Harald: Einleitung – Die Krise der Zukunft. Zum apokalyptischen Subtext moderner Krisensemantiken, in: Pfleiderer, Georg/Matern, Harald (Hgg.): Die Krise der Zukunft. Apokalyptische Diskurse in interdisziplinärer Diskussion (Religion – Wirtschaft – Politik 15), Zürich 2020, 9–56.
Metz 1992: Metz, Johann Baptist: Hoffnung als Naherwartung – oder: Der Kampf um die verlorene Zeit. Unzeitgemäße Thesen zur Apokalyptik, in: ders.: Glaube in Geschichte und Gesellschaft. Studien zu einer praktischen Fundamentaltheologie, Mainz 1992[5], 165–174.
Moltmann 1995: Moltmann, Jürgen: Das Kommen Gottes. Christliche Eschatologie, Gütersloh 1995.
Müller 2021: Müller, Reinhard: Das umgestürzte Recht (Amos 5,7). Ein Zeugnis althebräischer Gerichtsprophetie und seine politischen und religionsgeschichtlichen Hintergründe, in: Höfele, Andreas u. a. (Hgg.): Chaos from the Ancient World to Early Modernity. Formation of the Formless, Berlin/Boston 2021, 59–80.
Nagel 2008: Nagel, Alexander-Kenneth: Ordnung im Chaos – Zur Systematik apokalyptischer Deutung, in: ders. u. a. (Hgg.): Apokalypse. Zur Soziologie und Geschichte religiöser Krisenrhetorik, Frankfurt/New York 2008, 49–72.
Nagel 2021: Nagel, Alexander-Kenneth: Corona und andere Weltuntergänge. Apokalyptische Krisenhermeneutik in der modernen Gesellschaft (Kulturen der Gesellschaft 48), Bielefeld 2021.
Newsom 2014: Newsom, Carol A.: Daniel. A Commentary (OTL), Louisville, 2014.
Newsom 2019: Newsom, Carol A.: The Rhetoric of Jewish Apocalyptic Literature, in: dies.: Rhetoric and Hermeneutics. Approaches to Text, Tradition and Social Construction in Biblical and Second Temple Literature (FAT 130), Tübingen 2019, 67–82.
Öhler 2016: Öhler, Markus: Das Bestehen des Kosmos vor dem Hintergrund frühjüdischer und frühchristlicher Apokalyptik. Anmerkungen zur Bedeutung des Neuen Testaments für eine gegenwärtige Ökotheologie, KuD 62 (2016), 3–26.
Pagni 1986: Pagni, Andrea: Die letzte Insel. Julio Cortázars „Apokalypse in Solentiname", in: Grimm, Gunter E. u. a. (Hgg.): Apokalypse. Weltuntergangsvisionen in der Literatur des 20. Jahrhunderts, Frankfurt a. M. 1986, 205–221.
Portier-Young 2011: Portier-Young, Anathea E.: Apocalypse against Empire. Theologies of Resistance in Early Judaism, Grand Rapids/Cambridge 2011.
Preusser 2018: Preusser, Heinz-Peter: Eine sachliche Apokalyptikerin. Julie Zeh als zeitdiagnostische Autorin der Gegenwart, Zeitschrift für Germanistik NF 28 (2018), 630–634.
Remenyi 2008: Remenyi, Matthias: Apokalyptischer Weltenbrand oder Hoffnung für den ganzen Kosmos? Theologische Überlegungen zum Ende der Welt, ThQ 188 (2008), 50–68.
Roepert 2021: Roepert, Leo: Der Mythos vom Großen Austausch, in: Betz, Gregor J./Bosančić, Saša (Hgg.): Apokalyptische Zeiten. Endzeit- und Katastrophenwissen gesellschaftlicher Zukünfte, Weinheim/Basel 2021, 44–61.
Rudolph 2001: Rudolph, Enno: Politisch Apokalyptik – apokalyptische Politik, in: Holzhey, Helmut/Kohler, Georg (Hgg.): In Erwartung eines Endes. Apokalyptik und Geschichte (THEOPHIL 7), Zürich 2001, 113–128.

Schockenhoff 2015: Schockenhoff, Eberhard: Die Hoffnung auf das Jenseits als motivierende Kraft für das Handeln heute, in: Kasper, Walter Kardinal/Augustin, George (Hgg.): Hoffnung auf das ewige Leben. Kraft zum Handeln heute (Theologie im Dialog 15), Freiburg i. Br. u. a. 2015, 85–103.

Schilk 2021: Schilk, Felix: „Heroismus als Weg zur Transzendenz". Metadiskursive Religionsbezüge und apokalyptische Diskurspraxis der Neuen Rechten, Zeitschrift für Religion, Gesellschaft und Politik 5 (2021), 445–469.

Schmid 2012: Schmid, Konrad: Schöpfung im Alten Testament, in: ders. (Hg.): Schöpfung (Themen der Theologie 4), Tübingen 2012, 71–120.

Schmid 2019. Schmid, Konrad: Theologie des Alten Testament (Neue Theologische Grundrisse), Tübingen 2019.

Schmidt 2002: Schmidt, Christoph: „WaTaschlech Emet Arza ..." – „Und er warf die Wahrheit zu Boden" (Daniel 8;12 [sic!]). Apokalypse, politische Theologie und Historiographie der Kultur in Elias Bickermanns „Der Gott der Makkabäer", Berlin 1937, in: Brokoff, Jürgen/Jacob, Joachim (Hgg.): Apokalypse und Erinnerung in der deutsch-jüdischen Kultur des frühen 20. Jahrhunderts (Formen der Erinnerung 13), Göttingen 2002, 147–170.

Sommer 2016: Sommer, Michael: Ein Text aus Palästina? Gedanken zur einleitungswissenschaftlichen Verortung der Apokalypse des Abraham, JSJ 47 (2016), 236–256.

Stamm 1998: Stamm, Hugo: Im Bann der Apokalypse. Endzeitvorstellungen in Kirchen, Sekten und Kulten, Zürich 1998².

Stewart Lester 2021: Stewart Lester, Olivia: The Four Kingdoms Motif and Sibylline Temporality in Sibylline Oracles 4, in: Perrin, Andrew/Stuckenbruck, Loren T. (Hgg.): Four Kingdom Motifs Before and Beyond the Book of Daniel (Themes in Biblical Narrative 28), Leiden/Boston 2021, 121–141.

Taubes 1947/2007: Taubes, Jacob: Abendländische Eschatologie. Mit einem Nachwort von Martin Treml (Batterien 45), ND Berlin 2007.

Taubes 1959/2017: Taubes, Jacob: Gemeinschaft nach der Apokalypse, in: ders.: Apokalypse und Politik. Aufsätze, Kritiken und kleinere Schriften, hg. von Herbert Kopp-Oberstebrink/Martin Treml, Paderborn 2017, 127–138.

Taubes 1969/1996: Taubes, Jacob: Kultur und Ideologie, in: ders.: Vom Kult zur Kultur: Bausteine einer Kritik der historischen Vernunft. Gesammelte Aufsätze zur Religions- und Geistesgeschichte, hg. von Aleida Assmann u. a., München 1996, 283–304.

Taxacher 2010: Taxacher, Gregor: Apokalyptische Vernunft. Das biblische Geschichtsdenken und seine Konsequenzen, Darmstadt 2010.

Thompson 1997: Thompson, Damian: Das Ende der Zeit. Apokalyptik und Jahrtausendwende, übers. aus dem Englischen von Gerold Dommermuth-Gudrich, Hildesheim 1997.

Unrau 2021: Unrau, Christine: Keine Predigt der Apokalypse? Apokalyptische Narrative in der Globalisierungskritik, in: Betz, Gregor J./Bosančić, Saša (Hgg.): Apokalyptische Zeiten. Endzeit- und Katastrophenwissen gesellschaftlicher Zukünfte, Weinheim/Basel 2021, 158–178.

Vondung 1988: Vondung, Klaus: Die Apokalypse in Deutschland, München 1988.

Wessinger 2014: Wessinger, Catherine: Apocalypse and Violence, in: Collins, John J. (Hg.): The Oxford Handbook of Apocalyptic Literature, New York u. a. 2014, 422–440.

Witte 2014: Witte, Markus: Jesus Christus im Spiegel des Alten Testaments, in: Schröter, Jens (Hg.): Jesus Christus (Themen der Theologie 9), Tübingen 2014, 13–70.

Wolter 2009: Wolter, Michael: Apokalyptik als Redeform im Neuen Testament, in: ders.: Theologie und Ethos im frühen Christentum. Studien zu Jesus, Paulus und Lukas (WUNT 236), Tübingen 2009, 429–452.

Zolles 2016: Zolles, Christian: Die symbolische Macht der Apokalypse. Eine kritisch-materialistische Kulturgeschichte politischer Endzeit (Cultural History of Apocalyptic Thought/Kulturgeschichte der Apokalypse 2), Berlin/Boston 2016.

Zolles 2021: Zolles, Christian: Apocalypsis ex media. Horizonte einer Medialitätsgeschichte von Offenbarung und Untergang (Cultural History of Apocalyptic Thought/Kulturgeschichte der Apokalypse 4), Berlin/Boston 2021.

3. Literaturhinweise zum vertiefenden Studium

McGinn, Bernard u. a. (Hgg.): The Encyclopedia of Apocalypticism, 3Bde., New York 1998.

Koch, Klaus: Ratlos vor der Apokalyptik. Eine Streitschrift über ein vernachlässigtes Gebiet der Bibelwissenschaft und die schädlichen Auswirkungen auf Theologie und Philosophie, Gütersloh 1970.

Sauter, Gerhard: Einführung in die Eschatologie (Die Theologie), Darmstadt 1995.

Altes Testament / Antikes Judentum

Stefan Beyerle

Apokalyptik im antiken Judentum

1. Begriff, Gegenstand und Trägerkreise

1.1 Begriff und Gegenstand

Mit dem Begriff *Apokalyptik* bezeichnet die Forschung ein weites und nicht näher definierbares Konglomerat von Textsorten, Motiven, Inhalten, aber auch von Weltanschauungen, Haltungen oder soziologisch zu erfassenden Phänomenen. Bereits die Vielzahl der genannten möglichen Gegenstandsbereiche verdeutlicht, dass der Terminus unterbestimmt ist. Dennoch ist eine inhaltliche Annäherung möglich: Die Apokalyptik benennt Phänomene, die in strikter Naherwartung eine zumeist durch Krisensituationen hervorgerufene Verfallenheit der jeweiligen Gegenwart an das Böse durch die Hoffnung auf eine zukünftige und jenseitige Welt zu überwinden suchen. Die Festlegung geschichtlicher Ereignisse und Epochen (Determinismus), ein auch ethisch verstandener Dualismus, die Personifizierung des Bösen und das häufig durch Mittlerwesen wie Engel offenbarte Geheimwissen bestimmen weiterhin jene antiken Literaturen und Phänomene. Von dieser noch sehr vorläufigen Beschreibung aus können weitere Disziplinen und Wissenschaftsbereiche unterschieden werden, die sich mit Apokalyptik befassen. Zu diesen gehören historisch orientierte Wissenschaften wie Ägyptologie, Altorientalistik, Rhetorik oder Geschichtswissenschaften genauso wie hermeneutische Fächer und Fragestellungen aus Soziologie, Philosophie, Germanistik und Literatur- oder Politikwissenschaft.

Bereits an den sehr unterschiedlichen Geltungsbereichen des Phänomens Apokalyptik zeigt sich, dass eine klar umrissene und eindeutige Definition kaum möglich ist. Dennoch halten einige Exegeten, Historiker und Kulturwissenschaftler an der Definierbarkeit zumindest der literarischen Gattung *Apokalypse* fest, die noch einmal vom weiter gefassten Phänomen *Apokalyptik* zu unterscheiden ist. Grundsätzlich gehen Beschreibungen gegenwärtig von einer Dreiteilung aus: Sie unterscheidet die literarische Gattung *Apokalypse* von einer durch entsprechende Motive geprägten *Apokalyptik* als Grundhaltung und auch sozialem, daher soziologisch erfassbaren Phänomen – etwa in den Handschriften vom Toten Meer (Qumran; s. u. Punkt 4.) – und der insbesondere aus der späten Prophetie abgeleiteten *apokalyptischen Eschatologie*. Zwar stammen Begriffe und Differenzierungen letztlich aus der christlich-theologischen Wissenschaftstradition, werden aber längst auch für kulturelle, literaturwissenschaftliche und philosophische Diskurse genutzt (vgl. Zolles 2016: 29–39).

Für die Apokalyptik werden Motive wie Äonendualismus, ethischer Dualismus, Engel(-Hierarchien), Todesüberwindung (z. B. Auferstehung), Messianismus oder endzeitliches Gericht namhaft gemacht, und die Gemeinschaft – eher wäre von mehreren Gemeinschaften auszugehen – vom Toten Meer gilt schlechthin als Gruppierung mit apokalyptischer Eschatologie. Hingegen lautet die Definition der literarischen Gattung nach John J. Collins (vgl. Beyerle, 1999) sinngemäß: Eine Apokalypse bezeichnet Offenbarungsliteratur mit einem erzählerischen Rahmen. Darin eröffnet ein jenseitiges Wesen, Gott selbst oder ein Mittler (etwa Engel; vgl. *angelus interpres*), einer auserwählten Gemeinschaft geheimes, himmlisches Wissen. Dieses Wissen beinhaltet eine jenseitige Realität, wobei ihre Jenseitigkeit sowohl zeitlich als auch räumlich bestimmt sein kann.

Zumeist verweist die Gattung Apokalypse auf eine Krisensituation, in der sie, weniger durch Trost als durch die Motivation zum Widerstand, Strategien der Krisenbewältigung entwickelt. Es begegnen weiterhin verschiedene Typen dieser Gattung: Apokalypsen mit Geschichtsrückblicken oder mit Jenseitsreisen. Darüber hinaus sind sprachliche Merkmale von Bedeutung: Texte wie die *Tierapokalypse* (s. u. 1Hen 85–90) oder das Danielbuch (Kap. 2*; 7–8) verwenden eine Vielzahl an sprachlichen Symbolen, die sich durch Konventionalität auszeichnen, indem sie sprachliche Bilder konsequent auf reale Verhältnisse ihrer Entstehungszeit beziehen. In den beiden genannten Apokalypsen sind dies: Tiere, Menschenwesen oder anatomische Bestandteile von Tieren, wie Hörner, die Königtümer, Engel- und Zwischenwesen sowie Herrscher und Könige repräsentieren. Jenen symbolischen Apokalypsen stehen solche gegenüber, die unter Verzicht auf sprachliche Symbole die Realität abbilden wie in Dan 10–12 (vgl. zu dieser Unterscheidung: Reynolds 2011).

Sowohl die Definition und ihre erkenntnistheoretischen Voraussetzungen als auch die sich aus der Definition ergebende Taxonomie (d. h. systematische Einordnung) der Apokalypsen werden immer wieder kritisch hinterfragt. Dabei sind folgende Aspekte zu beachten: Die Subgruppen unterschiedlicher Formen der Gattung orientieren sich an eschatologischen Vorstellungen. Dabei handelt es sich einerseits um eine eher temporal gefasste, in Epochen gegliederte Geschichtsschau und andererseits um eine eher räumlich orientierte, Jenseitsreisen oder kosmische Reisen schildernde Endzeit-Erwartung. Damit ist die Beschreibung apokalyptischer Eschatologie insofern christlich geprägt, als sie sowohl den Aspekt einer *realized eschatology* („verwirklichter Eschatologie") als auch die Unterscheidung einer temporalen und räumlichen (spatialen) Eschatologie impliziert. Daraus folgt das Problem, dass ursprünglich jüdische Apokalypsen durch vor allem christliche Deutungsmuster erschlossen werden. Darüber hinaus ist eine Tendenz zur Überbetonung des Offenbarungscharakters in der Definition zu beobachten, bis hin zu restriktiven Eingrenzungen der Apokalypsen auf „Offenbarungsliteraturen" (vgl. Wolter 2009). Damit bleibt auch die Gattung Apokalypse, ähnlich wie die Apokalyptik (s. o.), definitorisch unterbestimmt. Dennoch berufen sich Alternativen zur strikt definitorischen Eingrenzung der Apokalypse immer wieder auf den Offenbarungscharakter der Schriften: Dabei stehen dann auch Einflüsse einer in der Mantik verankerten Weisheit im Vordergrund. Dies hat immerhin den positiven Nebeneffekt, dass die lange als unüberbrückbar geltende Alternative zwischen den „prophetischen" (Paul D. Hanson u. a.) und „weisheitlichen" (Gerhard von Rad u. a.) Wurzeln der Apokalyptik in der Forschung überwunden scheint. Hierzu haben nicht zuletzt auch deuterokanonische Texte (SapSal 1–6) und bislang unbekannte Weisheitstexte aus den Höhlen vom Toten Meer (4QInstruction; 4QMysteries) beigetragen, in denen weisheitliches und apokalyptisches Denken untrennbar verwoben sind.

Erkenntnistheoretisch ist das Problem der Zugänge *von außen* (etisch) und *von innen* (emisch) im Fokus. Je nach Erkenntnisansatz wären bei den bisherigen Definitionsversuchen mehr oder weniger kontrollierte Zirkelschlüsse zu monieren. Darüber hinaus ist die tendenziell auf eine statische Festlegung zielende Definition zu kritisieren, die dem eher dynamischen Charakter jeder Textsorte zuwiderläuft. Schließlich zielt die Diskussion auf prototypische Texte einer Gattung, die einen Kernbestand des Genres ausweisen. Von jenen Prototypen aus ist die Definition abgeleitet, mit deren Hilfe dann wiederum der Befund jener Prototypen überprüft wird. Auf diese Weise ist die Zirkularität der Methode zwar nicht vermieden, jedoch tendenziell kontrolliert und überprüfbar (vgl. Newsom 2005; Collins 2016a). Die Alternative liegt in einer weniger essentialistischen, auf eine reduzierte Taxonomie abhebenden Ordnung, die die Grenzen der Definition der literarischen Gattung Apokalypse aufbricht und damit stärker Randphänomene im Sinne der Apokalyptik wahrnehmen kann (vgl. Frenschkowski, 74–79).

Eine sich auf die antik-jüdische Apokalyptik beschränkende Zuordnung der wichtigsten Apokalypsen ergibt:

Tabelle 1: Zuordnung der antik-jüdischen Apokalypsen

Typ der Gattung Apokalypse	Quellen
Historische Apokalypsen	Dan 2*; 7–12; *Tierapokalypse* (1Hen 85–90); *Zehnwochenapokalypse* (1Hen 93,1–10; 91,11–17); 4Esr; 2Bar; Jub 1; 23? Vgl. auch ApkAbr: Historische Apokalypse *mit* Jenseitsreise
Apokalypsen mit Jenseitsreise	*Wächterbuch* (1Hen 1–36); *Astronomisches Buch* (1Hen 72–82); *Bilderreden* (1Hen 37–71); 2Hen; TestLev 2–5; 3Bar; TestAbr Rez. A 10–15; ApkZeph

Quelle: Collins 2016: 7–8

An Tabelle 1 zeigt sich, dass antik-jüdische Apokalypsen insbesondere außerhalb des Kanons der Hebräischen Bibel begegnen. Gesamtbiblisch beschränkt sich das Quellenmaterial auf Dan 2* (einer jüngeren Überarbeitung); 7–12 und die Johannesoffenbarung (vgl. auch Mk 13 parr.).

Trotz der inzwischen weitgehend akzeptierten Kategorisierung unterschiedlicher Apokalypsen ist sich die neuere Diskussion zu Phänomen und Gattung darüber einig, dass auch mit diesen Unterscheidungen noch keine verlässlichen Kriterien zur Identifizierung, insbesondere von Apokalyptik und apokalyptischer Eschatologie in ihren Differenzen zur literarischen Gattung Apokalypse, gewonnen sind. Neben den methodischen und erkenntnistheoretischen Schwierigkeiten (s. o.) bei der Gattung Apokalypse ist hier die Forschungsgeschichte zu beachten.

Das Problem liegt auch in der Tatsache begründet, dass alle genannten Termini und die damit verknüpfte sachliche Differenzierung sich nicht aus den antiken Quellen selbst erheben lassen, sondern moderne Zuschreibungsbegriffe der Forschung sind. Strenggenommen gilt dies bereits für die Gattung Apokalypse (wörtlich: Offenbarung), die zwar mit der aramäischen bzw. hebräischen Wurzel גלה – גלי (*glh* – *gly*: vgl. Dan 2,28–30; 10,1) und dem griechischen Verb ἀποκαλύπτω (vgl. Dan nach Pseudo-Theodotion: 2,19.22.28–30.47; 10,1; 11,35 und AddDan [*Bel et Draco*, Dan 13,32 LXX]; 3Bar 4,1f.) in den antiken Quellen, spätestens ab der Zeitenwende, einen punktuellen Haftpunkt besitzt. Die oben gelisteten Texte gelten jedoch erst in ihrer Gattungsbezeichnung seit der neuzeitlichen Forschung, seit Carl Immanuel Nitzsch (1787–1868) und Gottfried Christian Friedrich Lücke (1791–1855), als Apokalypsen (vgl. Frenschkowski, 74f.), nicht zuletzt orientiert an der Bezeichnung des letzten Buches der Bibel als Apokalypse.

Bereits im 19. Jahrhundert unterschied man diverse Entstehungszeiten und -orte der Apokalypsen, was in der (Wieder-)Entdeckung außerbiblischer Apokalypsen wie 1Hen oder 4Esr begründet liegt und zugleich schon früh zu notwendigen Differenzierungen führte: biblische (Dan; Apk) gegenüber außerbiblischer Apokalyptik, jüdische (1Hen u.a.) gegenüber christlicher Apokalyptik (Mk 13 parr.; Apk; AscJes; Herm vis), prophetische gegenüber apokalyptischer Eschatologie, frühe (1Hen 6–11; 72–82) gegenüber später Apokalyptik (2Bar; 3Bar; 3Hen), (späte) apokalyptische Prophetie (Jes 24–27; Ez 38–39; Sach 1–6; 9–14) gegenüber der Gattung Apokalypse (Dan 2*; 7–12), Weisheit gegenüber Apokalyptik. Einige dieser Unterscheidungen beschäftigen die Apokalyptik-Forschung bis in die Gegenwart.

1.2 Trägerkreise

Spätestens seit den Studien von Friedrich Lücke Mitte des 19. Jahrhunderts steht mit der Definition der antik-jüdischen Gattung Apokalypse auch die Frage nach den Trägerkreisen im Vordergrund. Allerdings leiden bislang alle Rekonstruktionen an einem methodischen Manko: Sieht man einmal von den Handschriften vom Toten Meer (Qumran; s.u. Punkt 4.) ab, dann existieren keine verlässlichen Selbstbeschreibungen apokalyptischer Gruppierungen. Das bedeutet aber, dass die Forschung bei der Charakterisierung dieser Gruppierungen auf die Apokalypsen selbst angewiesen ist, auf eben jene Apokalypsen, die entsprechend durch Zuschreibung der Forschung auf apokalyptische Gruppierungen bezogen werden. Auch bei der Ermittlung der Trägerkreise besteht also die Gefahr, sich in Zirkelschlüsse zu verstricken. Der Blick auf die Nachbarkulturen Israels, wie Babylonien, Ägypten, Persien oder Griechenland, ohne die das Phänomen der Apokalyptik nicht verständlich wird, bietet kaum Abhilfe. Allerdings zeigen die zahlreichen motivischen Gemeinsamkeiten mit jenen Nachbarkulturen, wie Prophezeiungen, Enderwartung, Geheimwissen oder ein periodisches Geschichtsbild, dass die Trägerkreise an einer mantischen Weltauffassung teilhaben, die etwa auch in den Handschriften vom Toten Meer bezeugt ist. Die Dominanz jener mantischen Züge geht auf ein weisheitliches Denken zurück, das Erkenntnisstreben und Wissen mit endzeitlichen Hoffnungen in einer besonderen Form der apokalyptischen Weltsicht bereits miteinander verknüpft hat. Schon daran wird deutlich, dass die insbesondere in der zweiten Hälfte des 20. Jahrhunderts strittige Frage, ob die Apokalyptik in der israelitischen Prophetie oder Weisheit wurzelt, sachlich unangemessen war.

Eine weitere Grundannahme ist wichtig: Die antiken Apokalyptiker waren keine Mitglieder einer gesellschaftlichen Randgruppe, sondern hochgebildete Schreiber, modern gesprochen: Intellektuelle. Die pseudepigraphen Namensgeber zahlreicher Apokalypsen werden entsprechend als „Schreiber" (1Hen 12,3f.; 15,1; 92,1; 2Hen 22,11f.; 33,8; 53,2f.; 4Esr 14,22–26.46f.) oder „Weise" oder „Einsichtige" (Dan 11,33.35; 12,3.10; 3Bar 10,1; ApkSedr 14,8) angesprochen.

Will man, wie in der Forschung immer wieder unternommen, die Trägerkreise näher präzisieren, gelangt man schnell an Grenzen, die sich durch Widersprüche, terminologische Ungenauigkeiten und den Mangel an Gemeinsamkeiten in den Hinweisen der Quellen selbst ergeben. So bezeugen die Handschriften aus den Höhlen vom Toten Meer zahlreiche Fragmente bekannter Apokalypsen, etwa zu Dan oder 1Hen. Allerdings existieren bislang keine Hinweise darauf, dass unter den gruppenspezifischen Texten auch die Gattung Apokalypse vorkommt. Somit wären die Qumraniten als „Apokalyptiker ohne Apokalypsen" zu bezeichnen. Terminologisch problematisch ist die vor allem aus der älteren Forschung bekannte Verknüpfung der *Hasidäer* oder „Frommen" (vgl. חסידים *ḥāsîdîm*) mit Apokalyptikern: Etwa das apokalyptische Danielbuch verzichtet auf diesen Begriff, und seine משכלים *maśkilîm* („Einsichtige", vgl. Dan 11,33.35; 12,3.10) scheinen die in den Makkabäerbüchern genannten Ἀσιδαῖοι (Umschrift zu חסידים, vgl. 2Makk 14,6), die als Selbstbezeichnung der

Makkabäer dienen, eher abzulehnen: Denn nach Dan 11,34 sind sie nur eine „kleine Hilfe".

Schließlich bieten kulturell-religiöse und soziologische Zuordnungen der Apokalyptiker Orientierung. Da die Tempelschändung des Seleukiden Antiochus IV. Epiphanes, die zur „syrischen Religionskrise" führte (168/67–165/64 v. Chr.), für Apokalypsen wie Dan 2*; 7–12, die *Zehnwochenapokalypse* (1Hen 93,1–10; 91,11–17) oder die *Tierapokalypse* (1Hen 85–90) von zentraler Bedeutung ist, zeichnen sich Traditionen und Tradenten durch eine dezidierte Widerstandshaltung aus (vgl. Portier-Young 2011). Hier dokumentiert sich eine Einstellung der Trägerkreise, die ausdrücklich auf die innerweltlichen religiösen Verhältnisse abzielt, wenngleich sich die Apokalypsen generell eher durch einen starken Jenseitsbezug auszeichnen. Weitere Hinweise liefert die Henoch-Literatur: In der *Wächterbuch* titulierten Überlieferung von 1Hen 1–36 finden sich nur vereinzelte Rückverweise auf Motive und Erzählungen des Pentateuchs bzw. der Tora. Insbesondere die Sinai-Überlieferung aus Ex 19–24 wird, wie auch in der *Zehnwochen-* und *Tierapokalypse*, fast völlig ignoriert – Anspielungen finden sich lediglich in 1Hen 1–5 (v. a. in 1,2–9). Aus diesem Befund wird zumindest ein gewisser Abstand der Trägerkreise zur mosaischen Tora deutlich. Allerdings sollte man von diesem Befund aus nicht auf ein nur sehr hypothetisch fassbares „henochisches Judentum" rückschließen. Zumal man damit nur einen kleinen Ausschnitt der zwischen dem 4. bzw. 3. Jahrhundert v. Chr. und dem 3. Jahrhundert n. Chr. wirksamen Überlieferungskreise vor Augen hätte. Etwa die für die römische Zeit zu veranschlagenden Apokalypsen 4Esr und 2Bar verfolgten ganz andere Interessen. Berücksichtigt man außerdem die sehr unterschiedlichen Entdeckungszusammenhänge und Parallelen zur antik-jüdischen Apokalyptik, wie sie aus Ägypten (*Töpferorakel, Lamm des Bokchoris*), Mesopotamien (*Literary Predictive Texts)* oder Persien (*Orakel des Hystaspes, Bahman Yašt* oder *Zand-î Vohûman Yasn*) bekannt sind (s. u. Punkt 5.), dann machen sozio-religiöse Festlegungen auf *einen* apokalyptischen Trägerkreis wenig Sinn.

2. Epochen der Apokalyptik

2.1 Wegbereiter der Apokalyptik in der Perserzeit (6.–5. Jahrhundert v. Chr.)?

Selbst unter Berücksichtigung sehr unterschiedlicher Einflüsse, die auch jenseits der antik-jüdischen und frühchristlichen Literatur zu suchen sind, fokussiert die Diskussion um die Konstituenten der Apokalyptik in nachexilischer Zeit vor allem auf die prophetische und weisheitliche Überlieferung, insbesondere des Alten Testaments. Da die ersten literarischen Apokalypsen frühestens in die vor-makkabäische, jedoch bereits hellenistische Zeit im späten 3. oder frühen 2. Jahrhundert v. Chr. zu datieren sind, gelangt die Frage nach ihren Wegbereitern chronologisch in die Perserzeit. Trotz der aktuell deutlich verbesserten Kenntnis dieser Epoche bleiben Datierungen biblischer und außerbiblischer Quellen in diese Zeit immer noch sehr hypothetisch. Da apokalyptische Texte Krisenliteratur darstellen und das Wissen über die historischen Umstände in der Perserzeit allerdings immer noch recht lückenhaft ist, fällt es schwer, historisch rekonstruierbare Anhaltspunkte für die literarischen Reaktionen auf vermeintliche Krisen in dieser Epoche aufzufinden.

Im Alten Testament richtet sich der Blick vor allem auf spätprophetische Texte wie die Fortschreibungen im Jesajabuch (etwa Jes 24–27; 34–35; 65–66), die *Nachtgesichte Sacharjas* (Sach 1–6) oder Sach 13–14, dann einzelne Passagen aus dem Joelbuch (Jo 3) und der Ezechielprophetie (etwa Ez 37–39; 40–48). Ihnen ist gemeinsam, dass sie eine heilvolle Zukunft im Kontext universaler Weltanschauung erwarten, also die Israel umgebenden Nationen einbeziehen oder berücksichtigen. Vor allem die *Nachtgesichte Sacharjas* mit ihrem visionären Habitus, ihrer Angelologie (*angelus interpres,* „Deuteengel") und dem in der ersten (Sach 1,8–17) und letzten Vision (6,1–8) weltumspannenden Motivinventar, das zu einem dualistischen Weltbild führt, werden im Sinne einer (vor-)apokalyptischen Tradition interpretiert (vgl. Cook 1995: 129–133). Mit Blick auf die *Nachtgesichte* hat Hartmut Gese, der in jenen noch den Beginn der Apokalyptik sah, zugestanden, dass der Text weder die Endzeit-Wehen noch einen Äonendualismus thematisiert, der dann allerdings in den späteren Fortschreibungen in Sach 9–14 thematisch werde (vgl. Gese 1973: 222–229).

Auf ein ganz ähnliches Problem im Umfeld dezidierter Jenseitshoffnungen stoßen jene, die etwa in den späten Jesaja-Überlieferungen bereits apokalyptisches Denken identifizieren wollen (vgl. etwa Hanson 1989: 79–100.112–134). In den Texten von Jes 56–66, die seit Bernhard Duhm auch unter dem neuerdings mit Recht kritisierten Namen Tritojesaja bekannt sind, werden, so Hanson, eschatologische Heilshoffnungen zum Ausdruck gebracht, die ganz auf eine göttlich-jenseitige Initiative fokussieren und aus Konflikten zwischen Exilierten und im Land Gebliebenen in der nachexilischen Zeit resultierten (vgl. Jes 59,1–20; 63,7–64,11). Allerdings kann das Motiv eines direkten göttlichen Eingreifens noch nicht im Sinne einer „apokalyptischen Eschatologie" gedeutet werden, ganz abgesehen von notwendig höchst hypothetischen Rückschlüssen auf spätprophetische und apokalyptische Trägerkreise im 6. und 5. Jahrhundert v. Chr. (vgl. Hanson 1989: 209–228; dazu kritisch Rowland 1982: 194–197). Schließlich wäre zu fragen, inwiefern Texte aus Jes 56–66 noch aus der Perserzeit und nicht bereits hellenistisch datieren.

Noch weniger eindeutig scheint die Zuordnung von Jes 24–27, ein Text, der seit Bernhard Duhm auch als *Jesaja-Apokalypse* bezeichnet wird, auch wenn gegenwärtig Einigkeit darüber besteht, dass die Komposition den Gattungskriterien einer *Apokalypse* nicht genügt. Daher schlagen einige Interpretinnen und Interpreten auch Frühdatierungen, zumindest einer älteren Textfassung, die später überarbeitet wurde, vor. Etwa die Josia-Zeit, also das ausgehende 7. Jahrhundert v. Chr., steht zur Debatte (Hays 2019: v.a. 5–9.24–51.251.260–266), was eine Einordnung auch in proto-apokalyptische Denkmuster schon aus zeitlichen Gründen zumindest erschwert. Gegen eine Frühdatierung der *Jesaja-Apokalypse* sprechen jedoch zahlreiche Motive und Vorstellungen, die in vor-hellenistischer Zeit, also vor dem 4. Jahrhundert v. Chr., (sonst) nicht begegnen: etwa die bildlich gemeinte Todesüberwindung (Jes 25,8), die in der Wiederaufrichtung des „Volkes" (26,19–21; vgl. 27,12) ihren Höhepunkt findet (vgl. Ez 37,1–14), dann kosmische Vorstellungen von den „Rändern der Erde", die ein Weltgericht ankündigen (Jes 24,16–23; 26,15) oder die Völkerperspektive (25,2.6f.; 26,9). Schließlich kann man die anonyme, dem Untergang geweihte Stadt (Jes 24,10.12; 25,2; 26,1.5; 27,10) kaum mit *Ramat Raḥel* (so Hays 2019: 95–126) gleichsetzen. Vielmehr ist ein bildlich-mythisches Verständnis der „Stadt", als Gegenentwurf zu Jerusalem, wahrscheinlich (so Bosshard-Nepustil 2021). Man wird insgesamt behaupten können, dass die Motive in Jes 24–27 deutlich näher an der welttranszendierenden, mantisch aufgeladenen Apokalyptik sind, als die Vorstellungen aus Sach 1–6 oder den späten Jesaja-Texten in Jes 56–66 (vgl. Collins 2016:

28–31). Unsicher bleibt jedoch, ob noch ältere, perserzeitliche Vorstellungen und Bestandteile in Jes 24–27 begegnen.

Resümierend sind folgende, eher kritische Gesichtspunkte festzuhalten: Eine allzu einseitig auf (spät-)prophetische Überlieferungen fokussierende Ableitung der Apokalyptik, zumal wenn sie als „apokalyptische Eschatologie" Trägerkreise und soziologische Differenzen adressiert (vgl. Hanson 1989), ist durch hypothetische Annahmen belastet. Zudem bleibt beim Quellenbefund häufig offen, ob die Texte noch perserzeitlich, im Sinne vorapokalyptischer Traditionen, oder bereits hellenistisch zu datieren sind. Hinzu kommt, dass mit der Eingrenzung auf (spät-)prophetische Texte und Motive weisheitliche Wirkweisen auf die Apokalyptik in den Hintergrund treten. Dabei gehören beide Traditionskomplexe, die Weisheit und die Prophetie, zu den Einflüssen, die auf die Apokalyptik eingewirkt haben (s.o. Punkt 1.1.). Für beide kann außerdem gelten: Konkrete Hinweise auf, zumal uniforme, Trägerkreise oder auch nur historische Anhaltspunkte einer zielgenauen zeitlichen Platzierung in der persischen oder auch frühhellenistischen Epoche sind extrem rar oder fehlen ganz.

Letztlich können, in positiver Wendung, heterogene Vorstufen der Apokalyptik in Prophetie und Weisheit, auch über den alttestamentlichen Kanon hinaus, identifiziert werden, die die Vielfalt, „Internationalität" und Transreligiosität der Apokalyptik selbst widerspiegeln. Jene Bandbreite verbietet monokausale, historisierende Ableitungen, weshalb auch die folgenden Rekonstruktionen zu den Epochen der Apokalyptik nur Schwerpunkte benennen können, ohne auch nur annähernd die Gesamtheit der Denkbewegung wie der literarischen Gattung zu erfassen.

2.2 Von Alexander dem Großen bis Antiochus IV. (4.–2. Jahrhundert v. Chr.)

Die Forschung fand lange Zeit im Danielbuch die älteste jüdische Apokalypse, die in Kapitel 2 und 7–10 aus der Zeit der „syrischen Religionskrise" vor die Wiedereinweihung des Jerusalemer Tempels datiert (vor 165/64 v.Chr.). Insbesondere in den aramäischen Kapiteln Dan 2 und 7 unterscheidet man zudem jüngere, apokalyptische von älteren, der Novellistik in Dan 1–6* zugeordneten Überlieferungsstufen (vgl. Dan 2,27f. mit V. 29; dazu Kratz 2004). Das apokalyptische oder makkabäische Danielbuch kann recht exakt datiert werden: Die in der Geschichtsvision von Dan 10–12 verarbeiteten historischen Angaben werden exakter, je stärker sich die Darstellung der hellenistischen Epoche, also der Entstehungszeit des apokalyptischen Danielbuches selbst, nähert. Das „kleine Horn" in Dan 7–8 (vgl. 7,8; 8,9) dürfte für Antiochus IV. stehen, der 168/67 v. Chr. den Jerusalemer Tempel schändete, indem er den „Gräuel der Verwüstung bzw. des Verwüsters" (Dan 9,27; 11,31; 12,11; 1Makk 1,54) installierte, wobei es sich wahrscheinlich um einen Aufsatz auf dem Brandopferaltar des Jerusalemer Tempels handelt (s. u. Punkt 3.5.). Da das Danielbuch andererseits weder die Wiedereinweihung des Jerusalemer Tempels noch die Umstände des Todes von Antiochus IV. zu kennen scheint (beides 164 v. Chr.; vgl. Bernhardt 2017: 266–270), kann seine vorläufige Letztfassung (Dan 1–12) recht genau um 165 v. Chr. datiert werden. Bis in die gegenwärtige Diskussion gilt dieses Datum als verlässlicher historischer Fixpunkt und damit als Orientierung für ältere und jüngere Apokalypsen des Judentums. Hinzu kommt, dass die unter den Schriftrollen vom Toten Meer gefundenen Fragmente zum Danielbuch als Abschriften sehr nahe an die Entstehungszeit der apokalyptischen Bestandteile und damit an den vorläufigen Abschluss des kanonisch gewordenen Danielbuches heran datieren. Das älteste Manuskript, 4QDan^c (erhaltener Textbefund zu Dan 10,5–9.11–16.21; 11,1f.13–17.25–29), wurde Ende des 2. Jahrhunderts v. Chr. verfasst.

Seit den Funden der Schriftrollen vom Toten Meer (Qumran) ist bekannt, dass sich die ältesten antik-jüdischen Apokalypsen innerhalb der in ihrer Gesamtheit nur in späten äthiopischen Handschriften überlieferten Sammlung von 1Hen finden. Älteste aramäische Fragmente zum *Wächterbuch* (zu 1Hen 1–36, vgl. 4QEn^a ar [4Q201]) und zum *Astronomischen Buch* (zu Kap. 72–82 vgl. 4QEnastr^a ar [4Q208]) aus Höhle 4 im Umfeld von *Chirbet Qumran* datieren wohl bereits in den Beginn des 2. Jahrhunderts v. Chr., so dass man die diesen Texten zugrunde liegenden Traditionen noch für die späte Perserzeit reklamieren kann.

Mit diesen älteren Apokalypsen lassen sich allerdings keine augenscheinlichen Krisenphänomene in der früh-hellenistischen Epoche im 3. bis 2. Jahrhundert v. Chr. verbinden, wie dies etwa bei der Danielapokalypse im Kontext der Herrschaft Antiochus' IV. der Fall ist. So liefert das *Wächterbuch*, selbst unter Einschluss seiner spätesten Bestandteile (1Hen 1; 2–5), keinerlei Hinweise auf die „syrische Religionskrise" und datiert daher wohl noch vor 168/67 v. Chr. Nun könnten im Übergang vom 4. in das 3. Jahrhundert v. Chr. die Auseinandersetzungen zwischen Seleukiden und Ptolemäern, konkreter, die eventuell in den *Giganten* figurierten hellenistischen Herrscher in ihrer Auseinandersetzung um das Erbe Alexanders (Diadochenkämpfe: 323–302 v.Chr., vgl. Nickelsburg 2001), auf einen dezidiert historischen Bezug der Apokalypse schließen lassen. Allerdings sollte man dieses Erklärungsmodell nur für eine postulierte, noch nicht durch den Protagonisten Henoch getragene Grundschicht in 1Hen 6–11, die Henoch nicht erwähnt, annehmen. Noch problematischer ist die historische Zuordnung beim *Astronomischen Buch*, zumal der aramäische Text eine deutlich umfangreichere Version im Vergleich mit der äthiopischen Ausgabe nahelegt. Aus einem Vergleich der aramäischen und äthiopischen Textformen kann darauf geschlossen werden, dass die letztere Überlieferung Kürzungen vornahm und daher ein jüngeres Überlieferungsstadium repräsentiert. Außerdem wird auch in diesem Text keine Krisensituation bzw. eine Strategie zu ihrer Bewältigung thematisiert. In seinen astronomischen Unterweisungen, durch Uriel an Henoch übermittelt, wirkt der Text eher *didaktisch* denn *mahnend* oder *tröstend*. Zumal die Ethisierung der Gestirnordnung in den Schlusskapiteln des *Astronomischen Buches* später ergänzt sein könnte. Datierung, Funktion und Charakter des Textes lassen sich somit nur auf der Basis von Quellenvergleichen erheben, wobei insbesondere babylonische Texte diesem Vergleich dienen.

Vielleicht noch vor die Makkabäer-Zeit könnte die älteste Form des *Gigantenbuches* datieren, das in zahlreichen aramäischen Fragmenten aus Qumran überliefert ist (Stuckenbruck 1997). Unter Verweis auf die Engel-Ehen in Gen 6,1–4, aus denen die „Nephilim" (vgl. Gen 6,4; Num 13,33) oder „Giganten" hervorgegangen sind, greift die Komposition die Motive vom Fall der Engel, den Gewalttaten gegen die Menschheit (vgl. 1Hen 6–11), von Traum, Traumoffenbarung und Traumdeutung (vgl. Dan 7) und vom Gericht gegen die Giganten in der „Flut" (vgl. 1Hen 10,2; 89,2–6; 106,13–17) auf. Das zeitliche Verhältnis zu Dan 7 und zum *Wächterbuch* ist nicht eindeutig geklärt.

In der Danielapokalyptik, die auch „Pseudo-Daniel"-Texte aus Qumran (4Q243–245) umfasst, ist die insbesondere innerjüdische Auseinandersetzung um ein angemessenes Verhältnis zum hellenistischen Denken und der griechischen Kultur verarbeitet. Die damit verbundenen Konflikte fanden ihren vorläufigen Höhepunkt in der Tempelschändung Antiochus' IV. und setzten sich in den Makkabäer-Aufständen fort. Im Jahre 165/64 v.Chr. wurde der Jerusalemer Tempel wiedereingeweiht. Apokalypsen wie Dan 2; 7–12, die *Zehnwochenapokalypse* (1Hen 93,1–10; 91,11–17) oder die *Tierapokalypse* (1Hen 85–90), die alle in das zeitliche Umfeld dieser Ereignisse gehören, haben dabei weniger tröstende als agitierende, den Widerstand propagierende Funktion (vgl. Portier-Young 2011). Zudem sind einzelne Abschnitte des *Jubiläenbuches*, einer ursprünglich hebräischen Nacherzählung von Gen 1 bis Ex 19 (und Ex 24) aus der ersten Hälfte des 2. Jahrhunderts v. Chr., zu beachten. Sie nehmen die apokalyptischen Motive auf (v. a. in Jub 1; 23), bis hin zu den in der Apokalyptik prominenten Kalenderfragen.

Die Mitte des 2. Jahrhunderts v. Chr. markiert einen ersten Höhepunkt apokalyptischer Traditionsbildung. Betroffen ist das judäische Kernland mit seinen Anrainern. Aber auch in der ägyptischen Diaspora entstehen in dieser Zeit apokalyptische Kompositionen: etwa der älteste Bestand der in griechischen Hexametern verfassten *Sibyllinen-Orakel*. Schon der im Namen deutliche Rekurs auf das griechische Orakelwesen zeigt, dass die Texte sehr unterschiedliche Traditionen verarbeitet haben. In Sib 3 kann ein älterer, jüdischer Kernbestand isoliert werden (3,97–294 und 545–656), der wohl noch aus dem 2. Jahrhundert v. Chr. stammt und auf einen „König von der Sonne" (3,652–656) hofft, der den Weltfrieden bringt. Zwar ist die Identifizierung dieses Herrschers bislang nicht verlässlich geglückt, doch verweisen andere Passagen des Textes auf eine Situation, die historisch in das Umfeld des Makkabäer-Aufstands gehört und vielleicht mit dem nach Ägypten geflohenen Hohepriester Onias IV. (Tempel in Leontopolis) verknüpft werden kann.

2.3 Von den Hasmonäern zu Herodes (2.–1. Jahrhundert v. Chr.)

Eine relativ gesicherte Datierung in das ausgehende 1. Jahrhundert v. Chr. oder beginnende 1. Jahrhundert n. Chr. liegt für die *Bilderreden* in 1Hen 37–71 vor, da 1Hen 56,5–7 auf den Parthereinfall in Palästina (40 v. Chr.) hinweisen dürfte. Die Komposition aus drei Bilderreden (1Hen 38–44; 45–57 und 58–69, mit dem Epilog in 70–71) zeigt insbesondere in ihrer Ausgestaltung einer Himmelsreise des Henoch, der Fortschreibung der „Menschensohn"-Tradition aus Dan 7,9f.13f. hin zu einer messianischen Erwartung und schließlich der Gleichsetzung des „Menschensohnes" mit dem Protagonisten Henoch im Epilog ein späteres, weiter elaboriertes Stadium der Apokalyptik an. Insbesondere Motive aus Dan 7 werden weiterverarbeitet. Außerdem ist im Gegensatz zu den anderen Überlieferungsstücken des äthiopischen Henochbuches bislang kein hebräisches oder aramäisches Fragment der *Bilderreden* bekannt (etwa unter den Handschriften vom Toten Meer). Aus der Zeit der *Bilderreden* stammt auch das nur noch in einem lateinischen Manuskript überlieferte *Testament Moses* (oder *Assumptio* [„Aufnahme/Himmelfahrt"] *Mosis*), das wahrscheinlich auf ältere Traditionen aus der Zeit der antiochenischen Krise zurückgreift (168/67–165/64 v. Chr.; vgl. AssMos 8), jedoch in der vorliegenden Form erst aus dem frühen 1. Jahrhundert n. Chr. stammen dürfte (vgl. die Anspielung auf den Varus-Feldzug, 4 v. Chr. in AssMos 6,8f.).

Weitere Texte des endenden 2. und des frühen 1. Jahrhunderts v. Chr. bleiben in ihrer Zuordnung und Datierung unsicher. In Qumran sind zwar keine vollständigen Exemplare der Gattung Apokalypse, jedoch apokalyptische Vorstellungen, zumeist in Fragmenten, überliefert. Auffällig ist, dass der überwiegende Anteil jener Überlieferungen in aramäischer Sprache abgefasst wurde, und schon deshalb kaum als gruppenspezifisch zu klassifizieren ist. Hierzu gehören auch die *Visionen Amrams* (4Q543–549) und das *Testament Qahats* (4Q542), die apokalyptische Motive bieten: göttlich offenbarte, zukünftige Freude, Gericht, ethischer und kosmischer Dualismus, Visionen und Wächterengel. *Qahat* und *Amram* sind Namen einer levitischen Genealogie, die von Levi zu Mose führt (Ex 6,16–20). Wie der aramäische Text des *Testaments Levis*, bezeugt in den Handschriften vom Toten Meer (ALD: 1Q21; 4QLevi^{a-f}) und in mittelalterlichen Abschriften aus einer Synagoge in Kairo (Geniza-Fragmente), in Verbindung zur christlich überlieferten Version des *Testaments Levis* aus den *Testamenten der Zwölf Patriarchen* (TestXII) steht, kann nicht eindeutig beantwortet werden (zur Rekonstruktion vgl. Davila 2013: 121–142). Höchst unsicher ist auch die Datierung der *Schrift des Sem*, deren syrischer Text die späte Übersetzung einer Tradition aus dem 1. Jahrhundert v. Chr. sein könnte (so Charlesworth 2005). Ähnliches gilt für den Text des *Ezechiel-Apokryphons*, dessen Befund, seine Rekonstruktion und Gliederung, höchst umstritten ist.

2.4 Nach Herodes' Tod bis Bar Kochba (1.–2. Jahrhundert n. Chr.)

Mit der Zeitenwende sind die Apokalypsen wieder genauer datierbar. Durch den Einfluss des frühen Christentums entsteht jedoch das Problem, dass die Unterscheidung von jüdischen und christlichen Texten nicht immer trennscharf gelingt. Etwa die wohl in der ägyptischen Diaspora beheimatete *Zephanja-Apokalypse* (ApkZeph), die im Wesentlichen in zwei koptischen Rezensionen überliefert ist, spricht davon, dass der Visionär durch den „Geist" in den fünften Himmel entrückt wurde. Die Erwähnung unterschiedlicher Himmelssphären, insbesondere die Vorstellung von sieben Himmeln (vgl. auch 2Hen), ist nicht vor dem 1. Jahrhundert n. Chr. bezeugt. Außerdem beschreibt die kürzere, in einem koptischen Dialekt (Sahidisch) abgefasste Version ausführlich visionäre Unterweltvorstellungen, einschließlich der Bestrafung von Sündern, was an ähnliche Motive aus den christlichen Werken der *Apokalypse des Petrus* und der *Apokalypse des Paulus* erinnert. Allerdings finden sich in dieser Apokalypse keine eindeutig frühchristlichen Vorstellungen. In besonderer Weise treffen dagegen explizit jüdische und christliche Traditionen in der Adam-Literatur zusammen, die in der griechischen Überlieferung des *Lebens Adams und Evas* (VitAd) noch eindeutig vorchristliches Material bewahrt hat (alternative Bezeichnung *Apokalypse Moses* [ApkMos]).

Zwei Namensgeber, die Schreiber Esra und Baruch, werden gleich mit mehreren Apokalypsen und apokalyptischen Schriften nach der Zeitenwende verknüpft. Dabei handelt es sich um Quellen, deren jüdischer Kern zumindest christlich überarbeitet wurde. Besonders prominent sind die Apokalypsen des 4Esr und des 2Bar. Beide Texte stammen aus dem späten 1. oder frühen 2. Jahrhundert n. Chr. und besitzen zahlreiche Gemeinsamkeiten bis hin zu wörtlichen Entsprechungen. Dennoch geht die aktuelle Forschung nicht davon aus, dass eine literarische Abhängigkeit zwischen 4Esr und 2Bar besteht. Vielmehr dürften beide Apokalypsen aus gemeinsamen Traditionen geschöpft haben. Für 4Esr ist neben einer syrischen vor allem die lateinische Version, für 2Bar die syrische Textform maßgeblich. Die Übersetzungen von 4Esr und 2Bar gehen nicht auf den verloren gegangenen, wohl aramäischen oder hebräischen Originaltext, sondern verweisen auf eine in beiden Fällen nur noch sehr fragmentarisch vorhandene griechische Version der Überlieferung zurück. Da 4Esr und 2Bar den ersten jüdischen Krieg und die Zerstörung des Zweiten Tempels reflektieren (vgl. 4Esr 9,26–10,59; 2Bar 32,2–4), aber keinerlei Hinweise auf den zweiten jüdischen Krieg bieten (132–135 n. Chr.; auch Bar-Kochba-Aufstand genannt), liegt ihre Entstehungszeit im ausgehenden 1. bzw. beginnenden 2. Jahrhundert n. Chr. Insbesondere 4Esr 11–12, die „Adlervision", dürfte auf die Römer verweisen, die „zwölf (bzw. zwanzig) Flügel" des Adlers könnten die römischen Kaiser, von Cäsar bis Domitian, und die „drei Köpfe" die flavischen Herrscher Vespasian, Titus und Domitian (bis 96 n. Chr.) symbolisieren (4Esr 11,1f.; vgl. Stone 1990).

In diese Epoche gehört auch die in Teilen midraschartige *Apokalypse Abrahams*, deren nur noch in alt-kirchenslawischer Sprache erhaltener Text die Zerstörung des Zweiten Tempels immer wieder in den Mittelpunkt seiner Darstellung rückt. Der vom Götzendienst konvertierte Abraham (ApkAbr 1–8) begibt sich auf eine Himmelsreise (ApkAbr 9–32) und erblickt dort das zukünftige Schicksal der Welt.

Auch das Diaspora-Judentum dieser Zeit formte und tradierte Apokalypsen und apokalyptische Vorstellungen. Die ausführlichste, wohl in der ägyptischen Diaspora entstandene, Apokalypse ist der *slawische Henoch* (2Hen). Die in zwei alt-kirchenslawischen Rezensionen überlieferte Komposition setzt bereits das *äthiopische Henochbuch* voraus und bezeugt verwandte Motive aus anderen, späten Apokalypsen (4Esr; AscJes). Ursprünglich dürfte 2Hen in griechischer Sprache verfasst worden sein, während erst 2009 zugeordnete, jedoch bisher nicht auffindbare und nur auf Fotos und Transkriptionen fußende, koptische Fragmente (vgl. 2Hen 36–42: so Joost Hagen, Leiden) hinsichtlich ihrer Bedeutung für 2Hen eher skeptisch beurteilt werden. Immerhin würden sie *ex post* den Entstehungsort Ägypten für den 2Hen stützen (vgl. Böttrich 2013). Die vor allem im dritten Abschnitt (2Hen 69–73) betonte Opfertätigkeit scheint den noch bestehenden Tempelkult in Jerusalem vorauszusetzen, was einige Interpreten zu einer Datierung noch vor 70 n. Chr. bewogen hat. Trifft dies zu, dann läge mit 2Hen eine der wenigen Apokalypsen vor, die sich nicht ausdrücklich – bzw. noch rekonstruierbar – auf eine Krisensituation bezieht.

Im *Testament Abrahams* wird der Erzvater und Protagonist mit seinem Tod konfrontiert, den er jedoch nicht akzeptiert und daraufhin auf eine kosmische Reise geschickt wird. Die in den beiden griechischen Textrezensionen belegten Vorstellungen eines Jenseitsgerichtes und des personifizierten Todes verweisen auf Ägypten als Entstehungsort. Die zeitliche Einordnung eines, allerdings nur noch aus den Rezensionen rekonstruierbaren, Urtextes im frühen 2. Jahrhundert n. Chr. orientiert sich an den jüdischen Diaspora-Aufständen unter dem römischen Kaiser Trajan (115–117 n. Chr. als *terminus ante quem*), die im *Testament Abrahams* offenbar gerade keinen Niederschlag gefunden haben. Zudem weist die im *Testament Abrahams* betonte Gerichtsvorstellung in ihrer gegenüber der alttestamentlichen Prophetie deutlichen Brechung den Weg hinein in die dem Judentum und Christentum gemeinsame Motivik vom endzeitlichen Gericht (vgl. Beyerle 2010).

Jüdische und christliche Vorstellungen überschneiden sich auch in der *griechischen Baruch-Apokalypse* (vgl. 3Bar 4; 11–15). Das Proömium in 3Bar Pr. 1–2 verdeutlicht mit dem Wehklagen Baruchs über die Gefangenschaft Jerusalems, dass die Zerstörung des Zweiten Tempels bereits zurückliegt. Neben einer griechischen existiert eine, allerdings abweichende und kürzere, slawische Version. Wenn die Ursprache Griechisch war und man darüber hinaus die inhaltlichen Überschneidungen mit dem *slawischen Henochbuch* und dem *Testament Abrahams* berücksichtigt, dann ist die *griechische Baruch-Apokalypse* wahrscheinlich in Ägypten entstanden. Zudem scheint die Kombination aus Motiven zum „Weinstock Israel" (3Bar 1,2) und zu seiner Nutzlosigkeit (4,8–10) implizite Kritik der jüdischen Diaspora an Jerusalem auszudrücken. Insgesamt bleibt die genaue Datierung höchst umstritten: 2.–4. Jahrhundert n. Chr.

Es fällt auf, dass bislang keine der bekannten späten Apokalypsen dem zweiten jüdischen Krieg oder Bar-Kochba-Aufstand (132–135 n. Chr.) eindeutig zugeordnet werden kann. Immerhin dürfte das apokalyptische Endzeitvorstellungen verarbeitende *5. Sibyllinen-Orakel* in einer späteren Redaktion, die bereits nach 117 n. Chr. zu datieren ist, Erfahrungen der jüdischen Diaspora-Revolte (115–117 n. Chr.) verarbeiten. Dennoch spielen die Diaspora-Aufstände unter dem römischen Kaiser Trajan und der Bar-Kochba-Aufstand unter Kaiser Hadrian hinsichtlich apokalyptischer Reaktionen und ihrer literarischen Verarbeitungen nur eine sehr untergeordnete Rolle. Man sollte daher eine allzu schematische Orientierung an herausragenden Krisen bei der historischen Auswertung der Apokalyptik vermeiden.

Begreift man trotz dieser Einschränkung Apokalypsen auch in der Spätzeit als Krisen- oder Krisenbewältigungsliteratur, ist vor allem die Zerstörung des Zweiten Tempels (70 n. Chr.) zu beachten. Sie findet in den späten Apokalypsen durchaus ihren Niederschlag (s. o.). Dass darüber hinaus eine schematische Orientierung an Krisen nicht notwendig zielführend ist, zeigt auch der nur ansatzweise erkennbare historische Anhaltspunkt bei der Einordnung der frühen Apokalyptik (s. o. Punkt 2.2.). Schließlich ist zu beachten, dass sich ab dem 3. Jahrhundert n. Chr. die apokalyptische Traditionsbildung stärker auf den christlichen Diskurs verlagert, jedoch keineswegs abbricht (s. dazu Frenschkowski, 102f.).

3. Theologische Themen der Apokalyptik

In den theologischen Abhandlungen, zumal Kompendien und Lehrbüchern, spielte die antik-jüdische Apokalyptik lange eine eher untergeordnete, bisweilen gar keine Rolle. Die „Theologien des AT" nahmen die Apokalyptik lange als Randphänomen war. Hinzu kommt, dass in der Mitte des 20. Jahrhunderts, auch unter dem Einfluss der Dialektischen Theologie in der deutschsprachigen Forschung, die Apokalyptik eher als späte Verfallserscheinung der klassischen Prophetie eingeordnet wurde. Nach Impulsen von Otto Plöger (1959) und Klaus Koch (1970) haben sich auch im deutschsprachigen Raum die Gewichte in der neueren Forschung zugunsten der Apokalyptik verlagert (vgl. etwa Schmid 2019: 215–218.221–224).

Was für alle Rahmengattungen der antik-jüdischen Literatur gilt, bleibt auch für die Apokalyptik festzuhalten: *Eine* oder gar *die* Theologie der Apokalyptik existiert nicht. Vielmehr sind spezifische Traditionen und religiöse Motive zu benennen, die jedoch nicht erratisch, durch alle Apokalypsen hindurch, erkennbar bleiben. Auch wenn jene Motive Typisches anzeigen, so unterliegen sie stets einem mehr oder weniger starken Wandel, zumal zwischen den ältesten und jüngeren Quellen fünf- bis sechshundert Jahre liegen.

Etwa die Erwartung einer endzeitlichen Erlösergestalt („Messianismus") spielt in der älteren Apokalyptik fast keine Rolle, während späte Texte wie 1Hen 37–71, 4Esr oder 2Bar hier einen deutlichen Akzent setzen. Ähnliches lässt sich zur Thematik der Neuschöpfung festhalten, die als ewige und in leuchtender Macht begegnende Erscheinung eines „neuen Himmels" in der älteren Apokalyptik lediglich in der *Zehnwochenapokalypse* bezeugt ist (1Hen 91,16; vgl. 72,1; Jub 1,29), dann in den späteren Apokalypsen, etwa 4Esr und 2Bar, vehement zum Tragen kommt (vgl. 2Bar 32,6; 4Esr 7,75). Oder: Das in durchaus allen Apokalypsen vorhandene Phänomen einer räumlich orientierten Eschatologie, die eine klare Trennlinie zwischen irdischen und himmlischen Sphären vornimmt, erscheint in den späteren Apokalypsen, ab dem 1. Jahrhundert n. Chr., stärker ausdifferenziert, wenn die Himmel noch einmal in unterschiedliche Sphären unterteilt werden (vgl. TestLevi 2–5; 2Hen; 3Bar).

Die bis in die gegenwärtige Diskussion hinein als der Apokalyptik affin geltenden Vorstellungen, wie Engellehre, (Äonen-)Dualismus, Offenbarungswissen, Visionen und Himmelsreisen, deterministisches Geschichtsbild oder radikale Gerichtserwartung, waren schon lange bekannt und wurden durch Carl Immanuel Nitzsch (1787–1868) und Gottfried Christian Friedrich Lücke (1791–1855) im 19. Jahrhundert lediglich auf die Apokalyptik, von der Johannesoffenbarung ausgehend, angewandt. Spätestens mit den zahlreichen inhaltlichen Beschreibungen der Apokalyptik – wie auch der Gattung Apokalypse – werden die genannten Motive als Kriterien zur literarischen Zuordnung genutzt. Allerdings sind jene Textphänomene als Definitionsbestandteile für die literarische Gattung Apokalypse ebenso ungeeignet wie als Bestandteile einer spezifisch apokalyptischen Weltanschauung. Sie bieten nicht mehr als Hinweise auf die apokalyptische Weltsicht, die zumal stetigen und starken Entwicklungen ausgesetzt war.

3.1 Geheimnis und Offenbarung

Setzt man bei der Wortbedeutung von *Apokalypse* („Offenbarung") an, erschließt sich eine für die Apokalyptik insgesamt gewichtige Sinnstruktur. Diese ist markiert durch einen himmlischen oder göttlichen Offenbarer und den irdischen Empfänger jener Offenbarung. Damit verweist die Thematik „Geheimnis und Offenbarung" auf die theologisch zentrale Unterscheidung himmlischer und irdischer Sphären. Das Medium der Offenbarung kann unterschiedlich bezeichnet werden: Visionen und der „Deuteengel" (*angelus interpres*; v. a. Dan; 4Esr) sind neben den Himmels- oder Jenseitsreisen (etwa 1Hen) das häufigste Offenbarungsmedium.

Wichtig bei der beschriebenen Konstellation ist, dass der Geheimnischarakter der Offenbarung, auch in der Deutung, etwa von Offenbarungsträumen, gewahrt bleibt: Die Deutungen der Vision in Dan 7,15–28 erläutern nur teilweise die Metaphern und Bilder des von Daniel Geschauten (Dan 7,2–14), wenn sich in Dan 7,19–28 die Interpretation ganz auf das „vierte Tier" konzentriert. Stärker inhaltlich verdeutlicht Dan 2,20–23, woran Offenbarung und Geheimnis geknüpft werden, nämlich an die Verleihung von endzeitlicher Kenntnis und Weisheit durch Gott. Noch unmissverständlicher redet Dan 2,28 vom „Gott im Himmel, der Geheimnisse offenbart".

Das persische Lehnwort für Geheimnis (hebr./aram. רָז *rāz*) kommt nur im aramäischen Danielbuch des Alten Testaments vor (Dan 2,18f. 27–30.47; 4,9). Dagegen steht *rāz* in den Texten vom Toten Meer, zumeist in endzeitlichen Zusammenhängen, weit über einhundert Mal. Etwa in der den Endzeitkampf der „Söhne des Lichts" gegen die „Söhne der Finsternis" beschreibenden *Kriegsrolle* (1QM), dem *Pesher*

(Kommentar) *zum Habakukbuch* (1QpHab) oder in der Weisheitsschrift מוסר למבין *mûsār leₘebîn* (4QInstruction), die umfassend und intensiv apokalyptisches Gedankengut aufgenommen hat, findet sich *rāz* auch im Hebräischen. So spricht 4QInstruction mehrmals vom „Geheimnis des Werdenden" (רז נהיה *rz nhjh*). Das Partizip *Nif'al* von היה *hājāh* ist als *futurum instans* aufzufassen: Bei Gott ist bereits festgelegt, was in Zukunft geschehen wird. Jenes zukünftige Geheimnis erschließt sich in göttlicher Offenbarung dann nur dem Apokalyptiker.

Dem sich in der – rechtmäßigen – Offenbarung artikulierenden Verhältnis von Gott zu seiner himmlischen Sphäre (ausgewählte Personen, Engel etc.) dient die – Unrecht und Verderben signalisierende – Aufdeckung von himmlischen Geheimnissen in der irdischen Welt als Gegenbild. Etwa im *Wächterbuch* wird dieses Gegenbild beschrieben, wenn der „Wächter" Asael den Menschen und Menschenkindern Geheimwissen offenbart, das zu Gottlosigkeit und Verwüstung führt (1Hen 8,1–4). Ist es doch allein Henoch, der in Visionen und Jenseitsreisen sogar den himmlischen Thron (1Hen 14) oder die Kammern der Toten (1Hen 22) sieht, also in legitimer Weise an der Offenbarung teilhat. Kompositorisch betont dies auch der wohl später hinzugesetzte Vorspann des *Wächterbuches* in 1Hen 1–5, wonach in geradezu legitimierendem Bezug auf die Sinai-Offenbarung (Ex 24) die rechtmäßige göttliche Offenbarung mit dem endzeitlichen Gericht konfrontiert wird (1Hen 1,2–9). Hierdurch wird Gottes zukünftiger Plan mit Henoch, den Wächtern und der Welt, wie er im gesamten *Wächterbuch* sich abbildet, gleichsam vorweggenommen (vgl. Beyerle 2005). Damit verweist die Motivkonstellation von Geheimnis und Offenbarung auf ein weiteres wichtiges Kennzeichen der Apokalyptik: den feststehenden Plan Gottes oder die Determination.

3.2 Geschichte und Determination

Ähnlich wie das Geheimnis mit der Offenbarung ist in apokalyptischen Texten die Geschichtskonzeption mit der Idee der Festlegung eines Ablaufplans der Weltzeitperioden, eben der Determination, verbunden. Die Verknüpfung von Geschichte und Determination begegnet in allen Apokalypsen, die sich durch eine Periodisierung der Geschichte auszeichnen: Dan 2; 7–12; *Tierapokalypse* (1Hen 85–90); *Zehnwochenapokalypse* (1Hen 93,1–10; 91,11–17); Jub 23; 4Esr oder 2Bar. Darüber hinaus sind auch Überlieferungen mit apokalyptischen Motiven und Konzeptionen betroffen wie die *Sibyllinen-Orakel* (Sib 3) und die *Assumptio Mosis*. Die Einteilung der Geschichtsepochen vollziehen die Texte zumeist in metaphorischen Wendungen wie dem Bild einer Statue, der Tier-Metaphorik (*Tierapokalypse*) oder der Zeiteinheit „Jahrwochen" (Dan 9 und *Zehnwochenapokalypse*). In der Danielapokalypse dient die im Traumgesicht erschienene Statue in Dan 2 als Symbol für die Abfolge von vier Königreichen: Babylonier, Meder, Perser, Griechen (vgl. Dan 7).

In der *Tierapokalypse* beschreibt die Tier-Metaphorik die Epochen der Geschichte Israels. Sie setzt mit der Urgeschichte ein, wenn etwa Kain und Abel oder später auch Abraham in verschiedenfarbigen Bullen repräsentiert sind. Mit Jakob-Israel wechselt das Bild: In Anlehnung an die auch im Alten Testament begegnende Hirtenmetaphorik (Ps 74,1; Jer 23,1–4; vgl. Ez 33,2.6f.) erscheint das Volk Israel als „Schafe" (ab 1Hen 89,12) und der Gott Israels als „Herr der Schafe" (1Hen 89,22.26.28–30 u.ö.). Demgegenüber werden die Feinde in Bildern wilder bzw. unreiner Tiere wiedergegeben. Der Geschichtsablauf wird zudem mitbestimmt durch die „siebzig Hirten", die für die Völkerengel stehen und später, innerhalb derselben Metapher, zu Strafengeln werden. Für die Geschichtsdeutung von Belang ist die scharfe Kritik am nachexilischen Tempel, dessen Opferdienst als „unrein" beschrieben wird:

Und sie fingen wieder an zu bauen wie zuvor, und sie brachten jenen Turm [= Tempel] in die Höhe, und er wurde der hohe Turm genannt, und sie fingen wieder an, einen Tisch vor dem Herrn [= Opferdienst] zu errichten, aber alles Brot auf ihm (war) verunreinigt und nicht rein. (1Hen 89,73; Übers.: Uhlig, JSHRZ V/6: 696)

In der Komposition der *Tierapokalypse* wird auf die Determination insbesondere durch zwei unterschiedliche Motive angespielt. Zum einen werden beim Endgericht in einer Thronrat-Szene vor Gott die himmlischen Bücher geöffnet, die Strafengel ihrerseits bestraft (vgl. das *Wächterbuch*) und das Gericht an den „blinden Schafen" (Sündern) vollzogen. Dies suggeriert, dass im Himmel bereits über das Schicksal der Gerichteten entschieden war. Zum anderen assoziiert die strenge Periodisierung der Geschichte einen festen Ablauf der Ereignisse bis zum endzeitlichen Gericht.

Auch die *Zehnwochenapokalypse* weist beide Merkmale von Geschichte und Determination auf. Die in zehn Jahrwochen unterteilte Geschichte wird im Munde Henochs als Bericht „aus den Büchern" eingeführt, was er „in der Vision des Himmels" sah, durch die „Rede der Engel bzw. Wächter weiß" und in den „Tafeln des Himmels" erkannte (1Hen 93,1f.). Die Apokalypse selbst verortet sich wohl in der siebten Woche, in der sich ein „abtrünniges Geschlecht" erheben wird (1Hen 93,9): die Beschreibung für das abtrünnige „Israel" nach dem Exil, dessen Geschichte in die Katastrophe der „syrischen Religionskrise" mündet, wenngleich keine expliziten Hinweise auf Antiochus IV., etwa im Unterschied zur Danielapokalypse, in der *Zehnwochenapokalypse* zu finden sind. Obwohl *Zehnwochen-* und *Tierapokalypse* bei der Periodisierung der Geschichte und dem Motiv der „Bücher" übereinstimmen, unterscheiden sie sich in ihrer Behandlung des Zweiten Tempels: Die *Zehnwochenapokalypse* ignoriert den Zweiten Tempel völlig und kennt nur das salomonische und ein eschatologisches Heiligtum. Letzteres eröffnet die achte Woche (1Hen 91,12f.) und damit im Periodenschema der *Zehnwochenapokalypse* den Beginn der Endzeit, die in der Neuschöpfung des Himmels in der zehnten Woche einem weiteren Höhepunkt zusteuert (1Hen 91,15f.). Allerdings ist damit das Ende der Zeiten nicht erreicht, denn „danach werden viele Wochen – ohne Zahl – in Ewigkeit sein" (1Hen 91,17; Übers.: Uhlig, JSHRZ V/6: 715).

Die Verknüpfung der Idee der Determination, also der Festlegung von Ereignissen, mit der Periodisierung von Geschichtsepochen zielt auf ein Ende, das zwar irdische Drangsale, Ungerechtigkeit und Chaos überwindet, versteht dieses Ende jedoch nicht notwendig als Zeit*punkt*. Außerdem zeigen die apokalyptischen Überlieferungen ganz unterschiedliche Periodisierungsschemata: Zwar überwiegen Siebener-Strukturen (Heptaden), die aber auch variiert werden können oder zumal abweichenden Zählungen folgen, etwa einem Vierer-Schema in der *Tierapokalypse* (1Hen 89,68–90,12) und Danielapokalypse (Dan 2; 7; vgl. aber auch die siebzig Jahrwochen in Dan 9,24–27). In der „Adlervision" in 4Esr 11–12 ist ebenfalls die Rede von vier Tieren, wobei der Schwerpunkt der Darstellung auf dem Adler als viertem Tier ruht. Somit hat die Vision insbesondere die Gegenwart der Überlieferung (4Esr 11,36–46; 12,11) im Blick, also die Zeit kurz nach dem Tod des Flaviers Domitian (96 n. Chr.). Die der *Esra-Apokalypse* zeitgenössische *syrische Baruchapokalypse* stellt außerdem das Vierer-Schema (2Bar 39–40) neben die periodische Nacherzählung der biblischen Geschichte, von Adam bis zum messianischen Zeitalter (2Bar 56–74: vgl. Henze 2011).

Bereits die Varianten und unterschiedliche Schwerpunktsetzung innerhalb jener Periodisierungen machen deutlich, dass neben dem

Geschichtskonzept auch das der Determination flexibel war. Außerdem ist zu beachten, dass die apokalyptische Variante des Determinismus beim Plan Gottes von einer gewissen Durchlässigkeit ausgeht. Im Gegensatz zu manchen weisheitlichen Vorstellungen, wie sie etwa im alten Orient (vgl. das mesopotamische Weisheitsgedicht *Ludlul bēl nēmeqi*, TUAT III/1, 110–135) oder im Judentum (vgl. Koh 3,11; 5,1) vorkommen, ist den auserwählten Protagonisten der apokalyptischen Schriften der geheime Geschichtsplan, bei noch so strikter Trennung von Dies- und Jenseitigem, gerade offenbar und damit zugänglich. In ihren Träumen, Visionen, durch Kenntnis der „himmlischen Tafeln" und auf kosmischen Reisen sehen, erkennen oder erfahren Henoch, Daniel, Esra oder Baruch den himmlischen Ratschluss über die Zukunft der Welt.

Man sollte auch nicht von einer „entgöttlichten" Geschichtsvorstellung in der Apokalyptik ausgehen, also einem Gott, der im festgelegten Fahrplan der Ereignisse der Geschichte ihren Lauf lässt (kritisch dazu Niskanen 2004). Vielmehr sind in den Geschichtsrückblicken der Apokalypsen Gottes und des Menschen Geschichte eng miteinander verwoben, was unter anderem bedingt, dass die auf den kommenden Äon zielenden und zur apokalyptischen Krisenbewältigung dienenden Historien nahezu ununterscheidbar Gegenwart, Vergangenheit und Zukunft beleuchten. Damit ist Geschichte als Konzept stets unter dem Einschluss kontingenter Ereignisse verstanden, wie das folgende Beispiel aus der *Tierapokalypse* erhellt:

Aber die Schafe entkamen aus jenem Wasser und zogen in eine Wüste, wo es weder Wasser noch Gras gab; und sie fingen an, ihre Augen zu öffnen und sie sahen. Und ich schaute den Herrn der Schafe, (wie) er sie weidete und ihnen Wasser und Gras gab, und jenes Schaf, wie es ging und sie führte. (1Hen 89,28; Übers.: Uhlig, JHSRZ V/6: 687)

Der Abschnitt paraphrasiert metaphorisch die Exodus-Episode vom Aufbruch der Israeliten (Schafe) in die Wüste Schur nach Mara (Ex 15,22–26). Das „Schaf", das „führte", ist Mose, und das „Sehen" hat nicht nur die lebensrettende Versorgung mit Wasser, sondern auch das Beachten und Wahren des göttlichen Gesetzes (Ex 15,26) im Blick. Nur wenige Verse später betont die *Tierapokalypse* dann jedoch die Verblendung der Israeliten im Kontext der Episode vom Goldenen Kalb (Ex 32):

Und jenes Schaf, das sie führte, kehrte um und stieg auf den Gipfel jenes Felsens; aber die Augen der Schafe begannen, verblendet zu werden und vom

Wege abzuirren, den es ihnen gezeigt hatte; aber jenes Schaf wußte (es) nicht. (1Hen 89,32; Übers.: Uhlig, JSHRZ V/6: 688)

In Übereinstimmung mit dem im Exodusbuch entwickelten, kontingenten Gottesgehorsam Israels entwirft die *Tierapokalypse* ein Szenario von Sehen und Verblendung, das entsprechend Heil und Unheil in der Geschichte thematisiert.

Nicht zuletzt dieses Beispiel zeigt, dass die neuere Apokalyptik-Forschung mit Recht Begriff und Vorstellung der Determination eher mit Zurückhaltung verwendet.

3.3 Weltzeitalter und Dualismus

Sowohl die Vorstellung von Weltzeitaltern oder Äonen als auch das dualistische Denken werden als komplementäre Merkmale einer apokalyptischen Weltauffassung angesehen, wenngleich Dualismen in ihrer Herkunft nicht geklärt oder wahrscheinlich auch durch persische Vorstellungen inspiriert sind. In besonderer Weise nimmt die Verbindung beider Vorstellungen im sogenannten Äonendualismus eine zentrale Position unter den Kennzeichen der Apokalyptik ein, auch wenn damit kein ausschließlich den Apokalypsen oder apokalyptischer Literatur zuzuordnendes Merkmal benannt ist. Mit Äonendualismus bezeichnet die Forschung insbesondere die Abständigkeit zwischen der realen, an das Böse verfallenen Welt der Apokalyptiker und einem jenseitigen, etwa himmlischen, und häufig zugleich zukünftigen, heilvollen Kosmos, auf den sich die Hoffnungen apokalyptischer Spekulationen richten. Bereits in der älteren Apokalyptik werden so zeitliche (vgl. Dan 2; 7) und räumliche (vgl. 1Hen 14) Dualismen konstruiert.

Zeitlich ist jene Äonen-Trennung durch ein Geschichtsschema gewährleistet, das die zukünftige Welt durch Neuinterpretationen bereits bekannter Epochenzeitalter in eine unerreichbare Ferne rückt: etwa wenn der Daniel-*Midrasch* zu den 70 Jahren aus Jer 25,11–12; 29,10 in Dan 9,24–27 jene ursprünglich als Frist zur Befreiung aus dem babylonischen Exil verstandene Angabe als „70 Jahrwochen" neu interpretiert, was 490 (7 mal 70) Jahren entspricht. Auf räumlicher Ebene kommt beim Äonendualismus ebenfalls eine Hermeneutik der Fortschreibung und Schriftinterpretation zum Tragen, die z. B. spätprophetische Motive wie die Neuschöpfung (vgl. auch Jes 43,19; 65,17; 66,22) auf eine strikte Trennung von Himmel und Erde hin auslegt (vgl. 1Hen

72,1; 91,16; 2Bar 32,6; 4Esr 7,75). Daneben werden auch Tempelkonzepte bemüht, um die bereits in den architektonischen Grundstrukturen vieler Heiligtümer der Levante und des Vorderen Orients greifbare, räumlich gestufte Abgrenzung zur Unterscheidung von irdischer und himmlischer Sphäre zu nutzen (vgl. 1Hen 14).

Dualistisches Denken kann sowohl die kosmische als auch die anthropologische oder psychologische Perspektive betreffen. So stehen „Licht und Dunkelheit" (vgl. 1QM) neben dem „guten und bösen Trieb" (vgl. 4Esr und rabb. Quellen). Darüber hinaus lassen sich weitere Dimensionen dualistischen Denkens benennen: metaphysisch, räumlich, eschatologisch, ethisch, soteriologisch, theologisch oder physisch (vgl. Frey 2014). Wichtig ist die Einsicht, dass Dualismen keineswegs *per se* Kriterien apokalyptischer Weltsicht darstellen, begegnen sie doch auch in der Weisheit. Allerdings sind bestimmte Formen dualistischer Weltauffassung besonders Apokalypse-affin zu nennen, wie etwa der kosmische oder Äonendualismus oder der eschatologische Dualismus.

3.4 Angelologie und Messianismus

Zur Apokalyptik gehören Engelwesen und messianische Gestalten, die jedoch in den antik-jüdischen Quellen grundsätzlich erst in persischer Zeit auftauchen. Als Zwischenwesen werden sie dem einen Gott untergeordnet. Dabei zeigen manche Quellen Spuren eines den jüdischen Monotheismus aufweichenden Dytheismus (vgl. Schäfer 2017). Besonders auffällig ist der Befund zum Messianismus: So verzeichnet die hellenistische Epoche zwischen dem 3. und 1. Jahrhundert v. Chr. ein starkes Zurücktreten messianischer Figuren in der jüdischen Apokalyptik. In den genrespezifischen Apokalypsen kann man gar ein völliges Fehlen eschatologischer Heilsbringer diagnostizieren (vgl. Collins 2010: 37–41). Die Gründe hierfür liegen weitgehend im Dunkel. Vielleicht drückt sich in diesem Befund eine subtile Kritik am hellenistischen Herrscherkult aus. Eine der wenigen Ausnahmen für die Messiaserwartung in jüdischen Apokalypsen der hellenistischen Zeit könnte die allegorische Erwartung eines „weißen Bullen" in der *Tierapokalypse* (1Hen 90,37f.) sein. Allerdings sind sowohl die literarische Integrität der Verse als auch die Deutung und Philologie der Allegorie in der Diskussion der Forschung umstritten.

Traditionsgeschichtlich ist der Messianismus der persischen und hellenistisch-römischen Zeit vor allem in den Königsideologien der israelitischen Literatur verankert, die sich insbesondere altägyptischen Einflussnahmen verdanken (vgl. Ps 2; 2Sam 7; aber auch Jes 9; 11; Sach 9,9f.).

Auch die Engelvorstellung geht auf ältere Traditionen zurück, findet jedoch erst unter persisch-hellenistischem Einfluss eine Ausgestaltung im Sinne einer Funktionalisierung jener Zwischenwesen. So dienen Engel als Offenbarungsmittler (vgl. Uriel im *Astronomischen Buch* in 1Hen 72,1; 74,2; 75,3; 78,10; 79,6) oder werden hierarchisiert (vgl. Michael als „großer Prinz" [הַשַּׂר הַגָּדוֹל *haśśar haggādôl*] in Dan 12,1; vgl. 10,20f.; 11,5). Auch dem Engel Gabriel wird man eine herausgehobene Sonderrolle zuschreiben können, insofern er mit dem „Menschensohn" in Dan 7 zu identifizieren ist. Da der aramäische Ausdruck כְּבַר אֱנָשׁ / *kᵉbar ’ᵆnāš* in Dan 7,13 wörtlich mit „wie ein einzelner Mensch" wiederzugeben ist und in der „Ziegenbockvision" (Dan 8,15f.) der Engel Gabriel vorgestellt wird als einer, dessen „Aussehen wie das eines Mannes" war, zugleich aber die kollektive Lesart des „Menschensohnes" als „Israel" textlich, semantisch und grammatisch in Dan 7 kaum plausibel scheint, spricht vieles für jene individuell-angelologische Interpretation (vgl. Beyerle 2005a).

Offensichtlich laufen im Traditionsgefüge „Menschensohn" angelologische und messianologische Vorstellungen zusammen. Einerseits ist der „Menschensohn" in der danielischen Apokalyptik Protagonist einer Thronvision, wenn er „mit den Wolken des Himmels" zum „Alten an Tagen" kommt (Dan 7,13), dessen Thron von „Tausendmal Tausend", also Engelsgestalten, umgeben ist, die ihm dienen (Dan 7,9f.). Andererseits kennen die *Bilderreden* (1Hen 37–71) in späteren Fortschreibungen der Daniel-Apokalyptik den „Menschensohn" als „Gesalbten" (vgl. auch 4Esr 13), der auf dem „Thron seiner Herrlichkeit" (1Hen 62,5) Herrschaft und Gericht vollzieht und als präexistenter Erlöser (1Hen 48,2–6) Geheimnisse offenbart (vgl. 1Hen 46; 62). Allerdings muss man sich die traditionsgeschichtlichen Zusammenhänge komplexer vorstellen, als es auf den ersten Blick erscheint. Die *Bilderreden* bieten allein für die Bezeichnung „Menschensohn" drei unterschiedliche Komposita im Äthiopischen, ganz davon abgesehen, dass mit den Bezeichnungen „Erwählter", „Gerechter" und „Messias" weitere Heilsbringer benannt werden. Schließlich identifizieren die *Bilderreden*, zumindest in einem Teil der äthiopischen Überlieferung, den Menschensohn-Messias mit Henoch selbst (vgl. 1Hen 71). Zuletzt zeigt die Daniel-Apokalyptik eine größere Nähe zu einem aramäischen Messias-Text, der sich unter den Handschriften vom Toten Meer fand

(4Q246 oder 4QSon of God Text ar, 4QAramaic Apocalypse ar, Apocryphe de Daniel). In 4Q246 begegnet die Vorstellung einer Epoche großer Bedrängnis, deren Ende mit einer Gestalt erwartet wird, der „alle dienen" (4Q246 I,8; vgl. Dan 7,10). Wie im Danielbuch folgt auch in 4Q246 auf eine Phase der Drangsal das Aufrichten einer ewigen Königsherrschaft. Wie in Dan 7 ist eine Sohnesgestalt in das endzeitliche Geschehen einbezogen. In beiden Überlieferungen wird die Parallelsetzung von Individuum, „Gottes-" bzw. „Menschensohn", und Kollektiv, „Gottesvolk" bzw. „Volk der höchsten Heiligen", betont. Beide erscheinen als mit der endzeitlichen Königsherrschaft verbunden (vgl. Dan 7,27 und 4Q246 II,5, vgl. Z. 9).

Ein weiterer wichtiger Text, der in seinen Fragmenten Apokalyptisches mit Messianischem verknüpft, ist unter der Bezeichnung 4QMessianic Apocalypse (oder 4Q521) bekannt. Aufgrund des höchst fragmentarischen Zustands sollte man jedoch mit der Gattungsbezeichnung „Apokalypse" zurückhaltend sein. Bereits die Frage, ob der Text von einem oder mehreren Messiassen spricht, kann nicht mehr eindeutig beantwortet werden. Zwar erwähnt 4Q521, als einziger Beleg unter den Handschriften vom Toten Meer neben 4Qpseudo-Ezekiel[a] (4Q385), explizit das Motiv der „Auferstehung", jedoch ist dabei wie im Kontext weiterer Heilshandlungen stets Gott und nicht der oder die Messiasse Subjekt der Handlung. Die in mancher Hinsicht für die apokalyptische Angelologie und Messianologie wichtige *Gabriel-Inschrift* ist leider viel zu fragmentarisch, als dass man aus ihr weitere Erkenntnisse erheben könnte (vgl. zu Text und Übersetzung Beyerle 2011: 217–223).

Insgesamt besitzt die Apokalyptik offensichtlich eine unterschiedlich große Nähe zu den Motiven von Angelologie und Messianologie. Während die Zwischenwesen, vom *angelus interpres* bis zu den Wächtern, nicht zuletzt durch ihre auch definitorisch verankerte Funktion der Offenbarungsmittlerschaft, zum Kerninventar apokalyptischer Texte gehören, beschränkt sich die Verarbeitung messianischer Motive bis auf wenige Ausnahmen auf jene Apokalyptik, die nach der Zeitenwende datiert.

3.5 Historiographie und Pseudepigraphie

Neben der in der Apokalyptik verarbeiteten Geschichtsinterpretation, die wesentlich zu Charakterisierungen und Differenzierungen von Untergattungen des Genres Apokalypse beiträgt, lassen die Quellen historische Bezugspunkte erkennen, die in eine häufig bezeugte Widerstandshaltung münden (vgl. Portier-Young 2011). Für beide Aspekte, die Historiographie wie die Pseudepigraphie, gilt, dass sie keine notwendigen oder gar hinreichenden Kriterien für die Gattung Apokalypse darstellen. Etwa die Johannesoffenbarung im Neuen Testament wird auf einen realen Autor, Johannes von Patmos, zurückgeführt (Apk 1,4.9; 22,8). Auch die historiographische Verortung in Protest und Rebellion und die damit verbundene literarische Charakterisierung beschränkt sich, etwa im biblischen Danielbuch, nicht nur auf die apokalyptischen Bestandteile in Dan 2; 7–12. Bereits die vorapokalyptisch datierten, novellistischen Kapitel in Dan 1–6* bieten Anhaltspunkte für eine Oppositionshaltung (vgl. Dan 3; 6), auch wenn sich in Dan 7–12 mit Blick auf die Konstruktion von Geschichte als einer alternativen Erfahrung von Welt (Dan 10–11) und die Überwindung irdischer Macht (Dan 12,1-3) Steigerungen des Widerstands erkennen lassen (vgl. auch 1Hen 93,1-10; 91,11-17; 1Hen 85–90). Im *Wächterbuch* (1Hen 1–36) wiederum liegt der Akzent stärker auf Strategien wie Visionen oder kosmischen Reisen. Dennoch lohnt eine detaillierte Betrachtung von Historiographie und Pseudepigraphie in der Apokalyptik.

Aus den vorangegangenen Darlegungen dürfte deutlich geworden sein, dass Apokalypsen und apokalyptische Traditionen literarische Interpretationen ihrer Zeitgeschichte sind und keine historischen Dokumentationen bieten. Die Ereignisse werden etwa im Danielbuch (vgl. Dan 7–8; 10–12) oder der *Tierapokalypse* (1Hen 85–90) stark metaphorisiert und damit verklausuliert. Hinzu kommt, dass die für eine historische Konstruktion notwendigen Referenzquellen äußerst spärlich bezeugt sind. Archäologisch ist die Befundlage kaum signifikant, sieht man etwa von einigen Münzen und deren Motivik oder auch von Inschriften aus der Seleukidenzeit ab. Darüber hinaus dienen vor allem antik-jüdische Quellen mit religiösen Intentionen, jedoch zumindest historischen Andeutungen zur Rekonstruktion der Ereignisse um die sogenannte „syrische Religionskrise": vor allem Dan 11,21–39, die ersten beiden Makkabäerbücher (vgl. 1Makk 1,41–64; 2Makk 6,1–11), ein Fragment aus Qumran (4QHistorical Text A [4Q248]) und Werke des Flavius Josephus (etwa *Antiquitates Judaicae* 12,237–256; *Bellum Judaicum* 1,31–40).

Die Interpretationen reichen von einer starken Relativierung des historisch Sagbaren überhaupt, zumindest in religiöser Hinsicht, über die Diskussion seleukidischer Unterdrückung gemäß einer Früh- (1Makk 1,20–24; 170/169 v.Chr.) oder Spätdatierung (2Makk 5,1; 168 v.Chr.)

bis hin zur Grundsatzfrage, ob die Revolte in Juda eine Reaktion auf Antiochus' IV. Tempelschändung war oder aber die seleukidischen Machtdemonstrationen eher auf judäische Aufstände im Umfeld des zweiten Ägyptenfeldzuges Antiochus' IV. reagierten. Zudem hat Elias Bickermann die sehr einflussreiche These aufgestellt, dass die anti-hellenistischen Auseinandersetzungen nicht durch Antiochus IV. und die Seleukiden, sondern durch die im Streit befindlichen jüdischen bzw. judäischen Parteiungen selbst ausgelöst worden waren (Bickermann 1937; zur Forschung vgl. Bernhardt 2017: 485–514).

Außerdem sind religionsgeschichtliche Detailfragen bisher ungelöst. Etwa die genaueren Umstände und Angaben zur Entweihung des Jerusalemer Tempels durch Antiochus IV. bleiben unklar. Sowohl das Daniel- als auch das 1. Makkabäerbuch (vgl. Dan 9,27; 11,31; 12,11; 1Makk 1,54; 6,7) beklagen die Installation eines „Gräuels des Verwüsters" oder „der Verwüstung", ohne dass deutlich würde, was damit gemeint war. Bereits die antiken und spätantiken Interpretationen sind sich uneinig: Bezieht man Dan 9,27 auf 1Makk 1,54, dann legt sich ein Altar oder Altaraufsatz nahe. Auch eine Götterstatue des Zeus bzw. Jupiter Olympios wird erwogen, um nur die nächstliegenden Identifizierungen zu benennen (vgl. Zeus Olympios und Herrscherbild bei Bernhardt 2017: 217–274). Die hebräische Variante des „Gräuels des Verwüsters/der Verwüstung", šiqqûṣ[îm] [mᵉ]šomem (griech. βδέλυγμα ἐρημώσεως), könnte eine bewusste Verballhornung des Ba'al Šamem („Herr des Himmels") assoziieren (seit Bickerman 1937 angenommen) – ähnlich wie der Gott Ekrons, Ba'al Zebul („erhabener Herr") zu Ba'al Zebub („Herr der Fliegen") verunstaltet wurde (vgl. 2Kön 1,2f.6.16). Bei Ba'al Šamem handelt es sich um einen prominenten nordwest-semitischen Hochgott, der auch die JHWH-Vorstellung Israels beeinflusst hatte. Die insbesondere in der Daniel- und Makkabäer-Überlieferung betonte religiöse Seite der Krise unter Antiochus IV. bleibt also eher schemenhaft. Dass sie eine für die Apokalyptik wichtige Rolle spielte, wird zumindest von Theologen und Religionswissenschaftlern kaum bestritten. Ihre realhistorische Verankerung bleibt dennoch schwierig, zumal Apokalypsen wie das *Wächterbuch* oder die *Zehnwochen-* und *Tierapokalypse* keine eindeutigen Verweise auf Antiochus IV. und seine Maßnahmen bieten. Wenn also die literarische Reflexion in den Apokalypsen selbst weniger realhistorisch und an der Faktengeschichte orientiert vorgeht, also die Ereignisgeschichte durch religiös konstruierte Geschichte überformt, gelangt man zum Phänomen der Pseudepigraphie und ihren Intentionen.

Mit Pseudepigraphie bezeichnet die Forschung ein in der gesamten Antike verbreitetes Phänomen, wonach sich Schriften mit einem aus der Vergangenheit mehr oder weniger bekannten Namen schmücken, um damit folgende Funktionen zu erfüllen: eine Legitimierung bzw. Autorisierung der Überlieferung, die Aufwertung der Überlieferungsinhalte durch das vermeintlich hohe Alter des pseudepigraphen Überlieferungsträgers, die Konstruktion von *vaticinia ex eventu*, also die Einkleidung eines bereits vollzogenen Ereignisses der Vergangenheit in eine Zukunftsansage, und schließlich die Etablierung einer elitären Gruppe. Letzteres bezeugt in apokalyptischen Kontexten etwa die Bezeichnung „ewige Pflanzung der Gerechtigkeit" in der *Zehnwochenapokalypse* (1Hen 93,10; vgl. 10,16). Neben den prominenten Gestalten Abraham, Moses und Henoch begegnen auch Esra, Baruch oder Levi als Pseudonyme für Überlieferungsträger. Pseudepigraphie und Historiographie bilden nun Schnittmengen in der antik-jüdischen Apokalyptik, indem beide Phänomene legitimierende bzw. autorisierende Funktionen übernehmen. Historiographisch kommt den Geschichtsereignissen von Sintflut, Exodus und Exil paradigmatische Bedeutung zu. Die jeweilige Zeitverortung der Apokalyptiker wird, analog zu den drei genannten Geschichtsereignissen, im Sinne der Krisen- oder Achsenzeit verstanden. Die damit verbundenen Brüche in der Geschichte Israels können schließlich durch die pseudonymen Autoritäten überbrückt, ja überwunden werden. Wie das *Testament Abrahams*, eine Komposition mit apokalyptischer Weltsicht, zeigt, bedienen Pseudepigraphen ein breites Spektrum an Gattungen, von der Satire bis zum Drama. Daniel steht für die Zeit vom babylonischen Exil bis in die Endzeit und nimmt Züge eines mantischen Weisen an (vgl. Dan 9; 12). Ähnliches wäre über Baruch festzuhalten, während Henoch die Zeit der Sintflut überbrückt. Pseudepigraphie und Historiographie, im Sinne einer Deutung der eigenen Heils- bzw. Unheilsgeschichte, sind also in der Apokalyptik eng aufeinander bezogen.

4. Apokalyptik in den Schriftrollen vom Toten Meer

Die Handschriften vom Toten Meer verteilen sich auf mehrere Fundorte entlang der Westküste des Toten Meeres bzw. ihrer Umgebung (etwa Wādī Murabbaʿāt und Naḥal Ḥever). Unter den seit dem Winter 1946/47 gefundenen, größtenteils höchst fragmentarischen, gut eintausend Texten stammen die meisten aus den elf bzw. zwölf Höhlen in der Nachbarschaft der antiken Ortslage Qumran (die Zwölfzahl der Höhlen ergibt sich, insofern man Höhle 4 als aus zwei Höhlen bestehend wahrnimmt). Die Interpretation der Quellen, die auch zuvor nicht bekannte Regeltexte einer oder mehrerer Gemeinschaften enthalten, hat sich früh auf die Rekonstruktion realhistorischer Gruppenverhältnisse festgelegt, bis hin zur Identifizierung mit den „Essenern" (bei Josephus oder Plinius dem Älteren). Auch die Verbindung jener Gruppe mit der Ortslage Qumran galt lange Zeit als unangefochten. In neuerer Zeit steht sowohl jener Konnex der archäologischen Siedlungsreste mit den Texten als auch die Identität der Gruppe(n) in den Texten, ja die Frage eines belastbaren realhistorischen Bezugs der Regeltexte generell, auf dem Prüfstand. Mit der Kritik an der Essener-Hypothese und der Identifizierung einer bestimmten Gruppierung als Trägerkreis der Überlieferungen fällt dann auch die These von der „apokalyptischen Gemeinschaft von Qumran".

Dennoch finden sich unter den Handschriften vom Toten Meer sowohl Apokalypsen als auch Texte mit apokalyptischer Weltanschauung. Während es sich bei ersteren um älteste Zeugen bereits anderwärts bekannter, später auch im biblischen Umfeld begegnender oder pseudepigrapher Schriften handelt (etwa zu Dan oder 1Hen), die zumeist in aramäischer Sprache abgefasst sind, bieten auch jene Handschriften vom Toten Meer, die aufgrund sprachlicher Kriterien als gruppenspezifisch charakterisiert werden, Denkfiguren und Motive einer apokalyptischen Weltsicht, zumeist in hebräischer Sprache. Grundsätzlich darf man sich bei den zumeist aus dem Forscherkontext stammenden Bezeichnungen mancher Komposition nicht irreführen lassen. Namen oder Markierungen wie *Aramaic Apocalypse* (4Q246; 4Q489; 6Q14) oder *Messianic Apocalypse* (4Q521) spiegeln Einschätzungen der Bearbeiter dieser Texte wider und liefern keine Orientierung für den konkreten Bestand an Apokalypsen in den Handschriften vom Toten Meer.

Trotz der angedeuteten Probleme sei schon vorab betont, dass die Bedeutung der Handschriften vom Toten Meer für die Apokalyptik-Forschung und das Verstehen ihrer Textquellen gar nicht überschätzt werden kann. Auch wenn man inzwischen bei der Identifizierung der hinter den Schriftrollen stehenden Gemeinschaft oder Gemeinschaften zurückhaltender urteilen muss, dürfte kein Zweifel daran bestehen, dass – auch viele gruppenspezifische – Texte eine apokalyptische Weltanschauung beinhalten (vgl. Collins 1997; Beyerle 2011). Will man die in den Handschriften vom Toten Meer bezeugte Apokalyptik näher beschreiben, dann ist eine Unterscheidung in die nur in Fragmenten überlieferten, gattungsspezifischen Apokalypsen einerseits (4.1.) und die gruppenspezifische Apokalyptik, also die apokalyptischen Weltanschauungen, andererseits (4.2.) sinnvoll. Grundsätzlich beschränken sich bei dieser Unterscheidung die gattungsspezifischen Texte zumeist auf bereits aus anderen Überlieferungszusammenhängen bekannte Apokalypsen, die zumal nicht unter die gruppenspezifischen Kompositionen zählen.

4.1 Die Apokalypsen unter den Schriftrollen vom Toten Meer

Ausgangspunkt muss auch bei den Handschriften vom Toten Meer die bereits behandelte Dreiteilung in Apokalypse, Apokalyptik und apokalyptische Eschatologie sein. Betrachtet man die Handschriften unter diesem Blickwinkel, ergibt sich folgende Typologie: Neben den Fragmenten zum *Astronomischen Buch* (4QEnastr^{a-d} ar [= 4Q208–211]; vgl. 1Hen 72–82; Drawnel 2011) und *Wächterbuch* (4QEn^{a-e} ar [= 4Q201–202; 4Q204 1 i–xiii; 4Q205 1 xi–xii; 4Q206 1 xx–xxii u. xxvi–xxviii]; vgl. 1Hen 1–36; Drawnel 2019) sind jene des Sammelwerkes vom *Neuen Jerusalem* (1Q32; 2Q24; 4Q554; 4Q554a; 4Q555; 5Q15; 11Q18) zu beachten, die vermeintlich Jenseitsreisen bieten. Der historische Typus kann zudem in solche Apokalypsen, die symbolisch verschlüsselt begegnen, und solche, die keine Symbolsprache ausweisen, unterteilt werden. Bei ersteren können neben den aramäischen Fragmenten aus dem *Traumbuch*, einschließlich der *Tierapokalypse*, in 1Hen 83–90 (vgl. 4QEn^{c-g} ar [= 4Q204 4; 4Q205 2 i–iii; 4Q206 4 i–iii; 4Q207 4; 4Q212 1 i 1–ii 21]; Drawnel 2019) und dem *Son of God*-Text (4Q246) die beiden Abschriften von den *Vier Königreichen* (4Q552–553; 4Q553a) berücksichtigt werden. Den letzteren, nicht-symbolischen Texten sind 4QHistorical Text A (4Q248), Fragmente des *Jeremia Apokryphons* (4QapocrJer A [= 4Q383]; 4Qpap apocrJer B? [= 4Q384]; 4QapocrJer C^{a-f} [= 4Q385a; 4Q387; 4Q388a; 4Q389–390; 4Q387a]), dann die *Pseudo-Daniel-Texte* (4QpsDan^{a-b} ar [= 4Q243–244]; 4QpsDan^c ar [= 4Q245]) sowie die *Worte Michaels* (4QWords of Michael ar [= 4Q529]; 6QpapUnclassified Fragments ar [Words of Michael?; 6Q23]) zuzuordnen (zur Klassifizierung und den Texten vgl. auch Reynolds 2011).

Darüber hinaus sind weitere Texttypen zu nennen, nämlich Offenbarungstexte, die zu einer näheren Klassifizierung zu fragmentarisch sind (wie etwa 4Q489), und eine ganze Reihe endzeitlich geprägter

Kompositionen, worunter die *Kriegsrolle* (1QM), die *Gemeinschaftsregel* (1QSa) oder auch die *Messianische Apokalypse* (4Q521) rechnen. An der obigen Auflistung fällt auf, dass bis auf den *Historischen Text* (4Q248) – und den in dieser Hinsicht allerdings umstrittenen Text vom *Neuen Jerusalem* – keine der Apokalypsen gruppenspezifischer Herkunft ist. Andererseits kann Gruppenzugehörigkeit insbesondere bei jenen Quellen wahrscheinlich gemacht werden, die als apokalyptisch oder im Sinne apokalyptischer Eschatologie zu charakterisieren sind, also eine apokalyptische Weltanschauung transportieren.

4.2 Das Offenbarungsmotiv in den Schriftrollen der Gemeinschaft(en)

Die apokalyptische Endzeiterwartung subsumiert unterschiedliche hermeneutische Muster. Sie kann räumlich oder zeitlich orientiert sein, sie begegnet als Zukunfts- und bereits reale Verwirklichung von Hoffnung (*realized eschatology*). Alle diese Muster finden ihren Kulminationspunkt in der Offenbarung. So vermittelt Offenbarung Wissen, das eine jenseitige Realität erschließt, wobei seine Jenseitigkeit sowohl zeitlich als auch räumlich bestimmt sein kann. Bei aller Vorsicht, zu der eine Orientierung an Begrifflichkeiten grundsätzlich mahnt, wird man nicht leugnen können, dass Apokalypsen und Apokalyptik gleichermaßen eng mit dem Offenbarungsmotiv verknüpft sind.

Geht man nichtsdestoweniger zunächst von der terminologischen Basis aus, also vor allem dem hebräisch-aramäischen Wortstamm גלה/גלי *glh/glj*, dann lässt sich an den Handschriften vom Toten Meer zeigen, dass die apokalyptische Endzeiterwartung oder Weltsicht konkret mit gruppenspezifischen Anschauungen verbunden erscheint. Etwa die *Gemeinderegel* (1QS) bezeugt ein vergleichsweise rigides Glaubenssystem, das sich aus einem Selbstverständnis der Gemeinde als „Tempel" oder „Heiligtum" speist (vgl. 1QS 6,1–6; 8,4–8). Zu diesem Selbstverständnis gehört die Forderung nach strikter Einhaltung der Reinheitsgebote (1QS 2,26–3,6) sowie eine dualistische Wirklichkeitsauffassung (1QS 3,13–4,26; vgl. Rupschus 2017). In der *Kriegsrolle* werden die „Erwählten" dann konkret auf die endzeitliche Schlacht vorbereitet (1QM 10,8–11):

[8] [...] Wer ist dir gleich, Gott Israels, im Himmel und auf Erden, der handelt entsprechend deiner großen Werke [9] und entsprechend deiner starken Macht? Wer ist wie dein Volk Israel, das du dir erwählt hast aus allen Völkern der Erden, [10] ein heiliges Bundesvolk, Unterwiesene in (der) Gesetzesvorschrift,

Gelehrte von Einsi[cht]°°[...]°, Hörende auf (die) ehrbare Stimme und Schauende [11] heiliger Engel, Offenbarungsempfänger (hebr. *glh*, Partizip *Puʻal*) mit (dem) Ohr und Hörende tiefster Angelegenheiten?"

Der Abschnitt verbindet die Macht des unvergleichlichen Gottes Israels mit der Erwählung „Israels". Das Volk ist auf die eschatologische Schlacht vorbereitet, da es die Stimme hört und die Offenbarung vernimmt, und zwar im Angesicht heiliger Engel. Offensichtlich werden in 1QM 10, quasi im Offenbarungsmodus, zeitliche und räumliche Endzeiterwartungen miteinander kombiniert.

An anderer Stelle begegnet der in den gruppenspezifischen Texten prominente „Lehrer der Gerechtigkeit". In einem Kommentartext zum Buch Habakuk (vgl. *Pesher Habakuk* 1QpHab 10,9–11,2) folgt sein Auftritt auf den „Lügenpriester", vorausgesetzt die „Gemeinschaft" hat sich bekehrt und ihr wurde „Wissen" offenbart (1QpHab 11,1; vgl. hebr. *Nifʻal* von *glh*). Doch bevor dies geschehen kann, muss der „Lehrer der Gerechtigkeit" unterwiesen werden, da er die einzige Person ist, dem in göttlicher Offenbarung die Geheimnisse der Prophetenworte anvertraut werden (vgl. 1QpHab 7,4f.). Der *Pesher Habakuk* kennzeichnet damit die Offenbarung an den „Lehrer der Gerechtigkeit", nunmehr endzeitlich verstanden, als sekundär. Denn bereits der Habakuktext selbst (vgl. Hab 2,2 in 1QpHab 7,3), auf den im Kommentar Bezug genommen wird, hatte in der literarischen Figur Habakuk die „geheimen Offenbarungen" (רזי דברים *razê dᵉbarîm*) empfangen (vgl. auch 1QpHab 7,8). Somit verwendet der Kommentartext die ältere prophetische Offenbarung, um sie aktualisierend in einer gruppenspezifischen Komposition auf die nahe Endzeit zu beziehen. Als Entstehungszeit des Kommentars wird die zweite Hälfte des ersten Jahrhunderts v. Chr. angenommen. In 1QpHab 7,10–12 (vgl. 8,1–3) wird außerdem die unmittelbar bevorstehende Endzeiterwartung mit der Tora-Observanz verknüpft.

Eine ähnliche Kombination aus Tora und Eschatologie weist die *Hymnenrolle* (*Hodayot* 1QHª) aus, die ebenfalls gruppenspezifische Sprachmerkmale bezeugt. In 1QHª 13 dankt der Beter Gott, dass er an ihm nicht seine Schuld heimgesucht, sondern „sein Leben vor der Grube bewahrt hat" (Z. 7f.). Weiterhin habe Gott den „Mund der Junglöwen vorschlossen" (Z. 11f.). In Anspielung auf die Erzählung von der Löwengrube (Dan 6) stehen die „Junglöwen" für die Feinde des Beters bzw. der Gemeinschaft. In 1QHª 13,13–15 heißt es:

¹³ [...] Ja du, mein Gott, hast mich geborgen vor (der) Menschheit, und deine Tora hast du verborgen in [mir] bis zur Zeit, ¹⁴ da du mir deine Rettung offenbarst (Infinitiv *Nif'al* von *glh*). Denn während der Bedrückung meiner Seele hast du mich nicht verlassen, doch meinen Ruf hast du gehört, da meine Seele beklommen (war). ¹⁵ Den Schrei meiner Trauer hast du vernommen durch mein Seufzen und du hast die Seele des Bedrückten gerettet in der Höhle der Junglöwen, die ihre Zunge wie ein Schwert schärften.

Die Tora ist bis zur göttlichen Heilszeit verborgen. Zudem qualifiziert das Löwenbild die Gegenwart des Beters als Zeit der – auch physischen – Drangsal und des Gerichts. Die göttliche, zunächst noch verborgene Offenbarung verheißt nicht nur die endzeitliche Rettung, sondern wird auch über die Tora näher mit Inhalt gefüllt. Im Tora-Bezug tut sich zudem ein zentrales Merkmal gruppenspezifischer Überlieferungen, auch jenseits apokalyptischer Weltsicht, kund.

Aus den gruppenspezifischen Texten erhellt sich also, dass der für die Apokalyptik zentrale Offenbarungsbegriff und die mit ihm assoziierten, endzeitlichen Weltbilder zwei schon im Danielbuch kombinierte theologische Konzeptionen vereinigt: einerseits die an der Deuteronomistik bzw. der Tora orientierte Bundestheologie (vgl. Dan 9), andererseits eine als Naherwartung verstandene apokalyptische Endzeiterwartung (vgl. Dan 10–12). Auch wenn die gruppenspezifischen Texte unter den Handschriften vom Toten Meer nach den gängigen Definitionen keine Apokalypsen repräsentieren, haben sie mit diesen doch die apokalyptische Weltsicht gemeinsam (vgl. Collins 1997).

5. Apokalyptik im Vorderen Orient und in Ägypten: religionsgeschichtlicher Ausblick

Die Apokalyptik ist ein zeit- und raumübergreifendes Phänomen, das bereits bei den antiken Befunden nicht auf die jüdischen und christlichen Traditionen eingegrenzt werden darf (s. a. die Beiträge von Pezzoli-Olgiati; Basse; Frenschkowski). Aufgrund der Verbreitung apokalyptischer Motive im gesamten Vorderen Orient sind die Übergänge zur Apokalyptik und zu der in der jüdischen Überlieferung frühestens in der spätpersischen bzw. frühhellenistischen Zeit begegnenden Gattung Apokalypse fließend. Dabei können anhand von apokalyptischen Motiven Querverbindungen in religions- und kulturgeschichtlicher Hinsicht aufgezeigt werden (s. a. die Einführung).

Die vorherrschende Endzeiterwartung wird von Überwindungsvorstellungen getragen, die die Verfallenheit der Welt an das Böse, im Sinne einer kollektiven Hoffnung oder konkret auch der Neuschöpfung als Überwindungsstrategie, betonen. Außerdem kann die im Diesseits nicht mehr gewährleistete Belohnung gerechten Verhaltens, im Sinne von individueller Hoffnung oder auch Auferstehung, in den Blick genommen werden. Nicht selten sind diese Erwartungen mit Gerichtsszenarien angereichert (vgl. nur 1Hen 22,1–14; Dan 12,1–3). Sowohl im antiken Griechenland als auch im Vorderen Orient finden sich hierzu Analogien. Der griechische Philosoph Platon (ca. 427–347 v. Chr.) etwa schließt seine Abhandlung über die Ordnung oder Verfassung des Staates (*De Re publica* [Πολιτεία]) mit dem Mythos von Êr, der die Frage nach dem jenseitigen Schicksal der unsterblichen Seelen der Gerechten aufgreift, indem er den Pamphylier Êr eine Jenseitsreise unternehmen lässt (Plato, *De re publica* 10:614a–621d; vgl. auch 1Hen 12–36; SapSal 1–6). Es begegnen Engel, das „himmlische Gericht", unterschiedliche Sphären, im Himmel und in der Unterwelt, die den mehr oder weniger Gerechten, gemessen an ihrem Verhalten im irdischen Dasein, zugeordnet werden (ähnlich 1Hen 22; zur zusammenfassenden Nacherzählung des Êr-Mythos vgl. Lege 2013). Auch wenn Platon in diesem Mythos keine apokalyptische Gegenwelt schildert, sondern den Kreislauf von irdischer Gerechtigkeit und himmlischer Belohnung oder Bestrafung als Notwendigkeit, so kann man doch von einem auch strukturell apokalyptischen Weltbild sprechen, dessen Wirkung sich allerdings vor allem auf das Griechentum beschränkt und dessen Herkunft unbekannt ist, sieht man von eher allgemeinen Hinweisen auf die orphisch-pythagoreische Unterweltsvorstellung einmal ab.

Im antiken Griechenland kann man grundsätzlich apokalyptische Kompositionen mit Jenseitsreisen von solchen mit Endzeitprophezeiungen unterscheiden (Collins 2016: 42f.). Allerdings dürften griechische Texte aus hellenistischer Zeit bereits ältere Traditionen, vor allem aus dem mesopotamischen Raum, verarbeitet haben, sie können also nicht für die Herkunft dieser Unterscheidung namhaft gemacht werden. Auch für die antik-jüdische Apokalyptik, insofern ihre traditionsgeschichtlichen Wurzeln zu beachten sind, können bereits im mesopotamischen Raum bekannte Überlieferungen und auch Einzelmotive benannt werden.

Die Motivkonstellationen der Apokalyptik verweisen eindeutig auf mesopotamische Texte in akkadischer Sprache: Etwa die „Wächter" der gleichnamigen Apokalypse aus 1Hen 1–36 finden ihren babylonischen Widerpart in mythischen Zwischenwesen, genannt „Apkallus" (vgl. Kvanvig 2011). Dann zeigt die Konstellation „Alter an Tagen" und „Menschensohn" (vgl. Dan 7,13f.) Verbindungen zu älteren Mythen aus Mesopotamien und Ugarit. In ähnliche Zusammenhänge – des Chaoskampf-Mythos – verweist die Eingangsszene der vier aus dem Meer steigenden Tiere (7,1–8). Insbesondere die ältesten mit Henoch verbundenen Überlieferungen integrieren Motive aus der mesopotamischen Astrologie bzw. Astronomie – in der Antike noch nahezu identisch – und dem vor allem in Mesopotamien verbreiteten Kalender- und Omenwesen. So liefert etwa die babylonische Textsammlung MUL.APIN, nach ihrem ersten Wort „Pflugstern" benannt und in Abschriften aus dem 7.–3. Jahrhundert v. Chr. überliefert, wichtige Einsichten zu kalendarischen Fragen, die wiederum für das Verständnis des *Astronomischen Buches* (1Hen 72–82) von Belang sind (vgl. Albani 1994).

Wendet man sich von den Einzelmotiven ab und eher strukturellen Auffälligkeiten zu, wie etwa Dualismen, prophetischer Enderwartung oder den Geschichtsschemata, dann werden „Parallelen" aus der mesopotamischen, der altägyptischen und der altpersischen Kultur und Religion diskutiert. Insbesondere persische Vorstellungen stehen im Verdacht, die antik-jüdische Apokalyptik stark beeinflusst zu haben. Bereits die Datierung der ältesten Apokalypsen in spät-persische bzw. früh-hellenistische Zeit liefert Anhaltspunkte. Außerdem kann ein Urzeit-Endzeit-Muster, einschließlich strukturierter Weltzeit-Epochen, als persisch-iranisches Gemeingut gelten. Wichtig sind etwa die *Orakel des Hystapes*, zum größten Teil beim Kirchenvater Laktanz (ca. 250–320 n. Chr.) in dessen *Divinae Insitutiones* VII aus dem Beginn des 4. Jahrhunderts n. Chr. überliefert. Teilabschnitte der Orakel wird man in das 2. oder 1. Jahrhundert v. Chr. datieren dürfen. Dabei handelt es sich um Widerstands- bzw. Propaganda-Literatur, wie sie im ägyptisch-hellenistischen Kulturraum etwa durch das *Töpferorakel* oder die *Bücher der Sibyllinen* repräsentiert ist. Kosmische Umwälzungen in der Endzeit, Steigerung der Endzeitwehen oder die Trennung von Frevlern und Gerechten zeigen zahlreiche Bezüge zur jüdisch-christlichen Apokalyptik. Allerdings wird man lediglich vereinzelt persisch-iranischen Einfluss, wie etwa das Weltenbrand-Motiv, auf die Darstellungen des Laktanz konstatieren, ohne zuverlässig apokalyptische Traditionen iranischer, jüdischer oder christlicher Provenienz voneinander trennen zu können.

In der mittel-iranischen Textsammlung *Bahman Yašt* oder *Zand-î Vohûman Yasn* (frühestens aus dem 5. oder 6. Jahrhundert n. Chr.) verleiht der Hauptgott Ahura Mazda, der hier Ohrmazd heißt, dem Zoroaster (Zarathustra) für sieben Tage Allwissenheit in einer Vision. Zoroasters Bericht nennt einen Reichen in der Hölle und einen Armen im Paradies. Außerdem sah Zoroaster einen großen Baum mit sieben – ursprünglich vier – Zweigen, die jeweils ein anderes Metall darstellen. In Ahura Mazdas Deutung der Vision steht der Baum für den gesamten Kosmos, die Zweige für die bevorstehenden sieben Zeitalter (*Bahman Yašt* II,5f.; insgesamt II,4–22). Während der Baum als „Weltenbaum" das Nachtgesicht aus Dan 4 und 4QFour Kingdoms[a–b] (4Q552–553) erinnert, verweisen die sieben bzw. vier metallenen Zweige auf die Visionen in Dan 2 und 7.

Bedenkt man die bei Motivüberschneidungen schwierigen Abhängigkeitsverhältnisse, zudem die zwar durchaus signifikanten, jedoch im Detail heterogenen Konzeptparallelen wie Auferstehung, individuelle Eschatologie, Endzeitwehen, kosmische Katastrophen, Dualismus oder Epochenlehre, dann scheinen zwar schon in der persischen Apokalyptik Vorprägungen einer Gattung „Apokalypse" erkennbar zu werden, die jedoch nur hypothetisch mit Denkformen und Weltanschauungen der jüdisch-christlichen Apokalyptik in Beziehung gesetzt werden dürfen. Die Hypothetik ergibt sich zum einen aus der Tatsache, dass, wie an den *Orakeln des Hystaspes* zu sehen, persische Vorstellungen rasch an die jüdisch-christlichen Motivkonstellationen angepasst wurden. Zum anderen bleibt, wie vor allem an *Bahman Yašt* und anderen Pahlavi-Texten ersichtlich, das Datierungsproblem der persischen Quellen virulent, so dass nicht immer sicher rückgeschlossen werden kann, ob die persische Überlieferung den gebenden oder eher den nehmenden Part innehat.

Weitere Vergleiche betreffen die Omen- oder Orakelliteratur, für die Beispiele aus Mesopotamien, Ägypten und der jüdischen Diaspora angeführt werden. Es sind im weitesten Sinne historiographische Traditionen, die einen mantisch-erzählerischen Rahmen aufweisen und nach einer Zeit der Bedrückung und des Chaos eine reich prosperierende Zukunft ansagen, nicht selten avisiert und personifiziert im Erscheinen eines königlichen Heilsbringers. Häufig sind jene Omina als *vaticinia ex eventu*, als Vorhersagen bereits in der Vergangenheit der Überlieferer liegender Ereignisse, formuliert. Aus Mesopotamien stammen folgende in akkadischer Sprache verfasste Kompositionen: *Text A*, *Marduk-Prophetie*, *Schulgi-Prophetie*, *Uruk-Prophetie* sowie die

Dynastische Prophetie (zu Text, Übersetzung und Diskussion vgl. Neujahr 2012). Die Texte datieren zwischen das 12. und das 4. Jahrhundert v. Chr. Der späteste Text, die *Dynastische Prophetie*, datiert in die hellenistische Zeit, bietet also in ihrer religiös-politischen Propaganda dezidert anti-hellenistisches Gedankengut.

In diesen zeitlich-ideologischen Kontext gehören auch die ägyptischen und antik-jüdischen Zeugnisse, die sämtlich aus Ägypten stammen und in das 3. und 2. Jahrhundert v. Chr. datieren. Ihre Zukunftsansagen sind geprägt von Chaosdarstellungen und dessen Überwindung. Sie greifen auf älteres Traditionswissen zurück und strukturieren die Chaosüberwindung chronologisch nach Zeitaltern. In die genuin altägyptische Kultur gehören die *Demotische Chronik*, das *Lamm des Bokchoris* und das *Töpferorakel* (zur Diskussion vgl. die Beiträge in Blasius/Schipper 2002). Antik-jüdische Überlieferungen bieten die *Sibyllinen-Orakel*, in der ägyptischen Diaspora entstanden, wobei die dritte Sibylle nicht nur ältestes Material aus dem 2. Jahrhundert v. Chr. beinhaltet, sondern offensichtliche Gemeinsamkeiten mit dem ägyptischen *Töpferorakel* ausweist. So kündigen beide Orakel einen „Herrscher von der Sonne" an, der die Heilszeit markiert (vgl. Sib 3,652–654; *Töpferorakel*, Pap. 2,29–44). Demgegenüber ist die *Demotische Chronik* ein kommentierender Text, der strukturell Vergleiche mit den unter den Handschriften vom Toten Meer aufgefundenen Kommentar-Texten rechtfertigt (etwa 1QpHab).

Insgesamt bieten die angesprochenen Quellen zwar vielfältige Motive und Denkstrukturen der antik-jüdischen Apokalyptik, so dass man grundsätzlich – auch wechselseitige – Beeinflussungen für wahrscheinlich halten darf, doch zeigen sich beim Blick auf die Gattung der Apokalypse auch Differenzen. Grundsätzlich geht es der Omen- und Orakelliteratur eher um (politische) Propaganda und Apologetik. Es finden sich zwar apokalyptische Zeitauffassungen, doch bleibt jene Propaganda-Literatur in ihren Zukunftskonzepten doch ganz dem Diesseits verhaftet. Das wesentliche Gattungsmerkmal einer gedeuteten und durch Offenbarung übermittelten Jenseitserfahrung fehlt in den Texten der Umwelt weitestgehend.

Auch wenn es schwerfällt, gattungsspezifische Apokalypsen außerhalb des jüdisch-christlichen Schrifttums zu identifizieren, so zeigt sich bereits in der Antike, dass apokalyptische Weltsichten ein breitgestreutes gemeinreligiöses Phänomen darstellen.

Quellen- und Literaturverzeichnis

1. Quellen

ALD/aram. Qumran-Fragmente zu TestLev: Davila, James R.: Aramaic Levi. A New Translation and Introduction, in: Bauckham, Richard u. a. (Hgg.): Old Testament Pseudepigrapha. More Noncanonical Scriptures, Bd. 1, Grand Rapids/Cambridge 2013, 121–142.

ApkAbr/Abraham-Apokalypse: Philonenko-Sayar, Belkis/Philonenko, Marc: Die Apokalypse Abrahams (JSHRZ V/5), Gütersloh 1982.

Aramaic Apocalypse/Son of God Text/4Q246: Puëch, Émile: 246. 4QApocryphe de Daniel, in: Brooke, George u. a., Qumran Cave 4. XVII: Parabiblical Texts, Part 3 (DJD 22), Oxford 1996, 165–184.

*AscJes/Ascensio Jesaiae/*Himmelfahrt des Jesajas: Müller, C. Detlef G.: 1. Die Himmelfahrt des Jesaja, in: Schneemelcher, Wilhelm (Hg.): Neutestamentliche Apokryphen in deutscher Übersetzung, Bd. II, Tübingen 1997[6], 547–562.

*AssMos/Assumptio Mosis/*Himmelfahrt des Mose: Tromp, Johannes: The Assumption of Moses. A Critical Edition with Commentary (SVTP 10), Leiden u. a. 1993.

Bahman Yašt/Zand-î Vohûman Yasn: Zand-î Vohûman Yasn and Two Pahlavi Fragments. With Text, Transliteration and Translation by Behramgore Tehmuras Anklesaria, Bombay 1957.

2Bar/griechische Baruch-Apokalypse: Hage, Wolfgang: Die griechische Baruch-Apokalypse (JSHRZ V/1), Gütersloh 1974, 15–44.

3Bar/syrische Baruch-Apokalypse: Klijn, Albertus F. J.: Die syrische Baruch-Apokalypse (JSHRZ V/2), Gütersloh 1976, 107–191.

Dan (Masoretentext und LXX/Pseudo-Theodotion): Koch, Klaus/Rösel, Martin: Polyglottensynopse zum Buch Daniel, Neukirchen-Vluyn 2000.

Dan (Handschriften vom Toten Meer: 1Q71–72, 6Q7pap, 4Q112–116): Barthélemy, Dominic/Milik, Józef T.: Qumrân Cave 1 (DJD 1), Oxford 1955, 150f.; Baillet, Maurice u. a.: Les 'Petites Grottes' de Qumran. Exploration de la falaise. Les grottes 2Q, 3Q, 6Q, 7Q, à 10Q, Le rouleau de cuivre (DJD 3), Oxford 1962, 114–116; Ulrich, Eugene u. a.: Qumran Cave 4. XI: Psalms to Chronicles (DJD 16), Oxford 2000, 239–289 (Tfl. XXIX–XXVII).

AddDan/Zusätze zu Daniel: Koch, Klaus: Deuterokanonische Zusätze zum Danielbuch. Entstehung und Textgeschichte (AOAT 38/1+2), Kevelaer/Neukirchen-Vluyn 1987.

Demotische Chronik: Hoffmann, Friedhelm: Ägypten. Kultur und Lebenswelt in der griechisch-römischen Zeit. Eine Darstellung nach den demotischen Quellen (Studienbücher Geschichte und Kultur der Alten Welt), Berlin 2000, 177–180.

4Esr/4.Esra: Schreiner, Josef: Das 4. Buch Esra (JSHRZ V/4), Gütersloh 1981.

ApokrEz/Ezechiel-Apokryphon: Mueller, James R.: The Five Fragments of the Apocryphon of Ezekiel. A Critical Study (JSPE.S 5), Sheffield 1994.

Gabriel-Inschrift: Beyerle, Stefan: Qumran und die Apokalyptik, in: ders./Frey, Jörg (Hgg.): Qumran aktuell. Texte und Themen der Schriften vom Toten Meer (BThSt 120), Neukirchen-Vluyn 2011, 159–223 (hier: 217–223).

1QSa/Gemeinderegel: Charlesworth, James H./Qimron, Elisha: Rule of the Community (1QS), in: Charlesworth, James H. u. a. (Hgg.): The Dead Sea Scrolls.

Hebrew, Aramaic, and Greek Texts with English Translations, Bd. 1: Rule of the Community and Related Documents (PTSDSSP 1), Tübingen/Louisville 1994, 1–103.

EnGiants/Buch der Giganten: Stuckenbruck, Loren T.: The Book of Giants from Qumran. Texts, Translation, and Commentary (TSAJ 63), Tübingen 1997.

Henochhandschriften mit 1Hen-Texten aus Höhle 4/4QEn und Handschriften von 1Hen 72–82/4QEnastr: Milik, Józef T.: The Books of Henoch. Aramaic Fragments of Qumrân Cave 4, Oxford 1976; Drawnel, Henryk: Qumran Cave 4. The Aramaic Books of Enoch: 4Q201, 4Q202, 4Q204, 4Q205, 4Q206, 4Q207, 4Q212, Oxford 2019; und Drawnel, Henryk: The Aramaic Astronomical Book (4Q208–4Q211) from Qumran. Text, Translation, and Commentary, Oxford 2011.

1Hen/äthiopischer Henoch: Uhlig, Siegbert: Das äthiopische Henochbuch (JSHRZ V/6), Gütersloh 1984.

2Hen/slawischer Henoch: Böttrich, Christfried: Das slavische Henochbuch (JSHRZ V/7), Gütersloh 1995.

3Hen/hebräischer Henoch: Alexander, Philip: 3 (Hebrew Apocalypse of) Enoch, in: Charlesworth, James H. (Hg.): Old Testament Pseudepigrapha, Bd. 1, New York u. a. 1983, 223–315.

Herm vis/Hermas, visiones/Visionen des Hermas: Leutzsch, Martin: Hirt des Hermas, in: Körtner, Ulrich H. J./ders. (Hgg.): Papiasfragmente, Hirt des Hermas (SUC 3), Darmstadt 1998, 105–497.

4Q248/4QHistorical Text A: Broshi, Magen/Eshel, Ester: 4QHistorical Text A, in: dies.: Qumran Cave 4. XXVI: Miscellanea, Part I (DJD 36), Oxford 2000, 192–200.

Hodayot/Hymnenrolle: Stegemann, Hartmut u. a.: 1QHodayot^a: With Incorporation of 1QHodayot^b and 4QHodayot^{a-f} (DJD 40), Oxford 2009.

1Q/4QInstructio/mûsār l^{e}mebî /Zucht für einen Unterweiser: Strugnell, John u. a.: Qumran Cave 4. XXIV: Sapiential Texts, Part 2. 4QInstruction (Mûsār l^e Mēvîn): 4Q415ff. With a Re-edition of 1Q26 (DJD 34), Oxford 1999.

Josephus, Flavius: *Antiquitates Judaicae/Jüdische Altertümer*, übers. und eingel. von Heinrich Clementz, ND Wiesbaden 2004.

Josephus, Flavius: *Bellum Judaicum/Der Jüdische Krieg*, übers. und eingel. von Heinrich Clementz, ND Wiesbaden 2005.

Jub/Jubiläen: Berger, Klaus: Das Buch der Jubiläen (JSHRZ II/3), Gütersloh 1981.

1QM/Kriegsrolle: Duhaime, Jean: War Scroll (1QM; 1Q33; 4Q491–496 = 4QM1–6; 4Q497), in: Charlesworth, James H. u. a. (Hgg.): The Dead Sea Scrolls. Hebrew, Aramaic, and Greek Texts with English Translations. Volume 2: Damascus Document, War Scroll, and Related Documents (PTSDSSP 2), Tübingen/Louisville 1995, 80–203.

Lamm des Bokchoris: Hoffmann, Friedhelm: Ägypten. Kultur und Lebenswelt in der griechisch-römischen Zeit. Eine Darstellung nach den demotischen Quellen, Berlin 2000, 181–185.

Literary Predictive Texts: Neujahr, Matthew: Predicting the Past in the Ancient Near East. Mantic Historiography in Ancient Mesopotamia, Judah, and the Mediterranean World (BJS 354), Providence 2012.

Ludlul bēl nēmeqi: Soden, Wolfram von: „Weisheitstexte" in akkadischer Sprache (TUAT III/1), Gütersloh 1990, 110–180 (hier: 110–135).

1Makk/1. Makkabäer: Schunck, Klaus-Dietrich: 1. Makkabäerbuch (JSHRZ I/4) Gütersloh 1980.

2Makk/2. Makkabäer: Habicht, Christian: 2. Makkabäerbuch (JSHRZ I/3), Gütersloh 1979.

4Q521/Messianische Apokalypse: Puëch, Émile: 521. 4QApocalypse messianique, in: ders.: Qumân grotte 4. XVIII: Textes hébreux (4Q521–4Q528, 4Q576–4Q579) (DJD 25), Oxford 1998, 1–38.

Neues Jerusalem (1Q32; 2Q24; 4Q554; 4Q554a; 4Q555; 5Q15; 11Q18): DiTommaso, Lorenzo: The Dead Sea New Jerusalem Text. Contents and Contexts (TSAJ 110), Tübingen 2005.

Orakel des Hystaspes (Lactantius): Gauger, Jörg-Dieter: Sibyllinische Weissagungen. Griechisch-Deutsch. Auf der Grundlage der Ausgabe von Alfons Kurfeß (Sammlung Tusculum), Düsseldorf/Zürich 1998, 416–423; Laktanz, *Divinae Instutiones, Liber septem: De vita beata*/Göttliche Unterweisungen, Buch 7: Über das glückselige Leben, eingel., übers. und komm. von Stefan Freund (Texte und Kommentare 31), Berlin/New York 2009.

1QpHab/Pesher Habakuk: Horgan, Maurya P.: Habakkuk Pesher, in: Charlesworth, James H. u. a. (Hgg.): The Dead Sea Scrolls. Hebrew, Aramaic, and Greek Texts with English Translations, Bd. 6B: Pesharim, Other Commentaries, and Related Documents (PTSDSSP 6B), Tübingen/Louisville 2002, 157–185.

Plato, De re publica (Πολιτεία)/*Der Staat*: Der Staat/Politeia. Griechisch-deutsch, übers. von Rudolf Rufener, Einführung, Erläuterungen, Inhaltsübersicht und Literaturhinweise von Thomas Alexander Szlezák (Sammlung Tusculum), Düsseldorf 2000.

4Q243–245/psDan/Pseudo-Daniel: Collins, John J./Flint, Peter W.: 243–245. 4Qpseudo-Daniel[a–c] ar, in: Brooke, George J. u. a.: Qumran Cave 4. XVII: Parabiblical Texts, Part 3 (DJD 22), Oxford 1996, 95–164.

4Q385/Pseudo-Ezechiel: Dimant, Devorah: 385. 4QPseudo-Ezekiel[a], in: dies.: Qumran Cave 4. XXI: Parabiblical Texts Part 4. Pseudoprophetic Texts (DJD 30), Oxford 2000, 5–51.

Schrift des Sem: Charlesworth, James H.: Die Schrift des Sem (JSHRZ.NF II/9), Gütersloh 2005.

ApkSedr/Sedrach-Apokalypse: Agourides, Sabbas: Apocalypse of Sedrach, in: Charlesworth, James H. (Hg.): Old Testament Pseudepigrapha. Bd. 1, New York u. a. 1983, 605–613.

Sib/Sibyllinen: Gauger, Jörg-Dieter: Sibyllinische Weissagungen. Griechisch-Deutsch. Auf der Grundlage der Ausgabe von Alfons Kurfeß (Sammlung Tusculum), Düsseldorf/Zürich 1998.

TestAbr/Testament Abrahams: Janssen, Enno: Testament Abrahams (JSHRZ III/3), Gütersloh 1979.

TestLev/Testament Levis: Becker, Jürgen: Die Testamente der zwölf Patriarchen (JSHRZ III/1), Gütersloh 1980², 47–62.

4Q542/TQahat/Testament Qahat: Puëch, Émile: 4Q542. 4QTestament de Qahat ar, in: ders.: Qumân grotte 4. XII: Textes Araméens (4Q529–549) (DJD 31), Oxford 2001, 257–282.

Töpferorakel: Jördens, Andrea: VII. Griechische Texte aus Ägypten (TUAT.NF 4), Gütersloh 2008, 417–445 (hier: 420–425).

4Q543–549/VisAmram/Vision Amrams: Puëch, Émile: 4Q543–549. 4QVisions de 'Amram^{a-g} ar, in: ders.: Qumân grotte 4. XII: Textes Araméens (4Q529–549) (DJD 31), Oxford 2001, 283–405.

VitAd/Vita Adae et Evae/Das Leben Adams und Evas (ApkMos): Tromp, Johannes: The Life of Adam and Eve in Greek. A Critical Edition (PVTG 6), Leiden/Boston 2005.

ApkZeph/Zephania-Apokalypse: Diebner, Bernd Jörg: Zephanjas Apokalypsen (JSHRZ V/9), Gütersloh 2003.

2. Sekundärliteratur

Albani 1994: Albani, Matthias: Astronomie und Schöpfungsglaube. Untersuchungen zum Astronomischen Henochbuch (WMANT 68), Neukirchen-Vluyn 1994.

Bernhardt 2017: Bernhardt, Johann Christian: Die jüdische Revolution. Untersuchungen zu Ursachen, Verlauf und Folgen der hasmonäischen Erhebung (Klio. Beih. NF 22), Berlin/Boston 2017.

Beyerle 1999: Beyerle, Stefan: Von der Löwengrube ins himmlische Jerusalem. Erwägungen zur jüdischen Apokalyptik, GlLern 14 (1999), 23–34.

Beyerle 2005: Beyerle, Stefan: Die Gottesvorstellungen in der antik-jüdischen Apokalyptik (JSJ.S 103), Leiden/Boston 2005.

Beyerle 2005a: Beyerle, Stefan: „One like a Son of Man". Innuendoes of a Heavenly Individual, in: Boccaccini, Gabriele (Hg.): Enoch and Qumran Origins. New Light on a Forgotten Connection, Grand Rapids/Cambridge 2005, 54–58.

Beyerle 2010: Beyerle, Stefan: Apokalyptik und Biblische Theologie, NZStTh 52 (2010), 232–246.

Beyerle 2011: Beyerle, Stefan: Qumran und die Apokalyptik, in: ders./Frey, Jörg (Hgg.): Qumran aktuell: Texte und Themen der Schriften vom Toten Meer (BThSt 120), Neukirchen-Vluyn 2011, 159–223.

Bickermann 1937: Bickermann, Elias: Der Gott der Makkabäer. Untersuchungen über Sinn und Ursprung der makkabäischen Erhebungen, Berlin 1937.

Blasius/Schipper 2002: Blasius, Andreas/Schipper, Bernd U. (Hgg.): Apokalyptik und Ägypten. Eine kritische Analyse der relevanten Texte aus dem griechisch-römischen Ägypten (OLA 107), Leuven u. a. 2002.

Böttrich 2013: Böttrich, Christfried: The Angels of Tartarus and the Supposed Coptic Fragments of 2Enoch, Early Christianity 4 (2013), 509–521.

Bosshard-Nepustil 2021: Bosshard-Nepustil, Erich: Die Stadt in Jesaja 24–27 (AThANT 111), Zürich 2021.

Collins 1997: Collins, John J.: Apocalypticism in the Dead Sea Scrolls (The Literature of the Dead Sea Scrolls), London/New York 1997.

Collins 2010: Collins, John J.: The Scepter and the Star. Messianism in the Light of the Dead Sea Scrolls, Grand Rapids/Cambridge 2010².

Collins 2016: Collins, John J.: The Apocalyptic Imagination. An Introduction to Jewish Apocalyptic Literature, Grand Rapids/Cambridge 2016³.

Collins 2016a: Collins, John J.: The Genre Apocalypse Reconsidered, ZAC 20 (2016), 21–40.

Cook 1995: Cook, Stephen L.: Prophecy & Apocalypticism. The Postexilic Social Setting, Minneapolis 1995.
Frey 2014: Frey, Jörg: Apocalyptic Dualism, in: Collins, John J. (Hg.): The Oxford Handbook of Apocalyptic Literature, New York u. a. 2014, 271–294.
Gese 1973/1990: Gese, Hartmut: Anfang und Ende der Apokalyptik dargestellt am Sacharjabuch (1973), in: ders.: Vom Sinai zum Zion. Alttestamentliche Beiträge zur biblischen Theologie (BEvTh 64), München 1990³, 202–230.
Hanson 1989: Hanson, Paul D.: The Dawn of Apocalyptic. The Historical and Sociological Roots of Jewish Apocalyptic Eschatology, Philadelphia 1989².
Hays 2019: Hays, Richard B.: The Origins of Isaiah 24–27. Josiah's Festival Scroll for the Fall of Assyria, Cambridge 2019.
Henze 2011: Henze, Matthias: Jewish Apocalypticism in Late First Century Israel. Reading Second Baruch in Context (TSAJ 142), Tübingen 2011.
Koch 1970: Koch, Klaus: Ratlos vor der Apokalyptik. Eine Streitschrift über ein vernachlässigtes Gebiet der Bibelwissenschaft und die schädlichen Auswirkungen auf Theologie und Philosophie, Gütersloh 1970.
Kratz 2004: Kratz, Reinhard Gregor: Die Visionen des Daniel, in: ders.: Das Judentum im Zeitalter des Zweiten Tempels (FAT 42), Tübingen 2004, 227–244.
Kvanvig 2011: Kvanvig, Helge S.: Primeval History: Babylonian, Biblical, and Enochic. An Intertextual Reading (JSJ.S 149), Leiden/Boston 2011.
Lege 2013: Lege, Joachim: „Politeía". Ein Abenteuer mit Platon, Tübingen 2013.
Neujahr 2012: Neujahr, Matthew: Predicting the Past in the Ancient Near East. Mantic Historiography in Ancient Mesopotamia, Judah, and the Mediterranean World (BJS 354), Providence 2012.
Newsom 2005: Newsom, Carol A.: Spying out the Land. A Report from Genology, in: Troxel, Ronald L. u. a. (Hgg.): Seeking out the Wisdom of the Ancient. FS Michael V. Fox, Winona Lake 2005, 437–450.
Nickelsburg 2001: Nickelsburg, George W. E.: 1Enoch 1. A Commentary on the Book of 1Enoch, Chapters 1–36; 81–108 (Hermeneia), Minneapolis 2001.
Niskanen 2004: Niskanen, Paul: The Human and the Divine in History. Herodotus and the Book of Daniel (JSOT.S 396), London 2004.
Plöger 1959: Plöger, Otto: Theokratie und Eschatologie (WMANT 2), Neukirchen-Vluyn 1959 (1968³).
Portier-Young 2011: Portier-Young, Anathea E.: Apocalypse against Empire. Theologies of Resistance in Early Judaism, Grand Rapids/Cambridge 2011.
Reynolds 2011: Reynolds III, Bennie H.: Between Symbolism and Realism. The Use of Symbolic and Non-Symbolic Language in Ancient Jewish Apocalypses 333–63 B. C. E. (JAJ.Supp. 8), Göttingen/Oakville 2011.
Rowland 1982: Rowland, Christopher: The Open Heaven. A Study of Apocalyptic in Judaism and Early Christianity, London 1982.
Rupschus 2017: Nicole Rupschus: Frauen in Qumran (WUNT II/457), Tübingen 2017.
Schäfer 2017: Schäfer, Peter: Zwei Götter im Himmel. Gottesvorstellungen in der jüdischen Antike, München 2017.
Schmid 2019: Schmid, Konrad: Theologie des Alten Testaments (Neue theologische Grundrisse), Tübingen 2019.

Stone 1990: Stone, Michael E.: Fourth Ezra. A Commentary on the Book of Fourth Ezra (Hermeneia), Minneapolis 1990.
Wolter 2009: Wolter, Michael: Apokalyptik als Redeform im Neuen Testament, in: ders.: Theologie und Ethos im frühen Christentum. Studien zu Jesus, Paulus und Lukas (WUNT 236), Tübingen 2009, 429–452.
Zolles 2016: Zolles, Christian: Die symbolische Macht der Apokalypse. Eine kritisch-materialistische Kulturgeschichte politischer Endzeit (Cultural History of Apocalyptic Thought/Kulturgeschichte der Apokalypse 2), Berlin/Boston 2016.

3. Literaturhinweise zum vertiefenden Studium

Bedenbender, Andreas: Der Gott der Welt tritt auf den Sinai. Entstehung, Entwicklung und Funktionsweise der frühjüdischen Apokalyptik (ANTZ 8), Berlin 2000.
Beyerle, Stefan: Von Henoch bis Baruch, ThLZ 137 (2012), 606–618.
Collins, John J. (Hg.): The Oxford Handbook of Apocalyptic Literature, New York u. a. 2014.
Hellholm, David (Hg.): Apocalypticism in the Mediterranean World. Proceedings of the International Colloquium on Apocalypticism. Uppsala, August 12–17, 1979, Tübingen 1989[2].
Koch, Klaus: Vor der Wende der Zeiten. Beiträge zur apokalyptischen Literatur. Gesammelte Aufsätze, Bd. 3, hg. von Uwe Gleßmer/Martin Krause, Neukirchen-Vluyn 1996.

Neues Testament / Frühes Christentum

Marco Frenschkowski

Apokalyptik und Neues Testament

Frühchristliche Zukunftsbilder im Kontext der Spätantike

1. Einführung: Apokalyptik, Apokalypsen und apokalyptische Themen und Stoffe

Apokalyptik, wie wir den Begriff in Judentum und Christentum verwenden, ist eine Form der Zivilisationskritik. Sie versteht die Zukunft als eine von Gott geplante und in Bewegung gesetzte Sequenz von Ereignissen, die in eine endgültige, umfassende Heilszeit einmündet, welche sich radikal von unserer Gegenwart unterscheidet. Apokalyptik begegnet in Gestalt apokalyptischer Traditionen, Stoffe und Motive (die oft auch in nicht-apokalyptischen Kontexten auftreten können), in Gestalt einer eigenen, sehr spezifischen apokalyptischen Literatur mit deutlichen Genrekennzeichen, die einen Sonderfall der weiteren religiösen Textgruppe „Offenbarungsliteratur" ausmacht, in apokalyptischen Mentalitäten und schließlich in religiösen Gruppen und Bewegungen, in denen diese Mentalitäten und ihre Bildwelten in der Mitte des religiösen Lebens stehen. Es ist eine wesentliche Einsicht, die selbst in der jüngeren Forschung noch nicht immer zum Tragen kommt, dass Apokalyptik kein rein jüdisch-christliches (und islamisches) kulturelles Phänomen ist, sondern eine immer wieder akut werdende Möglichkeit, sich der Zukunft zu stellen. Apokalyptik existiert daher auch in anderen antiken Religionen, und wird in der Religions- und Kirchengeschichte immer wieder aktuell.

Von Hause aus meint der Begriff Apokalyptik *dem biblischen Buch der Apokalypse ähnlich* und wurde zuerst von dem evangelischen Theologen Friedrich Lücke 1832 in der Einleitung zu seiner Kommentierung der Johannesoffenbarung im Sinne einer Endzeitprophetie gebraucht (Lücke 1832: VIII). Apokalyptik ist also ein Begriff der modernen

Wissenschaftssprache, kein antiker Gattungsbegriff wie Evangelium, Gleichnis oder Hymnus. Auch verwendet die Johannesoffenbarung das Substantiv nur in der *Inscriptio*, und das zugehörige Verb gar nicht. Angrenzende Begriffe wie Messianismus (auch nativistischer Messianismus) und Chiliasmus beschreiben eigenständige Phänomene, die sich mit der Apokalyptik überschneiden können, aber jeweils eine eigene religiöse Lebensmitte haben. Eschatologie wird in der heutigen Forschung als allgemeiner Oberbegriff für religiöse Phänomene gebraucht, die es mit *letzten Dingen* bzw. *Endgültigem* (Tod, Weltende, globalen Katastrophen, Gericht, Ewigkeit, Hölle und Himmel) zu tun haben (der Begriff knüpft immerhin an Sir 7,36 [LXX] an). Apokalyptik ist dann eine mögliche Gestalt von Eschatologie neben anderen Gestalten. Apokalyptik berührt sich auch mit der antiken Utopie, die in allerdings eher spielerischer, experimenteller Form etwa von idealen Gesellschaften auf weit entfernten Inseln erzählt, und auf diese Weise der je eigenen Gesellschaft ein kritisches Gegenbild präsentiert, das sich in der Antike aber nicht primär auf die Zukunft bezieht (Frenschkowski 2011; Frenschkowski 2016).

Das kulturelle Primärphänomen der Apokalyptik ist eine bestimmte Konstellation von Zukunftsbildern zusammen mit kritischen Urteilen über die eigene Gegenwart, d. h. eine kultur- und religionswissenschaftlich beschreibbare Überzeugungswelt, deren Inhalte sowohl die Zukunft der Welt wie einen Endzustand aller Dinge, aber gerade auch die Gegenwart betreffen. Sie ist nicht in erster Linie spekulativ zu verstehen (sie ist keine antike Science-Fiction), sondern will als Offenbarung mahnend und orientierend in die Gegenwart eingreifen. Apokalyptik kann sich in sozialen und religiösen Gruppenbildungen manifestieren, sie kann freifluktuierende Motive erzeugen, sie kann Teil übergeordneter religiöser Sinnsysteme werden (z. B. in Glaubensbekenntnissen und dogmatischen Entwürfen), und sie kann eigene Literaturen erzeugen. Diese sind aber gegenüber apokalyptischen Imaginarien als solchen ein literarisches Sekundärphänomen: auch antike Apokalyptik existiert nicht nur in Buchform, auch wenn diese für uns ihre deutlichste Hinterlassenschaft ist. Die „klassischen" jüdischen Apokalypsen (1Hen; Dan; 4Esra; 2Bar; ApkAbr; 2Hen; AssMos u. a.) wurden vielfach von Christen gelesen und weitertradiert, die ihrerseits eine reiche apokalyptische Literatur geschaffen haben.

Apokalyptik ist auch deshalb nicht primär eine Gattung oder ein Genre, da die als *Apokalypsen* bezeichneten Texte sich mehrheitlich an den weiteren literarischen Formen der hellenistischen

Offenbarungsliteratur orientieren und diese mit apokalyptischen Inhalten füllen. Mikrogattungen und Strukturelemente wie die Vision mit Deutung, der Geschichtsbericht in Futurform, die Himmelfahrt des Visionärs, hymnisch-doxologische Texte, allegorische Chiffrierungen und Dechiffrierungen, deutende Numina (*angelus interpres*), komplexe Zahlensymboliken und Bildreservoire existieren auch in anderen kulturellen Kontexten. Nichtapokalyptische Offenbarungserzählungen der hellenistisch-römischen Welt sind etwa der „Poimandres", ein hermetischer Dialog, der u. a. kosmogonische Inhalte entfaltet (2. Jahrhundert n. Chr.?), oder die zahlreichen Himmelfahrtsberichte im Stil des Nechepso-Petosiris, der in ein astrologisches Lehrbuch einmündet (2. Jahrhundert v. Chr.), oder im Stil des breit rezipierten ciceronianischen *Somnium Scipionis* (Cicero, *De re publica* VI,9–26). Zu kurz greifen auch Definitionen apokalyptischer Literatur, welche diese als Mitteilung von Wissen erklären, das menschliche Erkenntnisfähigkeit übersteigt und auf übernatürliche Offenbarung zurückgeht. Die Antike kennt zahlreiche Textgruppen von Offenbarungsliteratur, die keine apokalyptischen Inhalte transportieren (sondern z. B. medizinisches, astrologisches, pharmazeutisches oder priesterlich-kultisches Wissen). Ähnlich konnte auch die vorgegebene Gattung *Orakel, Orakelsammlung* apokalyptische Inhalte an sich ziehen: so im Fall der jüdischen und christlichen Sibyllinen, die unter der Maske prophetischer Frauen der fernen Vergangenheit den Monotheismus, aber auch apokalyptische Inhalte predigen. Weisheitliche, prophetische und mantische Traditionen gewinnen sowohl in der jüdischen wie christlichen Apokalyptik eine eigene neue Gestalt.

Es ist weithin Konsens, welche Texte als Apokalypsen bezeichnet werden sollen. Im Gegenzug gegen Definitionen, die eine Bestimmung von äußeren Formen her versuchen (erzählender Bericht von einer Offenbarung transzendenter Realität, o. ä.), wird hier also ein Ansatz gewählt, der Apokalyptik primär als geschichtsmythologisches und zeitkritisches Szenario versteht, das in sehr verschiedenen Kontexten begegnet. Sehr beliebt ist weiter ein Verständnis von Apokalyptik als Krisenphänomen. Sie wäre dann sowohl Anzeichen als auch Ausdruck und zugleich eine mögliche Verarbeitungsform für Identitätskrisen einer religiösen Gruppe. In der Tat häufen sich apokalyptische Texte während der Konflikte, die zur makkabäischen Erhebung führten, nach der Zerstörung des jüdischen Tempels 70 n. Chr. (2Bar; 4Esra) oder dann wieder im 7. Jahrhundert, als viele alte Machtkonstellationen unter dem militärischen Ansturm des Islam zerbrachen. Aber die

Krisentheorie ist zu vage, als dass ihr Erklärungspotential viel austragen könnte. Ähnlich wurde auch die völlig anders gelagerte Gnosis gerne auf *Krisen* zurückgeführt (vgl. weiter unten). Ebenso enggeführt ist eine Erklärung der hellenistisch-römischen Apokalyptik als Form einer durchgehenden Kritik imperialer Ideologien (Richard Horsley), obwohl diese politische Dimension vielfach eine Rolle spielt, gerade auch im Christentum.

Völlig fernzuhalten ist die moderne umgangssprachliche Reduktion des Apokalyptikbegriffes in den Medien, in der politischen Rhetorik und der religiösen Abgrenzungssprache, und zwar auf globale Unglücke und Katastrophen, Dystopien und grelle Weltuntergangsszenarien. Vielmehr sprechen ausnahmslos alle apokalyptischen Systeme der Antike (nicht nur die christlichen) von einer auf das Unheil folgenden Heilszeit für die *Frommen* (oder eine andere religiös qualifizierte Gruppe), und haben in dieser ihre eigentliche Aussageintention. Allerdings kann sich der kritische Blick auf die eigene Gegenwart verselbständigen, so dass die Heilszeit verblasst, wie in mittelalterlichen Jenseitsvisionen das Höllenimaginarium schon quantitativ ein Vielfaches der Schilderungen des Himmels beanspruchen kann. Im Neuen Testament stehen jedoch alle apokalyptischen Texte unter dem Vorzeichen des in Christus erschienenen Heilswillens Gottes, und sind insofern ausnahmslos Hoffnungstexte. Zur theologischen Vornehmheit der Johannesoffenbarung etwa gehört es, dass sie, obwohl sie von der Realität einer Hölle überzeugt ist, diese doch kaum imaginativ entfaltet. Alle Höllenbilder werden völlig überstrahlt von den Bildern der Himmelsstadt, die auf die Erde herabkommt und deren Tore stets offen sind (Apk 21,25), sowie von der Vision eines „neuen Himmels und einer neuen Erde".

Man hat apokalyptische Schriften gerne als Trostliteratur für angefochtene *Fromme*, also eine unterdrückte und marginalisierte religiöse Minderheit mit deviantem Verhalten gedeutet, wie das für die Johannesapokalypse plausibel ist. Sie ist jedoch ganz entschieden keine *Angstliteratur* in einem solchen Sinn, dass sie durch Bilder Angst erregen oder religiös instrumentalisieren wollte, wie man das von den späteren Höllenfantasien der mittelalterlichen Jenseitsreisen mit größerem (aber ebenfalls nur relativem) Recht vermutet hat. Zwar artikuliert Apokalyptik bereits vorhandene Angstimaginarien, hebt sie aber in ein tröstendes und bergendes Wissen um Gottes souveränes Handeln und seinen eschatologischen Heilswillen auf. Die Grundsequenz der Apokalyptik ist Unheil – Heil. Das beinhaltet selbstverständlich paränetische Aspekte ihrer Botschaft. Außerdem darf der Aspekt protowissenschaftlicher Weisheit (besonders in der Henochliteratur) nicht übersehen werden, der vielfach Beziehungen zur orientalischen Mantik hat, wenn dieser Zug im Christentum auch zurücktritt. Aber z. B. das äthiopische Henochbuch, wo diese Elemente sehr stark sind, ist etwa ab dem 2. Jahrhundert ausschließlich von Christen (und partiell von Manichäern) tradiert worden.

Als einer Form von *Offenbarung* entspricht der Apokalyptik die komplementäre Kategorie „Geheimnis". Das Geheimnis hat eine horizontale und eine vertikale Dimension, oder präziser gesagt eine räumliche und eine zeitliche, es enthüllt eine jenseitige Welt Gottes oder ein zukünftiges Handeln Gottes. Außerdem konstituiert es eine „Insider-Gruppe". Apokalyptik ist zudem eine Gestalt von Geschichtsmythologie. Die Antike kennt sehr verschiedene, oft koexistierende, aber auch konkurrierende geschichtliche Diskurse. Ein Fortschrittsdiskurs, ein Dekadenzdiskurs, periodisierte und zyklische Geschichtsbilder können sich mit Apokalypsen berühren, deren Zeit dezidiert *theologisch qualifizierte Zeit* ist, nie nur reine Zeitdauer. Gegenmodelle zur Apokalyptik sind eine präsentische imperiale Mythologie einer wiederkehrenden Goldenen Zeit, oder eine an *Oben* und *Unten*, Transzendenz und Immanenz orientierte Mystik, und auch priesterlich-theokratische Theologien können weithin ohne Apokalyptik auskommen. Auch im Judentum sind apokalyptische Themen, ähnlich wie messianische Stoffe, in sehr unterschiedlichem Maße präsent. Bei dem durch griechische Philosophie geprägten Alexandriner Philon etwa treten sie nur selten in den Blick (Philo, *De praemiis et poenis*), und in der frührabbinischen Mischna (um 200 n. Chr.) werden sie offenbar systematisch zurückgedrängt (obwohl auch dem Rabbinat apokalyptische Stoffe keinesfalls fehlen). Bei manchen Gruppen wie den Sadduzäern scheinen sie keine Rolle gespielt zu haben, bei anderen wie den Pharisäern und den Essenern wurden sie in unterschiedlichem Umfang rezipiert. Über die Apokalyptik mancher Gruppen, wie der antirömischen Aktivisten (Zeloten), wissen wir nur wenig. Näher an frühchristlichen Hoffnungs- und Zukunftsbildern sind die jüdischen Apokalypsen als literarische Texte, die wir weitgehend, abgesehen von einigen Funden aus Qumran, nur über christliche Traditionsvermittlung besitzen (das lateinische 4. Esrabuch etwa als Anhang der Vulgata). Wer genau sie geschrieben, und vor allem, wer sie gelesen hat, ist im Einzelnen nicht immer deutlich. Man wird jedenfalls nicht mehr sagen können, die Forschung sei ratlos vor der Apokalyptik (Titel einer Streitschrift von Klaus Koch: Koch 1970). Gerade das gewachsene Wissen um die vielgestaltigen Formen des antiken Judentums und überhaupt antiker Kultur haben auch neue Türen zum Verständnis der frühchristlichen Apokalyptik geöffnet.

Drei mögliche Entwicklungen der frühchristlichen Apokalyptik nennen wir bereits hier zum Auftakt: ihr Themenrepertoire kann Teil theologischer Systeme und imaginativer Entfaltungen werden, sie kann andererseits energisch reaktiviert, sektenhaft festgehalten und zugespitzt werden (und dann apokalyptische Bewegungen generieren), oder sie kann von anderen theologischen Themen und Dynamiken bis zur Unsichtbarkeit überlagert werden. Im ersteren Fall steht sie zwar nicht mehr unbedingt in der Mitte christlicher religiöser Praxis, bleibt aber ein lebendiger Baustein. Im zweiten Fall kann sie ein Movens in der Bildung spezifischer Gruppenphänomene darstellen, im dritten Fall kann sie in mystischen, gnosisnahen oder allgemeiner spiritualisierenden Systemen verblassen (vor allem gegenüber Jenseitsimaginarien). Wir begegnen allen drei Möglichkeiten schon in der Geschichte des antiken Christentums.

2. Apokalyptische Themen in der frühchristlichen Elementarverkündigung und ihre Plausibilität für Nichtchristen

Der Bultmann-Schüler Ernst Käsemann (1906–1998) hatte die Apokalyptik als „Mutter aller christlichen Theologie" (Käsemann 1960/1986: 128; s. hierzu Beyerle, 15) bezeichnet. Dieser Satz ist nach wie vor grundsätzlich zutreffend, bedarf aber einiger Einschränkungen und Ergänzungen; er beschreibt auch nur bestimmte Aspekte des frühen Christentums, in dessen vielstimmigem Chor auch durchaus nichtapokalyptische Stimmen von Anfang an zu hören sind. Präsentische Eschatologien konkurrieren zwar nicht mit der Apokalyptik, führen aber ein Eigenleben, das religiöse Erfahrung anders in Bewegung setzt als es die Apokalyptik leistet. Doch haben apokalyptische Stoffe von Anfang an zur Missionspredigt des Evangeliums gehört. Paulus beschreibt in 1Thess 1,9f. seine Verkündigung an die heidnischen Thessalonicher als thematisch geprägt durch Monotheismus, Polytheismuskritik, Umkehrruf, Christuskerygma („Rettung") und eben apokalyptische Stichworte wie Weltgericht („zukünftiger Zorn"), Auferstehung Jesu und Parusie. In einem vergleichbaren Rekurs auf die Missionspredigt in Hebr 6,1–3 treten v.a. initiatorische Riten wie

Taufhandlungen hinzu. Diese Missionsverkündigung wurde offenbar rasch durch weitere eschatologische Themen ausgebaut, wie z. B. das große Auferstehungskapitel 1Kor 15 zeigt. Auch der Brief des Paulus an die nicht von ihm gegründeten Gruppen von Jesusjüngerinnen und -jüngern in Rom dokumentiert, dass er auch hier unter Heidenchristen mit einem breiten Konsens eschatologischer und partiell auch apokalyptischer Themen rechnen konnte (s. u.). Die durch das Pneuma Christi bestimmte Existenz der Christen ist damit zugleich eine eschatologische Existenz. In Röm 8 stehen Mensch und Universum in einer Schicksalsgemeinschaft: auch der Kosmos selbst hofft auf Erlösung. Alle Menschen werden einmal vor dem Richterstuhl Christi zu bestehen haben (vgl. 2Kor 5,10; Röm 14,10; auch Eph 6,8 etc.).

Wie konnten solche Themen für Menschen ohne jüdischen Hintergrund plausibel werden? Auch im Judentum war die Apokalyptik nicht allgemein verbreitet: ein stärker priesterlich-kultisches Judentum scheint an apokalyptischen Stoffen wenig Interesse gehabt zu haben. Themen wie der Monotheismus, die Opfer- und Polytheismuskritik und die christliche Ethik besaßen vielfache Anknüpfungen in der hellenistisch-römischen Kultur (u. a. in der populären Moralphilosophie). Manche apokalyptischen Erwartungen trafen sich jedoch ebenfalls mit weitgestreuten Weltendängsten, zeitkritischen Niedergangsszenarien und kosmologischen Spekulationen über Weltepochen einerseits, einem quasi-messianischen Repertoire an Bildern einer neuen Heilszeit andererseits, aus denen sich v. a. auch die imperiale Ideologie nährte (Wiederkehr der saturnischen „goldenen Zeit"). Dabei sind sowohl volkstümliche wie philosophische Motive zu bedenken. Als 79 n. Chr. der Vesuv ausbrach, wurde das Ereignis von manchen Zeitgenossen als Anzeichen eines beginnenden Weltendes erlebt, ein Glaube, den auch der jüngere Plinius für einige Zeit teilt (Plinius d. J., *Epistulae* 6,20,15–17; vgl. aus jüdischer Sicht Sib 4,130–136). Der das Christentum kritisierende Philosoph Kelsos hat ein Jahrhundert später Weltuntergangsprophetien als typisches Thema syrisch-phönizischer Wanderprediger bezeichnet (Origenes, *Contra Celsum* VII,9). Kelsos verspricht,

die Art und Weise der Weissagungen in Phönikien und Palästina angeben zu wollen, da er davon gehört und sie genau kennengelernt habe. Viele Leute ohne Ruf und Namen gibt es, die mit größter Leichtigkeit und aus ganz zufälliger Ursache teils in Tempeln, teils außerhalb derselben, einige auch bettelnd und Städte oder Kriegslager heimsuchend, sich so gebärden, als ob sie weissagen könnten. Ein jeder dieser Propheten pflegt die Worte im Munde zu führen:

„Ich bin Gott oder Gottes Sohn oder göttlicher Geist. Ich bin aber gekommen, denn schon bald geht die Welt zugrunde, und ihr, o Menschen, fahrt wegen eurer Ungerechtigkeiten dahin. Ich aber will euch retten; und ihr werdet mich mit himmlischer Macht wiederkommen sehen. Selig ist, wer jetzt mich ehrt; auf die andern alle, auch auf Städte und Länder werde ich ewiges Feuer werfen, und die Menschen, welche die ihnen bevorstehenden Strafen nicht kennen, werden vergeblich bereuen und seufzen; jene aber, die mir Glauben geschenkt haben, werde ich ewig bewahren. Wenn sie diese Dinge drohend vorgehalten haben, fügen sie der Reihe nach unverständliche, verrückte und ganz unklare Worte hinzu, deren Sinn kein Verständiger herausbringen könnte; denn sie sind dunkel und nichtssagend, geben aber jedem Toren und Betrüger in jeder Hinsicht eine Handhabe, das Gesagte so, wie er will, sich anzueignen." (Übers. P. Koetschau)

Christen sind in dieser karikierenden Darstellung nicht gemeint, da es ja gerade um einen kritischen Vergleich mit dem Christentum geht. Doch werden die Formulierungen durch christliche Analogien beeinflusst sein. Der Zeitgenosse des Paulus, Seneca, kann sogar schreiben: „Manche drohen ja sogar der Welt selbst den Untergang an, und dieses Universum, das alles Göttliche und Menschliche umspannt, wird, wenn man es denn glauben will, eines Tages zerstört und in das anfängliche Chaos und die Dunkelheit versinken" (*Ad Polybium de consolatione* I,2). Die ältere stoische Philosophie lehrt einen allmählichen Rückzug des göttlichen Weltgeistes (des Logos) aus der Welt, die schließlich in einem feurigen, reinigenden Weltbrand (Ekpyrosis) untergeht (vgl. etwa Cicero, *De natura deorum* II,118; Seneca, *Naturales quaestiones* III,29; ähnlich schon bei Heraklit). Danach erneuert sich der Kosmos zu einem neuen Zyklus (Palingenese/„Wiedergeburt"). Im Kontext solcher Ideen konnte Apokalyptik weltanschaulich plausibel werden (ApkAbr 31; 2Petr 3,10; Minucius Felix XXXIV,1–6). Doch ist die philosophische Ekpyrosis ein natürlicher Vorgang, kein Werk einer Gottheit (nach Epiktet, *Dissertationes* III,13,4f. überlebt Zeus das Weltfeuer), außerdem tritt sie in der jüngeren Stoa etwas in den Hintergrund (Diogenes Laertius, *Vitae* VII,142). Ein Dichter wie Horaz kann spielerisch mit der Idee eines Weltendes umgehen (Horaz, *Carmina* III,3,7,8). Mit regelmäßigen Katastrophen, welche große Teile der Zivilisation zerstören, rechneten auch andere Philosophenschulen, v. a. der aristotelische Peripatos. Evokationen apokalyptischer Katastrophen (Erdbeben, Hungersnöte, Kriege, moralischer Verfall, kosmische Umwälzungen) folgen dem Schema gesteigerter Omina, der mantischen Vorzeichen, die v. a. in Rom als Signale der Götter gedeutet wurden

(Iulius Obsequens, *Liber de prodigiis*). Heilsszenarien mit messianischen Zügen sind aus poetisch-künstlerischen und politischen Kontexten bekannt (Vergil, *Eclogae* 4. Ekloge; Horaz, *Carmen saeculare* aus augusteischer, *Calpurnius Siculus* und *Einsiedler Gedichte* aus neronischer Zeit). Die imperiale Ideologie feiert gerade die augusteische Ära als Wiederkehr einer mythisch-protologischen Goldenen Friedens-Zeit. Sogar unter Nero kann dieser Gedanke wiederholt werden, der auch Bezüge zur antiken Festkultur hat (altrömischen Saturnalien als Zelebration der „*goldenen Zeit*", vgl. schon die *Säkularfeier* Roms im Jahr 17 v. Chr.). Dieser Idee korrespondiert der seit Hesiod verbreitete kritische Dekadenzmythos der Metallzeitalter (Gold, Silber, Bronze, Eisen), den auch das Danielbuch in abgewandelter Form rezipiert und historisiert. Mit dem kaiserzeitlich beliebten Motiv der neuen „*goldenen Zeit*" nimmt er zyklische Züge an und ist gerade in lateinischer Dichtung überaus häufig.

Katastrophenszenarien sind ein Thema der Legende, wie etwa der Untergang von Atlantis an einem Tag und einer Nacht (vgl. Apk 18,10.19 von Babylon, d. h. Rom). Ein Untergang Roms ist trotz des Motivs der *ewigen Stadt* nicht undenkbar: Scipio meditiert weinend auf den Ruinen des völlig verwüsteten Karthago, dass es auch Rom einmal ähnlich ergehen könnte (Polybios, *Historiae* XXXVIII,21f.). Apokalyptik im „geistigen Widerstand gegen Rom" (Fuchs 1964) konnte solche Gedanken zu konkreten Untergangsszenarien steigern. Dem Peripatetiker Antisthenes wird eine Prophetie zugeschrieben, ein Heer aus Asien werde Rom zerstören (Phlegon, *Mirabilia* 3). Die griechisch-iranischen, von Christen vielgelesenen „Orakel des Hystapes" (*chreseis Hystaspou*) wohl aus dem frühen 1. Jahrhundert v. Chr. (als in Kleinasien im Umfeld der Kriege des Mithridates VI. Eupator von Pontus eine romkritische Stimmung anwächst) kündigen einen Sieg des „Ostens" über den „Westen" an (vgl. Frenschkowski 2018). Viele Christen diskutieren diese Schrift, so Justin, Clemens von Alexandrien (der sie angeblich nach einem paulinischen Pseudepigraphon zitiert), Johannes Lydus und noch im 5. Jahrhundert die *Tübinger Theosophie*, vor allem aber Laktanz (gest. um 320), dessen *Divinae institutiones* VII,15–19 eine detaillierte lateinische Inhaltsangabe bieten. Auf die Lektüre des Werkes war nach Justin die Todesstrafe ausgesetzt (Justin, *Apologiae pro christianis* XLIV,12): er nennt das Werk in einem Atemzug mit den Sibyllen und den biblischen Propheten. Der Text ist im Kern sicher nicht jüdisch. Gott heißt *Jupiter*, was bei Juden sehr selten ist, und eine Herrschaft des Ostens über den Westen ist weder ein jüdisches noch ein christliches Hoffnungsgut. Ein Traum des Königs Hystaspes wird von einem prophezeienden Knaben auf das bevorstehende Ende des römischen Reiches hin interpretiert: die Auslöschung der Übeltäter durch Feuer, die Rückkehr der Weltherrschaft in den Osten und das Kommen einer himmlischen Erlöserfigur (des „*rex magnus de caelo*"). Zuerst würden die Frommen von einem tyrannischen König aus dem Norden bedrängt, in dessen Regierungszeit auch Erdbeben, Seuchen, Hungersnöte, Ernteausfälle und andere Naturkatastrophen fallen. Ein großer Prophet tritt als Warner auf, aber ein König Syriens tötet den Propheten, der am dritten Tag wiederaufersteht und zum Himmel aufsteigt (der christliche „Klang" könnte sich dem Referat des Laktanz verdanken). Der König verlangt göttliche Verehrung und zerstört den Tempel Gottes. Die Frommen können aus der Verfolgung auf einen heiligen Berg fliehen, werden dort aber gefangengesetzt. Gott sendet zu ihrer Rettung den *großen König* vom Himmel (Laktanz identifiziert ihn mit Christus). Er befreit die Frommen und vernichtet die Übeltäter mit Feuer. Auch Mythologien einer Zeitenwende (Wiederkehr der paradiesischen *goldenen Zeit*; etruskische Säkula-Lehre und ähnliches) sind allgemein verbreitet. Die christliche Apokalyptik aktiviert also – in der theologischen Forschung zu wenig beachtet – umlaufende mythische Angst- und Hoffnungsbilder. (Aischylos, Prometheus desmotes konnte sogar von einem Ende der Herrschaft des Zeus als einem geheimen Wissen des Prometheus sprechen.) Die Zusammenhänge der theologischen Apokalyptik mit populären Untergangs- und Katastrophenszenarien und anderen populären Motivfeldern sind eindrücklich z. B. schon von Axel Olrik (1922) dargestellt worden. Olrik hatte gezeigt, dass für archaische Sozietäten ein Weltuntergang eine schreckliche „Möglichkeit" ist, die aber durch Gebet, Kult, Opfer etc. abgewehrt werden kann, während die jüngeren Hochreligionen ihn eher als Erwartungselement in eine größere Handlungssequenz integrieren, und öfter durch zyklische Geschichtsbilder relativieren. Als Alexander der Große keltische Abgesandte fragte, was sie am meisten fürchteten, antworteten diese mit Stolz, sie fürchteten nichts und niemanden außer einem Einsturz des Himmelsgewölbes. Ob dabei an den Zusammenbruch einer Weltsäule, eines Weltberges oder eines Weltbaumes gedacht ist, wird uns nicht deutlich. Wenn Paulus vom „Zorn Gottes" (Metapher für das anstehende Weltgericht) spricht, so kann er an eine Vorstellung anknüpfen, die auch für Heiden nachvollziehbar ist. Die Gottheit lässt nicht mit sich spaßen, obwohl sie gegenüber dem Übeltäter geduldig ist, sagt etwa Plutarch (*De sera numinis vindicta*; zwischen 91 und 107 n. Chr.); die Gottheit ist dabei für den griechischen Kulturphilosophen sowohl Richter wie wohlmeinender Arzt. In verschiedenen Gestalten verbreitet ist überhaupt die Idee eines Gerichts über alle Verstorbenen, das aber meist als individuelles Gericht imaginiert wird (ägyptische Tradition, Orphik u. a.), nicht als Weltgericht. Jenseitsstrafen, aber auch elysionhafte paradiesische Orte gehören zum Traditionsgut hellenistischer Religionen. Auch die spätägyptisch-demotische Tradition kennt Texte, die Ähnlichkeiten mit den jüdischen Apokalypsen haben, aber auf spezifisch ägyptischen Voraussetzungen und kulturellen Vorgaben beruhen. Das „Orakel des Lammes" oder „Lamm des Bokchoris" ist auf einer datierten Handschrift (Papyrus Wien D 10.000) aus dem Jahr 4 n. Chr. erhalten und bietet in einem erzählenden Rahmen Unheils- und Heilsankündigungen, die vor allem auf das nationale Geschick Ägyptens bezogen sind. Rechtsunsicherheit, militärische Niederlagen und Verfall der Religion (d. h. der Tempel) kennzeichnen die Zeit des Unheils, auf die nach 900 Jahren eine Heilszeit folgen soll. Viele Züge des Textes lassen sich als kritische Auseinandersetzung mit der makedonischen Herrschaft des 2. Jahrhunderts v. Chr. deuten, obwohl die Handlung unter Pharao Bokchoris angesiedelt ist; der Stoff ist auch bei griechischen Autoren bekannt (Manethon, Aelian, Plutarch). Ähnlich begegnet im griechisch erhaltenen, nach eigenem Anspruch aus dem Ägyptischen übersetzten, „Töpferorakel" (in mindestens fünf Manuskripten des 2.–3. Jahrhunderts n. Chr. erhalten) eine fundamentale Sequenz Unheil (Katastrophen, Kriege, Unwetter, Fremdherrscher) – Heil (Rückkehr des Königtums nach Memphis), und zwar in einer national-ägyptischen Perspektive. Die jüdisch-christliche Apokalyptik unterscheidet sich von diesen paganen Unheils- und Heilsbildern v. a. durch ihre monotheistische Konzentration, ihren Bezug auf Israel als Gottesvolk (mit flankierenden Themen wie Tempel und Erwählung), und durch eine (im Judentum aber keineswegs immer) integrierte messianische Linie. Die Streuung apokalyptischer Vorstellungen auch in der paganen Welt ist nicht so sehr als „Einfluss" auf das frühe Christentum zu verstehen, sondern als Ideen- und Symbolgeflecht, vor dem die spezifisch christliche Gestalt der Apokalyptik Plausibilität gewinnen konnte. Es unterliegt keinem Zweifel, dass die christliche Apokalyptik primär jüdisches Erbe ist, das im Lichte des Christuskerygmas neu interpretiert wurde. Aber ihre Zukunftsbilder konnten für Menschen aus nichtjüdischen Kontexten nur plausibel werden, weil sie sich vielfach mit Unheils- und Heilsbildern trafen, die zur religiösen Koine der Spätantike gehörten.

3. Jesus und das Reich Gottes

Alle Evangelien verbinden die Botschaft Jesu mit apokalyptischen Elementen. Am stärksten transformiert sind diese im Johannesevangelium. Zwar ist die apokalyptische Rede Mk 13 parr. in ihrer jetzigen Gestalt nachjesuanisch, aber es bleiben genug Bausteine der Botschaft Jesu, um ein Verhältnis des erinnerten Jesus zu den Themen der Apokalyptik und v. a. des kommenden Gottesreiches anschaulich zu machen. Jesus wurde für lange Zeit offenbar in besonderer Weise als Prediger des Gottesreiches erinnert: Wie immer sich Jesus darüber hinausgehend verstand, so war er dieses in jedem Fall auch. Markus, Q, die hinter dem lukanischen Sondergut stehenden Traditionen (neben Paulus unsere ältesten Quellen), so unterschiedlich sie sein mögen, sind sich darin doch ganz einig. Der Begriff fokussiert sehr unterschiedliche Bereiche dessen, was Jesus öffentlich zu sagen hatte. Es lässt sich zeigen, wie tatsächlich alle Aspekte des Auftretens Jesu einen Bezug auf dieses Zentrum hin aufweisen. Dabei liefern uns die Evangelien keine „Erklärung" des Gottesreiches, als müsste dieses den Zuhörerinnen und Zuhörern Jesu als Begriff nahegebracht werden. Jesus und die Evangelien setzen das Reich Gottes als selbstverständliches religiöses Traditum voraus, obwohl sie es in besonderer Weise akzentuieren und fokussieren. Das ist traditionsgeschichtlich von großer Bedeutung: Jesus bewegt sich in einem religiösen Milieu, in dem der Begriff nicht eingeführt werden muss, obwohl er im Judentum seiner Zeit keineswegs allgemein präsent ist. „Reich Gottes" ist dabei Gegenbegriff gegen denjenigen des imperialen Weltreiches (das über den diversen Königreichen steht) und immer als Herrschaftsraum des „Königs", d. h. Gottes gedacht, hat also immer eine personale Mitte (alternative Übersetzung daher: Königsherrschaft Gottes). Das Reich Gottes, wie Jesus es zur Sprache bringt, ist ein verstörender Fremdkörper in der Welt und kommt zugleich auf diese zu. Es ist in paradoxer Weise sowohl gegenwärtig als auch zukünftig. Es bringt eine Werteumkehr (Mk 10,31) und heftige Überraschungen (Mt 25,31–46) mit sich: Erste werden Letzte sein, Letzte Erste, und manche, die einmal *„Kinder des Reiches"* sein werden, erfahren das als erstaunliche Neuigkeit. Es ist mit einer radikalen Veränderung aller Dinge und mit dem Weltgericht verbunden. Darin ähnelt es in gewisser Hinsicht immer noch dem gewaltigen Stein des Danielbuches, der vom Himmel stürzend die Weltreiche zerstört (Dan 2,34f.; vgl. 7,11–18). Dieser Zug des „anderen", der radikalen, unverrechenbaren Alterität darf nicht unterschätzt werden: das Gottesreich stellt überkommene Wert- und Machtsysteme in Frage, es stürzt „die Mächtigen vom Thron" (Lk 1,52 Magnificat) in buchstäblicher wie übertragener Bedeutung. Zugleich ist das Gottesreich Heilszeit, deren Seligkeit (Q 6,20–23) den Jüngern – diese sind in der Q-Fassung direkt angesprochen – als den Armen, Hungrigen, Weinenden und um Jesu willen Gehassten und Verfolgten zugesagt wird, wobei immer ein und dieselbe Gruppe gemeint ist. Es ist der Vollzug der königlichen Herrschaft Gottes (vgl. die atl. Jahwe-Königspsalmen), die zwar schon jetzt die Welt bestimmt, aber sich erst im Eschaton vollenden wird. Zugleich steht das Gottesreich in einer unauflösbaren Verbindung zum Auftreten Jesu und der Sendung seiner Jünger. Die Botschaft Jesu vom Gottesreich war den Zuhörenden eine Irritation, nicht einfach eine Bestätigung einer vorgegebenen, etwa in der religiösen Sozialisation erlernten Hoffnung, obwohl es sich mit manchen jüdischen und anderen Hoffnungsbildern verband und gut verbinden konnte (deren Metamorphose es natürlich auch ist). Kein apokalyptisch-eschatologischer Text des Judentums ist so auf diesen einen Begriff konzentriert, wie das für die Botschaft Jesu gilt.

Die Vaterunser-Bitte „Dein Reich komme" zeigt, dass dieses Gottesreich primär eine Sphäre des Kommenden ist. Aber es reicht dynamisch in die Gegenwart hinein und macht sie bereits zur Heilszeit (Lk 10,23 aus Q). Jesus ist größer als Salomo, größer als Jona: mehr als ein Weiser, mehr als ein Prophet (Lk 11,30–32 aus Q). Gleichnisse als narrative Sprachereignisse veranschaulichen den paradoxen Charakter des Gottesreiches, etwa den Kontrast zwischen einem bescheidenen „Jetzt" der Jesusjünger und einem gewaltigen „Dann" (Mk 4,30–32 etc.). Sie lassen sich als Facetten einer Gesamtevokation des Gottesreiches deuten, als Corpus von Geschichten, das im Gegensatz zur Apokalyptik (wenn auch in Kontakt mit dieser) das Reich Gottes über Bilder des Alltagslebens evoziert und bestimmt. Traditionell ist das Bild der „Ernte" für das Weltgericht (Mk 4,26–29; Mt 13,30 u.o.). Heilungen und Exorzismen veranschaulichen Gottes Heilsplan für die Welt auf direktere Weise: Jesus handelt jetzt mit dem „Finger Gottes" (Lk 11,20 aus Q; vgl. Ex 8,15), und eben deshalb ist das Gottesreich „nahe". Von bestimmten Menschen kann gesagt werden, sie seien „nicht fern vom Gottesreich" (Mk 12,34). Es hat und ist Geheimnis, μυστήριον *mysterion* (ein apokalyptischer Terminus technicus, hinter dem konzeptuell das aus dem Iranischen stammende רז *rāz* etwa im Danielbuch, steht). Als solches ist es den Jüngern schon jetzt gegeben: anderen aber nicht (Mk 4,11). Das Reich kommt und ist zugleich schon da. Aber es hat sehr wohl auch einen streng zukünftigen und räumlichen Aspekt: man wird in ihm einmal festlich zu Tisch liegen können (Q 13,29). Es „kommt in Macht" (Mk 9,1), und um sein Kommen soll auch gebetet werden (Vaterunser). Es wird alle Völker an sich ziehen (Lk 13,28f. aus Q). Man kann indes auch in das Reich Gottes „hineingehen", was zu einer eigenen Mikrogattung der „Einlasssprüche" geführt hat (Q 13,28f.; Mk 10,23; Mt 7,21). In einen apokalyptischen Rahmen zeichnet Mk auch die ansonsten tief nüchterne Darstellung der Kreuzigung Jesu ein (Mk 15,33–39; bei Mt noch verstärkt).

Während die ältere Forschung Jesu Botschaft gerne theozentrisch als eine Art Kreis um das Thema „Gott, Gott als Vater u. ä." verstanden hatte, ist in der jüngeren Forschung immer deutlicher geworden, dass ein Vergleich mit einer Ellipse passender wäre, die zwei Brennpunkte (einen „offenen" und einen „verborgenen") hat. Wie das Sonnensystem zwei Brennpunkte der elliptischen Planetenbahnen aufweist, in deren einem die Sonne steht, kreist Jesu Reden und Handeln um das künftige Gottesreich als „offensichtlichen" Brennpunkt, seinen eigenen Auftrag bzw. seine Sendung aber als zweiten, „verborgenen", nicht sofort deutlichen Brennpunkt. Die Reich-Gottes-Botschaft Jesu und das ihr korrelierende Gottesbild (u. a. Verlagerung vom „König" auf den „Vater" als Leitmetapher) sind deutlich erkennbar, während der zweite Brennpunkt zu seinen Lebzeiten nur partiell sichtbar ist und vielleicht auch bewusst verhüllt wurde. Es ist dies bei messianischen Bewegungen eher Regel als Ausnahme: Gerade im Vergleich mit anderen jüdischen messianischen Bewegungen lassen sich religionsgeschichtlich plausible Konturen erkennen. Nicht bezweifelbar ist, dass Jesus von einer römischen Militärbehörde als Königsprätendent hingerichtet wird. Ob der dabei verhandelte königliche, also messianische, Anspruch in ausgeprägt apokalyptischen Vorstellungen zum Ausdruck kam, ist kaum mehr entscheidbar. Umstritten bleibt etwa, was genau Jesus mit dem selbstreferentiellen Begriff *Menschensohn* gemeint hat, insbesondere, wie groß dabei der Anteil der danielischen Weltrichter-Figur (Dan 7) anzusetzen ist. Mk 8,38 (vgl. 14,62) unterscheidet Jesus nicht etwa vom Menschensohn (so ehemals Bultmann und andere), sondern rückt die tradierte Weltrichter-Gestalt in eine überraschende und für jüdische Hörer schockierende Nähe zu Jesus selbst als Redendem. Die Identität Jesu mit der mythischen Figur des Menschensohnes wird damit denkmöglich gemacht bzw. in Form eines Rätselwortes suggeriert. Auch in der Stephanusvision wird diese Identität ausgesprochen (Apg 7,55f.); das Motiv wird allerdings durch die Worte vom irdischen und vom leidenden Menschensohn in eine größere Komplexibilität gehoben, als sie hier dargestellt werden kann. Das Thema der Messianität wird in zahlreichen Andeutungen (z. B. Mk 2,23–28: Jesus als neuer David), Umschreibungen und Chiffrierungen zur Sprache gebracht, und tritt nur in wenigen Texten expliziter hervor (Mk 8,27–33; 12,35–37 u. a.), wenn Jesus auch von einer römischen Instanz als Königsprätendent hingerichtet wird. Wenn die Zwölf, symbolische Repräsentanten der Sendung zu Israel, dereinst auf zwölf Thronen sitzend Israel richten werden (Lk 22,28.30 aus Q; der Rekurs auf die 12 ist ältere Tradition), so ist Jesus in diesem Bild als „König der Könige" imaginiert, der königliche Macht vergeben kann (wie Apk 1,6; 5,10; 20,6).

„*Reich Gottes*", βασιλεία τοῦ θεοῦ, hebr. מלכות יהוה *malkut JHWH* u. ä. (genauer: „Königsherrschaft Gottes") ist von Hause aus ein Gegenbegriff gegen den Begriff des säkularen Weltreiches (die *malkut* ohne weitere Bestimmungen). Seit den Achämeniden haben das Alexanderreich und später das römische Imperium Identität mit diesem Weltreich über den einzelnen Königreichen beansprucht. Die Elite Roms hat ihre imperiale Vorherrschaft als stabile, auf ewige Dauer angelegte Ordnungsmacht (*patrocinium orbis terrae*: Cicero, *De officiis* II,2,7; vgl. Cicero, *De re publica* III,22,33; Vergil, *Aeneis* VI,851) verstanden, die sich mit der Friedensidee verbindet, und – v. a. im 1. Jahrhundert v. und n. Chr. – sukzessive alle militärisch unterlegenen kleineren Königreiche in ihr Staatsgefüge integriert. Die Reich-Gottes-Idee ist dem gegenüber eine Antithese, wie es im Danielbuch in der Opposition zwischen der Sukzession der dämonisierten Weltreiche und dem Gottesreich zum Ausdruck kommt. Auch das frührabbinische 18-Bitten-Gebet (2. Jahrhundert?) kennt die Bitte um den Untergang des widergöttlichen Reiches im Kontrast zu Gottes ewigem Königtum. Eine andere Ausdrucksform der Königsherrschaft Gottes sind präsentisch-monarchische Audienszenen eines himmlischen Thronsaales (1Hen 14; vgl. unten zur Johannesapokalypse), die auch mit weisheitlichen Texten zum schon jetzt weltbeherrschenden Königtum Gottes interagieren (vgl. die rituellen Sabbatlieder aus Qumran, die den Begriff häufiger als andere jüdische Texte verwenden). Auch für Qumran wird die Königsherrschaft Gottes (immer mit dem eschatologischen Heil Israels verbunden) wichtiges, aber nicht völlig dominierendes Thema der Eschatologie (z. B. 1QM 6,6); seine Bedeutung wird etwa aus der großen Zahl (acht) aus Qumran erhaltener Danielhandschriften sichtbar. Eine auf der Idee göttlicher Erwählung beruhende Dialektik zwischen Heilsgegenwart und Heilszukunft ist den gruppenspezifischen

Texten vom Toten Meer nicht fremd, die aber allenfalls als Analogie zur derjenigen des frühen Christentums gelten kann.

Wenn Jesu Botschaft im Begriff des eschatologischen Gottesreiches ein Zentrum hat, war er dann ein Apokalyptiker? Vor allem die amerikanische Forschung (John Dominic Crossan u. a.) hat dagegen das Bild eines weisheitlichen Predigers Jesus gestellt, manchmal verbunden mit einer Affinität zu gesellschaftskritischen kynischen Wanderpredigern, die es in griechischen Städten Palästina-Syriens durchaus gegeben hat. Ein solcher unapokalyptischer Jesus war in den gesellschaftlichen Auseinandersetzungen v. a. der USA fundamentalismuskritisch sehr nützlich: er ist aber aus den Quellen nur in einem Akt extremer Selektion zu erheben. Die prophetischen und messianischen eschatologischen Traditionen (wie auch die Wundertraditionen) sind so organisch und zentral Teil der ältesten Jesusüberlieferung, dass sie nicht zu nachösterlichen Entwicklungen erklärt werden können. Dennoch ist Jesu Eschatologie nicht einfach Apokalyptik: sie elementarisiert und fokussiert apokalyptische Traditionen, sie bereichert sie um ein komplexes und paradoxes Verständnis der Gegenwart als Heilszeit im Angesicht eines noch zukünftigen, alle Welt verändernden Gottesreiches, und die frühe Jesusbewegung interpretiert messianische Erwartungen im Kontext des konkreten Lebens Jesu, seines Todes und der Ostervisionen radikal neu, wie im Folgenden noch deutlicher wird.

4. Paulus und das Seufzen der Schöpfung

Mit dem Gebet Maranatha „Unser Herr, komm!" zitiert Paulus 1Kor 16,22 (vgl. Did 10,6), das zentrale Hoffnungsgut der Urgemeinde: möge der messianische König wiederkehren! („Maran" ist standardisierte aramäische Anredeform gegenüber dem König.) Diese Deutung entspricht der griechischen Fassung des Wortes in Apk 22,20. Die Parusie des Gekreuzigten und Auferstandenen ist das wesentliche Hoffnungsgut des Paulus, aus dem alle anderen Hoffnungsgüter folgen. Christus ist für Paulus der zentrale Handlungsträger der Endereignisse, die vielfach in apokalyptischen Traditionen veranschaulicht wären, ohne dass Paulus im engeren Sinn als Apokalyptiker bezeichnet werden kann – Details mögen sich seinem pharisäischen Erbe verdanken: Phil 3,5. Das Kommen Christi geschieht in der „Fülle der Zeit" (Gal 4,4): es kann als Sendung (ebd.) wie auch als freiwillige Selbstentäußerung Jesu gedeutet werden (Phil 2,5–11). In 1Thess 4,16f. tröstet Paulus die durch Sterbefälle in der Gemeinde verunsicherten Thessalonicher mit Hinweis auf eine nach göttlichem Willen eintretende Ereignisfolge: himmlischer Posaunenruf, Parusie, Auferweckung der Toten, Entrückung der noch lebenden Christen und ewige Gemeinschaft mit Christus. Apokalyptisch ist auch die Naherwartung des Apostels: er rechnet damit, die Parusie noch selbst zu erleben (1Thess 4,15.17; vgl. 4Esra 4,44–52; 13,24). Diese Erwartung weicht aber schon wenig später einem Wissen um komplexe endzeitliche Abläufe etwa in Hinsicht auf Israel (Röm 11; vgl. auch Phil 1,23; 1Kor 10,11 „wir, auf die das Ende der Zeiten gekommen ist"). Die alttestamentliche Rede vom *Tag JHWHs* wird als Tag des Herren bzw. Tag Christi konkretisiert (etwa 1Thess 5,2; 1Kor 1,8f.; 5,5; 2Kor 1,14). Dieser Tag kommt „wie ein Dieb in der Nacht" (1Thess 5,2). Für einen Heiden waren solche Aussagen freilich schwer nachzuvollziehen: der Apologet Makarius Magnes 4,12 (Volp 2013: 314) zitiert ausführlich einen Spötter über die „Entrückung in die Wolken" nach 1Thess 4.

Ein reinigendes Gerichtsfeuer (1Kor 3,13) dient dem Heil, obwohl Paulus, wie das gesamte frühe Christentum, mit der Möglichkeit ewiger Verdammnis rechnet (1Kor 6,9f. u. ö.). Die „Gestalt dieser Welt vergeht" (1Kor 7,31): aber eben dies bedeute für die Gemeinde „Rettung" (Röm 13,11f. u. ö.). Die Tradition von apokalyptischen Zeichen vor dem Ende interpretiert Paulus als Sehnen der Schöpfung und als Geburtswehen einer neuen Weltzeit (Röm 8,13–30; vgl. 4Esra 4,40–43; 7,1–44; 10 u. a., oft auch in rabbinischer Literatur). Pharisäisch-jüdisches Erbe ist die Auferstehung aller Toten (2Kor 1,9; Röm 4,17 u. ö.), die sich im 1./2. Jahrhundert auch im entstehenden rabbinischen Judentum allgemein als Hoffnungsgut durchsetzt (18-Bitten-Gebet). Das Interpretament Auferstehung impliziert Leiblichkeit, wobei Paulus in astraler Metaphorik den Akzent auf das *„Totaliter Aliter"*, das rätselhafte „Ganz Andere" des Auferstehungsleibes legt (1Kor 15,35–49; vgl. Dan 12,3; 2Bar 49–51). Im Kontext griechischer Kultur mussten in Hinsicht auf eine leibliche Auferstehung Verständnisprobleme auftreten (1Kor 15,12; vgl. Apg 17,32). Die platonische Sicht des Leibes als Grab (Soma-Sema-Vergleich: Plato, *Gorgias* 493a2–3) oder Gefängnis der Seele (Plato, *Phaidon* 82de) ist allerdings eine spezifische Position dieser philosophischen Schule und keineswegs allgemein hellenistisch-römische Überzeugung. Verbreitetere Jenseitserwartungen sind am ehesten aus antiken paganen Grabinschriften bekannt; neben traditionellen und idyllischen, auch astralen, Jenseitsbildern sind dabei skeptische Stimmen nicht selten, was insgesamt das Befremden über christliche Auferstehungsszenarien erklärt. Die Auferweckung Jesu ist in besonderer Weise eschatologisches Ereignis und Gegenstand des Bekenntnisses (Röm 4,24; 10,9 u.ö.), da mit ihr die kollektive Auferstehung aller Toten beginnt (1Kor 15,20.23), wie Jesus überhaupt eine Äonenwende bringt (Gal 1,4; 4,4). Die von Gott inaugurierte „Neue Schöpfung" (2Kor 5,17; Gal 6,15) nimmt ebenfalls ältere jüdische, v. a. deutero- und tritojesajanische Hoffnungen auf (Jes 43,18f.; 65,17; 66,22; Jub 4,26 etc.) und lässt sie in die Gegenwart christlicher Existenz hineinwirken. Mit Jesu Parusie wird die Macht des Bösen endgültig gebrochen (Röm 16,20). Dieser Vorgang wird von Paulus sowohl in personalen (Satan: 1Kor 5,5; 2Kor 7,11; 12,7 u. a.; auch als „Gott dieses Äons" 2Kor 4,4) und nichtpersonalen (Röm 8,38f. u. a.) Kategorien zur Sprache gebracht. Ganz apokalyptisch ist die Rede vom „Geheimnis" (μυστήριον) des verborgenen Ratsschlusses Gottes (1Kor 15,51; Röm 11,25), der im *Revelationsschema* (Röm 16,25f. und in der Paulusschule Kol 1,26–28; Eph 3,4–7.8–12; in gewissem Sinn auch 1Kor 2,6–10; 2Tim 1,9f.; Tit 1,2f. und 1Petr 1,20) offenbar gemacht wird. Auch dabei wird ein älteres apokalyptisches Paradigma (Dan; 1Q/4QInstruction; 1Q/4QMysteries) christologisch neu interpretiert. Schließlich ist Paulus auch mit der Erfahrung einer visionären Himmelsreise vertraut (2Kor 12,1–5): im dritten Himmel habe er das Paradies geschaut und Offenbarungen gehört, die er nicht mitteilen darf (oder kann). Doch legitimiert er apokalyptische Inhalte eher als prophetische Wortoffenbarungen, also aufgrund von Inspirationserfahrungen (1Thess 4,15; Röm 11,25; 1Kor 15,51). Eine Interpretation der paulinischen Theologie als „anti-apokalyptisch" kann als widerlegt gelten (vgl. Hengel 2002). Ausschlaggebend ist für Paulus die Fokussierung der Eschatologie auf christologische Aussagen („Wir müssen alle offenbar werden vor dem Richterstuhl Christi": 2Kor 5,10) und ihre Fortsetzung in gemeindebezogene Paränese, während manche traditionellen Motive transformiert oder zurückgedrängt werden. Ex-eventu-Prophetien, Beschreibungen des Verlaufs der vergangenen oder zukünftigen Weltgeschichte, bildreiche Katastrophenszenarien formuliert Paulus nicht. Eine besondere Akzentuierung gewinnt die apokalyptische Ereignisfolge, indem mit der Parusie Jesu noch nicht der Endzustand eintritt (1Kor 15,23–28). Diese Andeutungen lassen sich als christliche Interpretation der Idee vom messianischen Zwischenreich verstehen, das dem eigentlichen Gottesreich vorangeht (4Esr 7,26–44; Apk 20,1–10). Mit der Parusie ist der Kosmos noch nicht an sein Ziel gelangt: am Ende wird Gott „alles in allem" sein, ein nur metaphorisch zu beschreibender Heilszustand, der apokalyptische Konkretionen transzendiert. Im Alten Testament lässt sich bereits Num 14,21 vergleichen: die Begrenzung der Heiligkeit Jahwes auf einen kultischen Bereich ist etwas nur Vorläufiges (vgl. Jes 11,9 u. a.). Im Eschaton wird sie alle Wirklichkeit durchdringen. In welchem Sinn bei Paulus genauer an eine Subordination Christi unter Gott nach der Parusie gedacht ist, bleibt unklar (1Kor 15,24.28). Unter apokalyptischem Blickwinkel sieht Paulus auch das Geschick Israels (Röm 9–11), wobei die Heidenmission für ihn eine apokalyptische Initiative Gottes ist, die letztlich wiederum dem Heil Israels dienen werde (Röm 11,25 etc.; „ganz Israel wird gerettet werden": mSan X,1). Apokalyptische Motive begründen und flankieren auch die Paränese 1Thess 5,1–24; Phil 3,17–21 usw., aber nun nicht mehr so, dass ethisches Verhalten (Thoragehorsam) wie in vielen jüdischen Apokalypsen (z. B. 4Esr) die primäre Bedingung zur Teilhabe am eschatologischen Heil wäre. Umgekehrt setzt sich das eschatologisch erfahrene und verheißene Heil (die „Rettung") in Glauben und ethischem Verhalten in der Christus-Gemeinde um. Apokalyptische Szenarien werden bei Paulus zwar nur selten im Zusammenhang entfaltet (nur 1Thess 4; 1Kor 15), sind aber vielfach sachlich vorausgesetzt und dabei christologisch und soteriologisch fokussiert. Eine minimalistische Sicht, die Paulus von der Apokalyptik bis auf diese Passagen distanzieren möchte, ist sicher unangemessen. Ein Zusammenhang wie Röm 8 umspielt in theologischen Hoffnungsbildern die Weltvollendung, ohne doch insgesamt als apokalyptischer Text gelesen werden zu müssen. An die Stelle eines mythologisch elaborierten Dualismus treten Interpretamente der Erwählung und Entscheidung. Eine Vergegenwärtigung eschatologischer Hoffnung ist auch die Qualifikation des Heiligen Geistes als „Angeld, Anzahlung" auf das volle Heil (2Kor 1,22; 5,5; Eph 1,14). Im schon erwähnten Motiv der „neuen Schöpfung" wird das Neuheitspathos des Christentums in einer unüberbietbaren Weise radikalisiert; der apokalyptische Hintergrund wird noch in Apk 21,1.5 deutlich.

5. Krieg oder Frieden vor dem Ende? Apokalyptische Szenarien der synoptischen Evangelien

In den synoptischen Evangelien wachsen die Reich-Gottes-Eschatologie Jesu, Motive einer Parusieverzögerung wie auch einer aktiven

Naherwartung mit älteren jüdischen apokalyptischen Stoffen im Rahmen der sich entwickelnden Christologie zusammen. Als Markus es unternimmt, die Botschaft Jesu auf eine kurze Formel abzukürzen, stellt er die Nähe des Gottesreiches neben die Erfüllung der „Zeit" (also des von Gott geplanten Geschichtsablaufs), den Umkehrruf und die Einladung, an das Evangelium zu glauben (Mk 1,15). Damit ist die unauflösbare Zusammenordnung von Evangelium, Eschatologie, Ethik und Mission in präziser Kürze zur Sprache gebracht. Anders rekurriert ein gutes Menschenalter später der Brief an Diognet (Diog 1) auf das Missionskerygma ohne Verweis auf die Eschatologie. Insgesamt ergeben sich in der Genese der Evangelien zwei auf den ersten Blick sehr unterschiedliche Grundparadigmen einer Eschatologie apokalyptischer Prägung, die aber nicht als sich ausschließende Gegensätze verstanden werden dürfen, sondern die divergierende, sich ergänzende paränetisch-rhetorische Agenden zum Ausdruck bringen. Wir können sie etwas plakativ die Kriegs- und die Friedensapokalyptik nennen. Im ersteren Fall (exemplarisch Mk 13) gehen dem Eschaton deutliche omina- bzw. prodigienhafte Zeichen voraus: Kriege, Hungersnöte, Messiasprätendenten der Aufstandsbewegung, Verfolgung der Jesusjünger, kosmische Katastrophen. Auftakt der eschatologischen Ereignisfolge ist die Tempelzerstörung (Mk 13,1f.), ihr erster Höhepunkt ist der „Gräuel der Verwüstung" im Tempel selbst, nach der maskulinischen Formulierung V. 14 offenbar eine Antichrist-Gestalt, wie sie auch 2Thess 2 im Tempel auftritt. Vermutet wurde auch ein Bezug auf eine Kaiserstatue im Jerusalemer Tempel, wie sie im Kontext der Caligula-Krise 38–41 n. Chr. angekündigt war, aber wegen des Todes Kaiser Caligulas nicht umgesetzt wurde (Hauptquelle ist Philon, *Legatio ad Gaium*; auch Tacitus, *Historiae* V,9,2 u. a.). Sueton, Nero 40,2 berichtet ausführlich darüber, Astrologen (mathematici) hätten dem Kaiser vorhergesagt, er werde seine Herrschaft verlieren, aber im Osten des Imperiums wiedergewinnen, und von Jerusalem aus (regnum Hierosolymorum) den Osten neu beherrschen (dominatio orientis) und dann alle seine Reichtümer und Macht zurückerhalten: Christen konnten das nur im Kontext der Antichrist-Erwartung wahrnehmen. Diese für die Hörerinnen und Hörer identifizierbaren Zeichen des näherkommenden Weltendes erfahren eine Steigerung in kosmischen Vorgängen (Mk 13,24–27), die aus dem Theophanie- und „Tag Jahwes"-Tradition des Alten Testaments stammen. In Parusie und Sammlung der Auserwählten finden die Ereignisse ihren Höhepunkt, und die unmittelbare Nähe des Endes wird noch einmal betont. Mk 13 ist insgesamt in diesem Sinn eine Kriegsapokalypse aus den frühen Tagen des jüdischen Aufstandes unter Aufnahme von Jesustradition. Der Hintergrund des ausgebrochenen jüdischen Krieges ist sehr deutlich evoziert (13,14–23), während 13,2 nur partiell dem militärischen Geschehen entspricht und möglicherweise für den Text noch Zukunft ist. Eine entfaltete Zeichen- und Kriegsapokalypse ist dann die Johannesoffenbarung (s. u.).

In einer völlig anders gearteten Leitimagination betont dagegen die Endzeitrede der Logienquelle Lk 17,20–37 (aus Q, aber um lukanisches Sondergut erweitert; vielleicht mit Lk 22,28.30 als Schlussvers) das für Außenstehende völlig Überraschende und Unvorhersehbare der eschatologischen Ereignisse (ähnlich bei Paulus 1Thess 5,1–11). Diese Texte kulminieren in der Wiederkunft des Menschensohnes Jesus als des Weltrichters. Einer solchen Unvorhersehbarkeit des Endes entspricht eine Paränese einer von jeder Berechnung oder Planung unabhängigen Wachsamkeit (Vergleich mit den Generationen Noahs und Lots). Plakativer gesagt: im ersten Fall tritt das Weltende als Höhepunkt kriegerisch-kataklysmischer Ereignisse ein, im anderen Fall in einer Friedenszeit ohne sich steigerndes Bedrohungsszenario. Da aber Mt und Lk beide Modelle nebeneinander stellen, kann ein solches scheinbar inkohärentes Miteinander auch für die Urgemeinde oder sogar für Jesus selbst möglich sein. Beide Eschatologien unterscheiden sich in ihrer Pragmatik, d. h. in ihrem paränetischen Zweck, und damit in ihrer Funktion für das christliche Gesamtimaginarium. Ein Nebeneinander divergierender Bilder ist geradezu charakteristisch für apokalyptische Komplexe, die zudem gerne Traditionen sehr unterschiedlicher Herkunft vereinen. Im Weltgericht (vgl. Mt 25,32–46) kommt es zu einer radikalen Scheidung zwischen der Heilsgemeinde und einer großen *Massa perditionis*. Die Evangelien rechnen durchgehend nur mit einer kleinen Zahl an Geretteten (Mt 7,13f.; Mk 4,10–12; 10,17–31; Lk 12,32 und viele andere Texte); besonders Matthäus betont dabei den Aspekt sozialer Verantwortung als Kriterium des Gerichts. Daneben wird in einer wiederum anderen Aussagepragmatik der Heilswille Gottes für alle Menschen betont, jedoch kaum in apokalyptischen Kontexten (Joh 3,17; 1Tim 2,4; 4,10; 2Petr 3,9 usw.). Auch hier ist das Nebeneinander der Aussagen aus der Pragmatik der Paränese zu verstehen.

Mk 13 könnte insgesamt markinische Bearbeitung eines überlieferten, ehemals eigenständigen Textes sein, was auch z. B. für Apk 11 (in unterschiedlicher Abgrenzung) vermutet wurde. Die Forschung sprach hier wegen des geringen Umfanges gerne von einem „apokalyptischen

Flugblatt". Kleinere polemische Texte, die (z. T. anonym) v. a. in politischen Konflikten umliefen, sind öfter in der Antike bezeugt, etwa in der späten Republik (Ciceros *zweite Philippica*, die nie als Rede gehalten wurde). Doch enthalten auch jüdische nichtapokalyptische Texte apokalyptische Passagen (z. B. das Jubiläenbuch oder die Testamente der zwölf Patriarchen, 2. bzw. 1. Jahrhundert v. Chr.). Im Kontext des Markusevangeliums verleiht die kompositionelle Stellung der Endzeitrede als letzter Rede Jesu vor der Passion dieser selbst einen eschatologischen Tenor: Kreuz und Auferstehung sind Endzeitereignisse (vgl. Mk 15,33–39, gesteigert Mt 27,52f.), wie das auch für Paulus gilt (1Kor 15,20: Jesus als „Erster der Entschlafenen"; vgl. Kol 1,18). Angesichts der Traditionen einer Naherwartung einerseits und einer erkennbaren Parusieverzögerung (z. B. Mt 24,45–25,30; vgl. aber auch „Terminworte" wie Mk 13,30; Mt 10,23; Mk 9,1) wenden sich die Evangelien gegen eine allzu zuversichtliche Berechnung der apokalyptischen Zeitabläufe. Am deutlichsten spricht Lk 17,20f., ein Text, der entweder auf die unberechenbare Plötzlichkeit des Endes, oder die Präsenz des Gottesreiches in Jesus selbst zielt, nicht jedoch auf eine mystisch-innerliche Gegenwart des Reiches. In Mk 13,32 wird das Wissen um die exakten Zeitpunkte des eschatologischen Geschehens explizit Gott vorbehalten: auch Jesus besitzt dieses Wissen nicht, obwohl die Zeichen des Endes erkannt werden sollen (13,28f.). „Leise" Niedergangsszenarien für die Welt (vgl. den hermetischen Dialog *Asclepius* für Ägypten) kennt das Neue Testament nicht.

Lukas, der am deutlichsten eine eigene „Zeit der Kirche" auf das Wirken Jesu folgen lässt, stellt auch einen ausdrücklichen Zusammenhang zwischen der Ablehnung der Botschaft Jesu und der Zerstörung der „heiligen Stadt" her (Lk 19,41–44). Diese ist Gerichtssignal (Lk 21,22f.), auf das allerdings erst einmal eine „Zeit der Heidenvölker" folgen wird (21,24), ehe Christus wiederkehrt (21,25). Die Naherwartung tritt also zurück, doch bleibt die Apokalyptik mit Parusie- und Gerichtserwartung grundsätzlicher Referenzrahmen eschatologischer Bilder (etwa Lk 10,13–16; 18,7f.; Apg 1,1–12). Auch der individuelle Tod kann Züge von Gericht und Konfrontation mit dem Eschaton annehmen, so die Gleichnisse vom reichen Bauern und vom reichen Mann und armen Lazarus (Lk 12,16–21; 16,19–31) und das Wort Jesu zum mitgekreuzigten reumütigen Terroristen (Lk 23,43). Johannes der Täufer ist keine Gestalt der Endzeit mehr (16,16), sondern gehört einer vergangenen Epoche Israels an, und indem Auferstehung, Erhöhung Jesu und Pfingstwunder als längere Ereignissequenz erscheinen, verlagert sich ihre Wahrnehmung von Vorzeichen des Endes zu einem Auftakt der Geschichte der Kirche als der missionierenden Heilsgemeinde.

Auffällig ist, dass apokalyptische Zusammenhänge häufig im Schlussteil von Schriften erscheinen (Mk 13; Mt 24–25; Lk 21; Did 16; 1Kor 15). Auch das synkretistisch-christliche *Buch Elchasai*, das unter Trajan entstand, war wohl eine Art Kirchenordnung mit apokalyptischem Schlussteil, wie das etwa auch für Sammelwerke der zoroastrischen Religion zutrifft. Dieses Kompositionsprinzip, von den „letzten Dingen" zuletzt zu sprechen, spiegelt sich noch in der im 2.–4. Jahrhundert sukzessive entstandenen Struktur des neutestamentlichen Kanons (die Apokalypse als letztes Buch der Bibel), in der Reihenfolge alttestamentlicher Texte in christlichen Septuagintahandschriften (Maleachi als Abschluss) wie auch im kirchlichen Credo.

6. „Die Stunde ist schon da": Apokalyptik und johanneischer Kreis

Das Johannesevangelium und die flankierenden johanneischen Briefe entstammen einem ähnlichen Umfeld, wenngleich sie wohl, nach einer verbreiteten Forschungsmeinung, nicht vom selben Autor verfasst wurden. Sie fokussieren und elementarisieren die im Kontext eines eigenen Typs christlicher Gemeinschaft interpretierte Jesusüberlieferung. Dabei treten futurische und präsentische Aussagen in ein komplexes Miteinander, das sehr verschiedene literar- und traditionsgeschichtliche Erklärungsmodelle hervorgerufen hat. Die Parusie Jesu als vitale christliche Zentralhoffnung (etwa Joh 14,2f.) verbindet sich mit apokalyptischen Grunderwartungen wie einer Auferweckung „am letzten Tag" (6,39.40.44.54; außerdem in 11,24 und 12,48, dort bezogen auf das Gericht). Daneben steht eine Linie präsentischer Heilsaussagen: „Wer glaubt, hat ewiges Leben" (3,17f.; 5,24f.). Daneben treten andere Inhalte aus der apokalyptischen Bildwelt völlig in den Hintergrund. Insbesondere bietet Johannes keine mit Mk 13 vergleichbare Ereignissequenz, und das Weltgericht wird nicht in eigenen Szenarien imaginativ entfaltet. Joh 5,25 signalisiert die Totenauferstehung als zukünftige Erwartung, die bereits in die Gegenwart hinein wirksam ist, nämlich im Akt der glaubenden Jesusnachfolge, in der aus „Toten" „Lebende" werden. Die Gegenwart wird damit zur Zeit einer eschatologisch relevanten Entscheidung (Joh 3,18–21.36 etc.), die bereits vorwegnimmt, was in anderen Evangelien (vgl. Mt 25,31–46) primär künftiges Geschehen ist. Damit wird zugleich der persönliche Tod relativiert: Er kann das neue Leben der in Christus geschaffenen Gottesbeziehung nicht zerstören (etwa 11,25f.).

Ältere Forschungsansätze haben das Nebeneinander futurischer und präsentischer Eschatologie (besonders deutlich in Joh 5,24–29) gerne literarkritisch aufzulösen versucht, meist mit Annahme einer späteren Eintragung der traditionellen futurischen Eschatologie („kirchliche Redaktion", so Rudolf Bultmann). Die jüngere Forschung findet dagegen mehrheitlich in diesem Nebeneinander gerade die Reflexionstiefe eines johanneischen Zeitverständnisses, das Paradoxien nicht scheut, und dazu Apokalyptisches teils einer Metamorphose unterzieht, teils aber auch streicht (Frey 2013). Ähnliche Interpretations- und Vergegenwärtigungsvorgänge für apokalyptische Motive kennen auch die Johannesbriefe, wenn etwa die traditionelle Erwartung eines widergöttlichen Antichristen pluralisiert und auf innerkirchliche Gegner (Doketisten) bezogen wird (1Joh 2,18f.; 4,1–3; auch Joh 5,43 ist wohl der Antichrist gemeint). Insgesamt erfährt die Apokalyptik in der johanneischen Traditionslinie eine christologische bzw. soteriologische Konzentration und Verwandlung. Die Gegenwart wird zur Zeit einer radikalen eschatologischen Entscheidung (12,31; 5,27: das Gericht ist dem Sohn übergeben; Rückbezug auf die ältere „*Menschensohn*"-Apokalyptik), aber auch zum Ort eines eschatologisch-authentischen, aus Gott stammenden Lebens, das der Tod nicht zerstören kann, und das angesichts des kommenden Weltgerichts keine Verdammnis fürchten muss (Joh 3,18; 5,24; 17,2). Die Parusie Christi (Joh 14,3) wird im Kommen des Parakleten (Beistand vor Gericht, Fürsprecher) bereits antizipiert (Joh 14–17 passim, etwa 14,18). Die Gabe des Heiligen Geistes an die Jünger wird unmittelbar an die Ostererscheinungen geknüpft (20,22f.). „Glauben" und „Erkennen" sind dabei unmittelbar aufeinander bezogen, richten sich auf das gleiche Objekt und sind nicht wie in der Gnosis „gestuft" (z. B. 6,69; 10,38; 11,42–17,3; 14,11–20). Die Lebenszusagen Joh 5,39f. u. ö. verbinden sich mit einer vorherbestimmenden Erwählung für die Glaubenden (Joh 15,16). Eschatologische Glaubensentscheidung des Menschen und Erwählung durch Christus sind damit in paradoxer Weise eins. Dieser Erwählungscharakter des Glaubens kommt v. a. dann zur Sprache, wenn Jesu Anspruch bestritten wird (z. B. 6,64; 10,24–26). Eine Transformation apokalyptischer Inhalte in solche nicht apokalyptischer Art kennen wir außerhalb des Neuen Testaments z. B. auch aus dem Porträt Johannes des Täufers bei Josephus, *Antiquitates*

Judaicae 18,116–119, das diesen aus einem eschatologischen Propheten in einen Tugendlehrer verwandelt.

7. „Die Zeit ist nahe": Die Johannesoffenbarung und andere frühchristliche Apokalypsen

Höhepunkt christlicher Apokalyptik ist die von dem kleinasiatischen Propheten Johannes wohl gegen Ende der Regierungszeit Domitians (um 95 n. Chr.) verfasste, als eine Art Zirkularschreiben an sieben Gemeinden Westkleinasiens gesandte Apokalypse. Spätere und frühere Datierungen (unter Hadrian bzw. kurz nach Neros Tod) scheitern an wesentlichen Textbeobachtungen, obwohl der Text eine längere Entstehungszeit gehabt haben mag. Die große Mehrheit der Forschung vertritt daher die traditionelle Datierung (unter den Kommentatoren zuletzt Martin Karrer 2017). Anlass der Schrift ist nicht eine bereits ausgebrochene Christenverfolgung, Martyrien sind bisher Einzelfälle (Antipas, Apk 2,13). Eher wird man eine sich abzeichnende Zuspitzung des Konfliktes gegenüber imperialer Ideologie und paganer Umwelt vermuten dürfen, also eine allgemein prekäre Situation für die Christen, deren bevorstehende Verschärfung gefürchtet wurde (vgl. 1Kor 7,26.28; Mk 10,28–31 und viele ähnliche Texte). Eine bestimmte christliche Gruppe, die „Nikolaiten", fordern eine stärkere Adaption christlicher sozialer Umgangsformen an ihre Umwelt, die der Seher für Verrat hält. Die Apokalypse des Johannes ist auch nicht „Racheschrei der Juden", wie einst Theodor Mommsen meinte, sondern eine komplexe christliche Imagination der Zukunft, die Elemente der Utopie, der Schreck- und Heilsbilder verbindet. Der Verfasser versteht sich nach 22,7–19; 10,7; 16,6 etc. als einen Propheten (vgl. Frenschkowski 2018), in einem gewissen Gegensatz zu Passagen in jüdischer Apokalyptik wie Dan 1,4.20; vgl. 11,33; 1Hen 5,8; 4Esr 12,38; 14,25f. u. a., die den Träger apokalyptischen Wissens als „Weisen" charakterisieren. Anders als ausnahmslos alle jüdischen Apokalypsen ist die Johannesoffenbarung dabei nicht pseud-epigraph: Johannes ist für die adressierten Gemeinden in Kleinasien offenbar eine bekannte Persönlichkeit, wie Agabus (Apg 11,28; 21,10f.), die Töchter des Philippus (Apg 21,9 und Frenschkowski 2018: 146f.) und andere Prophetinnen und Propheten. Darin spiegelt sich das frühchristliche Geschichtsbild einer eschatologischen Geistausgießung, die sich in lebendiger Prophetie durch identifizierbare Prophetinnen und Propheten ausdrückt (so auch in Korinth; vgl. insgesamt Frenschkowski 2018). Auch andere Unterschiede gegenüber jüdischen Apokalypsen müssen beachtet werden: Naturkundliche und astronomische Inhalte bzw. priesterliches Kalender- und Kultwissen, für jüdische Apokalyptik wichtig (2Hen 23; 1Hen 72–82; 4Q410–413; 4Q415–421; 4Q423–426 etc.), kommen in frühchristlichen Schriften nicht zum Tragen. Auch Geschichtsüberblicke in Futurform sind selten, und fehlen etwa in der Apokalypse des Johannes (immerhin 17,8-18 hat Affinitäten). *Vaticinia ex eventu*, ein weiteres formales Element apokalyptischer Literatur, werden in Mk 13 mit rein futurischen Vorhersagen verknüpft, spielen in der Johannesapokalypse aber nur eine untergeordnete Rolle.

Man nennt die Apokalypse des Johannes gerne ein Trostbuch für die angefochtene Gemeinde, aber das greift zu kurz. Das Grundanliegen ist eine Doxologie Gottes und Christi angesichts der sich zuspitzenden apokalyptischen Ereignisse (vgl. Frenschkowski 2018a). Die Naherwartung (1,3; 22,10) dient der Dringlichkeit der Botschaft: in gewisser Hinsicht ist sie Teil des Mythos und will jedenfalls nicht zur Berechnung apokalyptischer Zeitläufe auffordern (vgl. ähnlich 1Petr 4,7; Hebr 10,25; Jak 5,8). Gott wird als kosmischer Monarch nach dem Vorbild eines orientalischen Königs der Könige imaginiert (Audienzsaal-Symbolik: Apk 4–5). Mythos, hymnische Sprache und Imperiumskritik dienen der Doxologie, der Verherrlichung Gottes. In zahlensymbolisch komplexen, fugenartig komponierten und ineinander verknüpften Bildzyklen (sieben Siegel, sieben Posaunen, sieben Zornschalen, vier Reiter, drei Wehe usw.) entfaltet der Seher seine Vision der Endereignisse, gipfelnd im Untergang „Babylons" (Rom). Die schrecklichen Ereignisse der Endzeit werden jedoch überlagert von einer wuchtigen, alles beherrschenden theologischen Visualisierung der heilvollen Vollendung, die als „neuer Himmel und neue Erde", als himmlische Stadt eine Gesamtmetamorphose aller Wirklichkeit mit sich bringt. Das dynamische, durchaus nicht „statische" Kommen dieses „Himmels" verwirklicht sich in dem innovativen Bild einer goldenen Himmelsstadt, die auf die Erde niederfährt: Christen kommen also nicht „in den Himmel", sondern der Himmel inkarniert sich auf der Erde selbst, doch als deutlich die Geschichte transzendierendes Geschehen.

Viele Bilder und Stoffe der Johannesapokalypse stammen aus Daniel, Hesekiel und anderen alttestamentlichen Büchern, wobei der Seher diese jedoch nicht direkt zitiert. Er versteht sein Buch auf Augenhöhe mit den alttestamentlichen Prätexten und legitimiert es daher nicht durch direkte Zitate. Doch steht auch die Johannesapokalypse in der schon alttestamentlichen Tradition einer Eschatologisierung früherer Heilstaten Gottes. In diesen Zusammenhang gehören Motive wie neuer Exodus (Hos 11,8–11; Jes 43,16–21; Ez 20,32–38); Bundestheologie (Jer 31,31–34; Ez 37,26); Landnahme (Hos 2,17; 11,11 u. a.). Z. B. knüpft Apk 15–16 in diesem Sinn an die Plagenerzählung Ex 7–12 an. Auch der Gedanke einer Entsprechung Urzeit – Endzeit ist der Johannesapokalypse nicht fremd (Heilszustand als neues „Paradies": 2,7); in jüdischen Texten wie dem Jubiläenbuch wird das Motiv strikter durchgeführt. Daneben verwendet der Seher ein reiches Traditionsgut aus kleinasiatischen, griechischen, ägyptischen und v. a. iranischen eschatologischen Überlieferungen (vgl. dazu detailliert Frenschkowski 2004). Diese unterschiedlichen Stoffe werden in seiner theologischen Imagination zu einem Ganzen verschmolzen, das Weltgeschichte und Endzeitkonflikte unter das Vorzeichen des siegreichen Gotteslammes, also des gekreuzigten Christus, stellt. Damit vertritt die Schrift eine deutlich andere Theologie als gleichzeitige jüdische Apokalypsen wie 4Esra und 2Bar, welche die eschatologische Relevanz des Thoragehorsams zur Sprache bringen und die Theodizeefrage angesichts der nationalen Katastrophe des Jahres 70 beantworten wollen.

Das pragmatische Interesse liegt bei jüdischen wie christlichen Apokalypsen durchaus in der Gegenwart, deren widergöttliche Strukturen als ein nur vorläufiger Zustand erklärt werden. Stabiles Zentrum der Bildwelt der Johannesoffenbarung ist der göttliche Thron, zu dem der Seher entrückt wird (Apk 4–5; vgl. Jes 6, 1Hen 14 etc.), und der anders als Ez 1–3 nicht beweglich ist, sondern in souveräner Gelassenheit über dem irdischen Geschehen ruht. Dieser Thron ist umgeben von astralen Engelwesen und Ältesten. In jüdischen Traditionen binitarischer Theologie (vgl. Schäfer 2017) übernimmt Jesus als „Lamm Gottes" die Rolle des aktiv-handelnden Repräsentanten Gottes, und wird zugleich zum Throngenossen Gottes. Zugleich ist Christus Träger anderer Ehrennamen und bildhafter Metonyme wie „Wort Gottes" (19,13), „treuer Zeuge", „Alpha und Omega", „Morgenstern" oder „Erstgeborener von den Toten". Als „weißer Reiter" (19,11–16; vgl. dazu die Antizipationsfigur 6,2) kennt die Johannesapokalypse Jesus auch als kriegerischen, siegreichen Messias (vgl. Frenschkowski 2018b). Das im frühen Christentum sonst weithin verschwundene Bild eines kriegerischen Messiaskönigs (jüdischerseits etwa PsSal 17–18; doch kontrastiere z. B. 2Bar 29), der als Befreier Israels aus nationaler Bedrängnis auftreten werde, wird damit in der Apokalypse des Johannes noch einmal einer Metamorphose unterzogen (vgl. aber die 12 Engellegionen Mt 26,53 und den Rekurs auf volkstümliche Messiaserwartungen Lk 24,21). Auch dieser siegreiche, kriegerische Messias bleibt dem geopferten Lamm als zentralem Christussymbol zugeordnet. Das Motiv überlebt in der Westkirche bei Autoren wie Viktorin von Pettau oder Laktanz (3. bzw. frühes 4. Jahrhundert). Nach markionitischer Lehre ist dagegen der im Judentum erwartete Kriegsmessias eine Gestalt der Zukunft, die keinen Bezug zu Jesus hat. Irritation und interpretatorische Bemühungen hat schon in der alten Kirche auch das Bild des tausendjährigen messianischen Friedensreiches auf Erden hervorgerufen (20,1–10, der „Chiliasmus"), das dem endgültigen Sieg über den Teufel (Frenschkowski 2023) und dem eigentlichen Gottesreich (wie in manchen jüdischen Traditionen; s. o.) vorangeht. Im christlichen Kontext demonstriert das tausendjährige Friedensreich, dass die vom Menschen bewohnte Erde im Gehorsam gegen Gottes Willen sehr wohl ein heilvoller Ort hätte sein können. Augustin und viele spätere deuten es auf die Zeit der Kirche, sicher nicht im ursprünglichen Sinn des Textes.

Dystopie und Utopie urbaner Kultur stehen sich für den kleinasiatischen Propheten in Gestalt Babylons und des himmlischen Jerusalem gegenüber, ersteres, eine Chiffre für Rom als die Stadt, in der alles käuflich wird (Apk 18,11–20), letzteres als die Stadt, deren Tore Tag und Nacht offen stehen, und deren Produkte den Völkern Heilung bringen (21,24f.; 22,2). Doch wird nichts „Unreines" in die Gottesstadt gelangen (21,27 u. ö.). Johannes bedient sich hier und insgesamt einer raffinierten Bildsymbolik, die in gewisser Hinsicht in jener Szene gipfelt, in welcher der angekündigte messianische Löwe durch das „geschlachtete Lamm" interpretiert wird (Apk 5). Er bringt daher die zentralen Aussagen christlichen Glaubens nicht so sehr in theologischer Begrifflichkeit, sondern ganz in einer eigenen, fokussierten und komponierten Bildwelt zur Sprache. Der Prophet wirbt damit für ein Christentum als widerständige Subkultur, die als Rückzugsraum eine gegenwärtige Situation der Bedrohung durch ein imperiales Herrschaftssystem auszuhalten hilft. Zugleich entwirft er ein visionäres Gesamtimaginarium, in dem sich Gottes Herrschaft gegenüber allen Mächten des Bösen und imperialer Unterdrückung durchsetzen wird. Nicht der Expansions- und Herrschaftswille Roms bestimmt das letztliche Geschick aller Menschen, sondern Gott allein. In ihrer komplexen, sich fugenartig entfaltenden Bildsprache und in ihrem visionären Gewicht erweist sich die Johannesoffenbarung als die bedeutendste religiöse Dichtung, die wir aus dem frühen Christentum besitzen. Ein Dualismus, der Gott und das Böse auf die gleiche Ebene rückt, wird erzählerisch raffiniert vermieden, indem nicht Gott, sondern der Erzengel Michael dem Teufel im Kampf gegenübertritt und ihn aus dem Himmel verbannt (Apk 12,7–12).

Die weitere Entwicklung apokalyptischer Literatur hat sehr verschiedene Wege eingeschlagen. Im „Hirten des Hermas" (wohl um 140, kaum später) werden Themen der „Zukunft" überlagert von solchen ethisch-ekklesiologischer Art, die in der Form allegorischer Visionen und ihrer Deutung zur Sprache kommen. In der äthiopisch – und partiell griechisch – erhaltenen Petrusapokalypse (ApkPetr) des frühen 2. Jahrhunderts werden die Themen Antichrist, Parusie, Weltgericht, Himmel und Hölle neu formuliert. Die Höllenstrafen sind dabei (wie später etwa noch bei Dante) direkte Fortsetzungen des sündhaften Tuns: der Mensch bleibt in ihnen bei sich selbst, er wird in seinem gewählten Sosein fixiert. Detaillierte Jenseitsschilderungen nehmen auch in der Paulusapokalypse (4. Jahrhundert) und ähnlichen Texten das Zentrum der Imagination ein, und überlagern vielfach Bilder einer kosmischen Zukunft. Zugleich bietet die Schrift ein frühes Zeugnis in Hinsicht auf die Fürbitte für die Toten. Dichter an der Ereignissequenz von Mk 13 (einschließlich kosmischer Zeichen und einer Antichristgestalt) ist die kleine Apokalypse, mit der die Didache (Did 16), die älteste erhaltene Kirchenordnung, schließt. Gnostische Texte führen als Offenbarungsschriften öfter im Titel den Namen „Apokalypse" (so kennen die Nag-Hammadi-Texte eine Apokalypse des Adam, des Petrus, des Paulus, und zwei Apokalypsen des Jakobus). Sie teilen mit den eschatologischen Apokalypsen gewisse Themen wie das eines radikalen Dualismus (der aber z.T. gerade vermieden wird). Doch liegen die Unterschiede des Blickwinkels und der Theologie auf der Hand; die Mitte gnostischer Spiritualität liegt weitab neutestamentlicher Apokalyptik. Als christliche apokalyptische Texte im engeren Sinn sind zuletzt jedoch auch die zahlreichen Fortschreibungen jüdischer Apokalypsen und Orakelsammlungen durch Christen zu nennen. Christen haben in großem Umfang jüdische Apokalypsen tradiert und gelesen, wenn auch viele Einzeltexte nur in bestimmten Überlieferungsräumen erhalten sind, etwa im äthiopischen, syrischen oder altkirchenslavischen Sprachraum. Vor alle wurden viele jüdische Texte von Christen überarbeitet, d.h. mit christlichen Einschüben weitergeführt, die oft von Jesus und seiner Geschichte sprechen. Mit kanonischen Texten ging man nicht mit solcher Freiheit um, aber gerade jüdische Apokalypsen haben Christen bedenkenlos ihren eigenen Sichtweisen angepasst, indem sie lange Texteinschübe und -ergänzungen platzierten; seltener wurde auch gekürzt. Im sogenannten „4. Esra", einer jüdischen Apokalypse, die etwa gleichzeitig mit der christlichen des Johannes geschrieben wurde und die nationale Katastrophe des Unterganges Jerusalems verarbeitet, haben Christen Passagen über Jesu Passion und Auferstehung eingefügt. Ein Beispiel ist auch die Himmelfahrt des Jesaja (*Ascensio Isaiae*), die den Propheten als vegetarisch lebenden Asketen und Mitglied einer Prophetengilde zeigt; von Christen (vielleicht Judenchristen) wurde sie um eine Himmelfahrt des Propheten ergänzt, oder vielleicht ist sie überhaupt nur christlich (vgl. Frenschkowski 2018). Noch im Mittelalter wird sie z. B. von den Katharern gelesen. Auch die beliebte Gattung der Testamente jüdischer Patriarchen (die oft eher Sittenpredigten sind) wurde von Christen weitergeschrieben. Hier wie in den überaus beliebten sibyllinischen Orakeln, die schon Justin erwähnt, sind es auffällig oft apokalyptische Themen, die zur Fortschreibung einluden. Sib 1,2,6–8 (mit christlichen Parusie- und Gerichtsszenen), das 5. und 6. Buch Esra (Fortschreibungen des 4Esr) und andere Schriften bieten viele Beispiele, während Werke wie Himmelfahrt des Jesaja oder die Testamente der 12 Patriarchen vielleicht von Anfang an jüdische und judenchristliche Elemente verbinden.

8. Apologien der Apokalyptik

Die ältere Forschung rechnete vielfach mit einer tiefgreifenden Krise, in welche die frühchristliche Theologie durch das Nichteintreffen der Naherwartung gekommen sei. Tatsächlich sind die Zeugnisse für eine solche Krise nur spärlich, obwohl das Thema ohne Frage intensiv reflektiert wurde. Ein wichtiger Zeuge ist der 2. Petrusbrief, vielleicht das jüngste Dokument des Neuen Testaments, der dieses in Teilen bereits voraussetzt und sich auf den 1. Petrusbrief rückbezieht. Die Kritik dieses Autors richtet sich gegen „Spötter" und ihren Hinweis auf die ausbleibende Parusie; er argumentiert mit alttestamentlichen Beispielen für ein doch noch eintretendes göttliches Gericht. Der 2. Petrusbrief kann damit als eine Art Apologie der älteren apokalyptischen Eschatologie gelesen werden. Aber auch die Evangelien reflektieren die Verzögerung der Naherwartung, nicht zuletzt in ihrer Art, die Gleichnisse Jesu zu aktualisieren und auf die Gemeindesituation anwendbar zu machen. Die tradierte Apokalyptik kann in eine Art stabiler Dauererwartung münden (vgl. Lk 21,36).

Im deuteropaulinischen 2Thess 2,2 wird als Irrlehre angegriffen, der „Tag des Herrn" stehe unmittelbar bevor. Dass so zu übersetzen ist, folgt aus der Argumentation der folgenden Verse. Der 2. Thessalonicherbrief, der sich damit vielleicht gegen den 1. Thessalonicherbrief wendet, und diesen jedenfalls in seiner Rezeption zurechtrücken will, führt eine apokalyptische Ereignissequenz ein, die der Parusie vorangehen muss. Wohl in Korrektur einer Naherwartung geht der Parusie Christi eine Antichristgestalt als blasphemischer Gottkönig im Jerusalemer Tempel voraus (Anspruch, „Gott" zu sein: 2Thess 2,4), diesem wiederum ein rätselhafter „aufhaltender" Faktor oder Mensch (κατέχον *katechon*, 2Thess 2,6.7). Jesus persönlich wird den Antichristen töten (vgl. Jesus als kriegerischen Feldherren Apk 19,11–16). Obwohl der Text vielleicht absichtlich nicht konkretisiert, wurde der „aufhaltende" Faktor von den Kirchenvätern mehrheitlich auf das römische Reich als positive Ordnungsmacht gedeutet, dessen Zusammenbruch das Kommen des Antichristen erst ermöglichen wird (Tertullian, *De resurrectione carnis* XXIV,18; Hippolyt, *In Danielem* IV,21,3; Laktanz, *Divinae Institutiones* VII,25,9).

Die lange Zeit in der Forschung herrschende Sicht, das Ausbleiben der Naherwartung hätte das frühe Christentum in eine schwere Krise stürzen müssen, gilt als widerlegt. Seit der klassischen religionssoziologischen Studie von Festinger u. a. (1956) sowie diversen Folgestudien ist bekannt, dass sich Gruppen, die ein nahes Weltende erwarten, bei dessen Nichteintreffen im Regelfall nicht etwa auflösen, sondern zwar einige Zeit in ihrer Mitgliederzahl schrumpfen, aber nicht selten rasch an innerer Struktur und vor allem an missionarischer Aktivität zunehmen. Gerade Missionserfolge verringern das Empfinden kognitiver Dissonanz. Auch Mechanismen gegenseitiger sozialer Stützung und sich rasch einstellende Erklärungsmodelle verarbeiten die kognitive Dissonanz und führen zu einem eher noch engeren Zusammenhalt der Kerngruppe, vor allem jener, deren Gruppenzugehörigkeit mit persönlichen Opfern verbunden war. Naherwartungen flackern seitdem durch alle Jahrhunderte der Christentumsgeschichte auf. Hippolyt, *In Danielem* IV,18 berichtet (kritisch) von einem syrischen Bischof (Hippolyt nennt ihn nur „Vorsteher"), der seine Anhängerschaft wohl Ende des 2. Jahrhunderts in die Wüste führt, um dort die Parusie zu erleben. Die Gruppe wird beinahe von Soldaten als Räuberbande aufgebracht, aber die Frau des Statthalters, eine Christin, kann zu ihren

Gunsten Fürsprache einlegen. Formen von Sezessionismus sind im frühen Christentum sonst selten (doch vgl. Apk 18,4; 12,14; AscIs 2,8; 4,13 und wenige andere Texte), ehe sie im Mönchtum eine neue Gestalt gewinnen. Eine zweite Episode berichtet von einer christlichen Gruppe im Pontus, deren Führer die Parusie als Ereignis innerhalb eines Jahres ankündigt, und die daher Feldarbeit und Gelderwerb aufgeben (Hippolyt, *In Danielem* IV,19). Mit Zügen akuter Naherwartung verbunden ist Ende des 2. Jahrhunderts auch der Montanismus, eine phrygische pneumatisch-charismatische, in ethischer Hinsicht rigoristische Bewegung, der sich auch Tertullian anschloss, und deren Gemeinden noch mehrere Jahrhunderte Bestand hatten. Es sind dabei im Einzelnen noch wenig bekannte geschichtliche Bedingungen, die immer wieder zu einer Revitalisierung der Apokalyptik wie auch der Naherwartung führen. Die allgemeine Auskunft einer Abhängigkeit von „Krisenzeiten" ist zu vage, als dass sie hier weiterhelfen könnte, und hat auch einen tautologischen Aspekt. Die apokalyptische Wahrnehmung der jeweiligen Gegenwart als einer Dekadenz- und Krisenzeit ist dann nämlich selbst das erste Indiz, zu dem sich rasch andere Indizien hinzugesellen, wenn das Suchkriterium eben Krisensymptome sind. Diese lassen sich selbstverständlich bei entsprechend vorgeleiteter Suche immer finden. Jede Zeit kann so in den Blick genommen werden, dass sie als Krisenzeit erscheint, denn jede Zeit steht als Übergang zwischen Vergangenheit und Zukunft, und selbst in Equilibriumsgesellschaften, deren soziale und wirtschaftliche Strukturen sich über längere Zeiträume nur wenig ändern, gibt es Krisen. Interessant ist eine Beobachtung aus der Erforschung epidemischer Verfolgungen marginalisierter Bevölkerungsgruppen („Hexen" u. ä.), dass diese öfter zu den Nachwirkungen von agrarischen u. a. Krisen gehören, also nicht deren Höhepunkte markieren. Die allgemeine sozio-kulturelle Einbindung apokalyptischer Bewegungen und Schriften bedarf weiterer Erforschung, die nur in vergleichender und epochenübergreifender Perspektive zu neuen Einsichten führen wird. Nicht beweisbar ist die These, Naherwartung sei v. a. eine Sache der unteren sozialen Schichten, welche die Schwere einer ungesicherten Existenz besonders zu tragen gehabt hätten. Festzuhalten bleibt auch, dass die Parusie für Paulus mit dem Ablauf der Zeit näher rückt (Röm 13,11), ihre Nähe also nicht allein axiologisch als „sachliche Nähe" gedeutet werden kann.

Im Rückbezug auf Kreuz, Auferstehung und Geistausgießung behält die Gegenwart der Kirche Züge einer Heilszeit. Ein Interesse an protologisch-kosmischen Mysterien tritt deutlich zurück (anders jedoch in der Gnosis). Der Autoritätsgestus christlicher Apokalyptik ist der einer Nahdeixis (Gestalten der unmittelbaren Vergangenheit wie Paulus oder Petrus), nicht mehr wie im Judentum einer Ferndeixis (Gestalten der fernen Vergangenheit: Henoch, Mose, Abraham, Esra). Autoritäten sind nun Paulus, Petrus, der Seher Johannes, der römische Christ Hermas, der geradezu in einem Bescheidenheitsgestus auftritt, Prophetinnen und Propheten, die wir oft namentlich kennen (Agabus, Elchasai, Maximilla, Priscilla und andere). Offenbarungszeit ist also die jüngste Vergangenheit bzw. sogar die Gegenwart. Jesus spricht selbst als Offenbarer: Er wird an keiner Stelle als apokalyptischer Offenbarungsempfänger dargestellt.

9. „Die Auferstehung ist schon geschehen": Überlagerungen der Apokalyptik

Die sich im Johannesevangelium abzeichnende Linie einer stärkeren Gewichtung präsentischer Eschatologie setzt sich in anderen Schriften fort, doch war eine solche Theologie unter Christen kontrovers. Ein besonderer Streit entfaltete sich in der Paulusschule um die heilspräsentische Metapher „Die Auferstehung ist schon geschehen" als Deutung christlicher Existenz. Paulus verzichtet in Röm 6,1–11 darauf, das Mitgestorbensein der Christen mit Christus in der Taufe in paradoxer Weise auch auf ein Mitauferstandensein auszudehnen: hier greift ein Wissen um das „Noch nicht" der eschatologischen Vollendung. In den paulinischen Pseudepigraphen wurde gerade dieses Thema kontrovers behandelt, und illustriert daher die Ausdifferenzierung der Paulusschule. Die Pastoralbriefe wenden sich energisch gegen Lehrer, deren Mottosatz offenbar lautete „Die Auferstehung ist schon geschehen" (2Tim 2,18). Aber Kol 2,12; 3,1; Eph 2,6 vertreten gerade die hier angegriffene Verwendung eines Interpretamentes „Auferstehung" für einen pneumatischen Heilsstand der Christen bereits in der Gegenwart. 2Thess 2,2 ist dagegen wohl auf Naherwartung zu beziehen. Eine konsequente Argumentation für eine Auferstehung als heilspräsentisches Interpretament bietet dann z. B. Mitte/Ende des 2. Jahrhunderts der gnostische Rheginusbrief aus Nag Hammadi (Nag Hammadi Codex I/4). Unklar ist der genaue Hintergrund der korinthischen Auferstehungsleugner (1Kor 15,12), gegen die Paulus einen dezidiert historisch angelegten Beweis für die

Auferstehung Jesu in Form einer langen Zeugenliste aufführt. Diese vielen hundert Zeugen leben zur Zeit des Briefes noch weitgehend und können also befragt werden. In welchem Sinn heutige Theologie eine solche Zeugenliste verstehen kann, ist eine ganz andere Frage: Paulus nutzt sie als Argumentationsstütze, dass eine Leugnung der Auferstehung nur gegen offenbare Sachverhalte möglich sei. Da er die Körperlichkeit der Auferstehung aber gerade in das Bild einer neuen eschatologisch-pneumatischen, das Irdische transzendierenden Leiblichkeit überführen will (vgl. zu seiner Argumentation 2Bar 49–51), kommt z. B. das leere Grab Jesu nicht zum Zug. (Es ist aber bereits im Interpretament Auferstehung impliziert, das Paulus durchgehend verwendet). Weibliche Zeugen werden wegen des Rechtscharakters der Argumentation nicht genannt (vgl. Josephus, *Antiquitates Judaicae* 4, 219). Daneben steht seine Hoffnung, mit dem Tod zugleich ohne vorlaufenden „Wartestand" bei Christus zu sein (Phil 1,23). Doch bleibt der Tod „der letzte Feind Gottes" (1Kor 15,26); das Evangelium des Paulus ist keine Freundschaftserklärung an den Tod. Für den Leib rechnet er mit einem „Überkleidetwerden" bzw. einer neuen himmlische „Behausung" (2Kor 5,1–10): eine Existenz ohne Leiblichkeit wäre anthropologisch kein wirkliches Menschsein.

Im Kolosser- und Epheserbrief (zumindest letzterer sicher nachpaulinisch) münden apokalyptische Traditionen in eine kosmische Christologie, und schon die Kreuzigung Jesu ist ein eschatologischer Sieg über die dämonisierten „Mächte und Gewalten" (Schicksalsmächte). An diesem Sieg partizipieren auch die Christen (Kol 1,16f.19f.; 2,10.15; 3,1–4; Eph 1,10.21–23; 6,12 etc.; vgl. Joh 3,14; 8,28; 12,32.34, wo die Kreuzigung paradox als Erhöhung gedeutet wird). Die Hoffnung der Christen ist „im Himmel" (Kol 1,5), doch leben sie schon jetzt im „Reich des Sohnes" (1,13), und sind berufen zu suchen, was „droben" ist, bei Christus zur Rechten Gottes (Kol 3,1). Ähnlich überlagert im Hebräerbrief das für das Gottesvolk im Himmel aufbewahrte „Erbe" (6,17 etc.) futurische Bilder, obwohl Naherwartung und Gerichtsernst grundsätzlich festgehalten werden (10,25; vgl. Eph 1,14 und viele andere Texte). Die Exodustypologie (die Gemeinde Jesu als wanderndes Gottesvolk, wie einst Israel in der Wüste) wird in das eschatologisch-transzendente Hoffnungsbild der „Ruhe" fortgesetzt (Hebr 3–4), auf die sich die Gemeinde zubewegt. Hebr 10,26–30 kontrastiert in diesem Sinn Erlösung und Verdammnis, doch konfrontiert bereits der individuelle Tod mit dem Gericht (9,27). 2Tim 4,1.8 zeigt, wie sich in den Pastoralbriefen Fragen christlicher Lebensgestaltung im Angesicht von

Parusie und Weltgericht stellen. Auch Matthäus betont im Schlusswort seines Evangeliums (28,18–20) weniger die Erwartung des Zukünftigen als die heilvolle und verlässliche Präsenz des erhöhten Christus bei seiner Gemeinde, ohne dabei die Geltung apokalyptischer Hoffnungen zu relativieren.

Eine andersgeartete Linie einer Verbindung christlicher Existenz mit apokalyptischen Traditionen deutet „Häretiker" als Zeichen der Endzeit und Gefährdungen der Gemeinde (1Tim 4,1; 2Tim 4,3; 2Thess 2,3; vgl. auch Röm 16,17–20; Mk 13,21–23 parr. u. a.). Die Johannesbriefe deuten die Figur des widergöttlichen Antichristen (das Wort im Neuen Testament nur hier) auf Irrlehrer (1Joh 4,1–6), welche die Inkarnation bzw. die wahre Menschheit Jesu leugnen. Undeutlich ist, ob sie dabei aus einer Mehrheitsposition gegen eine Minderheitsposition argumentieren, so die traditionelle Sicht, oder gerade umgekehrt als Minderheit gegen eine lokale Mehrheitsposition, wie der 3. Johannesbrief nahelegen könnte.

10. Einheit und Vielfalt frühchristlicher Eschatologien

Da die frühchristliche Apokalyptik den Schöpfungsglauben anders als die Gnosis nicht aufgibt, sollte man weniger von einer „negativen Weltsicht" der Apokalypsen sprechen als von einer massiven Zivilisations-, Gesellschafts- und Sittenkritik im Gewand einer Zukunftsimagination. Während die Auferstehungs- und Parusiehoffnungen bald in größerem Umfang Gegenstand systematischer bzw. dogmatischer Reflexion wurden, konnte sich die mythische Bild- und Figurenwelt der Apokalyptik im weiteren Sinn in sehr verschiedenen Richtungen entfalten, auch abseits der vom Neuen Testament vorgezeichneten Linien. Eine Grundtendenz ist dabei die Vervielfältigung der eschatologischen Figuren „nach vorne", also zum Leser hin. Diese Entwicklung der Vervielfältigung apokalyptischer Figuren setzt sich bis zum Mittelalter ungebrochen fort, etwa über das *Carmen de duobus populis* des Commodian (das *Nero redivivus* und Antichrist unterscheidet; 3. oder 5. Jahrhundert) bis zu Pseudo-Methodius (7. Jahrhundert), der Tiburtinischen Sibylle (11. Jahrhundert) und anderen im Mittelalter vielgelesenen Apokalypsen.

Nur wenig spricht für die Existenz eines apokalyptischen Aktivismus. In der althistorischen Forschung wurde öfter erwogen, der Vorwurf gegen die Christen, am Brand Roms 64 n. Chr. in Form terroristischer Anschläge beteiligt gewesen zu sein (Tacitus, *Annales* 15,44), könnte durchaus zutreffen. Aber insgesamt neigt Apokalyptik eher zur Zurückhaltung in Hinsicht auf politisches oder gar militärisches Handeln. Schon das Danielbuch hatte den makkabäischen Aufstand eher skeptisch betrachtet (Dan 11,34f.). Ähnlich wird ein apokalyptischer Aktivismus, etwa gar mit militanten Aspekten, im frühen Christentum offenbar bewusst abgelehnt, obwohl im Jüngerkreis Jesu ehemalige Aktivisten („Eiferer") vertreten waren. Selbst in der militärischen Szene Apk 20,9 sind die Christen offenbar nur Zuschauer des Endkampfes. Rätselhaft bleiben immerhin das Schwertwort Jesu Lk 22,35–38 und einige ähnliche Überlieferungen.

Wir hören noch aus der Alten Kirche explizit, dass manche eschatologisch-apokalyptischen Inhalte niemals öffentlich im Gottesdienst ausgesprochen wurden, sondern Gegenstand arkaner (geheimer) Unterweisungen waren (wie sie in der Alten Kirche vielfach bezeugt sind). Hippolyt, Verfasser der ältesten erhaltenen eigenständigen Schrift über den Antichrist, sieht diesen als gotteslästerliches Zerrbild Christi, der von Israel aus in Eroberungszügen ein jüdisches Weltreich errichte (*Demonstratio de Christo et Antichristo* 25), die Christen verfolge (ebd., 56 u. ö.) und gottgleiche Verehrung fordere (ebd., 53), ehe er durch Christus zu Fall gebracht wird. Einige Details dieser Lehre seien Arkandisziplin (ebd., 29.50 u. ö.). Auch Paulus sind änigmatische Anspielungen auf Geheimnisse des Eschatons nicht fremd (die Christen als Richter über die Engel: 1Kor 6,3). Noch im 4. Jahrhundert bezeugt Martin von Tours, dass Details der Prophetien über *Nero redivivus* und den Antichrist (für ihn zwei verschiedene Figuren) nur in strikt nichtöffentlicher, arkaner Unterweisung an Fortgeschrittene mitgeteilt wurden (Sulpicius Severus, *Dialogi* II,14, bes. 1s.), was sich mit einer Revitalisierung der Naherwartung verband (*Vita sancti Martini* XXII,5; *Dialogi* II,14,4 u. ö.). Es ist daher gut möglich, dass bestimmte Inhalte frühchristlicher Apokalyptik aus den schriftlichen Quellen nicht zu erheben sind. Mk 13 stellt die letzte, apokalyptische Rede Jesu vor seiner Passion dezidiert als interne Unterweisung eines innersten Jüngerkreises dar. Nicht einmal die Zwölf sind präsent. Allerdings wird mit dem Evangelienbuch diese eschatologische Botschaft zumindest gemeindeöffentlich: ein literarisch raffinierter Zug, der die Lesenden zu Mitwissern eines „inneren Geheimnisses" macht. Geheimhaltung als Zug der älteren Apokalyptik ist ohnehin *cum grano salis*: Der ehemals „geheime" Offenbarungsinhalt ist ja nun gerade Teil des Evangeliums bzw. der Verkündigung.

Als ein wesentlicher Unterschied sowohl der jüdischen wie der christlichen Apokalyptik gegenüber der älteren israelitisch-jüdischen Prophetie erweist sich die Skepsis gegenüber Geschichte und vorfindlicher Welt. Während die Prophetie in der Kontingenz des geschichtlichen Geschehens das richtende, aber auch heilvolle Eingreifen Gottes findet, rechnet die Apokalyptik mit einem Ende der Geschichte. Die Gegenwart wird als heillose Zeit verstanden, auf die das von Gott gesetzte Heil als Weltgericht und Welterneuerung erst zukommt. Heilsvolk der jüdischen Apokalyptik ist nicht einfach Israel als Volk der Erwählten, sondern die Gemeinschaft der „Frommen", welche die Thora bewahren (etwa 1Hen 92–105; 2Bar 54; 4Esr 13). In christlichen Texten treten an diese Stelle die Jüngerinnen und Jünger Jesu, die das „Zeugnis Jesu" in Situationen der Bedrängnis festhalten. Neben diesen exklusiven Heilsgemeinschaften greift das erwartete Heil jedoch immer auch nach der Völkerwelt, auch in jüdischen Apokalypsen. Christliche Apokalyptik ist insofern Heilszusage an die Gemeinde der Jüngerinnen und Jünger Jesu, aber gleichzeitig an die Welt als ganze, in heilloser Zeit. Insofern sollte man sie nicht „pessimistisch" nennen. Dabei wird die Welt für das christliche Gesamtimaginarium jedoch nicht so vereinnahmt, dass eine selbstgewählte Heillosigkeit nicht mehr möglich wäre: alle Apokalypsen kennen Himmel und Hölle. Angesicht einer ins Gottlose abgleitenden Welt erweist sich Gott in apokalyptischen Szenarien als souveräner Herr von Zeit, Geschichte und Ewigkeit. Insgesamt stellt sich das breite Spektrum frühchristlicher Apokalyptik damit als variable und facettenreiche Veranschaulichungsform zentraler Themen christlicher Eschatologie dar. Jesus Christus als Zukunft, Kriterium und eschatologisches Heil der Welt wird in einer allumfassenden mythischen Narration zur Sprache gebracht. Nicht zuletzt will Apokalyptik dabei auch als visionäre, poetische und doxologische Form von Theologie und Christologie gewürdigt werden. Dass hierbei Bereiche dessen berührt werden, was menschliches Wissen- und Verstehen-Können übersteigt, hat das Neue Testament niemals vergessen (1Kor 2,9).

Quellen- und Literaturverzeichnis

1. Quellen

ApkAbr/Abraham-Apokalypse: Philonenko-Sayar, Belkis/Philonenko, Marc: Die Apokalypse Abrahams (JSHRZ V/5), Gütersloh 1982.

ApkZeph/Zephania-Apokalypse: Diebner, Bernd Jörg: Zephanjas Apokalypsen (JSHRZ V/9), Gütersloh 2003.

ApkPetr/Petrusapokalypse: Müller, C. Detlef G.: Offenbarung des Petrus (Einleitung und deutsche Übersetzung), in: Schneemelcher, Wilhelm (Hg.), Neutestamentliche Apokryphen in deutscher Übersetzung, Band 2: Apostolisches, Apokalypsen und Verwandtes, Tübingen 1989[5], 562–578.

ApkPl/Paulusapokalypse: Duensing, Hugo/de Santos Otero, Aurelio: Apokalypse des Paulus, in: Schneemelcher, Wilhelm (Hg.): Neutestamentliche Apokryphen in deutscher Übersetzung, Band 2: Apostolisches, Apokalypsen und Verwandtes, Tübingen 1989[5], 644–675.

*AscJes/Ascensio Jesaiae/*Himmelfahrt des Jesajas: Müller, C. Detlef G.: 1. Die Himmelfahrt des Jesaja, in: Schneemelcher, Wilhelm (Hg.): Neutestamentliche Apokryphen in deutscher Übersetzung, Bd. II, Tübingen 1997[6], 547–562.

2Bar/syrische Baruch-Apokalypse: Hage, Wolfgang: Die griechische Baruch-Apokalypse (JSHRZ V/1), Gütersloh 1974, 15–44.

3Bar/griechische Baruch-Apokalypse: Klijn, Albertus F. J.: Die syrische Baruch-Apokalypse (JSHRZ V/2), Gütersloh 1976, 107–191.

Buch Elchasai: Luttikhuizen, Gerard P.: The Revelation of Elchasai. Investigations into the Evidence for a Mesopotamian Jewish Apocalypse of the Second Century and its Reception by Judaeo-Christian Propagandists (TSAJ 8), Tübingen 1985.

Calpurnius Siculus und die *Einsiedler Gedichte*: Hirtengedichte aus neronischer Zeit. Titus Calpurnius Siculus und die Einsiedler Gedichte, hg. und übers. von Dietmar Korzeniewski (Texte zur Forschung 1), Darmstadt 1971.

Cicero: *De natura deorum*/Vom Wesen der Götter: Gigon, Olof/Straume-Zimmermann, Laila (Hgg.): Marcus Tullius Cicero, *De natura deorum*/Vom Wesen der Götter. Lateinisch – Deutsch (Sammlung Tusculum), Berlin 1996.

Cicero: *De officiis*/Vom rechten Handeln: Büchner, Karl (Hg.): Marcus Tullius Cicero, *De officiis*/Vom rechten Handeln. Lateinisch – Deutsch (Sammlung Tusculum), Düsseldorf 2001[4].

Cicero: *De re publica*/Der Staat: Büchner, Karl (Hg.): Marcus Tullius Cicero, *De re publica*/Der Staat. Lateinisch – Deutsch (Sammlung Tusculum), München [5]1993.

Cicero: *Oratio Philippica Secunda*/Zweite Philippica: Fuhrmann, Manfred (Hg.): Marcus Tullius Cicero, Sämtliche Reden, Bd. 7, Düsseldorf/Zürich 2000, 135–201.

Commodianus/Carmen de duobus populis/Lied über zwei Völker: Salvadore, Isabella (Hg.): Commodiano, Carmen de duobus populis. Introduzione, nota e commento, Bologna 2011.

Corpus Hermeticum: Nock, Arthur Darby (Hg.)/Festugiere, Andre-Jean (Übers.): Hermès Trismégiste, 4Bde., Les Belles Lettres, Paris 1945–1954.

Did/Didache/Zwölf-Apostel-Lehre: Schöllgen, Georg/Geerlings, Wilhelm W. (Hgg.): Didache: Zwölf-Apostel-Lehre, Traditio Apostolica: Apostolische Überlieferung (FChr 1), Freiburg i. Br. 1991, 13–139.

Diogenes Laertius: *Vita*e/Leben: Hicks, Robert Drew (Hg.): Diogenes Laertius, Lives of the Eminent Philosophers, Bd. 2 (LCL), Cambridge/London ND 2014.

Diog/Diognetbrief: Prostmeier, Ferdinand R./Lona, Horacio E. (Hgg.): *Ad Diognetum*/An Diognet: Epistola Barnabae. Ad Diognetum/Barnabasbrief. An Diognet. Griechisch – Deutsch (FChr 72), Freiburg i. Br. 2018, 159–264.

Epiktet: *Dissertationes*/Lehrgespräche: *Epicteti Dissertationes ab Arriani digestae. Ad finem codicis Bodleiani iterum rec.* Henricus Schenkl (BSGRT), Stuttgart ND 1965.

4Esr/4.Esra: Schreiner, Josef: Das 4. Buch Esra (JSHRZ V/4), Gütersloh 1981.

1Hen/äthiopischer Henoch: Uhlig, Siegbert: Das äthiopische Henochbuch (JSHRZ V/6), Gütersloh 1984.

2Hen/slawischer Henoch: Böttrich, Christfried: Das slavische Henochbuch (JSHRZ V/7), Gütersloh 1995.

Hippolyt: *Demonstratio de Christo et Antichristo*/Das Buch über Christus und den Antichrist: Gröne, Valentin (Hg.): Hipolytus', des Presbyters und Märtyrers Buch über Christus und Antichrist (BKV 28,6), Kempren 1873.

Hippolyt: *In Danielem*/Über Daniel: Bracht, Katharina (Hg.): Hippolyt von Rom, Danielkommentar (BGrL 80), Stuttgart 2016.

Herm vis/Hermas, visiones/Visionen des Hermas: Leutzsch, Martin: Hirt des Hermas, in: Körtner, Ulrich H. J./ders. (Hgg.): Papiasfragmente, Hirt des Hermas (SUC 3), Darmstadt 1998, 105–497.

Horaz: *Carmina*/Oden; *Carmen saeculare*/Das Jahrhundertlied: Lombardo, Stanley/Corbeill, Anthony (Hgg.): Horace, Odes. With Carmen Saeculare, Indianapolis/Cambridge 2018.

Iulius Obsequens: *Liber de prodigiis*/Buch der Vorzeichen: Tixi, Mariella/Rocca, Silvana (Hgg.), Ossequente, Il libro dei prodigi. Saggio introduttivo, nuova tradutione e note a cura (Classici greci e latini), Mailand 2017.

Justin: *Apologiae pro christianis*/Apologie zur Verteidigung der Christen: Marcovich, Miroslav (Hg): Iustini Martyris Apologiae pro Christianis. Iustini Martyris Dialogus cum Tryphone, Berlin 2005.

Josephus, Flavius: *Antiquitates Judaicae*/Jüdische Altertümer, hg. von H. St. John Thackeray u. a., 7Bde. (LCL), London 1930–1965 (spätere Ausgaben in divergierender Bandaufteilung).

1QM/Kriegsrolle: Duhaime, Jean: War Scroll (1QM; 1Q33; 4Q491–496 = 4QM1–6; 4Q497), in: Charlesworth, James H. u. a. (Hgg.): The Dead Sea Scrolls. Hebrew, Aramaic, and Greek Texts with English Translations. Volume 2: Damascus Document, War Scroll, and Related Documents (PTSDSSP 2), Tübingen/Louisville 1995, 80–203.

Laktanz: Divinae Institutiones/Göttliche Unterweisungen: s. u. *Orakel des Hystaspes*.

Lamm des Bokchoris: Hoffmann, Friedhelm: Ägypten. Kultur und Lebenswelt in der griechisch-römischen Zeit. Eine Darstellung nach den demotischen Quellen, Berlin 2000, 181–185.

Macarius Magnus (Volp 2013): Volp, Ulrich (Hg.): Macarios Magnes, Apokritikos. Kritische Ausgabe mit deutscher Übersetzung (TU 169), Berlin 2013.

Minucius Felix: Schubert, Christoph (Hg.): Minucius Felix „*Octavius*", Kommentar zu frühchristlichen Apologeten, Freiburg i. Br. 2014.

mSan/Mischna Sanhedrin: Krupp, Michael u.a. (Hgg.): Sanhedrin: Oberstes Gericht (Die Mischna: Textkritische Ausgabe mit deutscher Übersetzung und Kommentar 4,4), Jerusalem 2006.
Nag Hammadi: Robinson, James M. (Hg.): The Nag Hammadi Library in English. Translated and introduced by Members of the Coptic Gnostic Library Project of the Institute for Antiquity and Christianity, Leiden 1988³.
Orakel des Hystaspes (Lactantius): Cumont, Franz; Bidez, Joseph, Les Mages Hellenisées, 2, Paris 1938. Nachdruck 1973, 359–377.
Origenes, *Contra Celsum*/Gegen Celsus: Koetscha, Paul (Hg.): Des Origenes acht Bücher gegen Celsus, Teil 2: Buch V–VII, aus dem Griechischen übersetzt (BKV 53), München 1927.
Philo: *Legatio ad Gajum*/Gesandtschaft an Gajus: Smallwood, Mary (Hg.): Philonis Alexandrini Legatio ad Gaium, ed. with an introduction, translation and commentary, Leiden 1961.
Philo: *De praemiis et poenis*/Über Belohnungen und Strafen: Colson, Francis Henry (Hg.): Philo, Bd. VIII (LCL), Cambridge, MA/London ND 1999, 309–423.
Phlegon: *Mirabilia*: Brodersen, Kai (Hg.): Phlegon von Tralleis: Das Buch der Wunder und Zeugnisse seiner Wirkungsgeschichte, Darmstadt 2002.
Plato, *Gorgias*: Heitsch, Ernst u.a. (Hg.): Platon Werke. Übersetzung und Kommentar VI/3: Gorgias, Göttingen 2004.
Plato: *Phaidon*: Müller, Jörn (Hg.): Phaidon (Klassiker Auslegen 44), Berlin 2011.
Plinius d. J.: *Epistulae*/Briefe: Stout, Selatie Edgar (Hg.): Plinius, Epistulae. A critical Edition, Bloomington 1962.
Plutarch: *De sera numinis vindicta*/Über die späte Strafe der Gottheit: Görgemanns, Herwig (Hg.): Plutarch, Drei religionsphilosophische Schriften. Griechisch – Deutsch (Sammlung Tusculum), Berlin/Boston 2014², 43–134.
Polybius: *Historiae*/Historien: Coleman, Kathleen u.a. (Hg.): Polybius' Histories, Oxford Approaches to Classical Literature, Oxford/New York 2010.
Pseudo-Methodius: Reinink, Gerrit Jan (Hg.): Die syrische Apokalypse des Pseudo-Methodius, Louvain 1993.
Qumran (Texte vom Toten Meer): Discoveries in the Judaean Desert of Jordan (DJD), Oxford 1955–2009.
Seneca, Lucius Annaeus: *Naturales quaestiones*/Naturwissenschaftliche Untersuchungen: Brok, Martinus F.A. (Hg.): L. Annaeus Seneca, Naturwissenschaftliche Untersuchungen, Darmstadt 2012.
Seneca, Lucius Annaeus: *Ad Polybium de consolatione*/Trostschrift an Polybius: Rosenbach, Manfred (Hg.): Philosophische Schriften. 2. Dialoge VII–XII: De beata vita. De otio. De tranquilitate animi. De brevitate vitae. Ad Polybium de consolatione. Ad Helviam matrem de consolatione/Über das glückliche Leben. Über die Muße. Über die Seelenruhe. Über die Kürze des Lebens. Trostschrift an Polybius. Trostschrift an die Mutter Helvia, übers., eingel. und mit Anm. vers., Darmstadt 2011², 241–293.
Sib/Sibyllinen: Gauger, Jörg-Dieter: Sibyllinische Weissagungen. Griechisch-Deutsch. Auf der Grundlage der Ausgabe von Alfons Kurfeß (Sammlung Tusculum), Düsseldorf/Zürich 1998.
Sueton: Leben des Claudius und Nero: Textausgabe mit Einleitung, kritischem Apparat und Kommentar, hg. von Wilhelm Kierdorf, Paderborn u.a. 1992.

Sulpicius Severus: *Dialogi*/Dialoge: Augello, Giuseppe (Hg.): Sulpicii Severi Dialogi. Testo, traduzione, note, Palermo 1969.
Sulpicius Severus: *Vita sancti Martini*/Das Leben des heiligen Martin: Huber-Rebenich, Gerlinde (Hg.): Sulpicius Severus, Vita sancti Martini. Das Leben des heiligen Martin. Lateinisch/Deutsch (Reclams Universal-Bibliothek), Stuttgart 2010.
Tacitus: *Annales*/Annalen: Horneffer, August u.a. (Hgg.): Tacitus, Annalen. Deutsche Gesamtausgabe (KTA 238), Stuttgart 2018³.
Tacitus: *Historiae*/Historien: Borst, Joseph (Hg.): Tacitus, Historiae. Lateinisch – Deutsch (Sammlung Tusculum), Mannheim 2010⁷.
Tertullianus, Quintus Septimius Florens: *De resurrectione carnis liber*/Buch über die leibliche Auferstehung: Evans, Ernest (Hg.): Q. Septimii Florentis Tertulliani De resurrectione carnis liber. The text edited with an Introduction, Translation and Commentary, London 1960.
Vergil: *Aenei*: Fink, Gerhard (Hg.): Vergil. Aeneis, Lateinisch – Deutsch (Sammlung Tusculum), Düsseldorf/Zürich 2005.
Vergil: *Eclogae/Bucolica*/Eklagen/Hirtengedichte: Holzberg, Niklas (Hg.): Vergil, Bucolica – Georgica. Lateinisch – Deutsch (Sammlung Tusculum), Berlin/Boston 2016.

2. Sekundärliteratur

Aune 1997–1998: Aune, David: Revelation, 3Bde. (WBC 52A–C), Waco/Nashville 1997–1998 (der z. Zt. grundlegende Kommentar).
Bauckham 1993: Bauckham, Richard: The Theology of the Book of Revelation, Cambridge 1993.
Berger 2017: Berger, Klaus: Die Apokalypse des Johannes, 2Bde., Freiburg i. Br. 2017 (gelehrt, aber teilweise weitab der Forschungskonsense).
Blasius/Schipper 2002: Blasius, Andreas/Schipper, Bernd (Hgg.): Apokalyptik und Ägypten (OLA 107), Leuven u. a. 2002.
Böcher 1998: Böcher, Otto: Art. Johannes-Apokalypse, RAC 18, Stuttgart 1998, 595–646.
Bousset 1906: Bousset, Wilhelm: Die Offenbarung Johannis (KEK), Göttingen 1906 (ND 1966) (klassischer, nach wie vor nützlicher Kommentar).
Christophersen 2001: Christophersen, Alf: Die Begründung der Apokalyptikforschung durch Friedrich Lücke, KuD 47 (2001), 158–179.
Cohn 2002: Cohn, Norman: Cosmos, Chaos and the World to Come, New Haven/London 2002².
Festinger u.a. 1956: Festinger, Leon u.a.: When Prophecy Fails. A Social and Psychological Study of a Modern Group That Predicted the Destruction of the World, Minneapolis 1956 (ND 2008).
Frenschkowski 2004: Frenschkowski, Marco: Parthica apocalyptica. Mythologie und Militärwesen iranischer Völker in ihrer Rezeption durch die Johannesoffenbarung, JAC 47 (2004), 16–57.
Frenschkowski 2005: Frenschkowski, Marco: Die Entrückung der zwei Zeugen zum Himmel (Apk 11,11–14), JBTh 20 (2005), 261–290.

Frenschkowski 2005a: Frenschkowski, Marco: Die Johannesoffenbarung zwischen Vision, astralmythologischer Imagination und Literatur. Perspektiven und Desiderate der Apokalypseforschung, in: Horn, Friedrich Wilhelm/Wolter, Michael (Hgg.): Studien zur Johannesoffenbarung und ihrer Auslegung. FS für Otto Böcher zum 70. Geburtstag, Neukirchen-Vluyn 2005, 20–45.

Frenschkowski 2008: Frenschkowski, Marco: Art. Lamm Gottes, RAC 22, Stuttgart 2008, 853–882.

Frenschkowski 2011: Frenschkowski, Marco: Utopia and Apocalypsis. The Case of the Golden City, in: Labahn, Michael/Lehtipuu, Outi (Hgg.): Imagery in the Book of Revelation, Leuven 2011, 29–41.

Frenschkowski 2016: Frenschkowski, Marco, Fortunatae Insulae. Die Identifikation mythischer Inseln mit realen geographischen Gegebenheiten in der griechischen und römischen Antike, in: Bendemann, Reinhard von u. a. (Hgg.): Konstruktionen mediterraner Insularitäten. Paderborn 2016 (Mittelmeerstudien 11), 43–73.

Frenschkowski 2017: Frenschkowski, Marco: Art. Prophet (Prophetie), RAC 28 (Lieferung 219/220), Stuttgart 2017, 274–339.

Frenschkowski 2018: Frenschkowski, Marco: Prophetie. Innovation, Tradition und Subversion in spätantiken Religionen (Standorte in Antike und Christentum 10), Stuttgart 2018.

Frenschkowski 2018a: Frenschkowski, Marco: Applaus im Himmel? Gedanken zum Gott der Apokalypse zwischen Phantastik und Politik, ZNT 42 (2018), 109–124.

Frenschkowski 2018b: Frenschkowski, Marco: Art. Reiter, RAC 28, Stuttgart 2018, 966–992.

Frenschkowski 2023: Frenschkowski, Marco: Art. Teufel, RAC 31, Stuttgart 2023, 1181–1242

Fuchs 1964: Fuchs, Harald: Der geistige Widerstand gegen Rom in der antiken Welt, Berlin 1964².

Hellholm 1989: Hellholm, David (Hg.): Apocalypticism in the Mediterranean World and the Near East. Proceedings of the International Colloquium on Apocalypticism, Uppsala, August 12–17, 1979, Tübingen 1989².

Hengel 2002: Hengel, Martin: Paulus und die frühchristliche Apokalyptik, in: ders.: Kleine Schriften 3 (WUNT 141), Tübingen 2002, 302–417.

Horsley 2007: Horsley, Richard: Scribes, Visionaries, and the Politics of Second Temple Judea, Louisville 2007.

Karrer 2017: Karrer, Martin: Die Johannesoffenbarung, bisher: Bd. 1, Ostfildern (EKK XXIV/1), Göttingen 2017.

Käsemann 1960/1986: Käsemann, Ernst: Die Anfänge christlicher Theologie (1960), in: ders., Exegetische Versuche und Besinnungen: Auswahl, Göttingen 1986, 110–132.

Koch 1970: Koch, Klaus: Ratlos vor der Apokalyptik. Eine Streitschrift über ein vernachlässigtes Gebiet der Bibelwissenschaft und die schädlichen Auswirkungen auf Theologie und Philosophie, Gütersloh 1970.

Koester 2014: Koester, Craig C.: Revelation. A New Translation with Introduction and Commentary (AncB 38A), New Haven 2014.

Lichtenberger 2014: Lichtenberger, Hermann: Die Apokalypse (ThKNT 23), Stuttgart 2014.

Lücke 1832: Lücke, G. Chr. Friedrich: Commentar über die Schriften des Evangelisten Johannes IV, 1. Versuch einer vollständigen Einleitung in die Offenbarung Johannis und in die gesammte apokalyptische Litteratur, Bonn 1832.

Müller 1991: Müller, Karlheinz: Studien zur frühjüdischen Apokalyptik (SBAB 11), Stuttgart 1991.

Müller 1995: Müller, Ulrich B.: Die Offenbarung des Johannes (ÖTK 19), Gütersloh/Würzburg 1995².

Murphy 2012: Murphy, Frederick J.: Apocalypticism in the Bible and Its World. A Comprehensive Introduction, Grand Rapids 2012.

Olrik 1922: Olrik, Axel: Ragnarök. Die Sagen vom Weltuntergang, Berlin/Leipzig 1922.

Schäfer 2017: Schäfer, Peter: Zwei Götter im Himmel. Gottesvorstellungen in der jüdischen Antike, München 2017.

Zager 1989: Zager, Werner: Begriff und Wertung der Apokalyptik in der neutestamentlichen Forschung (EHS.Th 358), Frankfurt a. M. u. a. 1989.

3. Literaturhinweise zum vertiefenden Studium

Collins, John J. (Hg.): The Oxford Handbook of Apocalyptic Literature, New York 2015.

Hahn, Ferdinand: Frühjüdische und urchristliche Apokalyptik. Eine Einführung (BThSt 36), Neukirchen-Vluyn 1998.

McGinn, Bernard u. a. (Hgg.): The Encyclopedia of Apocalypticism, 3Bde., New York/London 1998–1999 (grundlegende Gesamtdarstellung, trotz des Titels nicht in Lexikonform).

Schipper, Bernd U./Plasger, Georg (Hgg.): Apokalyptik und kein Ende, Göttingen 2007.

Tilly, Michael: Apokalyptik (UTB Profile 3651), Tübingen 2012 (exzellente knappe Einführung).

Kirchengeschichte

Michael Basse

Apokalyptik in der Kirchengeschichte

1. Einleitung

Apokalyptische Vorstellungen sind in der Geschichte des Christentums zu allen Zeiten, jedoch in unterschiedlicher Intensität und mit unterschiedlichen Interessen vertreten worden. Ihre Intentionen und Ausprägungen hingen ganz entscheidend von den gesellschaftlichen und kulturellen Kontexten ab, in denen sie entstanden und vermittelt wurden. Die Apokalyptik bezeichnet hierbei ein „religiöses Symbolsystem, das die Wahrnehmung und Deutung der Alltagswelt strukturiert und sie auf diese Weise konstituiert" (Kürbis 2013: 434). Diente das apokalyptische Zeichensystem der jeweiligen Zeit als „Modell der Gegenwartsanalyse" (Fried 1989: 388), so entsprach dem eine Historisierung der Apokalyptik, insofern die jeweilige Gegenwart nicht nur im Horizont der Endzeit wahrgenommen, sondern schon als deren Anbruch gedeutet wurde.

2. Alte Kirche

2.1 Apokalyptik als Selbstvergewisserung in der Zeit der Christenverfolgungen

In der Johannesoffenbarung, die am Ende des 1. Jahrhunderts n. Chr. verfasst wurde, spiegeln sich die apokalyptischen Erwartungen dieser Zeit (vgl. Frenschkowski, in diesem Band). Dass sie erst im 4. Jahrhundert in den biblischen Kanon der westlichen Kirche aufgenommen wurde und ihre kanonische Geltung in den Ostkirchen generell umstritten blieb, zeigt die ambivalente Haltung von Kirche und Theologie gegenüber der Apokalyptik. Im 2. Jahrhundert entstanden dann weitere christliche Apokalypsen sowie christliche Überarbeitungen jüdischer Apokalypsen (vgl. Schwarte 1978: 257–263). Auf das Problem der Parusieverzögerung reagierten Exegeten der Alten Kirche mit unterschiedlichen Modellen, die Wiederkunft Christi zu datieren, indem sie von Dan 9,24–27 her ein Schema von 70 Jahrwochen zugrundelegten oder mit Bezug auf Gen 1 ein chiliadisches Weltwochenschema entwickelten. Bis zur religionspolitischen Wende des 4. Jahrhunderts wurde das Imperium Romanum in der christlichen – ebenso wie in der spätjüdischen – Apokalyptik mit dem vierten Weltreich nach Dan 2 und 7 identifiziert. Frühe Vertreter eines Chiliasmus, d. h. der Vorstellung eines tausendjährigen Reiches, wie sie im Anschluss an Apk 20–21 entwickelt wurde, waren Papias von Hierapolis (gest. ca. 140) und Justin (gest. 165), deren Auslegung der Johannesoffenbarung die christlich-apokalyptische Tradition in hohem Maße prägte (vgl. Kretschmar 1985: 71f.; Maier 1981: 62–69).

Gewisse Berührungspunkte gab es zwischen der altkirchlichen Apokalyptik und der Gnosis, wie sich insbesondere in den Texten von Nag Hammadi zeigt (vgl. Krause 1989). Der entscheidende Unterschied lag jedoch darin, dass die gnostischen Schriften „allein an der Wiederherstellung des vorgeschichtlichen Urzustands interessiert sind" (Tilly 2012: 119), weshalb sie zumeist nicht auf politische Veränderungen angesichts des Anbruchs der Endzeit abzielten. In Abgrenzung zur Gnosis, in der vor allem die Valentinianer einen kosmischen Dualismus mit apokalyptischer Symbolik verknüpften, wurde der Chiliasmus dann von dem bedeutenden Kirchenvater Irenäus (ca. 135–200) geschichtstheologisch interpretiert. In seinem Hauptwerk *Gegen die Häresien* entwickelte er eine heilsgeschichtliche Konzeption, deren Zentrum die Vorstellung von einer *Rekapitulation*, d. h. Wiederherstellung aller Dinge in Christus, bildet (vgl. Irenäus, *Adversus haereses* V 23,2). Unter dem Einfluss des Irenäus verfasste Hippolyt von Rom (ca. 170–235) die ersten Kommentare zu den apokalyptischen Texten der Bibel, dem Danielbuch und der Johannesoffenbarung (vgl. Hippolyt, *ΙΠΠΟΛΥΤΟΥ ΕΙΣ ΤΟΝ ΔΑΝΙΗΛ*). In einer typologischen Auslegung von Dan 4,22–24 präsentierte er auch eine Berechnung der Parusie Christi, wonach diese 500 Jahre nach der Inkarnation zu erwarten sei und somit eine enthusiastische Naherwartung ausgeschlossen werden könne (vgl. Kretschmar 1985: 75f.).

In der zweiten Hälfte des 2. Jahrhunderts entstand in Kleinasien eine Bewegung, die sich selbst *Neue Prophetie* nannte und von der Großkirche später polemisch die Bezeichnung *Montanisten* – nach dem Namen ihres Gründers, Montanus – erhielt. Ihr Kennzeichen war eine ausgeprägte Naherwartung, die davon ausging, dass das Tausendjährige Reich mit der Herabkunft des himmlischen Jerusalem auf die phrygischen Orte Pepuza und Tymion beginne. Die ekstatische Prophetie der Montanisten erhob den Anspruch, das Sprachrohr des johanneischen Parakleten zu sein (vgl. Joh 14,16). Mit den millenaristischen Vorstellungen war eine rigoristische Ethik verknüpft, die strenge Askese und die Bereitschaft zum Martyrium forderte (vgl. Frend 1994). Unter dem Einfluss des Montanismus vertrat zeitweilig auch Tertullian (ca. 160/170–nach 220), der erste lateinische Kirchenvater, eine chiliastische Endzeiterwartung (vgl. Tertullian, *Adversus Marcionem* III 4,5; ders., *De anima* 58,8; ders., *De resurrectione mortuorum* 26,11f.; Blum 1981: 729f.). Angesichts der raschen Ausbreitung dieser Bewegung im gesamten Mittelmeerraum kam es zu einer scharfen Abgrenzung durch die Großkirche, die den Montanismus der Häresie verdächtigte und in diesem Zusammenhang auch insbesondere die zentrale Rolle seiner Prophetinnen kritisierte. Trotz der kritischen Auseinandersetzung mit dem Montanismus blieben chiliastische Vorstellungen auch im 3. und 4. Jahrhundert virulent. Im lateinischen Westen wurden sie vor allem von Laktanz (ca. 250–325) vertreten, der vor dem Hintergrund der Christenverfolgung unter Kaiser Diokletian (ca. 236/245 bis ca. 312, Kaiser 284–305) die Bedeutung des eschatologischen Endkampfes betonte (vgl. Laktanz, *Divinae institutiones* VII,14–26; Blum 1981: 731). Die Trost spendende Wirkung der Johannesapokalypse und deren Funktion, der verfolgten Kirche Orientierung zu geben, hatte zuvor schon Cyprian von Karthago (ca. 200/210–258) unterstrichen (vgl. Cyprian, *Ad Fortunatum* 11).

2.2 Die Verdrängung apokalyptischer Vorstellungen durch die religionspolitische Wende des 4. Jahrhunderts und Augustins Geschichtstheologie

Mit der religionspolitischen Wende des 4. Jahrhunderts verloren apokalyptische und chiliastische Vorstellungen an Bedeutung, da ihre Trost spendende Aussicht auf eine nahe Zukunft, in der alles nicht nur besser, sondern im Ausgleich für alles bisherige Leiden auch gerechter sein sollte, angesichts der wachsenden politischen und gesellschaftlichen Bedeutung des Christentums an Relevanz einbüßte. Die kritische Abgrenzung der damaligen Exegese gegenüber dem Chiliasmus wurde insbesondere von Hieronymus (ca. 347–419/420), dem Verfasser der lateinischen Bibelübersetzung, der Vulgata, zur Geltung gebracht (vgl. Hieronymus, *De viris illustribus* 18,4). Zudem trug Hieronymus ganz entscheidend zur Überwindung der Romfeindschaft bei, die bis dahin die christliche Apokalyptik bestimmt hatte, indem er mit seiner Lehre von den vier Weltmonarchien ein Schema der Chronistik entwickelte, das dann im Mittelalter vielfach rezipiert wurde (vgl. Konrad 1978: 275).

Bei dem donatistischen Bischof und Exegeten Tyconius (Ende 4. Jh.) machten sich noch einmal apokalyptische Einflüsse geltend und ließen eine Geschichtstheologie entstehen, die von der Naherwartung bestimmt wurde. Obwohl sein Werk ausschließlich fragmentarisch und über die Auseinandersetzung in anderen Schriften überliefert ist, lassen sich Motive seiner exegetischen Arbeit rekonstruieren (vgl. Alexander 2002). Das Grundmotiv, das Tyconius in seiner allegorischen und typologischen Auslegung der Johannesapokalypse herausstellte, war die Auseinandersetzung zwischen Gottesstaat und Teufelsstaat (vgl. Maier 1981: 108–129). Davon werde die Kirche bestimmt, in deren sichtbarer Gestalt wahre und falsche Kirche ineinander verwoben seien, ohne dass diese sich eindeutig unterscheiden oder gar trennen ließen. Allerdings gelte es das Wirken des Antichrist zu demaskieren und zugleich aus den biblischen Prophezeiungen tiefere Einsichten in die Geschichte der Kirche sowie genauere Vorstellungen über deren künftige Vollendung zu gewinnen. Auf Grund seiner zahlensymbolischen Auslegung von Apk 20,2 rechnete Tyconius mit der baldigen Parusie Christi um das Jahr 380.

Theologisch wirkungsträchtig wurde die geschichtstheologische Konzeption Augustins (354–430), der selbst ehemals Anhänger des Chiliasmus gewesen war, bevor er dann die Endzeiterwartungen in das heilsgeschichtliche Modell einer Unterscheidung von Reich Gottes und Reich der Welt integrierte und in dieser Perspektive das Reich Gottes mit der Kirche identifizierte (vgl. Augustin, *De civitate Dei* XX 9). Augustin rezipierte dabei die Ansichten des Tyconius, dessen exegetisches Regelbuch er kommentierte. Ungeachtet ihrer prinzipiellen Infragestellung durch Augustins Geschichtstheologie erlebten apokalyptische Deutungsmuster an der Wende vom 4. zum 5. Jahrhundert angesichts der politischen Instabilität in Folge der germanischen Völkerwanderungen einen neuen Aufschwung (vgl. Daley 1998: 21).

3. Mittelalter

3.1 Die Rezeption apokalyptischer Vorstellungen im frühen Mittelalter

Die Konsolidierung der politischen Verhältnisse in der ersten Hälfte des 6. Jahrhunderts, die im lateinischen Westen mit dem Aufstieg des Frankenreiches verbunden war, hatte eine Abschwächung apokalyptischer Erwartungen zur Folge. Das änderte sich im ausgehenden 6. Jahrhundert, als die Menschen mit wirtschaftlichen Problemen, äußeren Bedrohungen wie der Invasion der Langobarden und der Ausbreitung von Seuchen konfrontiert wurden. Die apokalyptische Stimmung dieser Zeit schlug sich auch in den Schriften Papst Gregors I. (ca. 540–604, Papst 590–604) nieder, der davon überzeugt war, dass das Ende der Zeiten herbeigekommen sei und sich nun die in der Heiligen Schrift angekündigten Zeichen erfüllten (vgl. Gregorius Magnus, *Homiliae in Evangelia* 1.1.5; ders., *Epistulae* 3,29). Dabei betrachtete Gregor die politischen und kirchlichen Missstände als das Werk des Antichrist. Zugleich entwickelte er im Zusammenhang mit seiner Naherwartung des Jüngsten Gerichtes die wirkungsträchtige Vorstellung des Fegefeuers, dessen reinigende Kraft den Sündern die letzte Chance bieten sollte, der ewigen Verdammnis zu entgehen (vgl. Gregorius Magnus, *Dialogi* IV 39/41). Die antijüdische Ausprägung apokalyptischer Vorstellungen vom Wirken des Antichrist, wie sie schon in der Alten Kirche in Erscheinung trat, wurde auf dem 4. Konzil von Toledo im Jahre 633 regelrecht dogmatisiert (vgl. Konrad 1978: 276). Seit dem Vordringen des Islam nach Europa im 8. Jahrhundert wurde diese Antichrist-Polemik dann auch pauschal auf die Muslime übertragen.

Im oströmischen Reich spielten Endzeiterwartungen in der Regierungszeit Kaiser Justinians I. (ca. 482–565, Kaiser 527–565) eine wichtige Rolle bei der Bewältigung von Naturkatastrophen, Missernten, Epidemien und Kriegen (vgl. Meier 2004: 64–100.342–426). Im Vergleich mit der lateinischen Kirche im Abendland vollzog sich die Rezeption der Johannesoffenbarung im byzantinischen Osten allerdings in deutlich abgeschwächter Form, zumal ihre Kanonizität dort – mit Ausnahme des koptischen Mönchtums – umstritten war und sie deshalb auch nicht in die Perikopenordnung der Lektionare aufgenommen wurde (vgl. Kretschmar 1985: 81f.). Angesichts der Expansion des Islam entstand im 7. Jahrhundert in Syrien eine Schrift, deren Verfasser angeblich der Märtyrer Methodius (gest. ca. 311) sein sollte und die den bedrängten Christen in Syrien Trost vermitteln wollte, indem sie ihnen den unmittelbar bevorstehenden Anbruch der Endzeit in Aussicht stellte (vgl. Pseudo-Methodius, *Syrische Apokalypse*). Damit verbunden war die Weissagung eines Endkaisers, der die Herrschaft der Araber beenden sollte – eine Vorstellung, die in den folgenden Jahrhunderten mehr noch im Abendland als im Orient immer wieder aufgegriffen wurde, um so der Hoffnung auf grundlegende politische Veränderungen Ausdruck zu verleihen (vgl. Möhring 2000: 321–349).

Seit dem 9. Jahrhundert wurden apokalyptische Motive in zahlreichen Visionsberichten verbreitet. So berichtete der Abt des Benediktinerklosters Reichenau, Walahfried Strabo (808/809–849), von dem grausamen Strafgericht, das die Sünder im Jenseits erwartete, und schuf damit eine literarische Gattung, die in der Folgezeit vielfältig rezipiert wurde (vgl. Walahfried Strabo, *Visio Wettini*). Mit der karolingischen Renaissance, die an die spätantike Bildung anknüpfte und die abendländische Kulturgeschichte grundlegend bestimmte, gewann auch die bildliche Darstellung apokalyptischer Motive an Bedeutung. In den prachtvollen Handschriften dieser Zeit finden sich ganze Illustrationszyklen zur Johannesapokalypse, die ein neues Medium ihrer Auslegung darstellten (vgl. Schiller 1990: 142–171; dies. 1991: 233–767). Durch die Gegenüberstellung von Bild und Bibeltext blieben die Bilder auf den Text bezogen und leiteten damit zur meditativen Schriftlektüre an. Im 10. Jahrhundert, der Zeit der Ottonen, als Buchmalerei und sakrale Kunst in den Dienst der Kaiserherrschaft gestellt wurden, war es insbesondere die Reichskrone, deren Symbolik Motive der Johannesapokalypse aufnahm und diese im Sinne der augustinischen Geschichtstheologie deutete, indem die Gegenwart des himmlischen Jerusalem in der Herrschaft des Kaisers vor Augen geführt wurde (vgl. Kretschmar 1985: 144; Staats 1976: 65–67.131f.). Im Traktat *Über den Ursprung und die Zeit des Antichrist*, den der Theologe und Abt Adso von Montier-en-Der (ca. 910/915–992) im Auftrag der westfränkischen Königin Gerberga (913–969) verfasste, wurde die altkirchliche Überlieferung der Antichrist-Vorstellungen in Form eines Kompendiums zusammengestellt (vgl. Adso von Montier-en-Der, *De ortu et tempore Antichristi* 20–30). Die intensive Rezeption dieser Schrift prägte die Apokalyptik des Hochmittelalters (vgl. Rauh 1979: 153).

Dass apokalyptische Vorstellungen um das Jahr 1000 – entgegen einer weit verbreiteten Annahme – nicht zugenommen haben, hing vor allem damit zusammen, dass die Herrschaft Christi nach patristischer Auffassung erst tausend Jahre nach der Auferstehung Christi, d. h. um das Jahr 1033 beginnen sollte (vgl. Brincken 2002), auch wenn diese Berechnung von der römischen Kirche nicht für verbindlich erklärt wurde und sie später von Thomas von Aquin (1224/25–1274) wie auch dem Konzil von Arles ausdrücklich verworfen wurde (vgl. Thomas von Aquin, *Summa Theologiae* III, suppl. 77, art. 1, ad 4 [nach: Deutsche Thomas-Ausgabe 35]; Velde 2002).

3.2 Die Intensivierung der Apokalyptik im Investiturstreit und während der Kreuzzüge

Der Investiturstreit, der im 11. Jahrhundert zwischen Papst Gregor VII. (ca. 1025/1030–1085, Papst 1073–1085) und Kaiser Heinrich IV. (1050–1106, Kaiser 1084–1105) entbrannte, markierte einen Epocheneinschnitt, dessen Dramatik schon von den Zeitgenossen wahrgenommen und im Horizont apokalyptischer Vorstellungen gedeutet wurde (vgl. Struve 2001). Die endzeitlichen Spekulationen wurden durch die Verbreitung apokalyptischer Schriften wie der *Sibyllinen-Orakel* noch intensiviert. Auch die Johannesapokalypse wurde nun unmittelbar auf die Auseinandersetzungen zwischen Papsttum und Kaisertum bezogen (vgl. Kamlah 1965: 15–25; Kretschmar 1985: 148f.). Wesentlich zurückhaltender gegenüber einer solchen Aktualisierung der Apokalyptik war der Exeget Rupert von Deutz (ca. 1070–1129), dessen allegorisch-typologische Schriftauslegung eine große Wirkung zeitigte und der in seinem Kommentar zur Johannesapokalypse nicht den Bezug zur eigenen Gegenwart betonte, sondern die gesamte Geschichte der Kirche von dem Kampf zwischen Christus und dem Antichrist bestimmt sah (vgl. Rupert von Deutz, *Commentaria in Apocalypsin* VII,12).

Die Kreuzzüge, die seit dem Ende des 11. Jahrhunderts die Selbst- und Fremdwahrnehmung weiter Teile der abendländischen Christenheit in Abgrenzung zum Judentum und zum Islam bestimmten, wurden ganz wesentlich auch mit apokalyptischen Vorstellungen motiviert und legitimiert (vgl. Skotti 2010). Während die Muslime an und für sich zu den *Ungläubigen* und damit zu den widergöttlichen Mächten gezählt wurden, die es im Kreuzzug zu besiegen galt, wurden die Juden erst jetzt immer mehr zu Feinden der Kirche erklärt (vgl. Mégier 2013: 600f.). War zuvor ihre Bekehrung als ein Bestandteil der endzeitlichen Ereignisse vor der Parusie Christi betrachtet worden, so wurde nun ihre Vernichtung propagiert. Angesichts der drohenden Rückeroberung Jerusalems durch die Muslime war es dann Bernhard von Clairvaux (ca. 1090–1153), der im päpstlichen Auftrag zum zweiten

Kreuzzug aufrief und seine Zuhörer dabei in Anspielung auf Apk 22,15 beschwor, die heiligen Stätten in Jerusalem nicht den „Hunden" zu überlassen (Bernhard von Clairvaux, *Epistula* 363).

Die apokalyptische Deutung der Kreuzzüge ging mit einer Intensivierung des Missionsgedankens einher und so wurde die Ausbreitung der christlichen Heilsbotschaft in aller Welt als „Voraussetzung für den Anbruch der Endzeit" verstanden (Steinicke 2013: 479). In diesem Zusammenhang gewann die Vorstellung von einer Herrschergestalt wieder an Bedeutung, der bei diesen endzeitlichen Geschehnissen eine besondere Rolle beigemessen wurde. War schon im 7. Jahrhundert angesichts der Expansion des Islam die Vorstellung von einem Endzeitkaiser entwickelt worden, so trat ab dem 12. Jahrhundert der Priesterkönig Johannes an seine Stelle, der erstmals in der Chronik Ottos von Freising (ca. 1112–1158) erwähnt wurde (vgl. Otto von Freising, *Chronik* VII, 33). Mit dieser mythischen Gestalt, dessen Reich im östlichen Asien liegen sollte, verband sich die Hoffnung, dass er den Kreuzzug der lateinischen Christenheit gegen die Muslime unterstützen und so zu dessen Erfolg beitragen könne. Die Missionare, die dann im 13. Jahrhundert von den Bettelorden in den fernen Osten entsandt wurden, griffen solche Vorstellungen auf und prägten mit ihren Missionsberichten wiederum die apokalyptischen Deutungsmuster des Okzidents.

Parallel zu der Intensivierung apokalyptischer Vorstellungen während des Investiturstreits und im Verlauf der Kreuzzüge gewann auch die Lehre vom Fegefeuer an Bedeutung. Nachdem sie im frühen Mittelalter von Gregor I. geprägt worden war (siehe oben), wurde sie nun zu einem bestimmenden Motiv religiöser Selbst- und Weltdeutung (vgl. Le Goff 1984). Ihre theologische Funktion, ein Übergangsstadium zwischen der irdischen Existenz und dem jenseitigen Leben im Paradies bzw. in der Hölle zu definieren, um so Kompensationen für individuelle Verfehlungen zu ermöglichen, korrespondierte mit der Verknüpfung von Zeit und Ewigkeit, wie sie auch apokalyptische Deutungsmuster zur Geltung brachten.

3.3 Joachim von Fiore und die Rezeption seiner Geschichtstheologie im Armutsstreit

Mit seiner geschichtstheologischen Deutung der Johannesapokalypse entwarf Joachim von Fiore (ca. 1130/35–1202) an der Wende vom 12. zum 13. Jahrhundert eine ebenso faszinierende wie umstrittene Interpretation, die mit ihrer theologischen und gesellschaftlichen

Sprengkraft die Kirche in der Folgezeit vor eine große Herausforderung stellte (vgl. Selge 2002: 489–503; Whalen 2009: 100–124; vgl. Joachim von Fiore, *Expositio super Apocalypsim et opuscula adiacentia*; ders., *Concordia Novi ac Veteris Testamenti*). Auf der Grundlage einer allegorisch-prophetischen Bibelexegese entwickelte Joachim eine Geschichtstheologie, für die charakteristisch ist, dass die Periodisierung der Geschichte mit Hilfe der Trinitätslehre erfolgt. So wird die Geschichte in drei Zeitalter bzw. Reiche gegliedert, die den drei göttlichen Personen zugeordnet werden: Auf das Reich des Vaters, das mit der Zeit des Alten Testaments gleichgesetzt wird, folgt das Reich des Sohnes, dessen Ende Joachim für das Jahr 1260 prognostizierte. Dem sollte sich dann das *Dritte Reich*, das Zeitalter des Heiligen Geistes, anschließen, das zunächst von den Auseinandersetzungen der Endzeit bestimmt sei, bevor die Fülle des Heils anbreche. Joachims Trinitätstheologie wurde von der Amtskirche strikt abgelehnt und auf dem Vierten Laterankonzil 1215 als Häresie verurteilt (vgl. COD³ 2, 231–233).

In dem Konflikt zwischen Kaisertum und Papsttum, der sich unter Kaiser Friedrich II. (1194–1250, Kaiser 1211/12–1250) wieder verschärfte, konnte der Staufer von seinen Anhängern als Endkaiser gefeiert werden, der ganz im Sinne der joachimitischen Vorstellungen für eine Reform der Christenheit sorgen sollte. Trotz seiner Verurteilung durch die Amtskirche blieb der Joachimismus über das Mittelalter hinaus virulent. In der zweiten Hälfte des 13. Jahrhunderts war es vor allem der Franziskanertheologe Petrus Johannis Olivi (1248/49–1298), der an Joachims Geschichtstheologie anknüpfte und von der Johannesapokalypse her Verbindungen zu den damals aktuellen Fragen des Kirchenverständnisses und der Frömmigkeitspraxis herstellte (vgl. Petrus Johannis Olivi, *Lectura super apocalipsim* Prolog). Die Gegenposition der Amtskirche und der Scholastik lässt sich besonders deutlich an Nikolaus von Lyra (1270/75–1349) ablesen, der in seinem Kommentar zur Johannesoffenbarung jegliche apokalyptische Deutung ablehnte und sich ganz für eine kirchengeschichtliche Interpretation aussprach, wobei er, der Franziskanermönch, den Beginn des Millenniums mit der Gründung der Bettelorden gleichsetzte (vgl. Nikolaus von Lyra, *Postilla* zu Apk 20,1).

Im Armutsstreit des 14. Jahrhunderts, der zunächst zwischen der Amtskirche und dem spiritualen Zweig des Franziskanerordens entbrannte, wurden die geschichtstheologischen Spekulationen Joachims von Fiore erneut virulent. Eine theologische Summe dieser radikalen Auffassungen, in denen spiritualistische und apokalyptische

Vorstellungen miteinander verknüpft waren, verfasste im Jahr 1305 Ubertino da Casale (1259 bis nach 1325) mit seinem Werk *Baum des gekreuzigten Lebens Jesu* (vgl. Ubertino da Casala, *Arbor Vitae Crucifixae Jesu*; Feld 2007: 492; Ficzel 2019: 318–338). Mit einer päpstlichen Bulle wurde jedoch 1317 das Ende der Spiritualen-Bewegung innerhalb des Franziskanerordens besiegelt. Als der Armutsstreit auch die Laien erfasste, erlangte in Norditalien die Bewegung der *Apostelbrüder* besondere Bedeutung, die nach der Hinrichtung ihres Gründers Gerardo Sigarelli (ca. 1240–1300) im Jahre 1300 von Fra Dolcino (gest. 1307) angeführt wurde. Er erklärte die Auseinandersetzung mit der Papstkirche zu einem apokalyptischen Geschehen und verband mit dem ausgeprägten Erwählungsbewusstsein den Anspruch der Apostelbrüder, die Heilsgemeinde der Endzeit zu repräsentieren (vgl. Schäufele 2006: 328f.). Der Kreuzzug, der auf Initiative des Papstes gegen die Dolcinianer geführt wurde, hatte das gewaltsame Ende der Bewegung der Apostelbrüder zur Folge. Die Erinnerung an Fra Dolcino blieb jedoch präsent, insoweit er als literarische Figur in der *Göttlichen Komödie* Dantes (1265–1321) weiterlebte (vgl. Dante, *Divina Commedia*). Dieses Epos hat in besonderer Form die Vision einer jenseitigen Welt mit ihrer Dreiteilung von Hölle, Fegefeuer und himmlischem Paradies entwickelt und dadurch vielfältige Impulse für literarische, ikonische und musikalische Imaginationen des Jenseitigen gegeben.

3.4 Apokalyptische Ängste angesichts der Pest und des Abendländischen Schismas

Nach dem Ausbruch der Pest Mitte des 14. Jahrhunderts suchten die Menschen in übersteigerten Endzeitvorstellungen Trost. Apokalyptische Züge trug auch die Bewegung der Geißler, die sich von Süddeutschland ausgehend in Mitteleuropa verbreitete. Ihr Ritual der Selbstgeißelung war Teil einer Bußübung, die an die traditionelle Passionsfrömmigkeit anknüpfte und sie zugleich verfremdete. Den Judenpogromen dieser Zeit korrespondierte wiederum eine weitere Verschärfung der Antichrist-Polemik in Traktaten, Bildern und öffentlich inszenierten Dramen, die Endzeitvorstellungen auf die jeweilige Gegenwart bezogen und so sehr konkrete Deutungsmuster zeitgenössischer Ereignisse prägten. Mit ihrer Anschaulichkeit beeinflussten die Antichrist-Dramen die Volksfrömmigkeit und ließen sich dabei für kirchliche wie auch politische Interessen instrumentalisieren (vgl. Aichele 1974: 27–50). Bildliche Darstellungen – auf Altarbildern und an

Kirchenportalen ebenso wie in Bilderhandschriften – verwendeten in der Kontrastierung von Engel- und Teufelsgestalten apokalyptische Motive, die in der Vorstellungswelt der Menschen unmittelbar präsent waren und deren Ängste verstärkten (vgl. z. B. die Darstellung des Jüngsten Gerichts in der Kuppel des *Baptisterium San Giovanni*). Außergewöhnliche Naturerscheinungen steigerten diese Endzeitstimmung ebenso wie astrologische Prognosen über das bevorstehende Weltende.

Die Dogmatisierung der Lehre vom Fegefeuer durch das Konzil von Florenz 1439 korrespondierte dem Bemühen, sich „Garantien für das Jenseits" (Ariès 2005: 181) zu verschaffen, um so durch eine gesteigerte Werkgerechtigkeit im Jüngsten Gericht bestehen zu können. Im Zuge der „Individualisierung des Todes" (Wilhelm-Schaffer 1999: 4) im späten Mittelalter verdrängten individuelle Aspekte bei der Vorstellung vom Jüngsten Gericht immer mehr die kosmologischen. Die „Kunst des Sterbens" (*Ars moriendi*), die in literarischer Form vor allem von Jean Gerson (1363–1429) propagiert und darüber hinaus vielfach in bildlichen Darstellungen vor Augen geführt wurde, bediente sich gerade auch apokalyptischer Vorstellungen, um das Ideal des *guten Todes* nachdrücklich zur Geltung zu bringen, indem das Sterbebett zum Schauplatz des Kampfes mit den widergöttlichen Mächten erklärt wurde (vgl. Gerson, *La science de bien mourir*).

Auch die Krise der Papstkirche, die im Großen Abendländischen Schisma von 1378–1418 kulminierte, wurde im apokalyptischen Horizont gedeutet. Auf der Grundlage des Danielbuches und der Johannesoffenbarung berechnete der böhmische Reformprediger Johann Militsch von Kremsier (ca. 1320/25–1374), der zunächst in der Kanzlei Kaiser Karls IV. (1316–1378, Kaiser 1355–1378) tätig war, dann aber auf alle Ämter verzichtete, um fortan als Asket zu leben und zur Buße aufzurufen, die Ankunft des Antichrist für das Jahr 1367 (vgl. Johann Militsch von Kremsier, *Libellus de Antichristo* cap. 2). Zwanzig Jahre später veröffentlichte dann der kalabresische Eremit Telesphorus von Cosenza (gest. Ende 14. Jh.) einen Traktat *Über die Ursachen, den Stand, die Erkenntnis und das Ende des gegenwärtigen Schismas und der zukünftigen Drangsale*, in dem er im Anschluss an Joachim von Fiore die Kirchenspaltung als Strafe für die Sünde des Klerus deutete und eine Kirchenverfolgung durch einen dritten Stauferkaiser mit Namen Friedrich prophezeite (vgl. Staehelin 1955: 438f.; zum Text des Telesphorus s. Donckel 1933). Für das Jahr 1409 rechnete er mit dem Auftreten eines engelgleichen Hirten, der den Stuhl Petri besteigen und die Kirche nicht nur zu ihrer ursprünglichen Einfachheit zurückführen, sondern auch ihrem Kreuzzug gegen die orthodoxen Christen, die Juden und Ungläubigen zum Siege verhelfen werde. Nach dem Erscheinen des letzten Antichristen sollte dann noch eine vierhundertjährige Friedens- und Freudenzeit anbrechen, bevor das Ende der Geschichte komme. Angesichts der großen Resonanz, die dieser Traktat bei den Zeitgenossen fand, sah sich der einflussreiche Theologe und Kirchenpolitiker Heinrich von Langenstein (1325–1397) herausgefordert, eine Gegenschrift zu verfassen und darin die apokalyptischen Spekulationen des Telesphorus ebenso zu verurteilen wie die Geschichtsschau des Joachim von Fiore (vgl. Heinrich von Langenstein, *Contra Telesphorum;* Staehelin 1955:466–469).

Während es der Inquisition im 14. und 15. Jahrhundert gelang, die apokalyptischen Bewegungen in Italien und Frankreich zu unterdrücken, gewannen diese vor dem Hintergrund des Großen Abendländischen Schismas insbesondere in England und in Böhmen an Bedeutung (vgl. Potestà 1998: 122–130; Schäufele 2011). In England deuteten die Lollarden, die Anhänger des Reformtheologen John Wyclif (ca. 1330–1384), die Auseinandersetzungen mit der Amtskirche explizit im Horizont der Endzeit. Dadurch gewannen sie Trost angesichts ihrer Verfolgung durch die weltliche Obrigkeit und stärkten zugleich ihren Zusammenhalt. In Böhmen waren es die Hussiten, die nach der Hinrichtung von Jan Hus (ca. 1369–1415) auf dem Konzil von Konstanz die Unabhängigkeit von der römischen Kirche erkämpften. Innerhalb der hussitischen Bewegung vertraten die radikalen Taboriten eine chiliastische Interpretation des Evangeliums und stellten von daher auch die bestehende Gesellschaftsordnung in Frage. Damit stießen sie einerseits auf Kritik und weckten andererseits Hoffnungen auf die Realisierung religiöser und politischer Alternativen, weshalb im 15. Jahrhundert auch viele Dissidenten und Nonkonformisten in Böhmen Zuflucht fanden.

Die Eroberung Konstantinopels durch die Osmanen im Jahre 1453 wurde von weiten Kreisen der Amtskirche und der Theologie als Erfüllung der Johannesapokalypse angesehen, wobei die osmanischen Eroberer mit dem zweiten Tier der Apokalypse identifiziert wurden (vgl. Apk 13,11–18). Auch der bedeutende Theologe und päpstliche Legat Nikolaus von Kues (1401–1464), der in der Schrift *Über den Glaubensfrieden* die Vision eines Friedens zwischen den Religionen entwickelte und sich um eine christliche Interpretation des Koran bemühte, identifizierte das Tier nach Apk 13 mit Mohammed (vgl. Nikolaus von

Kues, *Sermo* 210). Apokalyptisch-chiliastisches Denken spielte auch bei der Entdeckung sowie Missionierung Amerikas eine wichtige Rolle. Vor allem in Ordenskreisen war die Endzeiterwartung mit missionarischen Motiven verbunden (vgl. Specker 1974). Christoph Kolumbus (ca. 1451–1506), der selbst von der Spiritualität der spanischen Franziskaner geprägt wurde, sah sich als von Gott auserwählt, um im Dienst der katholischen Könige und zum Nutzen der gesamten Christenheit die Westroute nach Asien zu entdecken.

Unter den Volkspredigern des 15. Jahrhunderts, die großen Zulauf fanden, weil es ihnen gelang, den Zusammenhang von Theologie und Frömmigkeit in einer Form zu vermitteln, die den religiösen Bedürfnissen und den gesellschaftlichen Umständen ihrer Zeitgenossen entsprach, war es Girolamo Savonarola (1452–1498), der in Florenz durch die Verknüpfung religiöser und politischer Radikalität mit apokalyptischen Vorzeichen viele Anhänger gewann, aber damit zugleich die Herrschenden so gegen sich aufbrachte, dass er schließlich exkommuniziert und hingerichtet wurde. Im Deutschen Reich des ausgehenden Mittelalters verdichteten sich die politischen Reformforderungen, die in einem apokalyptischen Deutungsrahmen erhoben wurden, in zwei anonymen Schriften des sog. Oberrheinischen Revolutionärs, der die geschichtstheologische Konzeption des Joachimismus erneuerte, sie jedoch im Horizont der machtpolitischen Gegebenheiten seiner Zeit entfaltete (vgl. Cohn 1988: 130–137). So wurden die vier Reiche von Dan 7 mit Frankreich, England, Spanien und dem Kirchenstaat identifiziert, während die Hoffnung auf den Anbruch der Heilszeit mit der Zukunft des Deutschen Reiches verknüpft wurde. Wie stark die Auslegung der Johannesapokalypse von den jeweiligen Sichtweisen und Interessen der Rezipienten bestimmt war, zeigte sich auch bei Albrecht Dürer (1471–1528), dessen fünfzehnteilige Holzschnittfolge zur *Apokalypse* von 1498 als der wohl anspruchsvollste Bildkommentar zur Johannesoffenbarung angesehen werden kann und der mit seinen Bildkompositionen auch gesellschaftskritische Akzente setzte (vgl. Perrig 1987; dazu Pezzoli-Olgiati, 192f.).

Ein Apokalyptiker, der an der Wende vom 15. zum 16. Jahrhundert in Erscheinung trat und dann von den Wittenberger Reformatoren zu einem Propheten erklärt wurde, war der Franziskanertheologe Johann Hilten (ca. 1425 bis ca. 1507), der die Verweltlichung der Papstkirche wie auch des Mönchtums anprangerte und in seinem Danielkommentar für das Jahr 1514 das Auftreten eines Reformators prophezeite (vgl. Maier 1981: 195–200). Zugleich stellte Hilten genaue

Berechnungen des Weltendes an, das er für das Jahr 1600 erwartete, und ging davon aus, dass zuvor die antichristlichen Mächte – insbesondere die Muslime – überwunden werden müssten.

4. Reformationszeit und Konfessionelles Zeitalter

4.1 Einleitung

Im Übergang vom Spätmittelalter zur Frühen Neuzeit wurden apokalyptische Vorstellungen durch den Humanismus zurückgedrängt, weil sie dessen Geschichtsbild nicht entsprachen. Sie behielten jedoch für viele Menschen eine Überzeugungs- und Anziehungskraft angesichts vielfältiger Erfahrungen des individuellen und kollektiven Leidens und der Not, die im Horizont apokalyptischer Zukunftserwartungen gedeutet wurden. Spekulationen über das nahe Weltende und dessen Datierung wurden in der zeitgenössischen Publizistik unter anderem von Theophrastus von Hohenheim, genannt Paracelsus (1493–1541), und Michel de Nostredame (1503–1566) verbreitet. Die theologische und politische Vielfalt der reformatorischen Bewegungen im frühen 16. Jahrhundert resultierte auch aus unterschiedlichen Konzeptionen apokalyptischer Geschichtsdeutung (vgl. Kaufmann 2006: 36–43). Deren Gemeinsamkeit war der ausdrückliche Rückbezug auf die biblische Apokalyptik, der dem reformatorischen Schriftprinzip entsprach. Das eröffnete aber zugleich nicht nur Interpretationsspielraum, sondern auch die Möglichkeit einer „Neubildung des Zeichensets auf alter Grundlage" (Leppin 1999: 80).

4.2 Martin Luthers ambivalente Haltung zur Apokalyptik

Während sich der Genfer Reformator Johannes Calvin (1509–1564) auf Grund seiner humanistischen Prägung gegenüber einer theologischen Explikation der Naherwartung deutlich zurückhielt (vgl. Calvin, *Commentarius in Epistolam ad Thessalonicenses II* cap. II,2), vertrat Martin Luther (1483–1546) eine ausgeprägte Naherwartung, die seine Gegenwartsdeutung bestimmte und dazu führte, dass er seine theologischen und kirchenpolitischen Gegner als Werkzeuge des Satans am Ende der Zeiten ansah (vgl. Asendorf 1967: 173–207; Oberman 1982: 73–81). Das zielte nicht nur auf den Papst, von dem Luther 1520 sagte, er habe es „als eyn rechter Endchrist vordient, das yhn Christus vom hymel selbst mit seynem regiment zurstore, wie Paulus vorkundigt hatt" (Luther, *Warum des Papstes und seiner Jünger Bücher von Dr. Martin Luther verbrannt sind* 176), sondern in gleicher Weise auch auf die sogenannten Schwärmer und die aufständischen Bauern sowie Erasmus und Zwingli. Darüber hinaus stellte der Wittenberger Reformator auch die Auseinandersetzung mit den Juden und den Muslimen in diesen apokalyptischen Bezugsrahmen (vgl. Ehmann 2008: 292–402; Kaufmann 2011: 8). Auf der anderen Seite war Luther aber nicht bestrebt, apokalyptische Spekulationen zu fördern; ein Beleg dafür ist sein kritischer Umgang mit der Johannesapokalypse, deren Apostolizität er 1522 bestritt, weil seiner Auffassung nach „Christus drinnen weder gelehret noch erkannt wird" (Luther, *Vorrede auf die Offenbarung Sancti Johannis [1522]* 404,27). 1530 korrigierte er dieses Urteil zwar, was mit seiner Wahrnehmung der osmanischen Expansion ein Jahr zuvor zusammenhing (Hofmann 1982: 371–382), jedoch legte er alles Gewicht darauf, dass eine „gewisse Auslegung" notwendig, aber eben auch grundsätzlich möglich sei, damit dieses Buch nicht eine „verborgene, stumme Weissagung" bleibe, die ohne Nutzen wäre (Luther, *Vorrede auf die Offenbarung Sancti Johannis [1530]* 408,9f.). Ebenso wie Nikolaus von Lyra verzichtete Luther auf jegliche Mutmaßungen über die Zukunft und konzentrierte sich darauf zu ergründen, wie sich die bisherige Geschichte der Christenheit in diesem Buch widerspiegele. Diese geschichtstheologische Ausrichtung der Apokalyptik bestimmte auch sein Interesse an einer Periodisierung der Weltgeschichte, wie er sie mit der 1541 erschienenen *Berechnung der Jahre der Welt* vorlegte (vgl. Luther, *Supputatio annorum mundi* 22–182). Dabei vertrat er die Auffassung, dass das Jahr 1540 dem Jahr 5500 der Weltgeschichte entspreche und deshalb das baldige Ende der Welt zu erwarten sei, weil das sechste Jahrtausend nicht mehr vollendet werde (vgl. ebd. 171).

Bei der Ausbreitung der Reformation kam neben den reformatorischen Schriften, Liedern und Predigten auch Bildern eine wichtige Funktion zu. Im Vordergrund der reformatorischen Bildpropaganda stand zunächst die Abgrenzung zur römischen Kirche bis hin zur Typisierung des Papstes als Antichrist, die auch Luthers *Passional Christi und Antichristi* bestimmte, das 1521 mit Illustrationen von Lucas Cranach d.Ä. (ca. 1472–1553) sowie Erläuterungen von Philipp Melanchthon (1497–1560) veröffentlicht wurde (vgl. Feik 2013: 415f.). Auch wenn Luther allen Versuchen, das Weltende zu berechnen und vorherzusagen, eine Absage erteilte (vgl. Luther, *Tischrede* Februar 1533, Nr. 2955a), kam doch der Mathematiker und Theologe Michael Stifel (ca. 1487–1567), den Luther 1527 in das Pfarramt in Lochau eingeführt hatte, auf Grund seiner mathematischen Deutung des Danielbuches und der Johannesapokalypse dazu, den Jüngsten Tag auf den 19. Oktober 1533 zu datieren (vgl. Westphal 1997: 105). Damit rief er auch über die Grenzen seiner Gemeinde hinaus Hoffnungen und Ängste im Blick auf den Anbruch der Endzeit hervor. Als das von ihm prophezeite Ereignis ausblieb, wurde er verhaftet, durfte sich jedoch auf Grund einer persönlichen Fürsprache Luthers in dessen Haus aufhalten, damit er unter der Kontrolle des Wittenberger Reformators von seinen Ansichten Abstand nahm. Wenngleich Stifel in der Folgezeit der Auffassung war, dass die Wiederkunft Christi nicht datiert werden könne, vertrat er doch in seinen letzten Lebensjahren angesichts der konfessionellen Auseinandersetzungen wieder verstärkt apokalyptische Vorstellungen.

4.3 Die Apokalyptik und ihre sozialrevolutionären Implikationen in der radikalen Reformation

Im Unterschied zu Luther verknüpften millenaristische Gruppierungen, die dem radikalen Flügel der Reformation angehörten, mit dem Anbruch der Endzeit auch die Erwartung tiefgreifender Veränderungen der politischen und kirchlichen Verhältnisse. Neben den Zwickauer Propheten und der Täuferbewegung ist in diesem Zusammenhang insbesondere Thomas Müntzer (1489–1525) zu nennen. Müntzer, der zunächst ein Anhänger Luthers war, entwickelte während seiner Predigttätigkeit in Zwickau theologische Auffassungen, die schließlich zum Bruch mit der Gemeinde führten. 1521 veröffentlichte er das *Prager Manifest*, in dem er das apokalyptisch-spiritualistische Programm einer Wiederherstellung der ursprünglichen Kirche darlegte (vgl. Schwarz 1977; Seebaß 1997). In der Allstedter Fürstenpredigt über den Traum Nebukadnezars vom Untergang der Weltreiche (Dan 2) entwarf Müntzer dann die Vision einer neuen Ordnung der Christenheit und nahm dabei für sich in Anspruch, ein *neuer Daniel* zu sein (vgl. Müntzer, *Auslegung des Unterschied Danielis* 257,19–21). Seine Beteiligung am Bauernkrieg, den Müntzer als apokalyptisches Geschehen deutete, war eine unmittelbare Konsequenz seiner spiritualistisch konzipierten Theologie.

Eine zentrale Bedeutung hatte die Apokalyptik in den verschiedenen Bewegungen des Täufertums. Neben der Naherwartung waren es auch joachimitische Vorstellungen, von denen die Eschatologie der Täufergemeinden bestimmt wurde. Der bedeutendste Missionar der süddeutschen Täuferbewegung, Hans Hut (ca. 1490–1527), der durch den mystischen Spiritualismus Thomas Müntzers beeinflusst wurde, praktizierte die sogenannte Versiegelungstaufe, indem er die Bekehrten mit nassem Finger durch ein Kreuz auf der Stirn zeichnete, um sie damit für die Teilnahme am endzeitlichen Gericht zu versiegeln. Die Täuferbewegung in Norddeutschland und in den Niederlanden wurde vor allem durch Melchior Hofmann (ca. 1495 bis ca. 1543) geprägt, der dann auch auf das Täuferreich zu Münster großen Einfluss ausübte. Hofmann entwickelte in seiner *Außlegung der Offenbarung Joannis* die Lehre von den drei Zeitaltern der Kirchengeschichte, wonach zunächst ein tausendjähriges Reich von den Aposteln bis zu den Päpsten existiert habe, anschließend mit dem Papsttum das „Tier aus dem Abgrund" (Apk 11,9) die Herrschaft an sich gerissen habe, bevor schließlich mit dem böhmischen Reformator Jan Hus das dritte Zeitalter begonnen habe (vgl. Deppermann 1979: 219–226). Vor der Wiederkunft Christi, die Hofmann für das Jahr 1533 erwartete – und zwar in Straßburg, seinem damaligen Aufenthaltsort, den er mit dem himmlischen Jerusalem identifizierte –, musste es nach Hofmanns Geschichtsschau noch zu einer endzeitlichen Auseinandersetzung zwischen den *Zeugen des Geistes* und den *Anhängern des Buchstabens*, d. h. des reformatorischen Schriftprinzips, kommen, die sich ihrerseits mit der Papstkirche verbinden würden. Hofmanns Theologie, in der chiliastische und spiritualistische Elemente miteinander verwoben waren, verstärkte die sozialen Spannungen in Straßburg und stieß bei dem Reformator Martin Bucer (1491–1551) wie auch bei Martin Luther auf vehementen Widerspruch, so dass Hofmann schließlich verhaftet und mehr als zehn Jahre lang bis zu seinem Lebensende eingekerkert wurde.

In Münster gelang es den Täufern zu Beginn des Jahres 1534, die Herrschaft im Stadtrat zu übernehmen und fortan das religiöse und gesellschaftliche Leben in der Stadt im Sinne einer apokalyptischen „Sammlung der Heiligen" (Klötzer 1992: 67) umzugestalten. An die Spitze der Bewegung rückte ein radikaler Anhänger Hofmanns, Jan Mathijs (ca. 1500–1534), der den Beginn der Endzeit für Ostern 1534 in Münster prophezeite. Auf Grund dieser Weissagung strömten viele Täufer aus den Niederlanden nach Münster. Als sich Mathijs Prophezeiung nicht erfüllte und er selbst im Gefecht mit den Belagerern der Stadt den Tod suchte, um damit zu vollenden, was er in der Johannesapokalypse angekündigt sah, übernahm Jan van Leiden (1509–1536) die Führung des Münsteraner Täuferreiches bis zu dessen gewaltsamen Ende im Juni 1535. Im Unterschied zu Mathijs beschwor jedoch

Jan van Leiden nicht das apokalyptische Motiv der Naherwartung, sondern setzte auf die Institutionalisierung der Täuferherrschaft in Gestalt eines Königtums, das universalen Machtanspruch und äußere Prachtentfaltung verband.

Die scharfe Verurteilung des Chiliasmus durch die Reformatoren schlägt sich auch in den Bekenntnisschriften der Reformationszeit nieder und findet sich sowohl in Artikel 17 des *Augsburger Bekenntnisses* als auch im 41. Glaubensartikel der anglikanischen Kirche von 1552/1562 sowie im Artikel 11 des *Zweiten Helvetischen Bekenntnisses* (vgl. Melanchthon, *Confessio Augustana*; Cranmer, *The Forty-Two Articles*; Bullinger, *Confessio Helvetica Prior*). Ungeachtet dessen lebte der Chiliasmus in der zweiten Hälfte des 16. Jahrhunderts vor allem in kleineren Gruppen der Täufer und Spiritualisten fort.

4.4 Apokalyptische Motive der Konfessionalisierung

Die konfessionalistischen Auseinandersetzungen in der zweiten Hälfte des 16. Jahrhunderts wurden mit Hilfe apokalyptischer Deutungsmuster zu Ereignissen der Endzeit stilisiert. Auch in den Flugschriften, die zwischen dem Augsburger Interim 1548 und dem Beginn des Dreißigjährigen Krieges 1618 publiziert wurden, spielte die Apokalyptik eine herausragende Rolle, wobei ihr eine identitätsstiftende wie auch sozialdisziplinierende Funktion zukam (vgl. Leppin 1999: 151–168). Insbesondere die innerprotestantischen Abgrenzungen zwischen Lutheranern und Calvinisten erfuhren eine dramatische Zuspitzung, zumal Luther nach seinem Tod von seinen Anhängern zum *dritten Elia* und Propheten der Endzeit erklärt wurde (vgl. Sommer 1997; Leppin 2007: 79). Der bedeutende Liederdichter Philipp Nicolai (1556–1608) bezeichnete die Calvinisten – wie auch die Juden, Türken und die Anhänger der Papstkirche – als Feinde der Kirche Christi, wodurch die wahren Christen, d.h. nach Nicolais Auffassung die Lutheraner, Verfolgung zu erleiden hätten und wogegen sie sich zur Wehr setzen müssten, um den endzeitlichen Kampf zu bestehen. In seiner 1597 erschienenen *Historia des Reiches Christi, den Weissagungen der Propheten und der Apostel entnommen* entfaltete Nicolai zunächst eine Geschichte des Christentums bis zu dem Auftreten der „beiden großen Antichristen" (Nicolai, *Historia deß Reichs Christi* I 5), die er mit Mohammed und dem Papst identifizierte, bevor er dann den Anbruch des Jüngsten Gerichtes von der Johannesapokalypse her für das Jahr 1670 prophezeite (vgl. ebd. II 7; Blindow 1999: 51–56). Nicolai selbst lenkte dann jedoch in seinem *Freudenspiegel des ewigen Lebens*, den er 1599 angesichts einer verheerenden Pestepidemie veröffentlichte, den Blick wieder von den Ereignissen am Ende der Geschichte auf eine christliche Jenseitshoffnung und prägte damit die Frömmigkeit seiner Zeit (vgl. Staehelin 1957: 92–101). Diejenigen wiederum, die im Zuge der Konfessionalisierung Verfolgungen erleiden mussten – wie die französischen Hugenotten nach der Aufhebung des Edikts von Nantes im Jahre 1598 –, konnten in apokalyptischen Deutungen Trost und Halt finden (vgl. Seebaß 1978: 282).

Mit der theologischen und konfessionspolitischen Rezeption der Apokalyptik gingen in der zweiten Hälfte des 16. Jahrhunderts astrologische und sonstige zeichenhafte Interpretationen von Naturphänomenen einher, während diese in den apokalyptischen Deutungsmustern der Reformationszeit eine ambivalente Rolle spielten (vgl. Brosseder 2004). Den vielfältigen Interessen, die Vorzeichen des nahen Weltendes zu interpretieren und das Datum der Parusie zu bestimmen, entsprachen Prodigiensammlungen, in denen Berichte über ungewöhnliche Naturereignisse zusammengestellt wurden. Besonders verbreitet war das Wunderzeichenbuch des Reformators und Naturphilosophen Job Fincel (gest. 1582), dessen erste Auflage 1556 erschien (vgl. Fincel, *Wunderzeichen*; Schilling 1974).

Zu Beginn des 17. Jahrhunderts erlebte die Apokalyptik eine regelrechte Blütezeit. 1609 wurden posthum die Schriften Valentin Weigels (1533–1588) veröffentlicht, in denen chiliastische Vorstellungen trotz ihrer Verurteilung durch die lutherischen Bekenntnisschriften verfochten wurden. Zur gleichen Zeit verkündeten die Rosenkreuzer den Anbruch eines Goldenen Zeitalters mit der „Generalreformation der ganzen Welt" (Wallmann 1995: 107). Im Dreißigjährigen Krieg (1618–1648) wurden apokalyptische Vorstellungen nicht zuletzt angesichts der entsetzlichen Gräueltaten der mordenden Söldnerheere noch einmal intensiviert. Die konfessionspolitische Auseinandersetzung wurde zu einem Geschehen der Endzeit erklärt und dabei wiederum mit dem Heraufbeschwören der Türkengefahr verknüpft. Auch in der lutherischen und reformierten Orthodoxie kam die Erwartung des nahen Weltendes zur Geltung. Noch darüber hinaus gingen sowohl lutherische als auch calvinistische Theologen, die chiliastische Ansichten vertraten und dabei die joachimitische Geschichtsauffassung rezipierten. Dazu zählten neben Johann Heinrich Alsted (1588–1638) auch dessen Schüler, der bedeutende Pädagoge Johann Amos Comenius (1592–1670), der den Anbruch des Millenniums für das Jahr 1672 erwartete, sowie Johann Coccejus (1603–1669), der das Reich Christi nach den sieben Sendschreiben der Johannesoffenbarung in sieben Zeitalter einteilte (vgl. Maier 1981: 329). Auch Johann Gerhard (1582–1637) war davon überzeugt, dass die Wiederkunft Christi unmittelbar bevorstehe, jedoch kritisierte er den weit verbreiteten Chiliasmus seiner Zeit und vertrat demgegenüber die Auffassung einer „*annihilatio mundi*", d. h. einer vollständigen Vernichtung der Welt (vgl. Gerhard, *Loci theologici* XXIX).

5. Neuzeit

5.1 Pietismus

Mit dem Ende des Dreißigjährigen Krieges ließ die Breitenwirkung apokalyptischer Deutungsmuster nach. Das hing auch mit einer veränderten Geschichtsauffassung zusammen, insofern zum einen die Profangeschichte von der Heilsgeschichte unterschieden wurde und zum anderen ein Fortschrittsgedanke an Überzeugungskraft gewann, der nicht mehr mit dem plötzlichen Anbruch der Endzeit rechnete. Die Apokalyptik wurde im Zuge dieser geistesgeschichtlichen Veränderungen dann selber historisiert und dekonstruiert. Demgegenüber wurden apokalyptische Vorstellungen von den Bewegungen zur Geltung gebracht, die sich diesen Entwicklungen widersetzten. Spirituelle Visionen, theosophische Spekulationen und apokalyptische Motive waren bei der englischen Mystikerin Jane Leade (1623–1704) miteinander verknüpft, wobei ihre Naherwartung insbesondere dadurch bestimmt wurde, dass die Vorstellung der unmittelbar bevorstehenden Ankunft des Reiches Christi die Überwindung der konfessionellen Zerrissenheit voraussetzte (vgl. Jane Leade, *Mystische Tractätlein; A Fountain of Gardens*; Staehlin 1959: 84–89). Deshalb beteiligte sich Leade an der Gründung der *Philadelphischen Gesellschaft* in London, deren Ziel es war, mit der Einheit der Christen auch den Anbruch des Reiches Gottes herbeizuführen (vgl. ebd. 1959: 90–95). Ihre Vorstellungen beeinflussten u. a. Johanna Eleonora Petersen (1644–1724), eine der führenden Persönlichkeiten des frühen Pietismus, die in unterschiedlicher Form apokalyptische Motive rezipierte. Philipp Jakob Spener (1635–1705), der sich bereits in seiner theologischen Dissertation mit Apk 9,13–21 befasste (vgl. Wallmann 1986: 175–180), vertrat einen Postmillenarismus und wich damit von der Eschatologie der lutherischen Orthodoxie ab. Sein Reformprogramm, das auf der Lehre von der Wiedergeburt gründete, wurde von der Hoffnung auf Verbesserungen in absehbarer Zukunft motiviert (vgl. Spener, *Behauptung der Hoffnung künfftiger Besserer Zeiten*). Auch in seiner bedeutenden Reformschrift *Fromme Wünsche* entwickelte er die Verheißung, „dass Gott noch einen besseren Zustand seiner Kirchen hier auf Erden versprochen hat" (Spener, *Pia Desideria* 46).

Separatistische Gruppen, die von Speners Eschatologie und seiner Kritik an der Verurteilung des Chiliasmus durch Artikel 17 der Confessio Augustana beeinflusst wurden, spalteten sich von der lutherischen Kirche ab und warfen ihr eine Verweltlichung vor, der gegenüber eine radikale geistliche Erneuerung erforderlich sei. Nach dem Vorbild Speners gründete auch Johanna Eleonora Petersen zusammen mit ihrem Mann Johann Wilhelm Petersen (1649–1727) ein *Collegium pietatis*, das schon bald separatistische Tendenzen erkennen ließ. Das bedeutendste theologische Werk Johanna Eleonora Petersens war ihr Kommentar zur Johannesoffenbarung. In dieser *Anleitung zu gründlicher Verstandniß der Heiligen Offenbarung Jesu Christi*, die 1696 veröffentlicht wurde, entfaltete sie ihre millenaristischen Vorstellungen. Zwei Jahre später verknüpfte sie die Naherwartung in dem Traktat *Das ewige Evangelium der allgemeinen Wiederbringung aller Creaturen* mit dem Gedanken der Allversöhnung (vgl. Albrecht 2005: 245–287).

Johann Albrecht Bengel (1687–1752), der bedeutendste Vertreter des württembergischen Pietismus, entwickelte in seiner Auslegung der Johannesapokalypse sowie in seinen *Sechzig erbaulichen Reden über die Offenbarung Johannis oder vielmehr Jesu Christi* eine postmillenaristische Eschatologie, die er heilsgeschichtlich begründete und bei der seine eigene Naherwartung zur Geltung kam. Mit Nachdruck sprach sich Bengel dagegen aus, die Johannesapokalypse zu etwas Geheimnisvollem zu erklären, und verstand sie stattdessen als eine „offenbare Offenbarung" (Bengel, *Gnomon Novi Testamenti* 1035), die eine konkrete Geschichtsdeutung ermögliche und in seelsorgerlicher Hinsicht zugleich Trost spenden könne. Die Basis seiner apokalyptischen Chronologie bildete die Zahl 666 (Apk 13,18), die Bengel als Zeitangabe interpretierte und mit der Zeitspanne von 42 Monaten nach Apk 13,5 gleichsetzte, so dass nach dieser Berechnung ein prophetischer Monat genau 15 $^6/_7$ Jahre dauert (vgl. Maier 1981: 425). Auf der Grundlage dieser apokalyptischen Zeitrechnung erstellte Bengel nicht nur eine Zeittafel, die den Verlauf der Welt- und Kirchengeschichte vor Augen führen sollte, sondern er kündigte auch für das Jahr 1836 den Beginn eines ersten von zwei tausendjährigen Reichen an, die er vor der Parusie Christi erwartete (vgl. Bengel, *Erklärte Offenbarung Johannis oder vielmehr Jesu Christi* 1061). Bengels Schüler sorgten dann dafür, dass seine Auslegung der Johannesapokalypse durch Predigten und erbauliche Schriften einem breiteren Publikum vermittelt wurde.

5.2 Puritanismus und Erweckungsbewegung

Millenaristische Ausprägungen der Apokalyptik kamen im 17. Jahrhundert vor allem im englischen Puritanismus zur Geltung (vgl. Barnes 1998: 162f.). Einen ganz eigenständigen Chiliasmus konzipierte zur gleichen Zeit der englische Theologe Joseph Mead (1586–1638), der das Modell eines *Synchronismus* entwickelte, wonach die Visionen der Johannesapokalypse sich nicht in einer bestimmten Reihenfolge erfüllen, sondern gleichzeitig ablaufen sollten (vgl. Staehelin 1957: 312–315). Während des englischen Bürgerkrieges (1642–1649) gewannen apokalyptische Vorstellungen insgesamt an Bedeutung. Sie fanden insbesondere in kongregationalistischen Kreisen Anklang und erfuhren in der *Bewegung der fünften Monarchie* eine sehr spezielle Ausprägung, insofern diese unter Berufung auf Dan 7,27 ein Reich der Heiligen proklamierte, das sich durch die Übernahme der politischen Herrschaft und die Durchsetzung der Gesetze des Reiches Christi auszeichnen sollte (vgl. Staehelin 1959: 18–22). Unter den englischen Puritanern war – ebenso wie in hugenottischen und spiritualistischen Diasporagemeinden in den Niederlanden – ein Chiliasmus verbreitet, der mit einer Bekehrung der Juden vor dem Weltende rechnete, weshalb sich in diesen Kreisen im Unterschied zu dem stereotypen Antijudaismus, der die apokalyptischen Deutungsmuster ansonsten bestimmte, eher philosemitische Tendenzen zeigten (vgl. Seebaß 1978: 283). Mit der Emigration der Puritaner nach Nordamerika wurden die Konversionserwartungen auf die indigene Bevölkerung übertragen (vgl. Brunotte 2003).

Die Erweckungsbewegung, die im 18. Jahrhundert aus dem nordamerikanischen Puritanismus hervorging und sich im 19. Jahrhundert auch in Europa ausbreitete, griff in vielfältiger Weise apokalyptische Vorstellungen auf, um so dem Appell zur Umkehr und zum Neuanfang Nachdruck zu verleihen (vgl. Seebaß 1978: 285). Jonathan Edwards (1703–1758), die herausragende Gestalt in der Gründungsgeschichte der nordamerikanischen Erweckungsbewegung, entwickelte in einer

Reihe von Predigten, die nach seinem Tod unter dem Titel *History of the Work of Redemption* veröffentlicht wurden, eine heilsgeschichtliche Konzeption, mit der die Stufen des Erlösungswerkes nachgezeichnet werden sollten. Die *große Erweckung*, die dadurch in den folgenden Jahren in den nordamerikanischen Kolonien ausgelöst wurde und deren Ausbreitung auf theologische Kritik stieß, nahm Edwards nicht nur zum Anlass, die Ziele dieser Bewegung zu verteidigen, sondern die Erwartung auszusprechen, dass das Millennium in Amerika beginne (vgl. Jonathan Edwards, *Some Thoughts concerning the present Revival of Religion in New-England* II [Works IV, 353]).

5.3 Die Kritik an der Apokalyptik durch die Aufklärung

Im Zuge der Aufklärung und der Säkularisierung in Westeuropa und Nordamerika wurden apokalyptische Vorstellungen philosophisch umgeformt und einer historischen Kritik unterzogen. Dass naturwissenschaftliches Interesse und mathematische Präzision durchaus mit apokalyptischen Vorstellungen kompatibel sein konnten, zeigte sich nicht nur in frühneuzeitlichen Überschneidungen von Humanismus und Reformation, sondern auch noch bei einem Wegbereiter der Moderne wie Isaac Newton (1643–1727), der sich neben seinen bahnbrechenden Forschungen auf den Gebieten der Physik und Mathematik von 1673 bis zu seinem Tode stets auch mit dem Bibelstudium befasste und aus dessen Nachlass 1733 die *Observations Upon the Prophecies of Daniel and the Apocalypse of St. John* veröffentlicht wurden. Darin prognostizierte Newton den Untergang des apokalyptischen Tieres für das Jahr 1867 und die Wiederkunft Christi für das Jahr 2000 (vgl. Barnes 1998: 170).

Ein typisches Beispiel für die philosophische Transformation der Apokalyptik in der Zeit der Aufklärung war das Konzept einer „Erziehung des Menschengeschlechts", wie es Gotthold Ephraim Lessing (1729–1781) entwickelte, der einerseits an das dreistufige Schema der Geschichtstheologie Joachims von Fiore anknüpfte (vgl. Eusterschulte 2002: 11–14), jedoch deren heilsgeschichtliche Leitvorstellung des ‚Geistes-Reiches' auf die Vervollkommnung menschlicher Vernunft übertrug (vgl. Lessing, *Die Erziehung des Menschengeschlechts* §88). In seiner Intention vergleichbar war der Ansatz Immanuel Kants (1724–1804), der einen philosophischen und einen theologischen Chiliasmus parallelisierte, insofern ersterer den Weltfrieden und letzterer die vollendete „moralische Besserung" der Menschheit erwarte

(Kant, *Die Religion innerhalb der Grenzen der bloßen Vernunft* 1. Stück, III). Unter Beibehaltung einer teleologischen Ausrichtung der Geschichte trat ein innerweltlicher Fortschrittsoptimismus an die Stelle der Endzeiterwartungen, die mit dem Abbruch der Weltgeschichte rechneten.

Die Historisierung und zugleich Relativierung der Apokalyptik als ein religionsgeschichtliches Phänomen der Vergangenheit, dem keine theologische Relevanz mehr für die Gegenwart beigemessen wurde, resultierte aus der historisch-kritischen Bibelexegese und spiegelte sich auch in der Geschichte des Begriffs *Apokalyptik* wider, der 1832 von Friedrich Lücke (1791–1855) – im Anschluss an eine Veröffentlichung von Carl Immanuel Nitsch (1787–1868) – geprägt wurde (vgl. Lücke, *Versuch einer vollständigen Einleitung in die Offenbarung des Johannes* 17–39; Schmidt 1976: 1–5.98–119; Christophersen 2001). Systematisch-theologisch entsprach dem die Marginalisierung der Eschatologie und völlige Ausblendung der Apokalyptik in Friedrich Schleiermachers (1768–1834) Hauptwerk *Der christliche Glaube*. In weiten Kreisen des europäischen und nordamerikanischen Protestantismus ging die Distanzierung von apokalyptischen Vorstellungen mit dem primären Interesse an ethischen Fragen einher (vgl. Moorhead 2000: 87f.). Typisch hierfür war die Reich-Gottes-Idee, wie sie der führende Vertreter der liberalen Theologie, Albrecht Ritschl (1822–1889), entwickelte: Er fokussierte die Eschatologie ganz auf die Verwirklichung der Sittlichkeit im Sinne des Neukantianismus. In Verbindung mit einem säkularisierten Fortschrittsoptimismus kam der Postmillenarismus in der Bewegung des *Social Gospel* zur Geltung, die im ausgehenden 19. Jahrhundert im Protestantismus der USA entstand und deren soziales Programm insbesondere durch den baptistischen Pastor Walter Rauschenbusch (1861–1918) eine prophetische Ausrichtung erfuhr (vgl. Toulouse 2004: 1407f.).

Die Auffassung, dass die Apokalyptik nicht zum ursprünglichen Wesen des Christentums gehöre, wurde aber nicht nur von der liberalen Theologie vertreten, sondern auch von Søren Kierkegaard (1813–1855), für den „der Gläubige dem Ewigen am allernächsten, wohingegen ein Apokalyptiker ihm am allerfernsten ist" (Kierkegaard, *Christliche Reden* X 78). Kierkegaard begründete das damit, dass der Apokalyptiker mit Sorge in die Zukunft blicke, während der Glaubende sich – im Sinne der Bergpredigt – ganz dem Ewigen zuwende und deshalb im Heute lebe (vgl. Körtner 1988: 364f.).

5.4 Apokalyptische Gegenbewegungen

Die tiefgreifenden Veränderungen, die in geistesgeschichtlicher, politischer und wirtschaftlicher Hinsicht mit dem Zeitalter der Aufklärung, der Französischen Revolution und der Industrialisierung verbunden waren, wurden von den Zeitgenossen zum Teil als apokalyptische Zeichen gedeutet. So forderte der Erbauungsschriftsteller Johann Heinrich Jung-Stilling (1740–1817) angesichts der Entwicklungen des ausgehenden 18. Jahrhunderts, dass das Christentum mit der Posaune des Gerichts nach Apk 10,3 aufgeschreckt und der Weg in das Reich Christi, dessen Anbruch unmittelbar bevorstehe, im Kampf gegen die Aufklärung sowie die Gedanken der Französischen Revolution geebnet werden solle (vgl. Jung-Stilling, *Der Schlüssel zum Heimweh* Erster Band). Diese antirevolutionäre Ausrichtung der Apokalyptik zeigte sich in gleicher Weise auch bei Jean Paul (1763–1825) in dessen *Rede des toten Christus* (vgl. Horn 2013: 104–107).

Apokalyptische Bewegungen, die sich im Zuge der Aufklärung nicht nur theologischer Kritik, sondern auch politischer Bevormundung oder gar Verfolgung ausgesetzt sahen, distanzierten sich von der Kirche und wanderten schließlich auch aus den Gebieten aus, in denen sie nicht mehr toleriert wurden. Zu solchen Auswanderungsbewegungen kam es zu Beginn des 19. Jahrhunderts vor allem in Württemberg (vgl. Jakubowski-Tiessen 2007: 93f.). Als Gegenmaßnahme gründete der Leonberger Notar und Bürgermeister Gottlieb Wilhelm Hoffmann (1771–1846) mit Billigung des württembergischen Königs die Brüdergemeinde in Korntal. Sein Sohn Christoph Hoffmann (1815–1885) gründete später die chiliastische *Tempelgesellschaft* und rief zur Auswanderung nach Palästina auf (vgl. Seebaß 1978: 285).

Innerhalb der freikirchlichen *Brüderbewegung*, die in den 1820er Jahren von Dublin ihren Ausgang nahm, wurden apokalyptische Vorstellungen vor allem von John Nelson Darby (1800–1882) vertreten, dessen bibelhermeneutisches Modell des *Dispensationalismus* insbesondere in evangelikalen Kreisen der USA rezipiert wurde und Grundlage für die weit verbreitete Studienbibel von Cyrus Ingerson Scofield (1843–1921) war. Nach Darbys Auffassung spiegeln sich in der Bibel verschiedene heilsgeschichtliche Epochen wider und galt es, von dem wörtlichen Verständnis der apokalyptischen Texte des Neuen Testaments her ein prämillenaristisches Zukunftskonzept zu vertreten (vgl. Boyer 2000: 149f.).

In Abgrenzung zum dominierenden Fortschrittsoptimismus wurden apokalyptische Vorstellungen im 19. Jahrhundert insbesondere in den USA von religiösen Sondergemeinschaften rezipiert und im Blick auf die bestehenden gesellschaftlichen und kulturellen Verhältnisse dieser Zeit aktualisiert (vgl. Stein 2000: 110–129). So gründete Joseph Smith (1805–1844) um 1830 die Gemeinschaft der Mormonen als *Kirche Jesu Christi der Heiligen der Letzten Tage*. Kurze Zeit später entstand die Bewegung der Adventisten, die von einer Naherwartung bestimmt wurde. Einen dezidierten Millenarismus vertrat Charles Taze Russell (1852–1916), der auf Grund seines Bibelstudiums zu der Überzeugung gelangte, dass das Tausendjährige Reich 1874 angebrochen sei, jedoch zunächst unsichtbar bleibe. 1879 gründete er die Zeitschrift *Zions Wachtturm und Herold der Gegenwart Christi* und gab in der Folgezeit eine Fülle von Traktaten heraus, die zusammen mit Russells Predigten und Vorträgen für die Verbreitung seiner Ansichten sorgten. Seine Anhänger, die sich *Ernste Bibelforscher* und *Millenniumstagesanbruchsleute* nannten, bildeten seit 1931 die Gemeinschaft der *Zeugen Jehovas* unter Führung von Joseph Franklin Rutherford (1869–1942).

Apokalyptische Motive kamen im Zusammenhang mit der Erweckungsbewegung auch bei der Missionierung und Kolonialisierung zur Geltung. Dabei wurde die traditionelle, bereits im Mittelalter vertretene Auffassung erneuert, wonach die Verbreitung der christlichen Heilsbotschaft die Voraussetzung für den Anbruch der Endzeit bilde. Dieser heilsgeschichtliche Ansatz der Mission wurde auf der Weltkonferenz für Praktisches Christentum in Stockholm 1925 und der Weltmissionskonferenz in Jerusalem 1928 grundsätzlich in Frage gestellt, wenngleich das missionstheologische Alternativkonzept einer *Reich-Gottes-Ethik* umstritten war und die Kontroverse dann in den 1960er Jahren durch die kritischen Anfragen einer sozialrevolutionären Geschichtsauffassung verschärft wurde (vgl. Frieling 1992: 270–277.291f.).

Während die apokalyptischen Bewegungen des 19. Jahrhunderts die Aufklärung weitgehend ablehnten und ihre eigenen Endzeitvorstellungen oftmals biblizistisch begründeten, wurde der Apokalyptik an der Wende vom 19. zum 20. Jahrhundert in der evangelischen Theologie wieder größere wissenschaftliche Beachtung geschenkt. So verwies Johannes Weiß (1863–1914) auf den „eschatologisch-apokalyptischen" Charakter der Verkündigung Jesu vom Reich Gottes und distanzierte er sich damit von der Auffassung Ritschls (Weiß, *Die Predigt vom Reiche Gottes* 50). Franz Overbeck (1837–1905) warf der Theologie seiner Zeit vor, die apokalyptische Grundstruktur des Christentums zu verleugnen und damit zu dessen Untergang beizutragen (vgl. Körtner 1988: 19f.). Demgegenüber galt es seiner Auffassung nach, sich in historischer wie auch theologischer Hinsicht bewusst zu werden, dass das Christentum „in diese Welt trat mit der Ankündigung ihres demnächst geschehenden Unterganges" (Overbeck, *Über die Christlichkeit unserer heutigen Theologie* 27). Der weltverneinende Charakter der urchristlichen Parusieerwartung sei deshalb mit dem Fortschrittsglauben, wie ihn insbesondere die liberale Theologie vertrete, nicht zu vereinen (vgl. ders., *Christentum und Kultur* 66). Da den Christen jedoch die einfache Rückkehr zum apokalyptischen Urchristentum nicht mehr möglich sei, bleibe es die Aufgabe einer kritischen Theologie, das Christentum davor zu beschützen, sich der Welt anzupassen und in ihr zu verschwinden (vgl. ebd. 70).

Neben religiös motivierten Bewegungen, die sich apokalyptischer Motive und Muster zur Deutung der Geschichte bedienten, gab es im 19. und 20. Jahrhundert säkularisierte Apokalypsen, die auf einen religiösen Referenzrahmen verzichteten und als „kupierte Apokalypsen" (Vondung 1987: 615) beschrieben werden können, insofern hier das Ende der Welt nur als Schlusspunkt und nicht auch als der Beginn von etwas Neuem aufgefasst wird. Hingegen wirkte das Grundmuster einer apokalyptischen Zukunftserwartung, die nicht von einem kontinuierlichen Fortschritt der Geschichte ausging, sondern den Anbruch eines neuen Zeitalters herbeisehnte, in säkularisierter Form im Marxismus fort. So legte Karl Marx (1818–1883) seinem Programm des historischen Materialismus das Konzept eines revolutionären Umbruchs zugrunde, der nach apokalyptischem Vorbild den Kampf der *Guten* mit den *Bösen* – d. h. in marxistischer Perspektive die Revolution des Proletariats gegenüber dem bürgerlichen Kapitalismus – als die entscheidende Wendezeit betrachtete, bevor dann mit der Errichtung der klassenlosen Gesellschaft das – im Diesseits verortete – ewige Heil beginne.

5.5 Die Ambivalenz der Apokalyptik im 20. Jahrhundert

Der tiefgreifende kulturgeschichtliche Umbruch, den der Erste Weltkrieg markierte, insofern der Optimismus des bürgerlichen Zeitalters grundsätzlich in Frage gestellt wurde und das Ausmaß der kriegerischen Zerstörung auf Grund der Materialschlachten sowie des Einsatzes von Giftgas für die Betroffenen apokalyptische Dimensionen annahm, wurde in vielfältiger Weise – literarisch, musikalisch und künstlerisch ebenso wie theologisch und philosophisch – reflektiert. Der *messianische Expressionismus* war eine Form, die „Erfahrungen von Orientierungslosigkeit, Ohnmacht und Angst" (Anz 2010: 104) zu artikulieren und damit zugleich die „Vision der sozialen Erneuerung" (Sokel 1970: 201) zu verknüpfen. Auch in der evangelischen Theologie wurde der Einschnitt des Ersten Weltkrieges als Zeitenwende verstanden. Der theologische Neuaufbruch, den Friedrich Gogarten (1887–1967) in dem programmatischen Manifest *Zwischen den Zeiten* zur Geltung brachte, zielte jedoch nicht auf eine Wiederbelebung der Apokalyptik im Sinne ihrer historisierenden Gegenwartsdeutung, sondern nahm deren prophetischen Charakter ernst und unterschied sich damit grundlegend von den zahlreichen Heilslehren wie auch Untergangsszenarien, die in den 1920er und 1930er Jahren vertreten wurden. Im Blick auf die theologische Relevanz der Redeweisen und Bildmotive biblischer Apokalyptik betonte Karl Barth (1886–1968) deren Zeichencharakter und verstand sie als unentbehrliche „Aufforderung zum Wachen und Beten" (Barth, *„Unterricht in der christlichen Religion"* Bd. 3, 463). Demgegenüber erneuerte die Bewegung des *Religiösen Sozialismus* doch wieder traditionelle Deutungsmuster der Apokalyptik, indem sie die Reich-Gottes-Erwartung mit der Zukunftsvision einer sozialistischen Gesellschaft verknüpfte.

Die menschenverachtende und -vernichtende Rassenideologie des sog. *Dritten Reiches* griff die apokalyptischen Vorstellungen eines *Tausendjährigen Reiches* auf und verknüpfte damit das messianische Konzept des Führerprinzips, dessen Totalitarismus in der Perspektive der Endzeit legitimiert wurde (vgl. Auffarth 2007: 117f.). Nachdem die nationalsozialistische Gewaltherrschaft den Zweiten Weltkrieg entfesselt hatte, riefen die verheerenden Auswirkungen des Einsatzes von Atombomben in Hiroshima und Nagasaki Anfang August 1945 bei vielen Zeitzeugen in Europa nicht nur Erinnerungen an die Schrecken des gerade beendeten Weltkrieges wach, sondern veranlassten auch zu kritischen Appellen, die das apokalyptische Szenario eines vom Menschen selbst herbeigeführten Untergangs der Welt vor Augen führten (vgl. Anders 1956). Solche apokalyptischen Deutungsmuster – im Sinne *kupierter* Apokalypsen – lebten zu Beginn der 1980er Jahre in dem Streit über den Nachrüstungsbeschluss der NATO 1979 wieder auf und auch in der ökologischen Debatte über die *Grenzen des Wachstums*, die seit den 1970er Jahren in den westlichen Industrieländern aufkam, spielten apokalyptische Untergangsszenarien in der politischen Argumentation wie auch Suggestion eine wichtige Rolle (vgl. Körtner 1988: 240–248). In die politischen Auseinandersetzungen mischten sich Kirche und Theologie ein, wobei apokalyptische Deutungsmuster weitgehend ausgeblendet blieben. Das resultierte aus der theologischen Marginalisierung der Apokalyptik, die seit dem 19. Jahrhundert in der evangelischen Theologie vorherrschte. Es kam zwar in den 1960er Jahren zu einer theologischen Neuentdeckung der Eschatologie (vgl. Körtner, in diesem Band), angeregt zum einen durch das philosophische Spätwerk Martin Heideggers (1889–1976), deren „Eschatologie des Seins" sich gerade in ihrem Offenbarungscharakter als „ein Symptom philosophischer Apokalyptik" bezeichnen lässt (Sauter 1973: 365), und zum anderen durch „Das Prinzip Hoffnung", mit dem Ernst Bloch (1885–1977) die Diskurse der 1960er Jahre beeinflusste (vgl. Bloch 1985); die strikte Unterscheidung von Eschatologie und Apokalyptik, die dabei vollzogen wurde, hatte jedoch eine theologische Ausgrenzung und Abwertung der Apokalyptik zur Folge, ohne dass deren Relevanz für die Theologie wirklich geklärt wurde.

Während apokalyptische Deutungsmuster im deutschen Protestantismus der Nachkriegszeit gesellschaftspolitisch in unterschiedlichen Formen der Beschwörung einer drohenden nuklearen bzw. ökologischen Katastrophe zur Geltung kamen, hingegen theologisch weitgehend an den Rand gedrängt und ausgeblendet wurden, verbreitete sich im US-amerikanischen Protestantismus der prämillenaristische Dispensationalismus (vgl. Weber 1987). Zunehmend erfasste er auch über missionarische Aktivitäten oder sonstige kulturelle Einflüsse Zentral- und Südamerika sowie Afrika. Für die Verbreitung dieses apokalyptischen Konzeptes, das mit einem fundamentalistischen Biblizismus verbunden ist, sorgten – und sorgen weiterhin – Prediger, die sich hierbei der modernen Massenmedien bedienen (vgl. Boyer 2000: 164–176).

Quellen- und Literaturverzeichnis

1. Quellen

Adso von Montier-en-Der: *De ortu et tempore Antichristi*/Über den Ursprung und die Zeit des Antichrist, hg. von Daniel Verhelst (CChr.CM 45), Turnhout 1976, 20–30.
Augustin: *De civitate Dei*/Der Gottesstaat, hg. von Bernhard Dombart/Alfons Kalb (CChr.SL 47/48), Turnhout 1955.

Barth, Karl: *„Unterricht in der christlichen Religion"*, Bd. 3: Die Lehre von der Versöhnung/Die Lehre von der Erlösung. 1925/1926, hg. von Hinrich Stoevesandt (Karl Barth-Gesamtausgabe, Abt. II), Zürich 2003.

Bengel, Johann Albrecht: *Erklärte Offenbarung Johannis oder vielmehr Jesu Christi*, neue Ausgabe ausgestattet mit einer Verdeutschung aller fremden oder schweren Ausdrücke so wie mit einer Vorrede von Wilhelm Hoffmann nebst eines Anhanges bisher noch ungedruckter apocalyptischer Briefe Bengels, mitgetheilt von Pfarrer Burk in Thailfingen, Stuttgart 1834.

Bengel, Johann Albrecht: *Gnomon Novi Testamenti*/Zeiger des Neuen Testaments: Bengel, Johann Albrecht: Gnomon in quo ex nativa verborum vi simplicitas, profunditas, concinnitas, salubritas sensuum coelestium indicatur, hg. von Paul Steudel, Stuttgart 1887^8.

Bernhard von Clairvaux: *Epistula 363*/Brief 363 an die Erzbischöfe der Ostfranken und Baiern, in: ders.: Sämtliche Werke, Lateinisch–Deutsch, hg. von Gerhard B. Winkler, Innsbruck 1992, 648–661.

Bullinger, Heinrich: *Confessio Helvetica Prior*/Das zweite helvetische Bekenntnis, in: Reformierte Bekenntnisschriften. Bd. 1/2, 1535–1549, hg. von Heiner Faulenbach/Eberhard Busch, bearb. von Ernst Saxer, Neukirchen-Vluyn 2006, 44–68.

COD/Conciliorum Oecumenicorum Decreta, hg. von Giuseppe Alberigo u. a., Bologna 1973^3; Abdruck mit deutscher Übersetzung: Wohlmuth, Josef (Hg.): Dekrete der ökumenischen Konzilien, Bd. 2: Konzilien des Mittelalters, Paderborn 2000.

Calvin, Johannes: *Commentarius in Epistolam ad Thessalonicenses II*/Kommentar zum Zweiten Thessalonicherbrief: Ioannis Calvini Opera quae supersunt omnia, hg. von Wilhelm Baum u. a., Vol. 52 (CR 80), Braunschweig 1895, 180–218.

Cranmer, Thomas: *The Forty-Two Articles*, in: Reformierte Bekenntnisschriften. Bd. 1/3, 1550–1558, hg. von Heiner Faulenbach/Eberhard Busch, bearb. von Gerald L. Bray, Neukirchen-Vluyn 2007, 237–247.

Cyprian: *Ad Fortunatum*/An Fortunatus: Sancti Cypriani Episcopi Opera, Ad Quirinum – Ad Fortunatum – De lapsis – De ecclesiae catholicae unitate, hg. von Robert Weber/Maurice Bévehot (CChr.SL 3), Turnhout 1972.

Dante Alighieri: *Divina Commedia*/Die göttliche Komödie, übers. von Hartmut Köhler, Ditzingen 2020.

Edwards, Jonathan: *Some Thoughts concerning the present Revival of Religion in New-England*/Einige Gedanken über die gegenwärtige Erweckung der Religion in Neuengland, in: The Works of Jonathan Edwards, Vol. 4: The Great Awakenings, hg. von Clarence C. Goen, New Haven 1972, 289–530.

Fincel, Hiob: *Wunderzeichen*: Wahrhafftige beschreibung und gruendlich verzeichnus schrecklicher Wunderzeichen und Geschichten, Jena 1556.

Gerhard, Johann: *Loci theologici*/Theologische Grundbegriffe: Gerhard, Johann: Loci theologici cum pro adstruenda veritate tum pro destruenda quorumvis contradicentium falsitate per thesa nervose solide et copiose explicati, Jena 1610–1622, Bd. 9, hg. von Eduard Preuß, Leipzig 1875.

Gerson, Jean: *La science de bien mourir*/Die Wissenschaft des guten Sterbens: Jean Gerson, Oevres complètes, Bd. 7, L'œuvre française. Sermon et discours, hg. von Palémon Glorieux, Paris 1968.

Gogarten, Friedrich: *Zwischen den Zeiten* in: Grundtexte der neueren evangelischen Theologie, hg. und eingel. von Wilfried Härle, Leipzig 2007, 97–101.

Gregorius Magnus: *Dialogorum libri IV*/Dialoge IV: Des heiligen Papstes und Kirchenlehrers Gregor des Grossen ausgewählte Schriften, Bd. 2, übers. von Joseph Funk, Nendeln/Lichtenstein 1968.

Gregorius Magnus: *Epistulae*/Briefe: Gregorii I Papae Registrum Epistularaum, Tom. I: Libri I–VII, hg. von Paul Ewald/Ludo M. Hartmann (MGH.Ep I), Berlin 1891.

Gregorius Magnus: *Homiliae in Evangelia*/Predigten über die Evangelien: Gregor der Große: Homiliae in Evangelia – Evangelienhomilien, übers. und eingel. von Michael Fiedrowicz (FC 28/1), Freiburg i.Br. 1997.

Heinrich von Langenstein: *Contra Telesphorum*/Gegen Telesphorus: Liber adversus Telesphori eremitae vaticinia de ultimis temporibus, Thesaurus anecdotorum novissimus, 1,2, hg. von Bernhard Petz, Augsburg 1721.

Hieronymus: *De viris illustribus*/Über berühmte Männer: Hieronymus: De viris illustribus – Berühmte Männer, mit umfassender Werkstudie hg., übers. und komm. von Claudia Barthold, Mülheim/Mosel 2011[2].

Hippolyt: *ΤΟΥ ΑΓΙΟΥ ΙΠΠΟΛΥΤΟΥ ΕΙΣ ΤΟΝ ΔΑΝΙΗΛ*/Des heiligen Hyppolytos über Daniel: Hippolyt Werke. Erster Band, Erster Teil. Kommentar zu Daniel, hg. von Gottlieb Nathanael Bonwetsch, Berlin 2000[2].

Hoffman, Melchior: *Außlegung der heimlichen Offenbarung Joannis des heyligen Apostels vnd Euangelisten*, Straßburg 1530.

Irenäus: *Adversus haereses*/Gegen die Häresien, Buch V, übers. und eingel. von Norbert Brox (Fontes Christiani 8/5), Freiburg i.Br. u. a. 2001.

Joachim von Fiore: *Concordia Novi ac Veteris Testamenti*, 4Bde., hg. von Alexander Patschovsky (MGH.QG 28), Wiesbaden 2017.

Joachim von Fiore: *Expositio super Apocalypsim et opuscula adiacentia*/Auslegung zur Apokalypse und den dazugehörigen Schriften, hg. von Alexander Patschovsky/Kurt-Victor Selge (MGH.QG 31), Wiesbaden 2020.

Johann Militsch von Kremsier: *Libellus de Antichristo*/Büchlein über den Antichrist, in: Matthiae de Janov dicti Magister Parisiensis Regulae Veteris et Novae Testamenti, Bd. 3: Tractatus de antichristo, hg. von Vlastimil Kybal, Innsbruck 1911, 368–381.

Jung-Stilling, Johann Heinrich: *Der Schlüssel zum Heimweh*. Vollständige, ungekürzte Ausgabe nach der Erstausgabe von 1794–1796, hg., eingel. und mit Anmerkungen und Glossar versehen von Martina Maria Sam, Dornach 1994, 959–964.

Kant, Immanuel: *Die Religion innerhalb der Grenzen der bloßen Vernunft*, Akademie Textausgabe, Bd. 6: Die Religion innerhalb der Grenzen der bloßen Vernunft/ Die Metaphysik der Sitten. Unveränderter photomechanischer Abdruck von Kants gesammelte Schriften, hg. von der Königlich Preußischen Akademie der Wissenschaften, Berlin 1907/14, ND Berlin 1968.

Kierkegaard, Søren: *Christliche Reden*, in: ders.: Gesammelte Werke und Tagebücher, 20. Abteilung, übers. von Emmanuel Hirsch, Gütersloh 1981.

Laktanz: *Divinae Institutiones VII, De vita beata*/Göttliche Unterweisungen VII, Über das glückliche Leben: Laktanz, Divinae institutiones, Buch 7: De vita beata. Einleitung, Text, Übersetzung und Kommentar, hg. von Stefan Freund, Berlin 2009, 149–191.

Leade, Jane: *A Fountain of Garden*/Ein Garten-Brunn: Ein Garten-Brunn gewässert durch die Ströhme der göttlichen Lustbarkeit, übers. und hg. von Hendrik Wetstein, Amsterdam 1697–1702.

Leade, Jane: *Mystische Tractätlein*: Sechs unschätzbare durch göttliche Offenbarung und Befehl ans Liecht gebrachte Mystische Tractätlein ... Neben der Autorin Lebenslauffe und einem kurtzen Nachberichte des Übersetzers, übers. und hg. von Hendrik Wetstein, Amsterdam 1696.

Lessing, Gotthold Ephraim: *Die Erziehung des Menschengeschlechts*, in: ders.: Werke, Bd. 8: Theologiekritische Schriften III, Philosophische Schriften, hg. von Herbert G. Göpfert, bearb. von Helmut Göbel, Darmstadt 1996, 489–510.

Lücke, Friedrich: *Versuch einer vollständigen Einleitung in die Offenbarung des Johannes*: Lücke, Friedrich: Versuch einer vollständigen Einleitung in die Offenbarung des Johannes oder Allgemeine Untersuchungen über die apokalyptische Literatur überhaupt und die Apokalypse des Johannes insbesondere, Bonn 1832 (1852²).

Luther, Martin: *Passional Christi und Antichristi*: D. Martin Luthers Werke. Kritische. Gesamtausgabe, Briefwechsel, Bd. 9, Weimar 1941, 677–715.

Luther, Martin: *Supputatio annorum mundi*: D. Martin Luthers Werke. Kritische Gesamtausgabe, Bd. 53, Weimar 1920, 22–182.

Luther, Martin: *Tischrede*, Februar 1533: D. Martin Luthers Werke. Kritische Gesamtausgabe, Tischreden, Bd. 3, Weimar 1914, 115 (Nr. 2955a).

Luther, Martin: *Vorrede auf die Offenbarung Sancti Johannis [1522]*: D. Martin Luthers Werke. Kritische Gesamtausgabe, Deutsche Bibel, Bd. 7, Weimar 1931, 404.

Luther, Martin: *Vorrede auf die Offenbarung Sancti Johannis [1530]*: D. Martin Luthers Werke. Kritische Gesamtausgabe, Deutsche Bibel, Bd. 7, Weimar 1931, 406–420.

Luther, Martin: *Warum des Papstes und seiner Jünger Bücher von Dr. Martin Luther verbrannt sind*: D. Martin Luthers Werke. Kritische Gesamtausgabe, Bd. 7, Weimar 1897, 161–182.

Melanchthon, Philipp: *Confessio Augustana*, in: Die Bekenntnisschriften der Evangelisch-Lutherischen Kirche, hg. von Irene Dingel, bearb. v. Gottfried Seebaß/Volker Leppin, Göttingen 2014, 84–225.

Müntzer, Thomas: *Auslegung des Unterschied Danielis*, in: ders.: Schriften und Briefe. Kritische Gesamtausgabe, hg. von Günther Franz (QFRG 33), Gütersloh 1968, 241–263.

Newton, Isaac: *Observations Upon the Prophecies of Daniel and the Apocalypse of St. John*/Überlegungen zu den Prophezeiungen von Daniel und der Offenbarung des Johannes: Observations upon the prophecies of Daniel and the Apocalypse of St. John. In two parts. By Sir Isaac Newton, London 1733.

Nicolai, Philipp: *Freudenspiegel des ewigen Lebens*: Philipp Nicolai, Freudenspiegel des ewigen Lebens. Mit einem Vorwort von Reinhard Mumm, Soest 1963.

Nicolai, Philipp: *Historia deß Reichs Christi*: Nicolai, Philipp: Historia deß Reichs Christi Das ist: Gründtliche Beschreibung der wundersammen Erweiterung seltzamen Glücks und gewisser bestimpter Zeit der Kirchen Christi im Neuwen Testament, Frankfurt a. M. 1598.

Nikolaus von Kues: *Sermo* 210/Predigt 210: Nicolai de Cusa Opera omnia, Bd. 19: Sermones IV (1455–1463) Fasc. 1: Sermones CCIV–CCXVI, hg. von Klaus Reinhard/Walter Andreas Euler, Hamburg 1996, 31–39.

Nikolaus von Lyra: *Postilla*/Postillen: Textus biblie, cum glossa ordinaria, Nicolai de Lyra postilla, moralitatibus eiusdem, Pauli Burgensis additionibus, Matthie Thoring replicis, P. VI, Basel 1508.

Otto von Freising: *Chronik* oder die Geschichte von zwei Staaten, hg. von Walther Lammers, übers. von Adolf Schmidt (Ausgewählte Quellen zur deutschen Geschichte des Mittelalters 16), Darmstadt 2011.

Overbeck, Franz: *Christentum und Kultur*. Gedanken und Anmerkungen zur modernen Theologie, aus dem Nachlass hg. von Carl Albrecht Bernoulli, Basel 1919.

Overbeck, Franz: *Über die Christlichkeit unserer heutigen Theologie*. Streit- und Friedensschrift, Leipzig 1903² (ND Darmstadt 1981).

Petersen, Johanna Eleonora: *Das ewige Evangelium der allgemeinen Wiederbringung aller Creaturen*, o. O. 1698.

Petersen, Johanna Eleonora: *Anleitung zu gründlicher Verständniß der Heiligen Offenbahrung Jesu Christi*, Frankfurt/Leipzig 1696.

Petrus Johannes Olivi: *Lectura super Apocalipsim*/Kommentar zur Apokalypse, Bd. 1: Prologue and chapters 1,1–9,7, hg. von Warren Lewis, Tübingen 1972.

Pseudo-Methodius: *Syrische Apokalypse*, hg. von Gerrit Jan Reinink (CSCO.S 221), Leuven 1993.

Rupert von Deutz: *Commentaria in Apocalypsin*/Kommentar zur Apokalypse: Ruperti Abbatis Monasterii S. Heriberti Tuitensis Opera omnia, Bd. 3, hg. von Jacques-Paul Migne (PL 169), Paris 1894, 827–1214.

Schleiermacher, Friedrich: *Der christliche Glaube nach den Grundsätzen der evangelischen Kirche*: Der christliche Glaube nach den Grundsätzen der evangelischen Kirche im Zusammenhange dargestellt: Zweite Auflage (1830/31), hg. von Rolf Schäfer (KGA I/13.1–2), Berlin/New York 2003.

Sibyllinen: Gauger, Jörg-Dieter: Sibyllinische Weissagungen. Griechisch-Deutsch. Auf der Grundlage der Ausgabe von Alfons Kurfeß (Sammlung Tusculum), Düsseldorf/Zürich 1998.

Spener, Philipp Jakob: *Behauptung der Hoffnung künfftiger Besserer Zeiten*, Frankfurt a. M. 1693.

Spener, Philipp Jakob: *Pia Desideria*/Fromme Wünsche: Spener, Philipp Jakob: Piadesideria. Programm des Pietismus, hg. von Erich Beyreuther, Wuppertal 1964.

Tertullian: *Adversus Marcionem*/Gegen Markion, hg. von Marc-Aeilko Aris u. a., Freiburg i. Br. 2017.

Tertullian: *De Anima*/Über die Seele, hg. von Jan Hendrik Waszinsk, Amsterdam 2017.

Tertullian: *De Resurrectione Carnis*/Über die Auferstehung des Fleisches: On the Resurrection of the Flesh, hg. von Ernest Evans, London 1960.

Thomas von Aquin: *Summa Theologiae*/Summe der Theologie: Thomas von Aquin, Auferstehung des Fleisches, hg. von Adolf Hoffmann OP u. a. (Deutsche Thomas-Ausgabe 35), Heidelberg u. a. 1958, https://doi.org/10.1515/9783112658086.

Ubertino da Casala: *Arbor Vitae Crucifixae*/Baum des gekreuzigten Lebens Jesu: *Arbor Vitae Crucifixae,* hg. von Charles Till Davis, Turin 1961.

Walahfried Strabo: *Visio Wettini*/Die Vision Wettis, übers. und erkl. von Hermann Knittel, Sigmaringen 1986.
Weiß, Johannes: *Die Predigt vom Reiche Gottes*, Göttingen 1892.

2. Sekundärliteratur

Aichele 1974: Aichele, Klaus: Das Antichristdrama des Mittelalters, der Reformation und Gegenreformation, Den Haag 1974.
Albrecht 2005: Albrecht, Ruth: Johanna Eleonora Petersen. Theologische Schriftstellerin des frühen Pietismus (AGP 45), Göttingen 2005.
Alexander 2002: Alexander, James S.: Art. Tyconius, TRE 34, Berlin/New York 2002, 203–208.
Anders 1956: Anders, Günther: Über die Bombe und die Wurzeln unserer Apokalypse-Blindheit, in: ders.: Die Antiquiertheit des Menschen. Band I: Über die Seele im Zeitalter der zweiten industriellen Revolution, München 1956, 233–353.
Anz 2010: Anz, Thomas: Literatur des Expressionismus, Stuttgart 2010[2].
Ariès 2005: Ariès, Philippe: Geschichte des Todes, übers. aus dem Französischen von Hans-Horst Henschen/Una Pfau, München 2005[11].
Asendorf 1967: Asendorf, Ulrich: Eschatologie bei Luther, Göttingen 1967.
Auffarth 2007: Auffarth, Christoph: Apokalyptisches Mittelalter. Das Dritte Reich – des Geistes/der Gewalt, in: Schipper, Bernd U./Plasger, Georg (Hgg.): Apokalyptik und kein Ende? (BTSB 29), Göttingen 2007, 117–129.
Barnes 1998: Barnes, Robin: Images of Hope and Despair. Western Apocalypticism: ca. 1500–1800, in: McGinn, Bernard u. a. (Hgg.): The Encyclopedia of Apocalypticism. Vol. 2: Apocalypticism in Western History and Culture, New York 1998, 143–184.
Blindow 1999: Blindow, Felix: Der Unbekannte Philipp Nicolai – Apokalyptiker am Vorabend des Dreißigjährigen Krieges, JWKG 93 (1999), 39–63.
Bloch 1985: Bloch, Ernst: Das Prinzip Hoffnung, Werkausgabe Bd. 5, Frankfurt a. M. 1985.
Blum 1981: Blum, Georg Günther: Art. Chiliasmus II. Alte Kirche, TRE 7, Berlin/ New York 1981, 729–731.
Boyer 2000: Boyer, Paul: The Growth of Fundamentalist Apocalyptic in the United States, in: Stein, Stephen J. (Hg.): The Encyclopedia of Apocalypticism. Vol. III: Apocalypticism in the Modern Period and Contemporary Age, New York/ London 2000, 140–178.
Brincken 2002: Brincken, Anna-Dorothee von den: Abendländischer Chiliasmus um 1000? Zur Rezeption unserer christlichen Ära, in: Aertsen, Jan A./Pickavé, Martin (Hgg.): Ende und Vollendung. Eschatologische Perspektiven im Mittelalter (MM 29), Berlin/New York 2001, 179–190.
Brosseder 2004: Brosseder, Claudia: Im Bann der Sterne. Caspar Peucer, Philipp Melanchthon und andere Wittenberger Astrologen, Berlin 2004.
Brunotte 2003: Brunotte, Ulrike: ‚New Israel' in der Neuen Welt und der Ursprung der ‚Indianer'. Zur millenaristischen Ethnographie des frühen amerikanischen Puritanismus, in: Faber, Richard/Palmer, Gesine (Hgg.): Protestantismus. Ideologie, Konfession oder Kultur?, Würzburg 2003, 255–270.

Christophersen 2001: Christophersen, Alf: Die Begründung der Apokalyptikforschung durch Friedrich Lücke. Zum Verhältnis von Eschatologie und Apokalyptik, KuD 47 (2001), 158–179.

Cohn 1988: Cohn, Norman: Das neue irdische Paradies. Revolutionärer Messianismus und mystischer Anarchismus im mittelalterlichen Europa, übers. aus dem Englischen von Eduard Thorsch, Reinbek 1988.

Daley 1998: Daley, Brian E.: Apocalypticism in Early Christian Theology, in: McGinn, Bernard u. a. (Hgg.): The Encyclopedia of Apocalypticism, Vol. 2: Apocalypticism in Western History and Culture, New York 1998, 3–47.

Deppermann 1979: Deppermann, Klaus: Melchior Hoffmann. Soziale Unruhen und apokalyptische Visionen im Zeitalter der Reformation, Göttingen 1979.

Donckel, Emil: Studien über die Prophezeiungen des Fr. Telesforus von Cosenza, O.f. M. (1365–1386), AFP 26 (1933) 29–104.282–314.

Ehmann 2008: Ehmann, Johannes: Luther, Türken und Islam. Eine Untersuchung zum Türken- und Islambild Martin Luthers, 1515–1546 (QFRG 80), Gütersloh 2008.

Eusterschulte 2002: Eusterschulte, Anne: Die Trinität der Geschichte. Zur Geschichtstheologie des Joachim von Fiore, in: Eidam, Heinz u. a. (Hgg.): Die Zukunft der Geschichte. Reflexionen zur Logik des Werdens (Kasseler Philosophische Schriften 35), Kassel 2002, 11–43.

Feik 2013: Feik, Catherine: In Erwartung des Endes. Offenbarung und Weissagung bei Martin Luther und in seinem Umkreis, in: Wieser, Veronika u. a. (Hgg.): Abendländische Apokalyptik. Kompendium zur Genealogie der Endzeit (Kulturgeschichte der Apokalypse 1), Berlin 2013, 411–430.

Feld 2007: Feld, Helmut: Franziskus von Assisi und seine Bewegung, Darmstadt 2007².

Ficzel 2019: Ficzel, Nelly: Der Papst als Antichrist. Kirchenkritik und Apokalyptik im 13. und frühen 14. Jahrhundert (SMRT 214), Leiden/Boston 2019.

Frend 1994: Frend, William H. C.: Art. Montanismus, TRE 23, Berlin/New York 1994, 271–279.

Fried 1989: Fried, Johannes: Endzeiterwartung um die Jahrtausendwende, DA 45 (1989), 381–473.

Frieling 1992: Frieling, Reinhard: Der Weg des ökumenischen Gedankens. Eine Ökumenekunde (Zugänge zur Kirchengeschichte 10), Göttingen 1992.

Hofmann 1982: Hofmann, Hans-Ulrich: Luther und die Johannes-Apokalypse. Dargestellt im Rahmen der Auslegungsgeschichte des letzten Buches der Bibel und im Zusammenhang der theologischen Entwicklung des Reformators, Tübingen 1982.

Horn 2013: Horn, Eva: Die romantische Verdunkelung. Weltuntergänge und die Geburt des letzten Menschen um 1800, in: Wieser, Veronika u. a. (Hgg.): Abendländische Apokalyptik. Kompendium zur Genealogie der Endzeit (Kulturgeschichte der Apokalypse 1), Berlin 2013, 101–124.

Jakubowski-Tiessen 2007: Jakubowski-Tiessen, Manfred: Apocalypse now – Endzeitvorstellungen im Pietismus, in: Schipper, Bernd U./Plasger, Georg (Hgg.): Apokalyptik und kein Ende? (BTSP 29), Göttingen 2007, 93–116.

Kamlah 1965: Kamlah, Wilhelm: Apokalypse und Geschichtstheologie. Die mittelalterliche Auslegung der Apokalypse vor Joachim von Fiore (HS 285), Berlin 1935, ND Vaduz 1965.

Kaufmann 2006: Kaufmann, Thomas: Konfession und Kultur. Lutherischer Protestantismus in der zweiten Hälfte des Reformationsjahrhunderts (SuR 29), Tübingen 2006.

Kaufmann 2011: Kaufmann, Thomas: Luthers „Judenschriften". Ein Beitrag zu ihrer historischen Kontextualisierung, Tübingen 2011.

Klötzer 1992: Klötzer, Ralf: Die Täuferherrschaft von Münster. Stadtreformation und Welterneuerung (RST 131), Münster 1992.

Konrad 1978: Konrad, Robert: Art. Apokalyptik/Apokalypsen VI. Mittelalter, TRE 3, Berlin/New York 1978, 275–280.

Körtner 1988: Körtner, Ulrich H. J.: Weltangst und Weltende. Eine theologische Interpretation der Apokalyptik, Göttingen 1988.

Krause 1989: Krause, Martin: Die literarischen Gattungen der Apokalypsen von Nag Hammadi, in: Hellholm, David (Hg.): Apocalypticism in the Mediterranean World and the Near East, Tübingen 1989, 621–637.

Kretschmar 1985: Kretschmar, Georg: Die Offenbarung des Johannes. Die Geschichte ihrer Auslegung im 1. Jahrtausend (CThM 9), Stuttgart 1985.

Kürbis 2013: Kürbis, Anja: Der Antichrist im Chorrock. Apokalyptik als Ordnungstheologie, in: Wieser, Veronika u. a. (Hgg.): Abendländische Apokalyptik. Kompendium zur Genealogie der Endzeit (Kulturgeschichte der Apokalypse 1), Berlin 2013, 431–449.

Le Goff 1984: Le Goff, Jacques: Die Geburt des Fegefeuers, übers. aus dem Französischen von Ariane Forkel, Stuttgart 1984.

Leppin 1999: Leppin, Volker: Antichrist und Jüngster Tag. Das Profil apokalyptischer Flugschriftenpublizistik im deutschen Luthertum 1548–1618 (QFRG 69), Gütersloh 1999.

Leppin 2007: Leppin, Volker: Apokalyptische Strömungen in der Reformationszeit, in: Schipper, Bernd U./Plasger, Georg (Hgg.): Apokalyptik und kein Ende? (BTSP 29), Göttingen 2007, 75–91.

Maier 1981: Maier, Gerhard: Die Johannesoffenbarung und die Kirche (WUNT 25), Tübingen 1981.

Mégier 2013: Mégier, Elisabeth: Die Historisierung der Apokalypse oder von der globalen zur geschichtlichen Zeit der Kirche in lateinischen Apokalypsekommentaren, von Tyconius bis Rupert von Deutz, in: Wieser, Veronika u. a. (Hgg.): Abendländische Apokalyptik. Kompendium zur Genealogie der Endzeit (Kulturgeschichte der Apokalypse 1), Berlin 2013, 579–604.

Meier 2004: Meier, Mischa: Das andere Zeitalter Justinians. Kontingenzerfahrung und Kontingenzbewältigung im 6. Jahrhundert n. Chr. (Hypomnemata 147), Göttingen 2004^2.

Möhring 2000: Möhring, Hannes: Der Weltkaiser der Endzeit. Entstehung, Wandel und Wirkung einer tausendjährigen Weissagung (Mittelalter-Forschungen 3), Stuttgart 2000.

Moorhead 2000: Moorhead, James H.: Apocalypticism in Mainstream Protestantism, 1800 to the Present, in: Stein, Stephen J. (Hg.): The Encyclopedia of

Apocalypticism. Vol. III: Apocalypticism in the Modern Period and Contemporary Age, New York/London 2000, 72–107.

Oberman 1982: Oberman, Heiko A.: Luther. Mensch zwischen Gott und Teufel, Berlin 1982.

Perrig 1987: Perrig, Alexander: Albrecht Dürer oder Die Heimlichkeit der deutschen Ketzerei. Die Apokalypse Dürers und andere Werke von 1495 bis 1513, Weinheim 1987.

Potestà 1998: Potestà, Gian L.: Radical Apocalyptic Movements in the Late Middle Ages, in: McGinn, Bernard u. a. (Hgg.): The Encyclopedia of Apocalypticism. Vol. 2: Apocalypticism in Western History and Culture, New York 1998, 110–142.

Rauh 1979: Rauh, Horst Dieter: Das Bild des Antichrist im Mittelalter. Von Tyconius zum Deutschen Symbolismus (BGPhMA NF 9), Münster 1979².

Sauter 1973: Sauter, Gerhard: Zukunft und Verheißung. Das Problem der Zukunft in der gegenwärtigen theologischen und philosophischen Diskussion, Zürich 1973².

Schäufele 2006: Schäufele, Wolf-Friedrich: „Defecit ecclesia". Studien zur Verfallsidee in der Kirchengeschichtsanschauung des Mittelalters (VIEG.R 213), Mainz 2006.

Schäufele 2011: Schäufele, Wolf-Friedrich: Der Antichrist bei Wyclif und Hus, in: Delgado, Mariano/Leppin, Volker (Hgg.): Der Antichrist. Historische und systematische Zugänge (Studien zur christlichen Religions- und Kulturgeschichte 14), Fribourg/Stuttgart 2011, 173–206.

Schiller 1990/91: Schiller, Gertrud: Ikonographie der christlichen Kunst, Bd. 5: Die Apokalypse des Johannes, Gütersloh 1990/91.

Schilling 1974: Schilling, Heinz: Job Fincel und die Zeichen der Endzeit, in: Brückner, Wolfgang (Hg.): Volkserzählung und Reformation. Ein Handbuch zur Tradierung und Funktion von Erzählstoffen und Erzählliteratur im Protestantismus, Berlin 1974, 326–393.

Schmidt 1976: Schmidt, Johann M.: Die jüdische Apokalyptik. Die Geschichte ihrer Erforschung von den Anfängen bis zu den Textfunden von Qumran, Neukirchen-Vluyn 1976².

Schwarte 1978: Schwarte, Karl-Heinz: Art. Apokalyptik/Apokalypsen V. Alte Kirche, TRE 3, Berlin/New York 1978, 257–275.

Schwarz 1977: Schwarz, Reinhard: Die apokalyptische Theologie Thomas Müntzers und der Taboriten (BHTh 55), Tübingen 1977.

Seebaß 1978: Seebaß, Gottfried: Art. Apokalyptik/Apokalypsen VII. Reformation und Neuzeit, TRE 3, Berlin/New York 1978, 280–289.

Seebaß 1997: Seebaß, Gottfried: Reich Gottes und Apokalyptik bei Thomas Müntzer, in: ders.: Die Reformation und ihre Außenseiter. Gesammelte Aufsätze und Vorträge, hg. von Irene Dingel, Göttingen 1997, 165–185.

Selge 2002: Selge, Kurt-Victor: Die Stellung Joachims von Fiore in seiner Zeit. Trinitätsverständnis und Gegenwartsbestimmung, in: Aertsen, Jan A./Pickavé, Martin (Hgg.): Ende und Vollendung. Eschatologische Perspektiven im Mittelalter (MM 29), Berlin/New York 2001, 481–503.

Skotti 2010: Skotti, Kristin: Der Antichrist im Heiligen Land. Apokalyptische Feindidentifizierungen in den Chroniken des Ersten Kreuzzugs, in: Brandes, Wolfram/Schmieder, Felicitas (Hgg.): Endzeiten. Eschatologie in den monotheistischen Weltreligionen (Millennium-Studien 16), Berlin 2008, 69–98.

Sokel 1970: Sokel, Walter H.: Der literarische Expressionismus. Der Expressionismus in der deutschen Literatur des zwanzigsten Jahrhunderts, München 1970.
Sommer 1997: Sommer, Wolfgang: Luther – Prophet der Deutschen und der Endzeit. Zur Aufnahme der Prophezeiungen Luthers in der Theologie des älteren deutschen Luthertums, in: ders. (Hg.): Zeitenwende – Zeitenende. Beiträge zur Apokalyptik und Eschatologie (Theol. Akzente 2), Stuttgart 1997, 109–128.
Specker 1974: Specker, Johannes: Missionarische Motive im Entdeckungszeitalter, in: Rzepkowski, Horst (Hg.): Mission: Präsenz – Verkündigung – Bekehrung?, Steyl 1974, 80–91.
Staats 1976: Staats, Reinhart: Theologie der Reichskrone. Ottonische „Renovatio Imperii" im Spiegel einer Insignie (MGMA 13), Stuttgart 1976.
Staehelin 1951–1964: Staehelin, Ernst: Die Verkündigung des Reiches Gottes in der Kirche Jesu Christi – Zeugnisse aus allen Jahrhunderten und allen Konfessionen, 7Bde., Basel 1951–1964.
Stein 2000: Stein, Stephen J.: Apocalypticism Outside the Mainstream in the United States, in: ders. (Hg.): The Encyclopedia of Apocalypticism. Vol. III: Apocalypticism in the Modern Period and Contemporary Age, New York/London 2000, 108–139.
Steinicke 2013: Steinicke, Marion: Zeichen des Antichrist im Fernen Osten. Franziskanische Missionsberichte vom Ende der Welt, in: Wieser, Veronika u. a. (Hgg.): Abendländische Apokalyptik. Kompendium zur Genealogie der Endzeit (Kulturgeschichte der Apokalypse 1), Berlin 2013, 477–503.
Struve 2001: Struve, Tilman: Endzeiterwartungen als Symptom politisch-sozialer Krisen im Mittelalter, in: Aertsen, Jan A./Pickavé, Martin (Hgg.): Ende und Vollendung. Eschatologische Perspektiven im Mittelalter (MM 29), Berlin/New York 2001, 207–226.
Tilly 2012: Tilly, Michael: Apokalyptik, Tübingen 2012.
Toulouse 2004: Toulouse, Mark G.: Art. Social Gospel, RGG⁴ 7, Tübingen 2004, 1407–1409.
Velde 2002: Velde, Rudi te: Christian Eschatology and the End of Time according to Thomas Aquinas (Summa contra gentiles IV, c.97), in: Aertsen, Jan A./Pickavé, Martin (Hgg.): Ende und Vollendung. Eschatologische Perspektiven im Mittelalter (MM 29), Berlin/New York 2001, 595–604.
Vondung 1987: Vondung, Klaus: Inversion der Geschichte. Zur Struktur des apokalyptischen Geschichtsdenkens, in: Kamper, Dietmar/Wulf, Christoph (Hgg.): Das Heilige. Seine Spur in der Moderne, Frankfurt a. M. 1987, 600–624.
Wallmann 1986: Wallmann, Johannes: Philipp Jakob Spener und die Anfänge des Pietismus (BHTh 42), Tübingen 1986².
Wallmann 1995: Wallmann, Johannes: Reich Gottes und Chiliasmus in der lutherischen Orthodoxie, in: ders.: Theologie und Frömmigkeit im Zeitalter des Barock. Gesammelte Aufsätze, Tübingen 1995, 105–123.
Weber 1987: Weber, Timothy P.: Living in the Shadow of the Second Coming. American Premillennialism, 1875–1982, Chicago/London 1987.
Westphal 1997: Westphal, Siegrid: Die Reformation als Apokalypse. Luther, Michael Stifel und der „Lochauer Weltuntergang" 1533, in: Bünz, Enno u. a. (Hgg.): Der Tag X in der Geschichte. Erwartungen und Enttäuschungen seit tausend Jahren, Stuttgart 1997, 102–125.

Whalen 2009: Whalen, Brett E.: Dominion of God. Christendom and Apocalypse in the Middle Ages, Cambridge, MA/London 2009.
Wilhelm-Schaffer 1999: Wilhelm-Schaffer, Irmgard: Gottes Beamter und Spielmann des Teufels. Der Tod in Spätmittelalter und Früher Neuzeit, Köln u. a. 1999.

3. Literaturhinweise zum vertiefenden Studium

Brandes, Wolfram/Schmieder, Felicitas (Hgg.): Endzeiten. Eschatologie in den monotheistischen Weltreligionen (Millennium-Studien 16), Berlin 2008.
Collins, John J. u. a. (Hgg.): The Encyclopedia of Apocalypticism, 3 Bde., New York/London 2000².
McGinn, Bernard u. a. (Hgg.): The Continuum History of Apocalypticism, New York 2003.
Wieser, Veronika u. a. (Hgg.): Abendländische Apokalyptik. Kompendium zur Genealogie der Endzeit (Kulturgeschichte der Apokalypse 1), Berlin 2013.

Systematische Theologie

Ulrich H. J. Körtner

Enthüllung der Wirklichkeit

Systematisch-theologische Zugänge zur Apokalyptik

1. Apokalyptik und Eschatologie

Man kann die Apokalyptik als eine besondere Form der Eschatologie betrachten. Wörtlich verstanden handelt es sich bei der Eschatologie um die Lehre von den letzen Dingen. Darunter versteht man die letzten Geschehnisse am Ende der Zeiten, die in der Bibel als heilsgeschichtliches Drama geschildert werden. Erwartet wird im Neuen Testament das Ende der Welt und mit ihm zugleich das Ende der Zeit und der Geschichte. An ihrem Ende soll nach traditioneller Vorstellung die Wiederkunft Christi zum Jüngsten Gericht stattfinden, verbunden mit der allgemeinen Auferstehung der Toten. Das Ende aller Dinge soll aber nicht das ewige Nichts heraufbeschwören, sondern in der Vollendung der Geschichte und der Schöpfung bestehen. So richtet sich die Hoffnung des christlichen Glaubens auf einen neuen Himmel und eine neue Erde und die Vollendung der Gottesherrschaft, die mit dem Kommen Jesu Christi ihren Anfang genommen hat. Die Eschatologie ist darum sowohl die Lehre vom Ende als auch von der Vollendung der Welt als der Schöpfung Gottes.

1.1 Begriff und Geschichte der Eschatologie

Die Bezeichnung Eschatologie ist vom griechischen τὸ ἔσχατον, im Plural τὰ ἔσχατα, hergeleitet, dem Superlativ von ἐκ bzw. ἐξ. Er bedeutet so viel wie „am weitesten", „am weitesten entfernt", „das Äußerste", „das Letzte", was im örtlichen wie im zeitlichen Sinn oder auch im Sinne einer Rangfolge gemeint sein kann. Hinter der neutestamentlichen Erwartung des letzten Tages steht die alttestamentliche Vorstellung vom Tag Jahwes, an dem der Gott Israels eingreifen und das Geschick seines Volkes wenden wird. In der Johannesoffenbarung sagt der auferstandene Christus, dessen Wiederkunft erwartet wird, er sei der Erste und der Letzte, das Alpha und das Omega, der Anfang und das Ende (vgl. Apk 1,17; 2,8; 22,13). Das Ende und die Vollendung der Welt und der Geschichte sind also in Jesus Christus beschlossen.

Die altkirchlichen Glaubensbekenntnisse – das Apostolikum ebenso wie das Nicäno-Konstantinopolitanum – führen die Wiederkunft Christi zum Gericht, die Auferstehung der Toten und das ewige Leben bzw. das Leben der zukünftigen Welt unter den verbindlichen christlichen Glaubensinhalten auf. Nicht ausdrücklich erwähnt werden jedoch das Ende der Welt und seine katastrophischen Begleitumstände, die für eine apokalyptische Geschichtsauffassung als typisch gelten. Gleichwohl hat die apokalyptische Erwartung des Weltendes in Verbindung mit der Wiederkunft Christi in der Geschichte des Christentums ihren festen Platz. Sie gehört in unterschiedlichen Ausformungen zum festen Themenbestand der christlichen Eschatologie.

Auch für die reformatorische Theologie sind der Gerichtsgedanke und die Erwartung der Wiederkunft Christi zentral. Die Botschaft von der Rechtfertigung des Sünders allein aus Gnade durch den Glauben setzt voraus, dass alle Welt dem endzeitlichen Urteil Gottes entgegengeht. Während jedoch die Theologie Martin Luthers, der von starker Naherwartung erfüllt war, apokalyptische Züge trägt, stößt die Apokalyptik bei Johannes Calvin auf Ablehnung.

Beim Begriff *Eschatologie* handelt es sich um eine Wortschöpfung lutherischer Dogmatiker in der Mitte des 17. Jahrhunderts (vgl. Sauter 1995: 3). Sie haben die Themenbestände, die mit dem Ende der Welt und der Hoffnung auf die Vollendung der göttlichen Heilsgeschichte verbunden sind, zu einem eigenen dogmatischen Lehrstück ausgebaut. Die neue Bezeichnung taucht erstmals bei Philipp Heinrich Friedlieb (1603–1663) und Abraham Calov (1612–1686) auf, also in der Zeit der altprotestantischen Orthodoxie. Im Lateinischen trägt das Lehrstück den Titel „De Novissimis". Während die lutherische Dogmatik dieser Zeit das Gewicht auf den Gedanken des Endes legt, richten reformierte Theologen ihr Augenmerk auf den Gedanken der Vollendung des göttlichen Heilswerkes in Jesus Christus und im Heiligen Geist. Die Verherrlichung Gottes ist das Ziel aller Dinge. Die Unterschiede in der Gesamtanlage des eschatologischen Lehrstücks zeigen sich auch darin, dass die lutherische Orthodoxie die vollständige Vernichtung der Welt – die *annihilatio mundi* – erwartet, während die reformierte Orthodoxie die Vorstellung von der Erneuerung der Welt, der *renovatio mundi*, vertritt. Im 19. Jahrhundert hat sich für das Lehrstück schließlich die heute übliche Bezeichnung „Eschatologie" durchgesetzt, allem Anschein nach unter dem Einfluss Friedrich Schleiermachers (1768–1834).

Der Ausbau der Eschatologie in der altprotestantischen Dogmatik des 17. Jahrhunderts zu einem eigenen dogmatischen Lehrstück hängt mit dem Wechsel von der sogenannten synthetischen zur analytischen Methode zusammen (vgl. Körtner 2014: 28–45). Während sich die synthetische Methode damit begnügte, die zentralen Themen reformatorischer Theologie – *loci* genannt – in eine gewisse Ordnung zu bringen, die aber keine logisch-deduktive Abfolge bedeutete, setzt die analytische Methode der Hoch- und Spätorthodoxie ein heilsgeschichtliches Schema voraus. Sie denkt vom Ziel der Theologie (*finis theologiae*) her, nämlich dem ewigen Leben, zu dem sie hinführen möchte. Auf dieses Ziel hin wird der Stoff der Dogmatik organisch hingeordnet. Die analytische Methode sucht also nicht nur nach der inneren Stringenz der theologischen Gedankenführung, sondern sie ist auch von einer didaktischen Absicht geleitet.

Die Entwicklung eines eigenständigen Lehrstücks von den letzten Dingen in der altprotestantischen Orthodoxie erklärt sich auch durch die kontroverstheologische Auseinandersetzung mit der zeitgenössischen katholischen Theologie. Schon im katholischen Lehrbetrieb des Mittelalters war ein eigener Traktat über die letzten Dinge entstanden, welcher die im Zeitalter der Alten Kirche meist unsystematisch behandelten eschatologischen Einzelthemen und -motive zusammenfassen sollte (vgl. Greshake 1995: 861). Bei Petrus Lombardus (1095/1100–1160) oder bei Hugo von St. Victor (gest. 1141) schließt der neue Traktat die Lehre von den Sakramenten ab. Doch kann die Eschatologie in der mittelalterlichen Theologie auch in Verbindung mit der Lehre von der Vollendung der Schöpfung oder als Abschluss der Christologie erörtert werden.

Im Rahmen einer von der aristotelischen Philosophie geprägten Ontologie konnte der Eindruck entstehen, als spreche die Eschatologie von Ereignissen und Orten, die man sich dinghaft nach raumzeitlichen Kategorien vorzustellen habe. Das gilt nicht nur für die katholische Spät- und Neuscholastik, sondern auch für die aristotelisch geprägte altprotestantische Orthodoxie.

Während der Gegenstand der altprotestantischen Eschatologie das Ende bzw. die Vollendung der Welt ist, richtet sich das Interesse in der

Zeit des Pietismus und der Aufklärung immer mehr auf die Vollendung der Kirche oder auf die Hoffnung auf einen innerweltlichen Fortschritt von Kultur und Sittlichkeit. So kommt es zu einer folgenreichen Transformation eschatologischer Themenbestände im Neuprotestantismus.

Für Schleiermacher etwa sind „die Kirche in ihrer Vollendung" und der „Zustand der Seelen im künftigen Leben" Gegenstand der Eschatologie (Schleiermacher 1960, Bd. II: 416). Gegen die hergebrachte Bezeichnung „die letzten Dinge" wendet Schleiermacher ein, bei den Gegenständen der Eschatologie handele es sich nicht um raumzeitliche Gegebenheiten, sondern um eine Hoffnung, die in mythischen oder visionären Vorstellungen dargestellt wird. Daher betont Schleiermacher die Bildhaftigkeit eschatologischer Aussagen, die wohl in der Vorstellung von der Wiederkunft Christi ihr organisierendes Zentrum haben, sich aber nicht in ein systematisches Gesamtkonstrukt pressen lassen.

Aufklärung und deutscher Idealismus haben die Eschatologie zu einer Geschichtstheologie und weiter zu einer Geschichtsphilosophie umgeformt, für welche das Heilsgeschehen und das Weltgeschehen letztlich zusammenfallen. Die Hoffnung auf das Reich Gottes wird zu einer regulativen Idee der Ethik umgedeutet, die das Ziel aller menschlichen Bemühungen um sittlichen Fortschritt und die Vollendung der Kultur beschreibt, auch wenn dieser geschichtliche Endzweck niemals erreicht werden kann.

1.2 Die fragwürdige Entgegensetzung von Eschatologie und Apokalyptik

Im Gefolge dieser Entwicklung werden Eschatologie und Apokalyptik bis in die Gegenwart oftmals als Gegensatz dargestellt. Zwar wurde die kulturprotestantische Lesart der Verkündigung Jesu und der frühchristlichen Eschatologie gegen Ende des 19. Jahrhunderts durch Johannes Weiß (1863–1914) und Franz Camille Overbeck (1837–1905) in Frage gestellt. Wie sie stellte bald danach auch Albert Schweitzer (1875–1965) den apokalyptischen Charakter der Reich-Gottes-Verkündigung Jesu und der ältesten Christen heraus. Für die eigene Gegenwart formulierten Weiß und Schweitzer jedoch eine von apokalyptischen Vorstellungen und Erwartungen gereinigte und stark ethisch geprägte Eschatologie, die man im Falle Schweitzers letztlich als ihre Verabschiedung verstehen muss. Dagegen hielt Overbeck die Möglichkeit einer Synthese von Christentum und Moderne nicht länger für möglich, weil die Reinigung des christlichen Glaubens von allen apokalyptischen Elementen auf seine Auflösung bzw. auf seinen Tod hinauslaufe.

Overbeck sah keine Möglichkeit, die urchristliche Naherwartung unter den Bedingungen der Moderne auf intellektuell redliche Weise neu zur Geltung zu bringen. Die Dialektische Theologie, allen voran Karl Barth (1886–1968) und Eduard Thurneysen (1888–1974), hat Overbeck als Gewährsmann ihrer Theologie der Krisis in Anspruch genommen und seine Kritik an der modernen Theologie ins Positive gewendet. Man kann im Fall der Dialektischen Theologie auch von einer *radikalen* Eschatologie sprechen. Es handelt sich um eine besondere Spielart präsentischer Eschatologie, die nicht über zukünftige Ereignisse spekuliert, sondern die Gegenwart unter dem Vorzeichen des göttlichen Gerichtes und der göttlichen Gnade interpretiert. Das geschieht auch bei Rudolf Bultmann (1884–1976). Hier und jetzt steht der Mensch Gott als dem ganz Anderen und seiner Ewigkeit gegenüber. In seiner Auslegung des Römerbriefes polemisierte Barth gegen ein „harmloses ‚eschatologisches' Kapitelchen am Ende der Dogmatik" (Barth 1976: 484) und erklärte apodiktisch: „Christentum, das nicht ganz und gar und restlos Eschatologie ist, hat mit Christus ganz und gar und restlos nichts zu tun" (Barth 1976: 298). Nicht zu Unrecht hat man freilich der Dialektischen Theologie jedoch vorgeworfen, sie habe den Begriff der Eschatologie oder des Eschatologischen überdehnt. Im Rückblick hat Barth selbstkritisch geurteilt, man habe sich zeitweilig einem „pan-eschatologischen Traum" hingegeben (Barth 1959: 1047). Tatsächlich wurde die Dialektik von Zeit und Ewigkeit um den Preis des Ausschlusses der Apokalyptik aus der Theologie und eines sehr verschwommenen Eschatologiebegriffes erkauft.

Wie die biblische Exegese hat das apokalyptische Erbe des frühen Christentums auch die systematische Theologie in der Moderne in eine gewisse Verlegenheit gebracht. Eine verbreitete Strategie besteht darin, zwischen Apokalyptik und Eschatologie scharf zu unterscheiden, die apokalyptischen Elemente in den neutestamentlichen Schriften für unerheblich zu erklären und auch die Reich-Gottes-Verkündigung Jesu von Nazareth von allen apokalyptischen Zügen zu reinigen. Man kann geradezu von einer Entapokalyptisierung der christlichen Eschatologie sprechen, die das apokalyptische Erbe christlichen Randgruppen und Endzeitsekten überlässt.

Die Entgegensetzung von Eschatologie und Apokalyptik vermag jedoch weder exegetisch noch systematisch-theologisch zu überzeugen, selbst wenn man in Rechnung stellt, dass es im Neuen Testament unterschiedliche Ausprägungen christlicher Eschatologie gibt und vor allem in der johanneischen Eschatologie die apokalyptischen Züge stark in den Hintergrund treten. Auch ist es historisch wie theologisch fragwürdig, wenn alles Apokalyptische dem Judentum zugeordnet und der vermeintlich unapokalyptischen Verkündigung Jesu gegenübergestellt wird. Die These von den jüdischen Eierschalen und einem unapokalyptischen Kern christlicher Eschatologie lässt sich nicht halten. Grundsätzlich ist festzustellen, dass apokalyptische Gehalte ein strukturelles Element christlicher Eschatologie sind, mit denen systematisch-theologisch freilich kritisch und reflektiert umzugehen ist.

2. Systematisch-theologische Positionen zur Apokalyptik

Seit der Mitte des 20. Jahrhunderts wurde die Apokalyptik sowohl in der katholischen als auch in der evangelischen Theologie als Thema neu entdeckt. Dafür gibt es mehrere Gründe. Zum einen wurden die Zukunft und damit die futurische Eschatologie zu einem beherrschenden Thema. Man kann geradezu von einer theologischen „Entdeckung der Zukunft" sprechen. Zum anderen standen damit neue Entwürfe einer politischen Theologie in Verbindung. Die Apokalyptik konnte als Spielart einer politischen Theologie, unter Umständen sogar als Theologie der Revolution interpretiert werden. Bereits Friedrich Engels hat die Johannesapokalypse aus marxistischer Sicht als revolutionären Text interpretiert, und die Kirchengeschichte ist reich an Beispielen für kirchenkritische und revolutionäre Bewegungen, deren Theologie und politisches Programm apokalyptisch inspiriert waren. Auch für die Theologie der Befreiung des 20. Jahrhunderts gehört die Johannesoffenbarung zu den zentralen biblischen Texten.

Exemplarisch werden im Folgenden die Positionen von Wolfhart Pannenberg, Jürgen Moltmann, Gerhard Sauter und Johann Baptist Metz vorgestellt.

2.1 Wolfhart Pannenberg

Das Interesse Wolfhart Pannenbergs an der Apokalyptik erklärt sich aus seinem Anliegen, eine neue Geschichtstheologie zu entwerfen und in Verbindung mit dieser ein gegenüber der Dialektischen Theologie neues Verständnis von Offenbarung zu entwickeln. Offenbarung vollzieht sich nach Pannenberg nicht *innerhalb* der Geschichte, sondern *als* Geschichte. Im Unterschied zu Hegel will Pannenberg allerdings nicht die Geschichte als Offenbarung und die Weltgeschichte als Weltgericht verstanden wissen, sondern die göttliche Offenbarung als geschichtlichen Prozess deuten. Durchaus im Sinne Karl Barths ist auch bei Pannenberg „Offenbarung [...] nicht ein Prädikat der Geschichte, sondern Geschichte ist ein Prädikat der Offenbarung" (Barth 1948: 64). Allerdings kann man fragen, ob in der Durchführung des Programms nicht doch Subjekt und Prädikat vertauscht werden.

Pannenbergs theologisches Programm „Offenbarung als Geschichte" setzt nun einen Begriff von Universalgeschichte voraus, der nach seiner Auffassung erst durch die jüdische Apokalyptik möglich geworden ist. Pannenberg stützt sich hierbei auf eine exegetische Studie von Dietrich Rössler (Rössler 1960), durch die wiederum Ulrich Wilckens vom Neuen Testament her zur Auseinandersetzung mit der Apokalyptik angeregt wurde. Pannenberg vertritt die These, dass es unter Absehung vom biblischen Offenbarungsglauben gar keinen Allgemeinbegriff von Geschichte geben könne. Für Pannenberg ist Geschichte „die Wirklichkeit in ihrer Totalität" (Pannenberg 1959: 222). Als Geschichte wird die Wirklichkeit durch die biblischen Kategorien Verheißung und Erfüllung erschlossen. „Geschichte ist das zwischen Verheißung und Erfüllung hineingespannte Geschehen, indem es durch die Verheißung eine unumkehrbare Zielrichtung auf künftige Erfüllung hin erhält" (Pannenberg 1959: 220). Sieht man von den Listen der Chronikbücher im Alten Testament einmal ab, ist die „Ausweitung der Heilsgeschichte zur Universalgeschichte" nach Pannenbergs Überzeugung „in der Apokalyptik zum ersten Mal systematisch durchgeführt worden" (Pannenberg 1961: 97). Apokalyptische Universalgeschichte ist also mit anderen Worten Heilsgeschichte. Auch seine eigene Geschichtstheologie begreift Pannenberg als „eine offenbarungsgeschichtliche Konzeption", und das heißt als eine Fortschreibung „des heilsgeschichtlichen Denkens in der Theologie" (Pannenberg 1959: 235).

Das apokalyptische Wirklichkeits- und Geschichtsverständnis wird nun im Neuen Testament fortgeführt, aber auch entscheidend umgeprägt, insofern die Auferstehung Christi als Vorwegnahme der allgemeinen Totenauferweckung am Ende der Zeiten und somit als „Prolepse" des Endes der Geschichte verstanden wird. Nur aufgrund dieser Prolepse ist es überhaupt möglich, die Universalgeschichte als *Heils*geschichte zu begreifen. Die Auferstehung Jesu aber ist nach Pannenberg kein Mythos, sondern ein historisch verifizierbares Ereignis.

Pannenbergs Begriff der historischen Verifikation setzt allerdings eine Umprägung der herkömmlichen Kategorien und Kriterien historischer Forschung voraus, die wenig überzeugt. Die Hoffnung auf eine eschatologische Verifikation der geschichtsbezogenen Aussagen des christlichen Glaubens am Ende der Zeiten verlagert die Theorieprobleme nur. Davon abgesehen blendet Pannenbergs heilsgeschichtliche Deutung der Apokalyptik die katastrophischen Züge jüdischer Apokalyptik zugunsten des Verheißungsgedankens aus. Damit aber wird übersehen, dass die Verheißung und die Hoffnung auf Heil in der Apokalyptik Bestandteil einer Katastrophentheorie sind, setzt doch alle Apokalyptik die Katastrophalität des letzten Erlösungsgeschehens voraus.

2.2 Jürgen Moltmann

Wie Pannenberg setzte auch Moltmanns „Theologie der Hoffnung" bei der biblischen Kategorie der Verheißung ein. Pannenbergs Verständnis der Geschichte als indirekter Selbstoffenbarung lehnt Moltmann jedoch mit der Begründung ab, es nehme die Struktur des biblischen Glaubens an den Gott der Verheißung nicht genügend ernst. Pannenberg bleibe der griechischen Metaphysik und der Tradition des kosmologischen Gottesbeweises verhaftet und gelange daher nicht über ein Verständnis von Offenbarung als Theophanie hinaus. Moltmann vergleicht die apokalyptische Zukunftshoffnung mit der Erwartung der alttestamentlichen Propheten. „Ringt in der Botschaft der Propheten, so könnte man sagen, die israelitische ‚Geschichtshoffnung' mit den weltgeschichtlichen Erfahrungen und wird in diesem Ringen die Weltgeschichte verstanden als Funktion der eschatologischen Zukunft Jahwes, so ringt in der Apokalyptik die geschichtliche Eschatologie mit der Kosmologie und macht den Kosmos verstehbar in diesem Ringen als geschichtlichen Prozeß der Äonen in apokalyptischer Perspektive" (Moltmann 1997: 123). Moltmann begreift die Apokalyptik als „Anfang einer eschatologischen Kosmologie oder einer eschatologischen Ontologie, für die das Sein geschichtlich wird und der Kosmos sich öffnet zum apokalyptischen Prozeß" (Moltmann 1997: 124). Das zentrale Thema der Apokalyptik ist die Gerechtigkeit Gottes und ihres Sieges über Lebende und Tote.

Die entscheidende Deutungskategorie zum Verständnis der Apokalyptik ist die Hoffnung, so dass Moltmann eine innere Verwandtschaft zwischen apokalyptischem Denken und Ernst Blochs Philosophie der

Hoffnung ausmachen kann. Im Unterschied zu Bloch schattet Moltmann freilich die katastrophischen Züge jüdischer Apokalyptik stark ab. In seinem christologischen Entwurf „Der gekreuzigte Gott" deutet Moltmann die Apokalyptik als Versuch, eine Antwort auf die Theodizeefrage in universalgeschichtlicher Perspektive zu geben. Es geht in der Apokalyptik also durchaus um Erfahrungen der Negativität der Geschichte. Doch spielt der für Apokalyptik zentrale Gedanke der Katastrophalität der Erlösung bei Moltmann ebenso wenig wie bei Pannenberg eine nennenswerte Rolle. Moltmann interessiert an der Apokalyptik vor allem, dass sie den Kosmos zu einem geschichtlichen Prozeß hin öffnet. Mit Ernst Bloch gesprochen handelt es sich bei dieser Öffnung aber um ein Geschehen mit katastrophischen Zügen. Der Kosmos wird nicht geöffnet, sondern apokalyptisch gesprengt.

Das Thema der Apokalyptik gehört bei Moltmann auch in den Kontext einer politischen Theologie. In ihrem Rahmen hat Moltmann anfangs zwischen einer restaurativen oder reaktionären Apokalyptik und einem progressiven Messianismus unterscheiden wollen. Während er die restaurativen, gegen die Französische Revolution und ihr Erbe wie gegen jede Revolution gerichteten Tendenzen der Kirchengeschichte des 19. und 20. Jahrhunderts als apokalyptische Weltorientierung der Kirche kritisierte, blieb der positiv besetzte Begriff des Messianischen jenen kirchlichen Kräften vorbehalten, welche die Französische Revolution als Befreiungsgeschehen begrüßten, als entscheidende Etappe des messianischen Exodus in der Geschichte des Geistes. Kennzeichen schlechter Apokalyptik ist die Orientierung an den als Zeichen des Weltendes gedeuteten Zeichen der Zeit (vgl. Moltmann 1975: 57ff.). Gute, nämlich messianische Apokalyptik orientiert sich dagegen an den Zeichen und Wundern des Geistes (vgl. Moltmann 1975: 60ff.).

Moltmanns anfängliches Verständnis des Messianischen ist verschiedentlich kritisiert worden. Dass sich mit Hilfe der Kategorien des Apokalyptischen und des Messianischen derart eindeutig, wie Moltmann dachte, zwischen zwei Grundformen von Eschatologie und einer entweder gesellschaftlich progressiven oder aber restaurativen Tendenz unterscheiden lässt, ist zweifelhaft. Wie schon Gershom Scholem gezeigt hat (Scholem 1963), konnte und kann sich der jüdische Messianismus bis heute restaurativ auswirken, weil er die Gegenwart zugunsten des Eschaton entwertet. Sodann ist auch der jüdische Messianismus eine Katastrophentheorie, was bei Moltmann ausgeblendet wird. Und schließlich war der christliche Messianismus keineswegs immer derart progressiv und aktivistisch, wie Moltmann seinerzeit glaubte.

Die geschichtlichen und politischen Folgen des Christentums bleiben zweideutig, weil seine Ausbreitungsgeschichte nicht nur Krisen, sondern auch historische Katastrophen ausgelöst hat. So muss man fragen, ob Moltmanns messianischer Optimismus nicht die Katastrophalität der Geschichte dadurch herunterspielt, dass er sie mit einer an der alttestamentlichen Gerichtsprophetie orientierten Geschichtstheologie zu innergeschichtlichen Krisen umdeutet (vgl. Martin 1984: 133ff; Körtner 1988: 282f.).

Moltmann ist auf solche Kritik insoweit eingegangen, dass er in späteren Werken die Leiden Christi ausdrücklich in einen apokalyptischen Horizont stellt. Er greift dabei die „unzeitgemäßen Thesen" von Johann Baptist Metz aus dem Jahr 1977 (Metz 1984: 149ff.) auf und nähert sich damit stärker als in der Vergangenheit dem Verständnis des Messianischen in Walter Benjamins Thesen zur Geschichtsphilosophie an (Benjamin 1980: 693ff.). In seinem christologischen Entwurf „Der Weg Jesu Christi" spricht Moltmann von der „Verbundenheit von Messianismus und Apokalyptik" (Moltmann 1989: 175). Auf Golgatha verbindet sich das Apokalyptische mit dem Messianischen, insofern der Tod und die Auferstehung Christi das Wesen der Geschichte als „praeparatio messianica" enthüllen (Moltmann 1989: 19). Der Begriff des Messianischen dient Moltmann, der Gedanken von Gershom Scholem und Walter Benjamin aufgreift, auch als Brücke zur Verständigung im christlich-jüdischen Dialog.

Moltmann unterscheidet drei Kategorien des Messianischen, nämlich die katastrophische Apokalyptik, den revolutionären Utopismus und schließlich die zwischen den beiden verlaufende Linie der „gelassenen Leidenschaft für das messianische Handeln, die handelnde Hoffnung, die erwartungsvolle Befreiung der Armen und Unterdrückten, also die messianische Thikun-Ethik" (Moltmann 1989: 43).

Moltmanns Entwurf einer messianischen Christologie kann die Kategorie des Messianischen nicht nur im Gespräch mit dem Judentum, sondern auch in den Themenbereichen christlicher Kosmologie und Eschatologie fruchtbar machen. Dennoch gibt es eine Reihe von Anfragen. Moltmanns Geist-Christologie trägt in starkem Maße ethische Züge. Moltmann weist mit Nachdruck darauf hin, dass alle Christuserkenntnis ethisch zu sein habe. Bemerkenswert ist dabei seine Sympathie für das Erbe des Täufertums und der sogenannten Friedenskirchen (vgl. Moltmann 1989: 136ff.). Zu fragen ist aber, wie es um Moltmanns Verständnis der Unerlöstheit der Welt und ihrer Ursache, mit anderen Worten um seinen Begriff der Sünde bestellt ist.

Mit der dogmatischen Tradition möchte Moltmann den Aspekt der Schuldhaftigkeit im Sündenbegriff festhalten, doch deutet er die Sünde vor allem als Tragik. Darum begreift Moltmann auch den Tod nicht wie Paulus als Lohn der Sünde (vgl. Röm 6,23), sondern als „Schicksal, dem alles Lebendige unterworfen ist" und als „Zeichen einer Tragödie in der Schöpfung" (Moltmann 1989: 191). Anstelle der Sünde wird der Tod dafür verantwortlich gemacht, „daß der natürliche Lebenstrieb in einen unnatürlichen Todestrieb pervertiert" (Moltmann 1989: 287). Mit derartigen Überlegungen gerät Moltmann in die Nähe gnostischen Denkens, von dem er sich eigentlich abgrenzen möchte.

Wenn Moltmann jedoch das Überleben von Mensch und Natur mit dem endzeitlichen Frieden Gottes identifiziert (Moltmann 1989: 278) und mit dem Appell endet, ein Leben zu führen, „das im Einsatz für Gerechtigkeit und Frieden in dieser Welt der Mitarbeit am Reich Gottes gewidmet ist" (Moltmann 1989: 366), trägt sein Messianismus chiliastische Züge. Moltmanns Aussage, die messianische Hoffnung der Christen habe sich in ihrem adventlichen Tun zu bewähren, verdient Zustimmung. Jedoch bleibt zwischen der Aufnahme apokalyptischer Gedankengänge und Moltmanns Ethik der „Verbesserung der Welt zum Reich Gottes" eine Spannung, die nicht aufgelöst wird.

2.3 Gerhard Sauter

Wie Moltmann hat auch Gerhard Sauter eine Theologie der Zukunft, will sagen einen theologischen Begriff der Zukunft formuliert, der auf die Apokalyptik Bezug nimmt. Im Unterschied zu Pannenberg und Moltmann interpretiert Sauter die Apokalyptik jedoch im Anschluss an Gershom Scholem sachgemäß als Katastrophentheorie (vgl. Sauter 1973: 239ff., bes. 242ff.). Grundlegend bestimmt Sauter die „Apokalypsis als Enthüllung der Zukunft" (Sauter 1973: 43), wobei ein daseinanalytischer Begriff von Zukunft vorausgesetzt ist. Die Bilder der jüdischen Apokalyptik wollen nach Sauters Auffassung „alle auf ihre Weise Zukunft eröffnen und doch zugleich wieder verschließen – aber ‚Zukunft' nun wieder nicht in ihrem grammatikalischen Zeitsinn, sondern als das theologische Datum, mit dem eine Welt schlechthin aufgedeckt werden soll" (Sauter 1973: 241). Enthüllung der Zukunft bedeutet also nicht Information oder Spekulation über künftige Ereignisse, sondern die Ermöglichung von Zukunft. Nach Überzeugung der jüdischen Apokalyptik aber ist es Gott, der die Zukunft eröffnet. Das Offenbarungsgeschehen, die Apokalypsis, bedeutet gleichzeitig die Enthüllung der Wirklichkeit Gottes wie auch die Enthüllung der im Licht der göttlichen Wirklichkeit zu betrachtenden Welt. Ebenso wie die Apokalypsis die Enthüllung der Zukunft ist, gilt von ihr, dass sie die Entdeckung der Geschichte ist (vgl. Sauter 1973: 243). Im Unterschied zu Pannenberg betont Sauter, dass die Geschichte in ihrer Totalität keineswegs die – wenn auch indirekte – Selbstoffenbarung Gottes ist, sondern von dieser radikal geschieden bleibt und auf ihren Untergang zusteuert. Als Enthüllung der Wirklichkeit als Geschichte dürfe man die jüdische Apokalyptik nur dann bezeichnen, wenn theologisch sichergestellt bleibe, dass Offenbarung niemals ein Prädikat der Geschichte sein kann (vgl. Sauter 1973: 243f.).

Sauter interpretiert Apokalyptik theologisch „als eschatologisches System" (Sauter 1973: 246), das Gott und Welt in denkbar scharfen Gegensatz stellt. Es setzt die Geschlossenheit der Geschichte voraus, „damit die Zukunft des Gottesreiches in sie einbrechen und sie damit zugleich zerstören kann" (Sauter 1973: 246). Was die Botschaft Jesu von der jüdischen Apokalyptik nach Sauters Auffassung unterscheidet, ist die Gewissheit der Nähe Gottes. Zwar könne und müsse auch weiterhin von der Verborgenheit der Zukunft und der Verborgenheit Gottes gesprochen werden. Doch ist seine Verborgenheit jetzt „nicht mehr mit Ferne einfach gleichbedeutend, sondern heisst wirkliche Nähe, Nähe der Wirklichkeit Gottes selbst" (Sauter 1973: 249). So wird die Systematik der Apokalyptik von innen her aufgebrochen, ohne dass doch christliche Eschatologie „auf eine Beantwortung und eine dadurch bedingte Aufnahme der Apokalyptik verzichten" könnte (Sauter 1973: 251).

Nun kennt auch die Apokalyptik den Gedanken der Naherwartung und kann insofern auf ihre Weise ebenfalls von der Nähe oder dem Kommen Gottes sprechen. Während gerade die urchristliche Naherwartung zum Stein des Anstoßes in der Moderne geworden ist, hält sie Sauter für theologisch unaufgebbar. Sofern nämlich Apokalyptik „von Gottes Nähe spricht, bricht sie ein naives Zeitverständnis auf, und Fernerwartung wäre ein Widerspruch in sich" (Sauter 1998: 597).

2.4 Johann Baptist Metz

1977 veröffentlichte der katholische Systematiker Johann Baptist Metz „unzeitgemäße Thesen zur Apokalyptik" (Metz 1984), in denen er die christliche Hoffnung als eine Form der Naherwartung interpretiert. Naherwartung sei das Gegenstück zu einem unbiblischen Zeitbegriff, der von einer unendlichen und gleichmäßig verlaufenden Zeit ausgehe und zur paradoxen Erfahrung einer zeitlosen Zeit führe. Die moderne Evolutionslogik sei nichts anderes als ein Metaphysikersatz. So stehe die moderne Theologie, die sich dem Geschichtsbild „eines evolutionistischen Historismus" (Metz 1984: 153) unterworfen habe, „im Bann der Zeitlosigkeit" (Metz 1984: 152ff.) und damit weiter im Bann einer unbiblischen Metaphysik. Auch Rudolf Bultmanns existentiale Interpretation des Neuen Testaments mit ihrer präsentischen Eschatologie und ihrer Betonung radikaler Geschichtlichkeit stehe im Bann der metaphysischen Zeitlosigkeit.

Gegen Metaphysik und Verlust der Zeit bietet Metz das Erbe der Apokalyptik auf. Sie wendet sich auch gegen den Geist moderner Utopien. Die Apokalyptik banne die Zeit keineswegs in ein starres Weltschema, sondern sie betreibe im Gegenteil „die radikale Verzeitlichung der Welt" (Metz 1984: 155). Metz interpretiert das apokalyptische Katastrophenbewusstsein als fundamentales „Zeitbewußtsein, und zwar nicht etwa ein Bewußtsein vom Zeitpunkt der Katastrophe, sondern vom katastrophischen Wesen der Zeit selbst, vom Charakter der Diskontinuität, des Abbruchs und des Endes der Zeit" (ebd.). Gerade dadurch, dass die Zukunft für die Apokalyptik fraglich wird, wird sie zur „echten Zukunft", die nicht die Projektionsfläche für alle möglichen Wünsche und Ängste bietet, sondern in der radikalen Nachfolge Christi gewagt werden muss.

Angeregt durch Walter Benjamin deutet Metz Religion, die christliche zumal, als „Unterbrechung" (Metz 1984: 151). Ihre Grundbegriffe sind Liebe, eine sich Zeit nehmende Solidarität, und eine „gefährliche Erinnerung", „die nicht nur das Gelungene, sondern das Zerstörte, nicht nur das Verwirklichte, sondern das Verlorene erinnert und sich so gegen die Sieghaftigkeit des Gewordenen und Bestehenden wendet" (Metz 1984: 151). Dieser Gedanke hat auch eine christologische Pointe, ist doch auch die Botschaft von Tod und Auferstehung Jesu von Nazareth eine gefährliche, subversive und zur Solidarität mit den Opfern der Geschichte motivierende Erinnerung. Ohne Apokalyptik verkomme die Christologie freilich „zur Siegerideologie" (Metz 1984: 155).

Die frühchristliche Apokalyptik versteht Metz als eine Gestalt von politischer Theologie. In ihrem Zentrum stehen die Fragen: „Wem gehört die Welt? Wem ihre Leiden? Wem ihre Zeit?" (Metz 1984: 157). Das Wissen um die Befristung der Zeit und die mit ihm verbundene Naherwartung bringen das christliche Leben unter Zeit- und Handlungsdruck. Naherwartung begründet Verantwortung, statt sie zu untergraben. „Das apokalyptische Bewußtsein steht nicht primär unter dem Aspekt der Bedrohung und der lähmenden Katastrophenangst, sondern unter dem der Herausforderung zur praktischen Solidarität mit den ‚geringsten Brüdern', wie es in der kleinen Apokalypse des Matthäus-Evangeliums heißt" (Metz 1984: 156).

Metz' Interpretation der Apokalyptik macht zu Recht geltend, dass die verbreitete Unterscheidung zwischen Eschatologie und Apokalyptik bzw. zwischen einem eschatologischen und einem apokalyptischen Zeitverständnis theologisch eine falsche Alternative aufbaut. Dass Apokalyptik als spezifische Form von politischer Theologie zu verstehen ist, hat ebenfalls seine Berechtigung. Das Verhältnis von Apokalyptik und christlichem Glauben im Neuen Testament ist jedoch, wie wir noch sehen werden, dialektisch zu bestimmen. Diese Dialektik kommt bei Metz nicht genügend zur Geltung.

3. Weltangst und Weltende

Wie bei Moltmann steht auch bei Metz die Interpretation der Apokalyptik unter dem Leitbegriff der Hoffnung. Die spezifische Hoffnung der Apokalyptik aber lässt sich nur verstehen, wenn sie als Antwort auf elementare Erfahrungen der Angst begriffen wird, die sich als Weltangst bezeichnen lässt.

Pointiert gesagt, ist Apokalyptik Seelsorge an den Geängstigten und nicht etwa in erster Linie ein politisches Programm, so gewiss apokalyptische Denkmuster in Geschichte und Gegenwart immer wieder auch politische Bewegungen angetrieben haben. Apokalyptik ist Enthüllung der Wirklichkeit (vgl. Ellul 1981), genauer gesagt: Enthüllung der Wirklichkeit im Untergang.

Apokalyptisch wird die Welt als Ort der Heillosigkeit oder des Unheils erfahren. Die Welt, der *Äon*, ist ein geschlossener Zeit-Raum des Unheils. Eben darum ist auch die Geschichte ein geschlossenes Unheilskontinuum. Sofern überhaupt auf Rettung zu hoffen ist, muss diese von außen in diesen Unheilsraum einbrechen. Die apokalyptische Hoffnung auf Zukunft ist keine Hoffnung auf innerweltliche Kräfte oder auf geschichtlichen Fortschritt. Sie gründet vielmehr in der Schau einer Gegenwelt oder in einer göttlichen Verheißung. Der Grund für die Erwartung künftigen Heils liegt nicht in einer heilsgeschichtlichen Erinnerung. Sie wird vielmehr als zukünftige Möglichkeit antizipiert. Hoffnung auf Erlösung gibt es nur um den Preis der Zerstörung der vorfindlichen Welt, die gewissermaßen sackgassenartig strukturiert ist. Der Weg zum Heil führt durch die Katastrophe. Daher ist alle apokalyptische Hoffnung von der Katastrophalität der Erlösung überzeugt.

Nach einem verbreiteten Urteil hat eine apokalyptische Wirklichkeitsauffassung ihre Wurzeln in gesellschaftlichen oder individuellen Krisenerfahrungen. Tatsächlich kann Apokalyptik als Ausdruck eines Krisenbewusstseins gelten, das auf gesellschaftliche oder politische Umbrüche reagiert. Die als krisenhaft erlebte Gegenwart wird mit Hilfe apokalyptischer Denkmuster gedeutet, um auf diese Weise bewältigt zu werden. Apokalyptik ist also weniger Zukunftserforschung als vielmehr ein Versuch der Gegenwartsbewältigung.

Die Gegenwart aber ängstigt. Die apokalyptische Literatur aller Zeiten lässt ein erhebliches Angstpotential erkennen. Von dieser Angst her, welche die Apokalyptik zu bewältigen versucht, indem sie von der Hoffnung auf einen neuen Himmel und eine neue Erde spricht, können ihre Bildersprache und Deutungsmuster erschlossen werden. Es ist diese Angst, die einen wichtigen hermeneutischen Schlüssel für eine philosophische und theologische Analyse des apokalyptischen Daseinsverständnisses liefert.

Die Angst der Apokalyptik lässt sich nicht allein individual- oder sozialpsychologisch als Reaktion auf gesellschaftliche oder persönliche Krisen interpretieren. Sie ist vielmehr eine Daseinserfahrung, die über ihren möglichen konkreten Anlass hinausgeht. Zwischen Angst und Apokalyptik besteht ein ähnlicher Zusammenhang, wie ihn Hans Jonas für die spätantike Gnosis beschrieben hat, was sich dadurch erklärt, dass Apokalyptik und Gnosis religionsgeschichtlich verwandt sind. Jonas hat die Angst des Gnostikers als Weltangst bezeichnet, womit eine „ungeheure Daseins-Unsicherheit" und Angst des Menschen „vor der Welt und vor sich selbst" (Jonas 1964: 143) gemeint ist. Wir können die Weltangst auch als Entdeckung der eigenen Endlichkeit wie der Welt als ganzer charakterisieren. Weil sie auf das sich ängstigende Subjekt zurückschlägt, ist sie ebenso Angst vor der Welt wie vor dem eigenen Selbst. In der Apokalyptik ist die Weltangst aufs Äußerste gesteigert. Von apokalyptischer Weltangst können wir sprechen, wo das Dasein als völlig ausweglos erscheint. Die eigentliche Krise, auf welche die Apokalyptik reagiert, sind nicht bestimmte katastrophale gesellschaftliche oder politische Zeitumstände, sondern es ist die Ausweglosigkeit des In-der-Welt-Seins überhaupt. In ihr schwinden alle Gestaltungs- und Handlungsmöglichkeiten. Damit geht das Gefühl der Ohnmacht einher, und zwar nicht nur etwa in politischer Hinsicht, sondern auch existentiell.

Die philosophische und theologische Wahrheit der Apokalyptik besteht zunächst in der Aufdeckung der Endlichkeit von Mensch und Welt sowie der Dimension des Zerstörerischen in der Wirklichkeit. Zu denken ist nicht nur an Naturgewalten, deren Bildmaterial Apokalypsen verwenden, sondern auch an Strukturen des Bösen und des Machtförmigen. Es gibt eine katastrophische Dimension der Wirklichkeit, die von der Apokalyptik aller Zeiten zur Sprache gebracht wird.

Hinsichtlich der Erfahrung menschlicher Ohnmacht und fremder Übermacht unterscheiden sich eine apokalyptische und eine prophetische Weltsicht, wie sie in der alttestamentlich-jüdischen Tradition anzutreffen ist. Allerdings kann auch in der prophetischen Literatur das angekündigte Gericht die Ausmaße eines Weltgerichts annehmen. Während sich die Botschaft der Propheten jedoch an jene richtet, die als Urheber des zum Gericht führenden Bösen gelten, und zur Umkehr aufruft, richtet sich die Apokalyptik an diejenigen, die sich als ohnmächtige Opfer des drohenden Unheils erleben. Nicht Umkehr und Buße, sondern der Appell zum Durchhalten und die Hoffnung auf Bewahrung im Endzeitdrama stehen im Zentrum der apokalyptischen Verkündigung.

Allerdings verharrt die Apokalyptik nicht in der Stimmung der Weltangst. Vielmehr versucht sie die Angst durch die Verkündigung einer Hoffnung zu überwinden, welche die Ausweglosigkeit der Endlichkeit negiert. So wird nun auch das Weltende vom bildhaften Inbegriff der Weltangst zum Symbol der Hoffnung umgedeutet. Die apokalyptische Hoffnung hofft freilich gerade auf das Ende als Vorbedingung eines Neuen. Die Katastrophalität der Wirklichkeit wandelt sich zur Katastrophalität der Erlösung. Der drohende Untergang wird zum Übergang oder Durchgang, die Katastrophe zur Krise, die auf einen Neubeginn oder auf endzeitliche Vollendung hoffen lässt. Aus den apokalyptischen Bildwelten spricht die Einsicht, dass die Zerstörung des Bestehenden unter Umständen nicht nur unvermeidlich, sondern auch heilsam und befreiend sein kann, weil nur so neue Lebensmöglichkeiten zu gewinnen sind.

Indem die Apokalyptik die drohende Weltkatastrophe zur Krise umdeutet, wandelt sich auch die Weltangst von der Katastrophenangst zur Krisenangst. (Zur Unterscheidung zwischen Katastrophen- und Krisenangst vgl. Haendler 1952: 30ff.). Psychologisch gesprochen handelt es sich bei Krisenangst um Entscheidungs- oder Wandlungsangst, die eigene Handlungsmöglichkeiten nicht ausschließt. Sie wird bisweilen mit der Gebärangst verglichen, wobei man sich daran erinnere, dass in der jüdisch-christlichen Apokalyptik öfter von den Geburtswehen gesprochen wird, in denen die Welt oder der Äon in der Endzeit liegt (z. B. Mk 13,8). Indem die Katastrophe des bevorstehenden Weltendes zur Krise umgedeutet wird, nimmt auch die Weltangst eine andere Färbung an, ohne deshalb verdrängt zu werden.

Die bisherige Darstellung hat den Gottesgedanken zunächst ausgeblendet, obwohl eine Interpretation jüdischer, christlicher und islamischer Apokalyptik ihren eminent theologischen Charakter keinesfalls ignorieren darf. Apokalyptisches Denken begegnet aber auch in nicht-monotheistischen Religionen. Für die jüdische Apokalyptik ist die Frage nach Gott, nach seiner vermeintlichen Abwesenheit und nach seiner Gerechtigkeit zentral. Die apokalyptische Geschichtsdeutung ist als ein Versuch einer Antwort auf das Theodizeeproblem und die Erfahrung der vermeintlichen Abwesenheit Gottes zu verstehen. Allerdings würde man die jüdische Apokalyptik missverstehen, wenn man ihr ein deistisches Gottesbild unterstellte. Ebenso wenig wie das Auftreten von Mittlergestalten oder Deuteengeln in den apokalyptischen Visionen sind die Periodisierungen der Geschichte und der dadurch erweckte Eindruck eines überzeitlichen göttlichen Heilsplans Ausdruck der Ferne Gottes. Die Gestaltung der Apokalypsen als Offenbarungsliteratur und die Fiktion, es handele sich um lange verborgene Schriften, stellen den Versuch dar, den Glauben an Gottes Nähe und Anwesenheit unter den Bedingungen einer gegenläufigen Welterfahrung zu bewahren. Das trifft nicht nur für die sogenannte apokalyptische Naherwartung zu, sondern auch für Schriften wie das *äthiopische Henochbuch* (dazu Beyerle, in diesem Band), die noch mit einem längeren Fortgang der Geschichte rechnen. Auch dann ist der scheinbar abwesende Gott im Medium der Offenbarungsschrift als anwesend zu denken. Darum stellt auch die in der Sekundärliteratur anzutreffende Gegenüberstellung der vermeintlichen Ferne Gottes in der Apokalyptik und seiner Nähe in der Botschaft Jesu und in der neutestamentlichen Verkündigung eine falsche Alternative auf.

Für die Leser der apokalyptischen Schriften ist Gott nicht abwesend, sondern verborgen, und die scheinbare Gottverlassenheit wird für die Glaubenden zum Ort der Bewährung. Die scheinbare Sinnwidrigkeit der Gegenwart enthält einen verborgenen Sinn, der auch durch die apokalyptische Zahlensymbolik und die Periodisierung der Geschichte hervorgehoben wird.

Die Weltsicht der Apokalyptik beruht auf einer Hermeneutik des Endes. Lässt sich die Vorstellung vom Weltende zunächst als Ausdruck einer aufs Äußerste gesteigerten Weltangst interpretieren, wird diese in der Apokalyptik zur Grundlage einer mit Hoffnung verbundenen Welterklärung umgeformt. Die Wirklichkeit wird vom Licht der Offenbarung ausgeleuchtet, so dass Strukturen des Bösen und der gottwidrigen Mächte aufgedeckt, aber auch auf den Dualismus von Gut und Böse, Licht und Finsternis reduziert werden. Solche Komplexitätsreduktion im Licht des möglichen Unheils kann ungemein erhellend sein. Sie kann aber auch ein ideologisches Zerrbild der Wirklichkeit produzieren.

Aller Apokalyptik haftet darum eine Zweideutigkeit an. Wie ihre Sicht der Wirklichkeit bleibt auch die von der Apokalyptik verbreitete Hoffnung ambivalent, weil in ihr die Angst vor dem drohenden Weltende in Lust am Untergang umschlagen kann. Das zeigt die Gewaltbereitschaft militanter Endzeitsekten, die sich gegen die Umwelt richtet, bisweilen aber auch im kollektiven Selbstmord entlädt. Die ideologiekritische Frage lautet daher, welche Welt konkret untergehen soll, und wer aus welchen Gründen den Weltuntergang herbeisehnt (vgl. Ebach 1985).

Die Hoffnung auf das Weltende und die katastrophische Beendigung herrschender Zustände kann eine Form des Eskapismus, also der Flucht aus der Wirklichkeit sein. Der apokalyptische Eskapismus behaftet die gegenwärtige Wirklichkeit bei ihrer Katastrophalität und ihren negativen Tendenzen. Tatsächlich vorhandene Handlungs- und Veränderungsmöglichkeiten werden negiert, mögliche Veränderungen sogar verhindert. Wer die Welt buchstäblich zum Teufel gehen lässt, verschärft die Erfahrung der Abwesenheit Gottes. Die Beziehung zwischen dem Schöpfer und seiner Schöpfung droht so zu zerbrechen.

Ein apokalyptisches Denken, welches das Weltbild der Angst fixiert, lässt die Apokalyptik an ihrem eigenen Anspruch scheitern. Anstatt die Weltangst zu überwinden, schürt sie die Angst und gebiert neue Ängste.

4. Christlicher Glaube und apokalyptische Daseinserfahrung

Die Frage, welche Rolle die Apokalyptik für das Wirklichkeitsverständnis des christlichen Glaubens spielt, ist nicht nur eine historische und exegetische, sondern vordringlich eine systematisch-theologische.

Gegen die unterschiedlichen Versuche, die apokalyptischen Elemente der neutestamentlichen Überlieferung zu marginalisieren, richtet sich die bekannte These Ernst Käsemanns von der Apokalyptik als „Mutter aller christlichen Theologie" (Käsemann 1970). Käsemann hat das Christentum als eigentümliche Modifikation der jüdischen Apokalyptik charakterisiert. Meines Erachtens sollte man besser im dialektischen Wortsinn von der Aufhebung der Apokalyptik im Christentum sprechen. Aufhebung bedeutet, dass das apokalyptische Daseinsverständnis vom christlichen Glauben weder bloß negiert noch widerspruchslos geteilt wird.

Vergleicht man die Grundzüge apokalyptischer und christlicher Welterfahrung anhand der neutestamentlichen Schriften, lassen sich Gemeinsamkeiten wie Unterschiede feststellen. Wie nach apokalyptischer Auffassung ist auch nach neutestamentlicher Überzeugung die Welt ein Ort und Zeit-Raum der Heillosigkeit. Wie die Apokalyptik ist auch der christliche Glaube von der Katastrophalität der Erlösung überzeugt und hofft auf künftige Rettung. Belege dafür sind die Szenarien der Endzeit in den synoptischen Evangelien, bei Paulus oder in der Johannesapokalypse. Im Unterschied zur außerchristlichen Apokalyptik deuten die neutestamentlichen Schriften jedoch ein bereits eingetretenes Ereignis der Geschichte als Einbruch des Heils. Das Kontinuum der Unheilsgeschichte ist somit aufgesprengt. Es ist der Glaube an Kreuz und Auferweckung Jesu als Heilsgeschehen, der Apokalyptik und christlichen Glauben voneinander unterscheidet. Zwar wird das Geschick Jesu mit Hilfe der apokalyptischen Vorstellung von der Totenauferweckung als endzeitliches Handeln Gottes interpretiert, doch werden gerade durch diesen Interpretationsvorgang die Grundannahmen aufgegeben. Ohne dass die fortbestehenden Erfahrungen von Heillosigkeit geleugnet werden, erscheint die Welt zugleich als Ort der Heilsgegenwart. Im Unterschied zur Apokalyptik als *Antizipation des möglichen* Heils lebt christlicher Glaube von der *Erinnerung der Wirklichkeit* des Heils und seiner Gegenwart.

Albert Schweitzer hat das Christentum als Weltbejahung interpretiert, die durch Weltverneinung hindurchgegangen sei (vgl. Schweitzer 1981: 159). In diesem Sinne kann man von der Aufhebung der Apokalyptik im Christentum sprechen, wenn man Schweitzers These nicht auf die Ethik des historischen Jesus, sondern auf dessen Kreuzestod bezieht, der das Moment der Weltverneinung mit demjenigen der Weltbejahung verbindet. Die apokalyptische Vorstellung des Weltuntergangs ist Ausdruck radikaler Weltverneinung. Insofern der christliche

Glaube den Tod Jesu als Gericht Gottes über die Welt interpretiert, ist auch seine Botschaft eine solche der Weltverneinung. Zugleich wird der Kreuzestod Jesu als göttlicher Akt der Bejahung der Welt verstanden, weil im Tod Jesu die Liebe Gottes zu der von ihm geschaffenen Welt offenbar wird. So wird nun auch das Böse nicht in seiner Gottwidrigkeit apokalyptisch fixiert, sondern durch die Liebe Gottes überwunden. Eine kritiklose Bejahung der Welt, wie sie ist, würde dem Evangelium allerdings widersprechen. Wie der Weg Christi zur Auferstehungsherrlichkeit nur über das Kreuz führt, so kann auch der Glaube immer nur durch Weltverneinung hindurch zur erneuten Bejahung der Welt gelangen. Auf diese Weise geschieht im christlichen Glauben die beständige Aufhebung der Apokalyptik in der mehrfachen Bedeutung des Wortes.

Die Aufhebung der Apokalyptik zeigt sich auch am Phänomen der Weltangst. Was den christlichen Glauben kennzeichnet, ist nicht völlige Angstlosigkeit, sondern ein spezifischer Mut zur Angst. Anhand des Neuen Testaments wäre im Detail zu zeigen, dass der Glaube die apokalyptische Weltangst keineswegs verneint, wohl aber im Vertrauen darauf erträgt, dass die durch sie enthüllte Struktur der Wirklichkeit im Geschick Jesu durchbrochen ist. So heißt es in Joh 16,33: „In der Welt habt ihr Angst; aber seid getrost, ich habe die Welt überwunden." Paulus bringt die Daseinshaltung, die aus solchem Glauben entsteht, in 2Kor 4,8f. folgendermaßen zum Ausdruck: „In allem sind wir bedrängt, aber nicht in die Enge getrieben, ratlos, aber nicht verzweifelt, verfolgt, aber nicht verlassen, zu Boden geworfen, aber nicht am Boden zerstört." Die apokalyptische Daseinserfahrung wird also vom christlichen Glauben auf paradoxe Weise geteilt und zugleich negiert.

Für die Moderne sind freilich Spielarten einer „kupierten Apokalyptik" (Vondung 1988: 12) charakteristisch, die zwar die Gegenwart als Zeit-Raum des Unheils deuten und mit einer unausweichlichen Katastrophe rechnen, jedoch den Glauben an eine Heilszeit jenseits des Endes verloren haben. Für viele Zeitgenossen gilt es als ausgemacht, dass sich Heil und Ende nicht mehr zusammendenken lassen. Die Frage stellt sich, ob es in dieser Situation eine theologische Alternative zu einem Fundamentalismus gibt, der apokalyptische Bilder und Erwartungen buchstäblich nimmt.

Unzureichend ist jedenfalls eine Eschatologie, welche die christliche Hoffnung auf den ethischen Appell zur Bewahrung der Schöpfung reduziert und dem Gedanken an das Ende aller Dinge auszuweichen versucht. Die christliche Hoffnung auf das Reich Gottes darf nicht mit der Hoffnung auf den unbegrenzten Fortbestand der Erde verwechselt werden. Sie unterscheidet sich aber auch von einer apokalyptischen Hoffnung auf eine andere Welt jenseits der möglichen Katastrophe, welche die vorfindliche Welt einseitig negativ bewertet. Der christliche Glaube bejaht vielmehr die Welt angesichts ihrer real möglichen Verneinung und Vernichtung. Im Anschluss an Paul Tillich (Tillich 1958) und Karl Rahner (Rahner 1976) können wir den Glauben als eine Weise des Mutes interpretieren, der von der Hoffnung zu unterscheiden ist. Christlicher Glaube ist Mut zum fraglichen Sein, der nicht von einer fragwürdigen heilsgeschichtlich-utopischen Geschichtsdeutung abhängt.

Die Ferne und die Nähe Gottes oder vielmehr seine Verborgenheit, die das zentrale theologische Thema der Apokalyptik ist, hat Dietrich Bonhoeffer in seinen Gefängnisbriefen eindrucksvoll reflektiert. Er fragte nach der Möglichkeit des Glaubens in einer mündigen Welt. Gott selbst gebe den Glaubenden zu verstehen, dass sie in der Welt ohne Gott leben müssen – und das vor Gott. Ein Leitmotiv von Bonhoeffers Nachdenken ist die Gottverlassenheit Jesu am Kreuz nach der Darstellung des Markusevangeliums. „Der Gott, der uns in der Welt leben läßt ohne die Arbeitshypothese Gott, ist der Gott, vor dem wir dauernd stehen. Vor und mit Gott leben wir ohne Gott" (Bonhoeffer 1998: 533f.). Die gottlos erscheinende Welt – „etsi deus non daretur" –, die Bonhoeffer als mündige Welt bejaht, hat eine katastrophische Grundverfassung. Die Möglichkeit der technisch machbaren *annihilatio mundi* („Vernichtung der Welt") – einst ein fester Topos des Lehrstücks Eschatologie – lässt die Wirklichkeit absurd erscheinen. Selbst noch im Angesicht des drohenden Endes ist der Glaube der Mut, die Welt zu bejahen, weil sie von Gott bejaht ist.

Mut ist ein ethischer Begriff. Im Protest gegen alles Katastrophische, das die Welt apokalyptisch werden lässt, hat sich der Glaube praktisch zu bewähren. Er starrt nicht ängstlich gebannt auf das Weltende, noch gibt er sich der apokalyptischen Lust am Untergang hin. Vielmehr bejaht er das von Gott bejahte Leben und die von ihm bejahte Welt durch seinen tätigen Einsatz im Hier und Jetzt. Der Protest gegen die Apokalypse äußert sich freilich nicht allein im Handeln und Hoffen, sondern auch in der Bereitschaft zum Leiden. Diese schließt die Solidarität mit den Opfern der Geschichte, die Erinnerung ihrer Leiden und das Gebet um das Kommen des Gottesreiches ein (vgl. Metz 1972). Wer das Leben und die Welt so liebt, dass mit ihr alles verloren zu sein scheint (vgl. Bonhoeffer 1998: 226), ohne sich verzweifelt an sie zu klammern, der spricht ihr einen unbedingten Sinn zu. Dieser Sinn bleibt allerdings der menschlichen Verfügungsmacht entzogen. Der Glaube produziert nicht, sondern proklamiert einen Sinn des Lebens, der Welt und der Geschichte, der ihnen allein von Gott her zu kommen kann und auch durch die mögliche Selbstzerstörung der Menschheit nicht zunichtegemacht wird.

Quellen- und Literaturverzeichnis

1. Verwendete Literatur

Barth 1948: Barth, Karl: Die Kirchliche Dogmatik I/2, Zollikon-Zürich 1948[4].

Barth 1959: Barth, Karl: Die Kirchliche Dogmatik IV/3, Zollikon-Zürich 1959.

Barth 1976: Barth, Karl: Der Römerbrief [1922[2]], ND Zürich 1976.

Benjamin 1980: Benjamin, Walter: Über den Begriff der Geschichte, in: ders.: Gesammelte Schriften 1/2, hg. von Rolf Tiedemann/Herrmann Schweppenhäuser, Frankfurt a. M. 1980, 693–704.

Bonhoeffer 1998: Bonhoeffer, Dietrich: Widerstand und Ergebung. Briefe und Aufzeichnungen aus der Haft, hg. von Christian Gremmels u. a. In Zusammenarbeit mit Ilse Tödt (DBW 8), Gütersloh 1998.

Ebach 1985: Ebach, Jürgen: Apokalypse. Zum Ursprung einer Stimmung, in: Marquardt, Friedrich-Wilhelm u. a. (Hgg.): Einwürfe 2, München 1985, 5–61.

Ellul 1981: Ellul, Jacques: Apokalypse. Die Offenbarung des Johannes – Enthüllung der Wirklichkeit, Neukirchen-Vluyn 1981.

Greshake 1995: Greshake, Gisbert: Art. Eschatologie A.II. Die Geschichte des Traktates, LThK[3] III, Freiburg i.Br. u. a. 1995, 860–865.

Haendler 1952: Haendler, Otto: Angst und Glaube, Berlin 1952.

Jonas 1964: Jonas, Hans: Gnosis und spätantiker Geist I (FRLANT 51), Göttingen 1964[3].

Käsemann 1970: Käsemann, Ernst: Die Anfänge christlicher Theologie, in: ders.: Exegetische Versuche und Besinnungen II, Göttingen 1970[3], 82–104.

Körtner 1988: Körtner, Ulrich H. J.: Weltangst und Weltende. Eine theologische Interpretation der Apokalyptik, Göttingen 1988.

Körtner 2014: Körtner, Ulrich H. J.: Die letzten Dinge (Theologische Bibliothek 1), Neukirchen-Vluyn 2014.

Martin 1984: Martin, Gerhard Marcel: Weltuntergang. Gefahr und Sinn apokalyptischer Visionen, Stuttgart 1984.

Metz 1972: Metz, Johann Baptist: Erinnerung des Leidens als Kritik eines teleologisch-technologischen Zukunftsbegriffs, EvTh 32 (1972), 338–352.

Metz 1984: Metz, Johann Baptist: Hoffnung als Naherwartung – oder: Der Kampf um die verlorene Zeit. Unzeitgemäße Thesen zur Apokalyptik, in: ders.: Glaube in Geschichte und Gesellschaft. Studien zu einer praktischen Fundamentaltheologie, Mainz (1977) 1984[4], 149–158.

Moltmann 1975: Moltmann, Jürgen: Kirche in der Kraft des Geistes. Ein Beitrag zur messianischen Ekklesiologie, Gütersloh 1975[2].

Moltmann 1989: Moltmann, Jürgen: Der Weg Jesu Christi. Christologie in messianischen Dimensionen, München 1989.

Moltmann 1997: Moltmann, Jürgen: Theologie der Hoffnung. Untersuchungen zur Begründung und zu den Konsequenzen einer christlichen Eschatologie, München 1964, 1997[13].

Pannenberg 1959: Pannenberg, Wolfhart: Heilsgeschehen und Geschichte, KuD 5 (1959), 218–237. 259–288 (= ders.: Grundfragen systematischer Theologie I, Göttingen [3]1979, 22–78).

Pannenberg 1961: Pannenberg, Wolfhart (Hg.): Offenbarung als Geschichte, Göttingen 1961, 1982[5].

Rahner 1976: Rahner, Karl: Glaube als Mut, Zürich u. a. 1976.

Rössler 1960: Rössler, Dietrich: Gesetz und Geschichte. Untersuchungen zur Theologie der jüdischen Apokalyptik und der pharisäischen Orthodoxie (WMANT 3), Neukirchen 1960.

Sauter 1973: Sauter, Gerhard: Zukunft und Verheissung. Das Problem der Zukunft in der gegenwärtigen theologischen und philosophischen Diskussion, Zürich 1973[2].

Sauter 1995: Sauter, Gerhard: Einführung in die Eschatologie, Darmstadt 1995.

Sauter 1998: Sauter, Gerhard: Art. Apokalyptik VI. Dogmatisch, RGG[4] 1, Tübingen 1998, 596–597.

Schleiermacher 1960: Schleiermacher, Friedrich: Der christliche Glaube nach den Grundsätzen der evangelischen Kirche im Zusammenhange dargestellt, 2Bde., hg. von Martin Redeker, Berlin 1960[7].

Scholem 1963: Scholem, Gershom: Zum Verständnis der messianischen Idee im Judentum, in: ders.: Judaica I (Bibliothek Suhrkamp 106), Frankfurt a. M. 1963, 7–74.

Schweitzer 1981: Schweitzer, Albert: Kultur und Ethik, Sonderausgabe München 1960, ND 1981.

Tillich 1958: Tillich, Paul: Der Mut zum Sein, Stuttgart 1958[3].

Vondung 1988: Vondung, Klaus: Die Apokalypse in Deutschland, München 1988.

2. Literaturhinweise zum vertiefenden Studium

Koch, Klaus: Ratlos vor der Apokalyptik? Eine Streitschrift über ein vernachlässigtes Gebiet der Bibelwissenschaft und die schädlichen Auswirkungen auf Theologie und Philosophie, Gütersloh 1970.

Matern, Harald/Pfleiderer, Georg (Hgg.): Krise der Zukunft I. Apokalyptische Diskurse in interdisziplinärer Diskussion (Religion – Wirtschaft – Politik 15), Baden-Baden 2020.

Riedl, Gerda u.a. (Hgg.): Apokalyptik – Zeitgefühl mit Perspektive?, Paderborn 2019.

Schipper, Bernd U. /Plasger, Georg (Hgg.): Apokalyptik und kein Ende? (BThS 29), Göttingen 2007.

Taxacher, Gregor: Apokalypse ist jetzt. Vom Schweigen der Theologie im Angesicht der Endzeit, Gütersloh 2012.

Wieser, Veronika u.a. (Hgg.): Abendländische Apokalyptik. Kompendium zur Genealogie der Endzeit, Berlin 2013.

Religionswissenschaft

Daria Pezzoli-Olgiati

Apokalyptische Zerstörung und Hoffnung

Kulturhistorische Spurensuche von Weltendszenarien

In der Rezeptionsgeschichte apokalyptischer Texte nimmt die Offenbarung des Johannes einen besonderen Platz ein (Kovacs/Rowland 2004: xiii–xiv; Pezzoli-Olgiati 1998). Motive aus dieser Schrift wurden in verschiedenen Medien aufgenommen, bearbeitet und auf zahlreiche Weisen – auch mit widersprüchlichen Bedeutungen assoziiert – wiedergegeben. Man begegnet ihnen sowohl in europäischen Tradierungsprozessen als auch in Kulturen, in denen die Einflüsse der jüdisch-christlichen Traditionen nicht dominant sind. Das letzte Buch der christlichen Bibel wurde in der Kunst-, Literatur-, Musik- und Filmgeschichte, in politischen Reden und in der populären Kultur breit rezipiert. Der Begriff *Apokalypse*, der auf Griechisch ursprünglich eine *Enthüllung* oder eine *Offenbarung* bezeichnet, hat in viele moderne Sprachen Eingang gefunden und wird in der Alltagssprache mit *Katastrophe* gleichgesetzt. Damit werden terroristische Attacken, Naturkatastrophen, atomare Unfälle, kollektive Selbstmorde und vieles mehr in Verbindung gebracht. Der Begriff nimmt aber im Laufe der Rezeptionsgeschichte ein viel breiteres Bedeutungsspektrum an, wie hier aufgezeigt werden soll.

Es ist nicht möglich, einen religionsgeschichtlichen Fundus dieses Umfangs und die gegenwärtigen, durchaus produktiven Rezeptionen dieser Schrift konzis vorzustellen (für einen ausgezeichneten Überblick auf Meilensteine der Rezeption vgl. Kovacs/Rowland 2004: 14–38). Deswegen wird in diesem Beitrag die Rezeption apokalyptischer Erzählmotive in unterschiedlichen Bereichen der Kultur selektiv, anhand ausgewählter Fragestellungen und Beispielen, aufgezeigt. In einem ersten Schritt werden einige Überlegungen erläutert, die für den hier vorgeschlagenen Zugang zu apokalyptischen Traditionen leitend sind. Darüber hinaus wird der theoretische Rahmen charakterisiert, in dem die hier vorgestellten historischen Erkundungen verortet sind. In der Folge werden zwei verschiedene, sich jedoch ergänzende Einblicke in die Rezeptionsgeschichte der Johannesoffenbarung vorgestellt. Dabei wird sich auf der einen Seite auf die Diffusion apokalyptischer Motive in unterschiedlichen Medien fokussiert. Damit wird die Frage nach apokalyptischen Repräsentationen vertieft. Auf der anderen Seite wird die Rolle der Rezeption des letzten Buchs der Bibel im Kontext religiöser Praxis exemplarisch betrachtet. In diesem Teil steht die Verwendung apokalyptischer Motive auf der pragmatischen Ebene, nämlich der Lebenspraxis der Rezipierenden, im Zentrum.

1. Apokalypse aus religionswissenschaftlicher Perspektive

Aus systematischer Sicht ist es weiterführend, die Rezeption apokalyptischer Motive im Kontext eines kommunikationstheoretischen Zugangs zu Religion anzusiedeln (Krech 2012; Pezzoli-Olgiati 2012). Im Mittelpunkt steht die Frage nach Kommunikationsprozessen, die eine umfassende Orientierung erzeugen, die ihrerseits religiöse Systeme auszeichnet. Religion wird als Symbolsystem verstanden, in dem Weltbilder vermittelt, verhandelt und weitertradiert werden, die eine gesamte, existentiell tragende Interaktion mit der gesamten Welt – in dem hier relevanten religionsgeschichtlichen Bereich die Schöpfung – ermöglichen und legitimieren.

Es wird sich also auf ein bestimmtes Weltbild im Kontext jüdisch-christlicher Traditionen fokussiert, in dem die Machtverhältnisse in der menschlichen Gesellschaft, die Kontinuität zwischen Vergangenheit, Gegenwart und Zukunft sowie die Spannung zwischen der notwendigen Zerstörung der ersten Schöpfung und dem Einbruch des Heils in eine neue, eschatologische Zeit-Raum-Dimension repräsentiert werden. Ein besonderes Merkmal solcher Weltbilder besteht in der Thematisierung von Gegensätzen an der Transzendenzlinie, ohne dass sie jedoch aufgelöst werden (Stolz 2001: 94–127). Gerade deswegen ist es zutreffend, die von apokalyptischen Weltbildern ausgehende Orientierung als umfassend zu bezeichnen: Die Zerstörung der jetzigen Weltordnung wird nicht vermieden, sondern einem Gesamtplan zugeordnet, in dem sie eine notwendige, erlösende Funktion im Sinne des Übergangs zu einer neuen, eschatologischen Qualität des Lebens übernimmt. Die Vergewisserung um diese neue Heilsdimension hat nicht nur eine zukünftige Tragweite, sondern beeinflusst das Leben der Gläubigen bereits in ihrem gegenwärtigen Leben.

Für die Erkundung der Rezeptionsgeschichte apokalyptischer Weltbilder ist eine weitere Eigenschaft religiöser Symbolsysteme bedeutsam. Weltbilder haben eine doppelte Funktion. Erstens liefern sie eine umfassende Repräsentation der Welt, mit der ihre Beschaffenheit, ihre Ausdehnung und Entwicklungen erklärt werden. Die Repräsentationsfunktion liefert Plausibilität und Orientierung für die Menschen, die ein bestimmtes Weltbild teilen. Zweitens wird diese Repräsentation auch zum Leitbild für das, was die Welt sein sollte: Im religiösen Umfeld ist Repräsentation deswegen immer eng mit Normativität, mit Regulierung und Legitimierung bestimmter Praktiken verbunden (Geertz 1999: 49–54).

Schließlich soll noch darauf aufmerksam gemacht werden, dass religiöse Kommunikationsprozesse, in denen Weltbilder artikuliert und weitergegeben werden, aus unterschiedlichen Perspektiven betrachtet werden können (Rowland 2009: 290–292). Im Umgang mit Rezeptionsgeschichte werden hier zwei Optionen hervorgehoben. Einerseits kann auf religiöse Kommunikation auf der synchronen Ebene eingegangen werden. Im Vordergrund steht folglich das Verhältnis zwischen einer bestimmten Repräsentation und den Produktions- und Rezeptionsprozessen, die sie charakterisieren. Auf dieser Ebene geht es darum zu untersuchen, wie ein apokalyptisches Motiv in einer bestimmten Quelle aufgenommen und dargestellt wird und was sie als historisches oder zeitgenössisches Dokument auszeichnet.

Andererseits kann der Kommunikationsprozess auf einer diachronen Achse betrachtet werden. Hier werden Fragen nach Konstanten und Brüchen im Tradierungsprozess in den Vordergrund gestellt. Warum wird ein Weltbild mit der Apokalypse in Verbindung gebracht? Woran kann man dies erkennen? Worauf gründet die Annahme, es gehöre in diese Tradition? Im Rahmen dieses zweiten Zugangs ist es weiterführend, darauf zu achten, wie Innovation und Tradition sich gegenseitig bedingen, welche Verfremdungseffekte zugelassen werden, welche Regulierungen die Erkennbarkeit des tradierten Motivs gewährleisten. Diese zwei Linien sind komplementär zu verstehen, sie ergänzen und beeinflussen sich gegenseitig. Die Unterscheidung zwischen synchronen und diachronen Zugängen ist vor allem aus methodischer Perspektive nützlich, weil sie es erlaubt, unterschiedliche Aspekte und Funktionen von Weltbildern und, allgemeiner, von religiösen Symbolsystemen zu rekonstruieren.

In den Tradierungsprozessen der Johannesapokalypse stellt man auf der diachronen Linie fest, dass die Rekonstruktion der Rezeptionsgeschichte gleichzeitig eine Auseinandersetzung mit der Mediengeschichte bedeutet (Rüpke 2007): Vom neutestamentlichen Text (der selbst Resultat einer komplexen Tradierungsgeschichte ist, vgl. z. B. Kovacs/Rowland 2004: 3–6) bis zur zeitgenössischen Gesellschaft wandern apokalyptische Motive durch unterschiedliche Medien und passen sich den von der jeweiligen Technik abhängigen Möglichkeiten der Bedeutungsproduktion an.

Bis jetzt habe ich allgemein von apokalyptischen Motiven oder Erzählmustern gesprochen. Für eine skizzenhafte Sondierung der Rezeption der Johannesapokalypse durch die Jahrhunderte hindurch scheint es sinnvoll, sich auf einige wenige Elemente dieser komplexen Schrift zu konzentrieren. Dabei gerät die Entstehungsgeschichte des Werks in den Hintergrund, die – wie bereits angedeutet – selbst durch die intensive Wechselwirkung mit literarischen Strömungen aus frühjüdischen und -christlichen Umfeldern gekennzeichnet ist.

In diesem Beitrag wird die Spannung zwischen den gegensätzlichen irdischen und transzendenten Mächten, welche die Geschichte prägen, als ein zentrales apokalyptisches Motiv berücksichtigt. Dabei wird der Konflikt zwischen den positiven, lebens- und heilsspendenden Mächten – Gott und dem Lamm – und den zerstörerischen Mächten – dem Drachen und den Tieren –, zwischen den städtischen Lebensräumen Babylon und dem Neuen Jerusalem, zwischen den Treuen Gottes und des Lammes und den Anbetern der Tiere besonders hervorgehoben. Darüber hinaus wird die Leistung von Visionen und Auditionen als Dimensionen der Offenbarung einer transzendenten Perspektive auf die Welt betont: Johannes, der Seher, vermittelt seinen Adressat:innen eine Wahrheit über die Welt, die nur dank einer außerordentlichen Reise durch die himmlischen Bereiche erfasst werden kann. Visionen und Auditionen sind in ihrer literarischen Gestalt Sprachbilder, welche die visuelle und auditive Imagination anregen. Als drittes Element wird die Rolle des Interpreten als aktiver Beteiligter am apokalyptischen Geschehen hervorgehoben: Dies gilt sowohl für die Gestalt des Sehers, als auch seiner Adressat:innen, die immer wieder direkt aufgefordert werden, die Visionen und Auditionen zu verstehen, deren Bedeutung mit der eigenen Existenz zu verbinden.

Der Fokus auf die Konflikte zwischen den gegensätzlichen Mächten, welche die Geschichte – in theologischem, umfassendem Sinne verstanden – lenken, die Leistung von Visionen und Auditionen in Sprachbildern sowie die Rolle des Interpreten bilden den roten Faden, der durch die kommenden Sondierungen von ausgewählten, unterschiedlichen Rezeptionen der Apokalypse führt. Ziel dieser Erkundungen ist es, die Verbreitungen, Adaptionen und Verfremdungen des biblischen Textes in einer exemplarischen Breite – nicht in flächendeckender Ausführlichkeit – aufzuzeigen. Wie angekündigt, ist die vertretene Perspektive vom Interesse an Kommunikationsprozessen und ihren Medien in der Tradierung religiöser Symbolsysteme geleitet.

Wir werden uns hier auf einige wenige ausgewählte Beispiele mit einem Akzent auf jene Medien konzentrieren, die vor allem visuell wahrgenommen werden. Es ist jedoch wesentlich zu betonen, dass die Tradierung der Offenbarung des Johannes auf intermedialen Wegen verläuft. Die Rezeption der Motive geschieht in der Wechselwirkung zwischen Text und Bild sowie allen Medien, die die Kulturgeschichte charakterisieren: Von der Architektur bis hin zu Computerspielen finden sich Wiederaufnahmen und Bearbeitungen apokalyptischer Muster. Im folgenden Kapitel werden zunächst Repräsentationen des Weltendes, der Hoffnung und des Heils im Zuge apokalyptischer Rezeption in ausgewählten künstlerischen Bereichen besprochen: Ausgewählte Quellen aus der bildenden Kunst, der Architektur und des Films werden im Hinblick auf ihre spezifischen Bearbeitungen apokalyptischer Motive vorgestellt. Darin zeigen sich einige Etappen des dichten Tradierungsprozesses (Cancik 2001), in denen der Bezug zum biblischen Text offensichtlich ist.

2. Die Bildersprache visualisieren: Apokalypse in der darstellenden Kunst

Jenseits von akademischen Fachkreisen bereitet die Auseinandersetzung mit der Johannesapokalypse vielen Menschen Schwierigkeiten. Der Text wird als sperrig empfunden: Die Lesenden verlieren sich in diesem Buch; in seinen auf den ersten Blick hermetisch und exzessiv wirkenden Visionen kommt die Orientierung abhanden. Die narrative Kontinuität zwischen Raum und Zeit ist nicht immer unmittelbar nachvollziehbar. Dank der unzähligen visuellen Darstellungen, die auf diese Schrift verweisen, ist die Johannesoffenbarung dennoch sehr bekannt: Der thronende Gott im Himmel umrahmt von den vierundzwanzig Ältesten, das Lamm, das himmlische Jerusalem, der Drache und die Tiere, die Siebener-Zyklen mit den entsprechenden

Katastrophen, der Untergang Babylons und der ersten Schöpfung werden seit Jahrhunderten an ganz verschiedenen Orten in unterschiedlichen Stilen und Medien dargestellt (Überblicke in Kovacs/Rowland 2004; Raff 2011; O'Hear 2011; s. a. Bluhm u. a. 2013).

In der mittelalterlichen Miniaturkunst nimmt der *Kommentar der Apokalypse des Beatus* eine besondere Stellung ein. Ab dem 8. Jahrhundert wurde dieses Kompendium während gut 500 Jahren in den Klöstern der iberischen Halbinsel kopiert und häufig großzügig illustriert. Dieses Werk vereint exegetische Passagen verschiedener Kirchenväter und bekannte Kommentare mit dem Offenbarungstext, aufgeteilt in etwa siebzig kleine Einheiten, genannt *storiae*. In vielen Exemplaren begleiten Illustrationen diese *storiae* und liefern somit eine zusätzliche, visuelle Auseinandersetzung mit dem Text. Diese Tradition von Manuskripten, die auf die historische Figur des Mönchs Beatus zurückgeführt wird, weist zahlreiche Varianten auf. Eine wichtige Neubearbeitung des Kompendiums liegt in der Fassung des Maius aus dem 10. Jahrhundert vor, die mit bemerkenswerten Textillustrationen versehen ist, wie folgende Beispiele aus dem Manuskript Morgan Beatus (M 644) zeigen.

Die ausgewählten *folia* aus dem Morgan Beatus Manuskript zeigen auf der einen Seite die Stadt Babylon (als Frau, Abb. 1, und als Stadt, Abb. 2) und auf der anderen das himmlische Jerusalem (Abb. 3). Die Illustration zu Apk 17,1f. (Abb. 1) verleiht Babylon, der „großen Hure", Züge, die auf die muslimische Kultur im Süden der iberischen Halbinsel verweisen; Babylon sitzt nicht auf dem Tier, sondern auf einem Diwan. Sie hält mit einem König einen Kelch, der voller Blut ist. Auch die brennende Stadt Babylon (Abb. 2), die sich auf Apk 18 bezieht, trägt solche Merkmale. Das Bild zeigt keine Stadt, sondern einen Palast, der auf Elemente des Textes verweist. So können die Gefäße aus Gold als Hinweis auf die Liste der Luxusgüter in 18,12f. interpretiert werden. Gleichzeitig können sie auch als Verweis auf die damals muslimische Stadt Cordoba, genauer auf die große Moschee, angesehen werden. Die Visionen der Stadt Babylon und ihres Untergangs werden somit visuell in den unmittelbaren historischen Kontext von Maius' Manuskript gesetzt. Das Bild kommentiert den Text als Allegorie des Konflikts zwischen den Christen in den nördlichen Teilen der iberischen Halbinsel, den Adressat:innen des Kompendiums, und der als feindlich betrachteten muslimischen Herrschaft in Andalusien.

Mozarabische architektonische Elemente kennzeichnen jedoch auch das himmlische Jerusalem (Abb. 3). In der ersten Darstellung

Abb. 1: MS M. 644, fol. 194v © The Pierpont Morgan Library & Museum, New York.

der eschatologischen Stadt, die sich auf Apk 21,9–27 bezieht, werden Elemente der zeitgenössischen Kultur aufgenommen. Die Stadt ist symmetrisch aus einer besonderen Perspektive dargestellt. Die Perspektive fängt den Blick des Johannes ein, der sich auf einem hohen Berg befindet und von dort in das Innere der Stadt sieht. Im Zentrum erscheinen der Seher, der ihn begleitende Engel und das Lamm. In den zwölf Toren stehen die Apostel, die jeweils mit einem der Edelsteine, aus denen die Fundamente bestehen, assoziiert sind. Die Textteile im Bild sind Auszüge aus den *Etymologien des Isidor von Sevilla*. In der zweiten Illustration der künftigen Stadt (Abb. 4), die sich auf Apk 22,1–5 bezieht, wird nicht mehr die Stadt als architektonische Konstruktion dargestellt, sondern ihr paradiesischer Charakter: In der oberen Hälfte sitzen je neun Heiligenfiguren auf beiden Seiten von

Abb. 2: MS M. 644, fol. 202v © The Pierpont Morgan Library & Museum, New York.

Gottes Thron. Der Fluss des Lebens verläuft auf der vertikalen Bildachse, links und rechts stehen die Bäume des Lebens. In der unteren rechten Ecke wird ein Element aus Apk 21,10 aufgenommen: Johannes und der Engel stehen auf dem Berg und betrachten die Stadt.

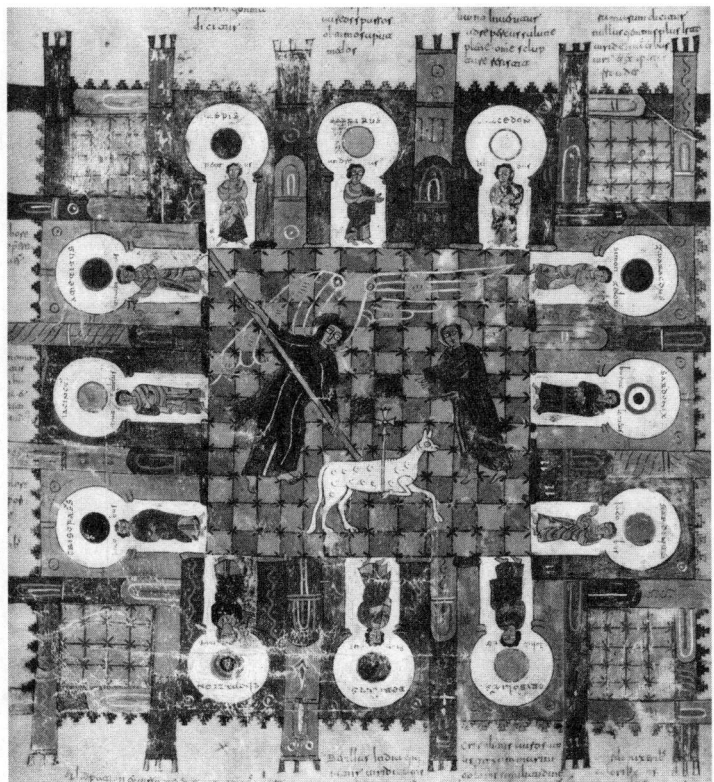

Abb. 3: MS M. 644, fol. 222v © The Pierpont Morgan Library & Museum, New York.

Der Vergleich zwischen den ausgewählten Bildern hebt die Gestalt des Konfliktes zwischen der Lebensdimension Babylons und jener des himmlischen Jerusalems hervor. Beide haben mit dem Kontext der Adressat:innen des Kompendiums unmittelbar zu tun: Babylon ist gekennzeichnet als Dimension der zerstörerischen Kräfte und ist, trotz des Prunks der sitzenden Frau und ihres Palastes, zum Untergang bestimmt. Das himmlische Jerusalem wird in seinen zwei Gestalten – als Stadt und als Garten – als Ort des Zusammenlebens der Heiligen mit

Abb. 4: MS M. 644, fol. 223 © The Pierpont Morgan Library & Museum, New York.

dem Lamm und Gott dargestellt. Beides, der Raum der Zerstörung und der Raum des Heils, werden mit Elementen der Gegenwart der Adressat:innen – am deutlichsten in den Bauformen der Städte – verbunden.

Die Visualisierung der Räume von Zerstörung und Heil transformiert die Sprachbilder der Johannesoffenbarung. Die visuelle Darstellung reduziert die Komplexität und die Offenheit des Sprachbildes, die den historischen Kontext der Adressat:innen deutlich erkennbar macht und ihm klare Konturen verleiht.

Diese aktualisierende Tendenz lässt sich in zahlreichen anderen Beispielen der Rezeption der Johannesapokalypse feststellen, auch dort, wo eine möglichst exakte Wiedergabe des Textes im Bild im Vordergrund steht. Eindrücklich lässt sich dies an einem besonderen spätmittelalterlichen, monumentalen Werk aufzeigen: der *Tapisserie von Angers*, die in den 70er-Jahren des 14. Jahrhunderts durch Louis d'Anjou in Auftrag gegeben wurde und deren Gesamtlänge im Originalzustand mehr als 140 Meter – aufgeteilt in sechs Stücke mit jeweils zwei Rängen von je sieben Episoden – umfasste.

Das Werk orientiert sich nicht nur an der ikonographischen Tradierung, sondern nimmt direkt Bezug auf den biblischen Text und führt ihn detailliert aus, was nicht zuletzt in der komplexen Rolle des Johannes im Werk – als Seher, als Beobachter, aber auch als aktive Figur in den Visionen – erkennbar ist. In der Illustration von Apk 17,1f. verlässt Johannes seine Beobachterrolle und begibt sich in Begleitung eines Engels direkt in die dargestellte Szene. Damit wird der Text sehr deutlich im Bild umgesetzt: „Komm, ich werde Dir das Gericht über die große Hure zeigen, die an vielen Wassern sitzt" (V. 1b, Abb. 5). Dieses Bild zeigt Babylon als modisch gekleidete Frau, die ihre schönen Haare kämmt und sich im Spiegel bewundert. Damit wird sie mit Eitelkeit in Verbindung gebracht. Erst das folgende, hier nicht wiedergegebene Bild nimmt das Motiv Babylons als Frau auf, die mit dem Kelch in der Hand auf dem Tier sitzt. Spiegel und Kamm, Alltagsgegenstände in dieser höfischen Kultur, sind im Text abwesend.

Auch architektonische Elemente aktualisieren den apokalyptischen Text in die Zeit der Auftraggeber und ihrer Adressat:innen. Das himmlische Jerusalem wird als Burg, in der eine Kirche in gotischem Stil dominiert, dargestellt (Abb. 6). Dieses Beispiel, das hier nur in aller Kürze erwähnt sei, zeigt ein starkes Interesse am Seher als einem aktiven Interpreten der von ihm beschriebenen apokalyptischen Ereignisse. Obwohl stark dem Text verpflichtet, konkretisiert die Tapisserie die Sprachbilder in zeitgenössischer Perspektive und verbindet die biblische Schrift auf der inhaltlichen und formalen Ebene mit dem kulturellen und politischen Prestige der Auftraggeber. Das Werk, das wegen der monumentalen Größe nirgends als Ganzes gezeigt werden

Abb. 5: Tapisserie d'Angers, *La grande prostituée sur les eaux* © Caroline Rose / CMN, Paris, CRC92-0325.

konnte, wurde in einer für die damalige Zeit neuen, innovativen Technik, der Tapisserie, realisiert (für Vertiefungen und weitere Bibliographie vgl. O'Hear 2011: 43–68).

Die Möglichkeit der visuellen Umsetzung, die Offenheit des Textes präzise auf einen Kontext zu beziehen, kommt auch im folgenden, früh-neuzeitlichen Werk zur Geltung: 1498 veröffentlichte Albrecht Dürer die Apokalypse als ein mit vierzehn Tafeln illustriertes Buch. Das Werk, ein im Hochdruck produzierter Holzschnitt, wurde sowohl auf Latein *Apocalypsis cum figuris* als auch auf Deutsch *Die heimliche Offenbarung Johannis* herausgegeben und verbreitet. Bild und Text bilden eine Einheit, wobei die dargestellten Figuren mehrere Kapitel aufnehmen und verdichten. Im Vordergrund der dreizehnten Figur (Abb. 7) sitzt rechts Babylon auf dem Tier. Sie ist gemäß venezianischer Modestandards angezogen. Die Köpfe des Mischwesens sind mit unterschiedlichen Tieren assoziiert: Schnecke, Ziege, Kaninchen usw.; im Hintergrund des Tieres lauern die Flammen der Hölle. Auf der letzten Tafel wird der Drache in den Abgrund eingesperrt. Das himmlische Jerusalem auf Erden ist im Hintergrund und trägt die Züge einer deutschen Stadt, vielleicht Nürnberg, wo Dürer lebte (Abb. 8). Auf dem Berg zeigt der Engel Johannes die eschatologische Stadt. Dürers Bildprogramm verzichtet auf eine Illustration des Inneren der Stadt

Abb. 6: Tapisserie d'Angers, *La Jérusalem nouvelle* © Caroline Rose / CMN, Paris, CRC92-0344.

und auf die Wiedergabe ihrer nicht irdischen Proportionen. Der transzendente Charakter Jerusalems ist nur durch die Präsenz der Engel an den Stadttoren erkennbar.

Wie schon im vorangehenden Beispiel fällt die prominente Verbindung der Offenbarung mit einem neuen Medium, hier dem gedruckten Buch, auf. Wie es für Künstler der Renaissance typisch ist, unterschreibt Dürer die Bilder und macht damit seine Leistung als Interpret des Textes sichtbar, der sich bestens in den Konventionen der Apokalypse-Darstellungen auskennt. Die Lesenden des Buches werden durch dieses Werk eingeladen, sich im Spannungsverhältnis zwischen Text und Bild der Offenbarung anzunähern (O'Hear 2011: 142–175).

Diese fragmentarische Sondierung der Rezeptionsgeschichte apokalyptischer Motive in Bildern möchte ich mit einem Hinweis auf das darstellerische Schaffen Friedrich Dürrenmatts (1921–1990) abschließen. In seinen Zeichnungen spielen apokalyptische Motive eine bedeutende Rolle (für eine Analyse apokalyptischer Motive in seinem literarischen Werk vgl. Bartscherer 2011: 166–173). Losgelöst von einem direkten Verweis auf den biblischen Text, dienen sie dazu, in sozial- und religionskritischer Perspektive Aspekte des Lebens (des Schriftstellers) in unserer hochtechnologischen Welt zu artikulieren. Allgemein bezieht sich Dürrenmatt selbst auf seine Zeichnungen als

Abb. 7: Dreizehnte Figur aus Dürers *Die heimlich Offenbarung Johannis* (Dürer 1498).

Abb. 8: Vierzehnte Figur aus Dürers *Die heimlich Offenbarung Johannis* (Dürer 1498).

Abb. 9: Friedrich Dürrenmatt, *Apokalypse III*, 1989, Feder, 36 × 50 cm © Centre Dürrenmatt Neuchâtel.

„[…] die gezeichneten und gemalten Schlachtfelder, auf denen sich meine schriftstellerischen Kämpfe, Abenteuer, Experimente und Niederlagen abspielen" (Dürrenmatt 1994: 120). Apokalyptische Motive werden mit dem Weltende, mit Untergangsszenarien assoziiert: „Das Motiv des Weltuntergangs ist mit dem Motiv des Todes verbunden: Jeder Mensch, der stirbt, erlebt seinen Weltuntergang" (Dürrenmatt 1994: 122). Zu diesem Zitat passt die Zeichnung *Apokalypse III* (Abb. 9) aus dem Jahr 1989: Ein Mensch, der im Begriff ist zu versinken, erhebt die Faust gegen einen Block, der ihn bald zu erdrücken scheint. Das Bild entfaltet die Spannung, die zwischen dem Zeichen des Protests und dem unweigerlichen Ende entsteht.

In einer früheren Zeichnung von 1975 lauern die apokalyptischen Tiere über einer modernen Metropole (Abb. 10). In beiden Fällen ist der Bezug zur Apokalypse durch die Ikonographie oder durch den Titel explizit gemacht. Dennoch ist die Heilsdimension apokalyptischer Motive abwesend. Apokalypse wird stark mit dem Untergang und der Fragilität menschlicher Existenz auf kollektiver und individueller Ebene sowie mit einer religionskritischen Haltung verbunden.

Abb. 10: Friedrich Dürrenmatt, *Die beiden Tiere*, 1975, Feder, 36 × 51 cm © Centre Dürrenmatt Neuchâtel.

Die kurz vorgestellten Beispiele sind hinsichtlich der ausgewählten Szenen, der Medien und der sozio-kulturellen Kontexte sehr verschiedenartig. Dennoch sind sie insofern vergleichbar, als sie sich auf die gleiche Textquelle beziehen und sie in ihrem jeweiligen historischen Moment aktualisieren. Auf der synchronen Ebene lassen sich unterschiedliche Kommunikationsprozesse um die betrachteten apokalyptischen Bilder erahnen: Produktion und Rezeption der Bilder sind in spezifische historische und kulturelle Kontexte eingebettet und setzen unterschiedliche Akzente in der Deutung der Offenbarung. Die Artikulation der Spannung zwischen den immanenten und transzendenten Mächten, die die Geschichte lenken, und die Tendenz der Bilder, die Visionen und Auditionen des Textes in der visuellen Gestalt zu konkretisieren und auf die Lebenswelt der Künstler und ihrer Adressat:innen zu beziehen, erschienen als konstante Elemente trotz der Verschiedenheit der Quellen.

Durch die Transformation des Sprachbildes in visuelle Gestaltung eröffnen sich neue Deutungshorizonte, welche die Betrachterinnen und Betrachter des Bildes hinterfragen. Die Spannung von Zerstörung und Heil in den apokalyptischen Bildern weist starke normative

Dimensionen auf, die sogar im zeitgenössischen, religionskritischen Werk Dürrenmatts bestehen bleiben. Die implizierte Rolle des Betrachters bzw. der Betrachterin ist jene eines sich auf die Vision einlassenden, aktiven Interpreten.

Auf der diachronen Ebene kann die Wechselwirkung zwischen der Entwicklung neuer Medien und dem biblischen Text hervorgehoben werden. Die Johannesoffenbarung wird mit unterschiedlichen Techniken und Darstellungsmitteln erschlossen und aktualisiert. Der biblische Bezug dient dabei als Bezugspunkt, der die Erkennbarkeit des Motivs in den unterschiedlichen Kontexten und theologischen Denkrichtungen ermöglicht.

Die Rezeption der Apokalypse verläuft nicht nur im Verhältnis zwischen Text und Bild. In der Folge sollen als Hinweise auf den intermedialen Charakter der Tradierungsprozesse weitere ausgewählte Beispiele unterschiedlicher Medien vorgestellt werden: eine architektonische Umsetzung des biblischen Textes und seine Verbreitung im Spielfilm.

3. In Stein gemeißelt: architektonische Umsetzung des himmlischen Jerusalems

Wie in anderen jüdischen apokalyptischen Texten (z. B. 4Esr 10,25–59; dazu Beyerle, in diesem Band) kulminiert die Visionen-Serie in der Darstellung des himmlischen Jerusalems in Apk 21,1–22,5, einer Stadt göttlichen Ursprungs, in der Gott, das Lamm und die Heiligen in unmittelbarer Nähe zueinander leben. Diese Stadt ist der Ort des Heils und der Vollendung; jede Form von Negativität ist hier ausgeschlossen. Die Beschreibung der Stadt, ihrer Konstruktion, der kostbaren Materialien, der geometrischen Proportionen, ihrer Einwohner sowie der Zuwendung, die sie dort erfahren, stellt Jerusalem als pures Gegenteil von Babylon und von jeder irdischen Stadt dar. Durch die literarische Beschreibung erhalten die Lesenden jedoch die Möglichkeit, sich diese Stadt im immanenten Leben vorzustellen und ihre Pracht als einen Teil der christlichen Verheißung in ihrer Gegenwart zu erfahren. Damit erhält diese eschatologische Dimension eine präsentische Qualität, sie beschreibt Züge, die die christliche Gemeinschaft auch in der Gegenwart auszeichnen.

Diese Vision beeinflusste nachhaltig die materielle Konzeption des Kirchenbaus, dem Ort der Versammlung der Gemeinde, in dem die Erwartung der Verheißung in der Gemeinschaft der Christen liturgisch artikuliert wurde und wird (Böcher 2011). Die Spannung zwischen den *babylonischen* Aspekten des Lebens und der eschatologischen Erlösung wurde mittels der Architektur sakraler Bauten räumlich umgesetzt und somit körperlich erfahrbar. Beim Eintritt bzw. Übergang in den kirchlichen Raum durch die Tür können die Glaubenden in ihrer irdischen, städtischen Existenz etwas von der Erhabenheit und der Vollkommenheit des himmlischen Jerusalems nachempfinden. Ab dem 11. Jahrhundert lässt sich die Dominanz des Offenbarungstextes in der Bautheorie sakraler Räume nachweisen (Böcher 2010).

Die mittelalterlichen Portale mit Darstellungen des letzten Gerichtes, wie sie in Chartres, Saint-Denis, Autun, Bourges und an vielen anderen Orten vorliegen, können in diesem Kontext gesehen werden. Der Bezug zu Apk 20 steht hier im Hintergrund: Indem die Glaubenden durch die Tür unter jenen Darstellungen des Gerichts den Kirchenraum betreten, begehen sie räumlich den Heilsweg, der vom Gericht zum Heil führt.

In dieser mittelalterlichen Architektur sind die apokalyptischen Motive mit anderen biblischen und populären Elementen verbunden. Dennoch gelten die Kirchenräume als architektonische und liturgische Antizipationen des himmlischen Jerusalems (Rousseau 2014). In diesem Kontext ist die ehemalige Abtei Fleury in Saint-Benoît-sur-Loire interessant. Dem Transept der Basilika, in der die Reliquien des Heiligen Benedikts beherbergt sind, geht eine Säulenhalle voran, die einen quadratischen Umfang mit viermal drei Toren aufweist (Abb. 11). Dieses architektonische Zitat aus Apk 21,12 aus dem 11. Jahrhundert wird durch Darstellungen von Szenen aus der Offenbarung gestärkt, die mit Episoden aus dem Leben Marias und des Heiligen Martin sowie anderen Motiven in den Reliefs der Kapitelle verbunden sind. Die Säulenhalle bildete den Eingang in die benediktinische Klosteranlage. Das mittelalterliche Weltbild, welches das Klosterleben prägt, trägt starke Einflüsse des letzten Buchs der Bibel.

In den architektonischen Rezeptionen der Offenbarung werden die Gegensätze zwischen den guten und den bösen Mächten im Raum inszeniert: Der Kontrast zwischen Stadt und Innenraum der Kirche dient dazu, durch die körperliche Bewegung die Spannung zwischen immanenter und transzendenter, zwischen gegenwärtiger Teilnahme am Heil und eschatologischer Vollendung in der Immanenz des irdischen Lebens nachzuvollziehen. In dieser Gestalt der Textrezeption wird die Deutung vordergründig körperlich und räumlich vollzogen. Theologische Reflexionen, bildliche Darstellungen, apokalyptische

Abb. 11: Säulenhalle der Abteikirche in Saint-Benoît-sur-Loire © Pezzoli-Olgiati, Neggio.

Elemente in der Liturgie und die vielen weiteren Verweise auf die Offenbarung bilden den intermedialen Hintergrund dieser räumlichen Praxis. Die Illustration von Apk 21,1f. in der *Tapisserie d'Angers* (Abb. 6) nimmt diese Praxis explizit auf: Wie bereits vermerkt, bildet eine gotische Kathedrale den Kern der himmlischen Stadt. Wir belassen es bei diesen wenigen historischen Beispielen, obwohl Rezeptionen der Offenbarung auch in der Architektur – wie in allen anderen Sparten der künstlerischen Produktion und der populären Kultur – weit verbreitet sind und in zahlreichen Epochen und Stilen vorkommen.

Abb. 12: Die Roboter-Maria sitzt auf dem Tier in einem Club, um die Männer der Elite in der babylonischen Stadt Metropolis zu unterhalten. *Babylon* wird in diesem Film als Frau und als Stadt inszeniert. Szenenbild, METROPOLIS (Fritz Lang, DE 1927).

4. Apokalypse *reloaded*: das Ende der Welt auf der Leinwand miterleben

Kein Medium des 20. Jahrhunderts ist in der Verwendung und Verbreitung apokalyptischer Motive wirkungsvoller als der Spielfilm (Wright 2009; Wallis/Quinby 2010; Join-Lambert u.a. 2012). Filmhistorisch wurde das letzte Buch der Bibel prominent in METROPOLIS aufgegriffen und damit eng mit dem entstehenden Science-Fiction-Genre verbunden (Seeßlen/Jung 2003: 85–97). In diesem Film spielt die Johannesoffenbarung eine bedeutende Rolle, sowohl auf der Ebene der Narration als auch in der Filmästhetik. Ebenso lassen sich hier intermediale Aspekte im Tradierungsprozess apokalyptischer Motive gut beobachten: der Text, aber auch Bilder werden im Film zitiert. Abb. 12 zeigt die filmische Umsetzung von Dürers Tier aus der dreizehnten Figur (Abb. 7).

Apokalyptische Motive finden sich in US-amerikanischen Großproduktionen, die sowohl im Inland als auch global sehr stark rezipiert wurden und nachhaltige Einflüsse zeitigen, beispielsweise in der japanischen Manga-Produktion und deren Verfilmungen. Auch Autorenfilme nehmen apokalyptische Elemente auf, setzen sie um, und verfremden sie (Pezzoli-Olgiati 2009; 2013).

US-amerikanische Großproduktionen wie THE DAY AFTER, die TERMINATOR- oder MATRIX-Trilogie, INDEPENDENCE DAY, ARMAGEDDON, THE DAY AFTER TOMORROW, 2012, AVATAR oder ELYSIUM verbinden Weltende-Szenarien anderseits mit der Offenbarung, die in den allermeisten Fällen wörtlich zitiert wird, und andererseits mit einem offensichtlichen, meistens exzessiven Unterhaltungseffekt, der vor allem durch das Einsetzen von *special effects* und neuen Film-Technologien (das Beispiel von AVATAR in 3D ist hier wegweisend) erzielt wird. Diese Filme zeigen, wie die Menschheit und die Welt beinahe zerstört werden und verweilen mit detaillierten Ausführungen auf der Bedrohung und der einsetzenden Auslöschung des Planeten. Jedoch stellt das Ende der Welt die unabdingbare Voraussetzung für deren Rettung und Verbesserung dar. Diese Narrationen von apokalyptischen Katastrophen zielen darauf, das Potential der Menschheit dank der Rettung durch eine sich aufopfernde Hauptfigur zu betonen. Die Erde mag halb zerstört darniederliegen oder die wenigen Überlebenden auf einem futuristischen Schiff versammelt sein: Die Zukunft wird jedoch positiv dargestellt; das Gute im Menschen bewirkt schließlich, dass es doch kein definitives Ende gibt. Eine vergleichende Analyse dieser Filme ergibt Anlehnungen an Motive aus der Offenbarung und aus den Evangelien. Die Zerstörung und der Tod werden mit Vorliebe in urbanen Kontexten inszeniert. Die Stadt ist der Ort, in dem die menschliche Gesellschaft in eine Schieflage gekommen ist, beispielsweise durch totalitäre Regierungen oder durch eine Konsumhaltung, der alle Ressourcen der Erde ausgeschöpft hat; durch menschenbedingten, extremen Klimawandel oder durch die Produktion atomarer, unkontrollierbarer Waffen. Die von einer hochtechnologischen, städtischen, kapitalistischen, „babylonischen" Kultur bedingte Katastrophe betrifft die gesamte Menschheit. Sehr häufig werden diese Motive mit Apk 12 und der Nativität verknüpft.

Der Beschreibung der bevorstehenden Katastrophe folgt die Transformation, welche die Johannesoffenbarung kennzeichnet: von der Zerstörung zum Heil, von einer unmenschlich gewordenen, korrupten Großstadt zu einer neuen, dem Frieden verpflichteten, gerechten Gesellschaft. Diese Veränderung wird durch eine Retterfigur eingeleitet, die bereit ist, ihr Leben aufs Spiel zu setzen oder gar bewusst zu opfern.

Abb. 13: Die Figuren Mia und Michal werden mit Maria und Jesus identifiziert. Szenenbild, DET SJUNDE INSEGLET (DAS SIEBENTE SIEGEL, Ingmar Bergman, SE 1957).

Wie bereits erwähnt, finden sich in diesen Produktionen, die nicht mehr innerhalb eines bestimmten religiösen Symbolsystems produziert und rezipiert werden, sondern im Bereich einer globalen Unterhaltungsindustrie, explizite Zitate und Verweise auf das letzte Buch der Bibel.

Indem die Zuschauenden den Film sehen, sich mit den Figuren in angsterfüllten Lagen identifizieren und schließlich das *happy end* genießen, erleben sie eine fiktive Geschichte von in letzter Minute abgewandter Zerstörung, deren Wurzel in sozialen Zusammenhängen besteht, die die Zuschauenden aus ihren Leben außerhalb des Kinos kennen. Die eschatologische Erlösung des Films bleibt jedoch immanenter Natur: Trotz der vielen Verweise auf jenseitige, göttliche Dimensionen wird die Rettung der Welt durch selbstlose, einsichtige Menschen eingeleitet.

Teilen diese Großproduktionen viele narrative und stilistische Elemente und stehen sie in einem engen Abhängigkeitsverhältnis untereinander, so ist das Panorama im Rahmen des Autorenfilms vielschichtiger und komplexer. Ein Film wie DET SJUNDE INSEGLET verbindet die Todesszenarien der Apokalypse mit der Geschichte eines Ritters, der auf der Rückreise nach einem Kreuzzug dem personifizierten Tod begegnet und mit ihm eine fatale Schachpartie beginnt. Der Film spielt

Abb. 14: Zitat der idealen Stadt als indirekter Verweis auf das himmlische Jerusalem. Szenenbild, 12 MONKEYS (Terry Gilliam, US 1995).

sich in mittelalterlichen, düsteren Dörfern ab, in denen sich das Leben in der Erwartung des Endes ereignet. Den einzigen Lichtblick stellt eine wandernde Familie von Schauspielern dar, die auf der visuellen Ebene mit der Heiligen Familie assoziiert wird (Abb. 13). Auf der stilistischen Ebene verbindet der Film textliche, visuelle und musikalische Verweise auf die Offenbarung.

Anders geht Terry Gilliam in seinem dystopischen Werk 12 MONKEYS vor. Die Geschichte wird in einer paradoxen Zeitkomposition gehalten, in der Zukunft und Vergangenheit verschmolzen werden. Die wenigen Überlebenden einer von Menschen verursachten Virus-Epidemie leben in einer unterirdischen, diktatorisch regierten Käfiganlage. In diesem Film begegnen den Rezipierenden einige der Motive die auch Großproduktionen kennzeichnen: Die Fokussierung auf die Negativität menschlicher Kultur, die Ungerechtigkeit in der Gesellschaft, die Auswüchse des Kapitalismus, das Abschieben von Menschen in Irrenanstalten und die Gewalt der Kriege sind „babylonische" Elemente, die die Katastrophe mitverursacht haben. Die apokalyptische Zerstörung wird mit der Sehnsucht nach den erfüllenden Aspekten des Lebens vor der Katastrophe verbunden: Die Verbundenheit mit der Natur oder die Schönheit einer harmonischen Stadt werden mit Kunstzitaten in Erinnerung gerufen, beispielsweise durch das Einblenden eines Renaissance-Gemäldes der idealen Stadt (Abb. 14). Diese Hoffnungsschimmer

Abb. 15: Tod der Familie. Angesichts des unweigerlichen Endes suchen die Figuren Trost unter einer angedeuteten Hütte. Szenenbild, MELANCHOLIA (Lars von Trier, DK 2011).

weisen jedoch eher den Charakter eines Wunsches auf und erscheinen in der filmischen Realität als deplatziert.

Dieser Linie folgend setzt Lars von Trier in MELANCHOLIA die Apokalypse als absolutes Ende der Erde auf bemerkenswerte Weise filmisch um. Die durch Himmelskörper verursachte Auslöschung der Erde wird parallelisiert mit dem Innenleben einer Familiengemeinschaft. In einer angedeuteten Hütte (eine ironische Anspielung auf Apk 21,3a?) wird die Familie in der Kollision der Planeten vernichtet.

So wie die Bilder und die Architektur auf je eigene Weise die Rezipierenden involvieren, so wirken auch die filmischen Bearbeitungen der Apokalypse auf für dieses Medium spezifische Art. Die filmischen Werke können als Visionen betrachtet werden, die die Zuschauenden einbeziehen und sie mit den negativen und positiven Potentialen menschlichen Zusammenlebens konfrontieren. In diesem Sinne vermitteln sie jüdisch-christlich, apokalyptisch geprägte Werte. Elemente aus einem spezifischen religiösen Symbolsystem werden somit durch die filmische Repräsentation und die damit implizierten Wertediskurse im säkularen Raum des Kinos verbreitet. Aus einer kommunikationstheoretischen Perspektive auf die Rezeption apokalyptischer Weltbilder im Film ist die intermediale Dimension zentral: Die Verweise auf die Offenbarung werden nicht nur mit Textzitaten, sondern auch mit Anspielungen auf die Kunst, die Architektur und die Musik realisiert. Nicht nur das filmische Werk ist intermedial gekennzeichnet, sondern auch dessen Rezeption.

Das Kino ist nur einer der vielen Orte, in denen Filme verbreitet werden. DVDs und vor allem das Internet sind wesentliche Kanäle der Distribution. Audiovisuelle Medien verbreiten sich global und können jederzeit und überall abgerufen werden. Filmische apokalyptische Umsetzungen sind daher in vielen Bereichen einflussreich: die Werbung und interaktive Computerspiele sind prominente Beispiele dafür. Hier werden das Ende der Welt und deren allfällige Rettung nicht nur audiovisuell miterlebt, sondern aktiv von den Spielenden mitgestaltet.

5. Apokalypse als Lebenspraxis

In dieser Erkundung unterschiedlicher Repräsentationen in der Rezeptionsgeschichte apokalyptischer Erzählmotive standen der Gegensatz zwischen Mächten des Heils und Mächten der Zerstörung, das Sprachbild als Vision, die Deutungshorizonte in der jeweiligen Gegenwart der Rezipierenden und die Rolle der Interpretierenden der Visionen – sei es Johannes, der Seher, oder die Adressat:innen der verschiedenen Repräsentationen – im Vordergrund. Der vorgeschlagene Zugang achtete vor allem auf die von den apokalyptischen Motiven evozierten Weltbilder, die eine Deutung der Welt mit normativer Konnotation vermitteln. Die Auseinandersetzung mit den Bildern, die von der Apokalypse inspiriert wurden, fokussiert sich auf eine bestimmte, theologisch durchdachte Interpretation der Welt als fragile Schöpfung, die auf Erlösung wartet. In religionskritischen Kontexten kommt diese Auseinandersetzung auch als Wandlung, Verfremdung oder Ablehnung dieser Weltanschauung und der implizierten Werte vor.

Repräsentationen von Weltbildern können auch aus der Perspektive der damit verbundenen Handlungen und Praktiken betrachtet werden. Deswegen wird in diesem Analyseabschnitt nun nicht mehr die mediale Dimension der Repräsentation in den Vordergrund gestellt, sondern der performative Aspekt der Kommunikationsprozesse, in denen apokalyptische Motive und Erzählungen rezipiert und konfiguriert werden.

Bereits der biblische Text setzt, wie schon angedeutet, eine:n aktive:n Interpretierende:n voraus, der die Visionen des Sehers mit seinem Leben verbindet und daran sein Leben orientiert. Im Text werden keine konkreten Handlungsanweisungen vorgegeben. Die Adressat:innen werden jedoch immer wieder aufgefordert, das Gesehene und Gehörte in Verbindung mit ihrem Leben in den kleinasiatischen Städten zu verbinden. Die Anweisungen und Kritiken in den Kurzbriefen (Apk 2–3) sind etwas deutlicher als in Apk 13,9–10,18. Dort liegt der Akzent auf den direkten Aufforderungen an die Hörer- und/oder Leserschaft, die den Fluss der Visionen unterbrechen, auf der Notwendigkeit, sich mit dem Text auseinanderzusetzen und dies in der Lebenspraxis umzusetzen.

In diese Richtung geht auch die Deutung des Gesehenen durch einen Engel in Apk 17,7–17, der auf den Verweischarakter der Visionen hindeutet, ohne sie wirklich aufzuschlüsseln: Es geht vielmehr um das Vollziehen eines Deutungsprozesses, um die Rolle des aktiven Interpreten oder der aktiven Interpretin, um den Übergang von den apokalyptischen Sprachbildern zur Lebenspraxis. Johannes dient als Identifikationsfigur: Als Gestalt im apokalyptischen Geschehen, die zum Reisenden durch die Visionen und die dort inszenierten transzendenten Dimensionen wird, und als Empfänger der Offenbarung, der zum treuen und zuverlässigen Schreiber wird, der alles weitergibt, was er erhalten hat (Apk 1,1f.; 22,10). Die betont performative Dimension ist mehrschichtig: Die Visionen zu betrachten, sie aufzuschreiben und weiterzugeben, sie zu deuten und aufzubewahren, sie mit dem eigenen Leben zu verbinden und dementsprechend als Zeuge in der Welt aufzutreten, sind Aufgaben sowohl für Johannes als auch für die Rezipierenden der Apokalypse.

Die Spannung zwischen dieser performativen Dimension und der Abwesenheit von klar umrissenen Deutungen der offen gehaltenen Sprachbilder ist evoziert durch Textelemente, die die Vielfalt und den Reichtum der Rezeptionsgeschichte meiner Meinung nach begünstigt haben. So haben Generationen als Reaktion auf die apokalyptischen Visionen ihr Leben in ihrer Zeit und Gesellschaft mit den vom Text vermittelten Weltbildern verbunden. Aus dieser Betrachtungsweise werden apokalyptische Erzählmuster zu normativen Diskursen von Krisen und deren Bewältigung, die bestimmte Haltungen und Handlungen legitimieren und erfordern. Die Beispiele dafür durchdringen die Rezeptionsgeschichte von der Antike bis zum heutigen Tag. Deswegen wird auch hier auf nur wenige, ausgewählte Tendenzen in der Dichte und im extrem breiten Spektrum an kontrastierenden Deutungen hingewiesen (Überblicke z. B. bei McGinn u. a. 2003; Brokoff/Schipper 2004; Kovacs/Rowland 2004; Hall 2009; Lyons/Økland 2009). Die Deutung der Apokalypse als eine Vision von künftigen Ereignissen, vom Weltuntergang, dem Antichrist, der Wiederkunft Christi, vom Tausendjährige Reich (Chiliasmus) und schließlich vom Herabkommen des Neuen Jerusalems stellt eine wichtige Linie in der

Rezeptionsgeschichte dar, die sich von der Antike bis zur heutigen Zeit erstreckt (vgl. Basse, in diesem Band). In der Antike sind apokalyptische Motive nicht nur von der Offenbarung des Johannes, sondern von der breiten jüdischen und christlichen apokalyptischen Produktion beeinflusst. Beispielsweise spielt die Auffassung der Geschichte als ein Prozess, der zur baldigen Vollendung kommen wird, eine zentrale Rolle im Montanismus, einer Bewegung mit Ursprung in Phrygien im 2. Jahrhundert, und legitimiert die streng asketische Lebenshaltung. Die Erwartung einer bevorstehenden, messianischen Erlösung prägt das theologische Werk von Kirchvätern wie Justin (gest. um 165) oder Irenäus (gest. um 200). Auch der älteste bekannte Kommentar der Apokalypse, der von Victorinus von Poetovio im 3. Jahrhundert verfasst wurde, deutet die Offenbarung als eine Voraussage über bevorstehende Ereignisse. Interpretation und Lebenspraxis im Zeichen des Millenarismus prägen auch spätere, mittelalterliche Positionen. Ganz zentral sind hier Figuren wie der Einsiedler Joachim von Fiore (ca. 1135–1202) oder Girolamo Savonarola (1452–1498), der diese Gedanken mit entsprechenden politischen Überlegungen verband.

Die apokalyptischen Visionen werden auch als besonderer Blick auf die Gegenwart der Lesenden gedeutet: Bereits Origenes von Alexandrien (ca. 185/86–ca. 253/54) deutet den Offenbarungstext im Hinblick auf seine präsentische Relevanz und seine Bedeutung als Lehre über Christus und die Gläubigen. Der apokalyptische Text wird zur Orientierung für ein christliches Leben in dieser Welt. Diese Tendenz, die auch in den Werken von Tyconius (spätes 4. Jahrhundert, sein Werk prägt die oben besprochene Beatus Manuskript-Tradition) und von Augustin (354–ca. 373) dominant ist, wurde zunehmend einflussreich. Auf dieser Linie liegt auch die reformatorische Deutung der Offenbarung. Trotz der Polemiken über die Kanonizitätsfrage wird sie in der lutherischen, calvinistischen und zwinglianischen Reformation zur Interpretationsfolie für die Missstände innerhalb der römisch-katholischen Kirche.

In zahlreichen Deutungen der Apokalypse als Ankündigung einer bevorstehenden Katastrophe, die zu einer Zukunft des Heils führt, wird der Weltuntergang mit unterschiedlichen Anwendungen von Gewalt in Verbindung gesetzt. Die Zerstörung, die zum radikalen Ende vor der Erlösung führt, kann menschlicher Natur sein: Kriege, Tötungen und Auslöschung von Menschenleben können in diesen Interpretationshorizonten als Anzeichen für das Ende stehen. Diese Verbindung zwischen Gewalt, Leiden und Apokalypse, eine sehr präsente

Linie in der Rezeptionsgeschichte der Apokalypse (Räisänen 2009), ist besonders in der modernen Deutung in vielen radikalen Bewegungen (als Beispiel sei hier auf die traumatischen Ereignisse im Mount Carmel, dem Sitz der Branch Davidians in Waco, Texas hingewiesen, s. Newport 2006) ausgeprägt und findet sich häufig in heutigen apokalyptischen Krisendiskursen im Zusammenhang mit dem islamischen Fundamentalismus und im Kontext gesellschaftlicher und politischer Krisen (s. etwa Jewett/Lawrence 2003).

Als Kontrast dazu kann man auf die Interpretation und Praxis der Offenbarung als Motivation hinweisen, sich in befreiungstheologischen Bewegungen für die Armen und Benachteiligten in der Kirche, der Gesellschaft und der Politik zu engagieren (Kovacs/Rowland 2004: 28f.). Angesichts der Klimakrise kann dieser Text auch in ökologischen Bewegungen als Ausgangspunkt dienen, um den individuellen, kollektiven und politischen Umgang mit der Umwelt im Hinblick auf die begrenzten natürlichen Ressourcen auf Allokationsprobleme und Nachhaltigkeit zu verändern (Northcott 2009).

6. Einmaligkeit jeder Interpretation, erkennbare Linien im Tradierungsprozess

Die Erkundungen der Rezeptionsgeschichte, die im vorliegenden Kapitel dargelegt wurden, sind und bleiben fragmentarisch. Dieses Überblickskapitel zielt nicht darauf, religions- und kulturgeschichtlich möglichst vollständig zu sein, sondern möchte einige systematische Linien im Umgang mit der höchst komplexen und dichten Rezeption antiker Apokalyptik hervorheben und sie mit ausgewählten Beispielen illustrieren und problematisieren. Abschließend werden nun einige wichtige Aspekte thesenartig hervorgehoben: Die Betonung der Rezeptionsgeschichte signalisiert eine grundlegende Entscheidung.

Der vorliegende Ansatz erkundet Spuren der Apokalyptik in europäischen Tradierungsprozessen, wie sie in bestimmten Werken oder Medien angelegt und/oder in der Lebenspraxis von Rezipient:innen verankert sind, und geht dabei von einem kommunikationstheoretischen Zugang zu religiösen Symbolsystemen aus. Die vorgestellten Beispiele zeigen eine Spannung auf, die für die Rekonstruktion der Tradierungsprozesse um apokalyptische Motive grundlegend ist: Obwohl jede Quelle tradierte Motive aufnimmt und sich grundsätzlich mit der Johannesoffenbarung auseinandersetzt, bezeugt sie einen einmaligen, einzigartigen Deutungsprozess, der kontingent und im jeweiligen kulturellen Umfeld verortet ist, bestimmte theologische Diskurse aufnimmt und mit jeweiligen eigenen sozio-politischen Kontexten eng verwoben ist. Streng genommen sollte man auf den umfassenden Singular „Rezeptionsgeschichte", die beispielsweise als Weiterführung einer historisch-kritisch fundierten Textanalyse verstanden werden kann, zugunsten eines Plurals „Rezeptionsgeschichten" verzichten. Auf der anderen Seite lassen es der immer wieder vorkommende, explizite Bezug auf den biblischen Text und/oder das dichte, intermediale Netzwerk an Verweisen unter verschiedenen Rezeptionen als plausibel erscheinen, von einer Rezeptionsgeschichte zu reden, wie die mehrschichtigen Querverbindungen in einigen behandelten Beispielen aufzeigen. So ist das himmlische Jerusalem in der *Tapisserie d'Angers* (Abb. 6) sowohl eine Illustration von Apk 21 als auch ein Verweis auf den Bau von Kathedralen als räumliche Antizipationen dieser Heilsdimension (Abb. 11) in der gleichen Epoche. Ähnliches gilt für die Verwendung von Apk 17 im Film METROPOLIS (Abb. 12) anhand eines Zitats von Dürers Illustration (Abb. 7). Der konstante Verweis auf die Offenbarung des Johannes erlaubt es, die apokalyptischen Motive erkennbar zu machen, obwohl sie in sehr unterschiedlichen Kombinationen mit anderen biblischen Texten vorkommen können und an unterschiedliche Medien, Darstellungskonventionen, Stile und Situationen angepasst werden. In der vorgenommenen Sondierung standen zwei Aspekte des kommunikationstheoretischen Ansatzes mit unterschiedlicher Gewichtung im Vordergrund: Verschiedene Formen von Repräsentation und die Interpretation der Apokalypse als Performanz durch die Rezipient:innen. Die Betrachtung von diesen unterschiedlichen Repräsentationen orientiert sich an den vorkommenden apokalyptischen Motiven und deren Kombination in der betrachteten Quelle. Aus dieser Analyse ergibt sich die Frage nach der in der Quelle angelegten Rezeption des biblischen Textes und dessen Aktualisierung mittels der darstellenden Kunst, der Architektur, des Films oder anderer Medien, die hier nicht besprochen werden konnten. Je nach Kontext wird die mediale Repräsentation häufig zum Ausdruck von Kulturkontakt und -konflikt. Beispielsweise verweisen die Repräsentationen von Babylon im Manuskript Morgan Beatus (Abb. 1) und in politischen Reden im Anschluss an den Terroranschlag des 11. Septembers 2001 auf einen christlich-islamischen Konflikt. Damit ist die Brücke zur performativen Dimension, in der der biblische Text auch rezipiert wird, offensichtlich. Die Rezeption der Apokalypse kann in (religiöser) Praxis gelebt werden: Das Spektrum der Praktiken, die sich am letzten Buch der Bibel orientieren, reicht von der Abschottung einer Gruppe von der Gesellschaft in der Erwartung der bevorstehenden, erlösungsbringenden Zerstörung der Welt bis zur Introspektion des Einzelnen als Ausgangspunkt zu sozialem Engagement. Durch die Aufnahme in den neutestamentlichen Kanon spielte und spielt die Johannesoffenbarung eine dominante Rolle in der Rezeptionsgeschichte antiker apokalyptischer Strömungen und kanalisierte sie, obwohl es auch Einflüsse anderer apokalyptischer Texte im Alten Testament, in den frühjüdischen und christlichen Apokryphen und in der weiteren neutestamentlichen Tradition gibt. Die starke Fokussierung auf die Johannesoffenbarung verknüpfte in weit verbreiteten Linien der Rezeptionsgeschichte die dualistisch geprägte Vision des Weltendes mit einer christologischen Interpretation der Welt, die Konzeption der Gegenwart mit der Relevanz einer eschatologischen Dimension des christlichen Lebens. So bedingt jeweils die Darstellung der Zerstörung die Hoffnung auf eine Dimension von Heil.

In der zeitgenössischen pluralen Gesellschaft werden diese Motive auch jenseits von christlich geprägten Gemeinschaften, Kulturen und/oder Generationen rezipiert. Hier setzen neue Interpretationsprozesse an, die dazu tendieren, die Weltende- und Zerstörungsmotive ganz in einem immanenten Rahmen zu verorten und von einem religiösen Weltbild abzulösen. Die erhobene Faust des versinkenden Menschen in Dürrenmatts Federzeichnung (Abb. 9) kann in dieser Hinsicht als programmatisch interpretiert werden.

Quellen- und Literaturverzeichnis

1. Bildquellen

A Spanish Apocalypse, The Morgan Beatus Manuscript, Introduction and Commentaries by John Willliams, Codicological Analysis by Barbara A. Shailor, New York 1991.

Dürer, Albrecht: *Die Apokalypse*, Faksimile der Uraugabe von 1498 *Die heimlich Offenbarung Johannis*, hg. von Ludwig Grote, München 1999.

Dürrenmatt, Friedrich, Schriftsteller und Maler, Schweizer Literaturarchiv, Bern/Kunsthaus Zürich, Zürich 1994.

La tenture de l'Apocalypse d'Angers, Cahiers de l'Inventaire 4, Nantes 1987.

2. Filmverzeichnis

2012 (Roland Emmerich, US 2009).
ARMAGEDDON (Michael Bay, US 1998).
AVATAR (Roland Emmerich, US 2009).
DET SJUNDE INSEGLET (DAS SIEBENTE SIEGEL, Ingmar Bergman 1957).
ELYSIUM (Neill Blomkamp, US/CA 2013).
INDEPENDENCE DAY (Roland Emmerich, US 1996).
MELANCHOLIA (Lars von Trier, DK 2011).
METROPOLIS (Fritz Lang, DE 1927).
TERMINATOR 2: JUDGMENT DAY (TERMINATOR 2: TAG DER ABRECHNUNG, James Cameron, US 1991).
TERMINATOR 3: RISE OF THE MACHINES (TERMINATOR 3: REBELLION DER MASCHINEN, Jonathan Mostow, US 2001).
THE DAY AFTER (DER TAG DANACH, Nicholas Meyer, US 1983).
THE DAY AFTER TOMORROW (Roland Emmerich, US 2004).
THE MATRIX (Lilly und Lana Wachowski, US/AU 1999).
THE MATRIX RELOADED (Lilly und Lana Wachowski, US 2003).
THE MATRIX REVOLUTIONS (Lilly und Lana Wachowski, US 2003).
THE TERMINATOR (TERMINATOR, James Cameron, UK/US 1984).
12 MONKEYS (Terry Gilliam, US 1995).

3. Sekundärliteratur

Bartscherer 2011: Bartscherer, Christoph: Weltuntergänge im Werk von Friedrich Dürrenmatt, Günter Grass und Michael Cordy, in: Gradl, Hans-Georg u.a. (Hgg.): Am Ende der Tage. Apokalyptische Bilder in Bibel, Kunst, Musik und Literatur, Regensburg 2011, 161–187.

Bluhm u.a. 2013: Bluhm, Lothar u.a. (Hgg.): Untergangsszenarien. Apokalyptische Denkbilder in Literatur, Kunst und Wissenschaft, Berlin 2013.

Böcher 2010: Böcher, Otto: Johannesoffenbarung und Kirchenbau. Das Gotteshaus als Himmelsstadt, Neukirchen-Vluyn/Ostfildern 2010.

Böcher 2011: Böcher, Otto: Die Johannes-Apokalypse als Baubuch. Theorie und Praxis des Kirchenbaus im Licht der Johannes-Apokalypse, in: Heininger, Bernhard (Hg.): Mächtige Bilder. Zeit- und Wirkungsgeschichte der Johannesoffenbarung (SBS 225), Stuttgart 2011, 187–202.

Brokoff/Schipper 2004: Brokoff, Jürgen/Schipper, Bernd U. (Hgg.): Apokalyptik in Antike und Aufklärung (Studien zu Judentum und Christentum), Paderborn u.a. 2004.

Cancik 2001: Cancik, Hubert: Art. Tradition, HRWG 5, Stuttgart u.a. 2001, 244–251.

Dürrenmatt 1994: Dürrenmatt, Friedrich: Schriftsteller und Maler, hg. vom Schweizerischen Literaturarchiv und Kunsthaus Zürich, Bern/Zürich 1994.

Geertz 1999: Geertz, Clifford: Religion als kulturelles System, in: ders.: Dichte Beschreibung. Beiträge zum Verstehen kultureller Systeme, Frankfurt 1999[6], 44–95.

Hall 2009: Hall, John R.: Apocalypse. From Antiquity to the Empire of Modernity, Cambridge/Malden 2009.

Jewett/Lawrence 2003: Jewett, Robert/Lawrence, John Shelton: Captain America and the Crusade against the Evil. The Dilemma of Zealous Nationalism, Grand Rapids/Cambridge 2003.
Join-Lambert u. a. 2012: Join-Lambert, Arnaud u. a. (Hgg.): L'imaginarie de l'Apocalypse au cinéma, Paris 2012.
Kovacs/Rowland 2004: Kovacs, Judith/Rowland, Christopher: Revelation. The Apocalypse of Jesus Christ (Blackwell Bible Commentaries), Malden u. a. 2004.
Krech 2012: Krech, Volkhard: Religion als Kommunikation, in: Stausberg, Michael (Hg.): Religionswissenschaft (De Gruyter Studium), Berlin 2012, 49–63.
Lyons/Økland 2009: Lyons, John W./Økland, Jorunn (Hgg.): The Way The World Ends? The Apocalypse of John in Culture and Ideology, Sheffield 2009.
McGinn u. a. 2003: McGinn, Bernhard u. a. (Hgg.): The Continuum History of Apocalypticism, New York/London 2003.
Newport 2006: Newport, Kenneth G. C.: The Branch Davidians of Waco. The History and Beliefs of an Apocalyptic Sect, Oxford 2006.
Northcott 2009: Northcott, Michael S.: Earth Left Behind? Ecological Readings of the Apocalypse of John in Contemporary America, in: Lyons, John W./Økland, Jorunn (Hgg.): The Way the World Ends? The Apocalypse of John in Culture and Ideology, Sheffield 2009, 227–239.
O'Hear 2011: O'Hear, Natasha F. H.: Contrasting Images of the Book of Revelation in Late Medieval and Early Modern Art. A Case Study in Visual Exegesis (Oxford Theological Monographs), Oxford/New York 2011.
Pezzoli-Olgiati 1998: Pezzoli-Olgiati, Daria (Hg.): Zukunft unter Zeitdruck. Auf den Spuren der „Apokalypse", Zürich 1998.
Pezzoli-Olgiati 2009: Pezzoli-Olgiati, Daria: Vom Ende der Welt zur hoffnungsvollen Vision. Apokalypse im Film, in: Bohrmann, Thomas u.a. (Hgg.): Handbuch Theologie und Populärer Film 2, Paderborn 2009, 255–275.
Pezzoli-Olgiati 2012: Pezzoli-Olgiati, Daria: Religion und Visualität, in: Stausberg, Michael (Hg.): Religionswissenschaft (De Gruyter Studium), Berlin 2012, 343–363.
Pezzoli-Olgiati 2013: Pezzoli-Olgiati, Daria: Retterfiguren in Dystopien. Vieldeutigkeit apokalyptischer Motive im Spielfilm, in: Blum, Lothar u. a. (Hgg.): Untergansszenarien. Apokalyptische Denkbilder in Literatur, Kunst und Wissenschaft, Berlin 2013, 231–251.
Räisänen 2009: Räisänen, Heikki: Revelation, Violence, and War: Glimpses of a Dark Side, in: Lyons, John W./Økland, Jorunn (Hgg.): The Way the World Ends? The Apocalypse of John in Culture and Ideology, Sheffield 2009, 151–165.
Raff 2011: Raff, Thomas: Die Visualisierung der Visionen. Apokalypse und Bildende Kunst, in: Gradl, Hans-Georg u. a. (Hgg.): Am Ende der Tage. Apokalyptische Bilder in Bibel, Kunst, Musik und Literatur, Regensburg 2011, 124–141.
Rousseau 2014: Rousseau, Katherine: Mapping our Last Places. Apocalyptic Space and Imagery at Chartres Cathedral. A Social and Visual Analysis of Imagined Space, in: George, Mark K./Pezzoli-Olgiati, Daria (Hgg.): Religious Representation in Place. Exploring Meaningful Spaces at the Intersection of the Humanities and Sciences (Religion and Spatial Studies), New York 2014, 89–103.
Rowland 2009: Rowland, Christopher: The Interdisciplinary Colloquium on the Book of Revelation and Effective History, in: Lyons, John W./Økland, Jorunn

(Hgg.): The Way the World Ends? The Apocalypse of John in Culture and Ideology, Sheffield 2009, 289–304.

Rüpke 2007: Rüpke, Jörg: Religion medial, in: Malik, Jamal u.a. (Hgg.): Religion und Medien. Vom Kultbild zum Internetritual (Vorlesungen des Interdisziplinären Forums Religion der Universität Erfurt 4), Münster 2007, 19–28.

Seeßlen/Jung 2003: Seßlen, Georg/Jung, Fernand: Science Fiction: Grundlagen des populären Films, Bd. 1, Marburg 2003.

Stolz 2001: Stolz, Fritz: Grundzüge der Religionswissenschaft (UTB 1980), Göttingen 2001³.

Wallis/Quinby 2010: Wallis, John/Quinby, Lee (Hgg.): Reel Revelations. Apocalypse and Film, Sheffield 2010.

Wright 2009: Wright, Melanie J.: „Every Eye Shall See Him". Revelation and Film, in: Lyons, John W./Økland, Jorunn (Hgg.): The Way the World Ends? The Apocalypse of John in Culture and Ideology, Sheffield 2009, 76–94.

4. Literaturhinweise zum vertiefenden Studium

Fritz u.a. 2018: Fritz, Natalie u.a.: Sichtbare Religion. Eine Einführung in die Religionswissenschaft (De Gruyter Studium), Berlin 2018.

Kovacs/Rowland 2004: Kovacs, Judith/Rowland, Christopher: Revelation. The Apocalypse of Jesus Christ (Blackwell Bible Commentaries), Malden u.a. 2004.

Pezzoli-Olgiati 2015: Pezzoli-Olgiati, Daria: Religion in Cultural Imaginary. Setting the Scene, in: Pezzoli-Olgiati, Daria (Hg.): Religion in Cultural Imaginary. Explorations in Visual und Material Practices (Religion – Wirtschaft – Politik 13), Zürich/Baden-Baden 2015, 9–38.

Pezzoli-Olgiati 2018: Pezzoli-Olgiati, Daria: Das apokalyptische Imaginäre und die Herausforderung des Sehens. Filmische Inszenierungen der Katastrophe, BThZ 35/2 (2018), 292–317.

Praktische Theologie

Jörg Schneider

Untergänge und Übergänge

Die evangelische Praktische Theologie und ihre Krisenphänomene

Zur vorletzten Jahrhundertwende lautete eine erschütterte wie aufrüttelnde Diagnose zum Zustand von Kirche und Religion: „Meine Herren – es wackelt alles!"; das rief Ernst Troeltsch im Jahr 1896 einer honorigen Theologenversammlung zu (dazu Köhler 1941: 1; vgl. Voigt 2003, XIV). Die Krise war unleugbar geworden. Anfang des 21. Jahrhunderts müssen andere Metaphern gewählt werden. „Alles verdampft" oder „alles zerfließt" könnte angemessen sein. Es scheint, dass sich Religion und Kirche nicht in erdbebenhaften Abbrüchen und Umbrüchen befinden, sondern in langsamen, zugleich unaufhaltsamen und extrem differenzierten Prozessen. Sie sind merklich und unmerklich zugleich, je nach Involviertheit von Menschen in die Formen von Kirche und Kirchlichkeit und in die kirchliche und eigene *praxis pietatis*.

Prozesse dieser Art werden verschieden wahrgenommen. Die gelebte Religion verändert sich dauernd und eher schleichend als punktuell revolutionär. Sie wird von Individuen nur bei Austritten, Übertritten oder Eintritten und der Inanspruchnahme von säkularen oder religiösen Kasualien rituell oder quasirituell auf den Punkt gebracht. Kirche als Institution und Organisation vollzieht von Zeit zu Zeit Strukturwandlungen nach, die dann abrupter erlebt werden, wenn sie von anderen gesellschaftlichen Institutionen nahegelegt oder sogar aufgedrängt werden, oder wenn sie selbst eine revolutionäre Reformation ihrer selbst wie eine Neugründung oder eine Fusion erlebt. So kann auch gefragt werden, ob das Wort „Krise" zutreffend ist, beziehungsweise was und wer genau in der Krise – wenn überhaupt – ist, oder ob es sich nur um ständige Übergangsstadien ohne stabile Phasen handelt.

Vielleicht gibt es gar keine Traditionsabbrüche, sondern nur Phasen der noch wenig sichtbaren Emergenz ganz neuer Formen. Stabilität wäre dann nur eine nützliche Konstruktion, um sich Ziele zu setzen und die amorphe Zeit mit ihren vielen Ereignissen strukturieren zu können. Und doch: Gibt es nicht auch folgerichtige und womöglich zielgerichtete Entwicklungen? Hin zum Reich Gottes oder zur großen Trübsal, bevor diese Welt vergeht?

Ob elegante Übergänge oder radikale Neuanfänge: Das theoriebildende Fach, welches solche Phänomene und Interpretationen betrachtet und ihrerseits interpretiert, gerät durch seinen solchen Gegenstand selbst in die Krise, in die Notwendigkeit der Selbstneubestimmung und Suche nach seinem Ziel. Die Praktische Theologie als Hauptort der Beschäftigung mit den religiösen Veränderungen verändert sich mit seinen Gegenständen, mehr als die anderen theologischen Fächer. Sie ist die Krisenwissenschaft *par excellence,* die selbst notwendig in der Krise ist und die diesen Umstand darüber hinaus zu ihrem eigenen Thema macht.

Der folgende Beitrag stellt sich deshalb als ein Doppelbild dar. Zuerst beschreibt er das Fach Praktische Theologie als Wissenschaft der Krise und als Fach in der Krise. Dann nimmt er krisenhafte Gegenstände der Praktischen Theologie in den Blick, nach Beispielen aus dem inneren Bereich christlicher Religionspraxis, der Kunst und solche neue religiöse Bewegungen, welche sich ihrerseits selbst aus der Krise geboren verstehen und auch apokalyptische Züge tragen können. Die apokalyptischen Erwartungen sind interessant, weil sie eine große schöpferische Kraft mit ganz unterschiedlichen Modellen des religiösen Verhaltens zur Apokalypse auslösen.

Die eine Seite des Doppelbildes ist protestantisch geprägt, weil protestantische Praktische Theologie an konfessionell geprägten Fakultäten konzipiert und gelehrt wird. Das Interesse gilt zunächst dem spezifisch kirchlichen Leben. Hier nimmt der Text eine Innenperspektive ein. Doch darin geht das größere religiöse Leben nicht auf, so dass Praktische Theologie das religiöse Leben insgesamt betrachtet, zumal es viele Überschneidungen, Religions-Osmosen und sanfte Übergänge hat. Insofern gibt es einen protestantischen Blick auf die Neuen Religiösen Bewegungen (NRB) entweder in der Hinsicht, dass sie teilweise dem Protestantismus entsprungen sind, also noch genetische Verwandtschaft in sich tragen. Oder sie zeigen paradigmatisch Religionsentwicklungen, welche zu betrachten das Erstellen von allgemeineren

Modellen erlaubt, die auch aber nicht nur den Protestantismus betreffen. So ist die andere Seite des Doppelbildes globaler gezeichnet.

Auf katholischer Seite gibt es auch eschatologische Strömungen und sektenartige Abspaltungen oder Sektionen. Eine visionäre Marienfrömmigkeit nimmt den Platz des protestantischen Bibelstudiums in Sachen Eschatologie und Apokalypse ein. Wallfahrtsziele wie La Salette oder Fatima sind Orte der Vergegenwärtigung der Apokalypse. Überhaupt ist Maria im Katholizismus die apokalyptische Integrationsfigur der vielen Motive und Erwartungen. Die Identifikation von Maria mit der Frau der Endzeit eröffnet ein weites und höchst einflussreiches Frömmigkeitspanorama der katholischen Kirche (Apk 12). Die beiden neuzeitlichen Dogmen betreffen eben Maria, ihre unbefleckte Empfängnis und ihre Himmelfahrt mit ihrer leiblichen Aufnahme in den Himmel – in jener Zeit formuliert und verbindlich geworden, als im Protestantismus mit den Erweckungsbewegungen das eschatologische Element wieder virulenter wurde. Im Protestantismus kann man in dieser Hinsicht eine stärkere Fixierung auf Abläufe und Geschichte feststellen, und im Katholizismus, der sich in ganz anderen Auseinandersetzungen um seine Rolle in den sich konsolidierenden und säkularisierenden Nationalstaaten befand, eine auf Bewahrung bzw. traditioneller Weiterentwicklung des Dogmas.

1. Die Krisen der Praktischen Theologie

In diesem Beitrag für den vorliegenden Themenband Apokalyptik ist zuerst von Krise die Rede, denn Krise ist die kleine Münze der Apokalypse: Apokalypse und Praktische Theologie – das scheinen auf den ersten Blick ja getrennte Welten zu sein. Denn (christliche) apokalyptische Texte reden von den vorletzten und letzten Ereignissen dieser Welt oder den ersten danach. Die Praktische Theologie redet von der religiösen Einrichtung in der Welt durch Institutionen, Liturgien, Gewohnheiten und religiöse Kulturen. Es verwundert nicht, dass die Lexika *Religion in Geschichte und Gegenwart* (RGG) der Auflagen 3 und 4 und auch die *Theologische Realenzyklopädie* (TRE) in den Artikeln zur Apokalyptik keinen Abschnitt zur Praktischen Theologie haben. RGG 3 hat immerhin einen Teil „Psychologie der Apokalyptik" und streift damit praktisch-theologische Fragestellungen. Es herrscht in diesen Werken bezüglich unseres Themas eine historische Betrachtungsweise vor und keine eschatologische.

Auf den zweiten Blick gibt es doch Verbindungen. Sie ergeben sich aus der Spannung, dass christliches Leben sich auf Advent und Zukunft ausrichtet, also nie nur ganz in der Gegenwart stattfindet. Da Christen auf den Tod und die Auferstehung Christi getauft werden, antizipieren sie Ereignisse ihrer eigenen geglaubten und darin gegenwärtigen Zukunft. Sofern man die Auferstehung Christi und seiner Zugehörigen als apokalyptisches Szenario versteht, gibt es einen apokalyptischen Gegenstand, der in seiner Glaubenspraxis und sozialen Ausformung sogar unmittelbar zur Theorie der Praktischen Theologie gehört. Eben als „positive Wissenschaft" beschäftigt sie sich in der Regel mit den habhaften Dingen, auch wenn die sich auf Ereignisse der Zukunft beziehen oder sich von ihnen herleiten. Der Wandel, der als Krise erfahren wird, kann apokalyptische Ausmaße annehmen oder als Teil einer angebrochenen Endzeit gedeutet werden. Doch die ungewissen, erhofften oder klar erwarteten Zukunftsszenarien bringen konkrete Sozial- und Ausdrucksformen hervor. So operiert die Praktische Theologie stets an der mehr oder weniger breiten und oft unscharfen Frontlinie der immer gerade jetzt vergehenden alten und gerade jetzt anbrechenden neuen Zeit, wenn man solche theologischen Zeitunterteilungen verwenden möchte. In dieser Hinsicht lassen sich Krise und Apokalypse aus der Perspektive der Praktischen Theologie betrachten.

Krise hat eigentlich eine punktuelle Bedeutung. Sie bezeichnet den Entscheidungspunkt einer Krankheit, ob sie nachlässt oder zum Tod führt. Im religiösen Sinn bezeichnet sie den Endpunkt der gegenwärtigen Zeit samt Beurteilung und „Aufhebung" im Jüngsten Gericht. Die Bedeutung von Krise hat eine Längung zur Dauerkrise erhalten. Die gesamte Moderne wird als krisenhaft erfahren. Diese Erfahrung schafft eine Moderne- bzw. Kulturkritik, also eine menschliche Dauerauseinandersetzung mit den letztlich selbst hervorgebrachten Lebensbedingungen, die nicht optimal sind. Sie muss nicht apokalyptisch geprägt sein, kann aber solche Züge annehmen, wenn sie auf totale Veränderung zielt oder über diese Welt hinaus und nicht nur auf ständige Veränderungen sozialer, kultureller und ökonomischer Art. Letztlich bleiben die meisten Krisenmodelle immanent und an der Krise als Katastrophe orientiert, sie „kupieren" die Apokalypse um ihre Zielrichtung, nämlich auf die Neue Welt Gottes (Vondung 1988: 12).

Die Praktische Theologie ist Teil dieser andauernden Modernedeutung: Sie „war von Anfang an eine Krisenwissenschaft. Der allgemeine Abbau von Traditionsleistungen, die Technisierung der Lebensvollzüge sowie damit einhergehend tiefgreifende gesellschaftliche, kulturelle und politische Umbrüche am Ende des 18. und zu Beginn des 19. Jahrhunderts führten dazu, daß die bis dahin verbreitete Pastoraltheologie als Theorie nicht mehr ausreichte" (Grethlein/Meyer-Blanck 1999: V; vgl. Drehsen 2002: 225).

Die Konfliktfelder bei den Spannungen von Tradition und Moderne sowie Kirche und Gesellschaft nötigten ab dem 18. Jahrhundert zu einer praktischen Theoriebildung und schließlich im 19. Jahrhundert zur Gründung von Lehrstühlen an den Fakultäten. Man versuchte und tut dies noch immer, durch die Erhöhung des Bildungsstands und durch besseres Verständnis der Differenzierungen in der Gesellschaft und Kirche das kirchliche Handeln dabei zu unterstützen, sich adäquat zu modernisieren. Dazu nutzt die Praktische Theologie die benachbarten Wissenschaften, z. B. die Kirchen- und Religionssoziologie, Statistik, Psychologie, Kunstwissenschaft usw. Dieses Theorie- und Methodenkonglomerat entspricht der Wahrnehmung einer immer differenzierteren Gesellschaft, die scheinbar miteinander unverbundene Lebenswelten hervorbringt, die sich aber alle mehr oder weniger stark aufeinander beziehen, weil sie in einer Welt existieren.

In der Theorie ist es nun schwieriger als in der Praxis, wo auf Kohärenz des eigenen Lebens weniger Wert gelegt zu werden scheint, die realen Überlappungen und Grauzonen zu beschreiben. Menschen gehören gleichzeitig und fraglos vielleicht einer Landeskirche an, besuchen einen Aschram, richten ihr Wohnzimmer nach Feng-Shui-Richtlinien ein und lesen das Horoskop. Die Theorie muss nun den Sinngehalt solcher Zusammenstellungen versuchen zu gewichten: Was ist Lifestyle, was ist Dekoration und Souvenir, was ist magisches Weltverständnis, was ist protestantischer Traditionalismus und Spiritualität oder dogmatisch abgesicherter Glaubensausdruck? Und wie benennt man diese Praxis insgesamt? Die Praxis ist für die Theorie der Krisenherd, weil die Praxis immer voraus ist.

1.1 Die Dauerkrise der Praktischen Theologie

Das Fach Praktische Theologie betrachtet nicht nur die umgebende Kultur, sondern ist auch Teil von ihr. Sie „ist eine ‚Krisenwissenschaft', und zwar in doppelter Hinsicht: Sie entsteht als eigene Disziplin in einem kulturellen Kontext, der von vielen, wenn nicht sogar allgemein als kritisch für Kirche, Christentum und Religion diagnostiziert wird. Sie scheint, wenn man den [...] Stimmen zahlreicher Gelehrter über die Zeiten hinweg glauben darf, selbst permanent in der Krise zu stecken" (Grethlein/Schwier 2007: 1).

Die Praktische Theologie hat grundsätzlich ein Methodenproblem, ein Gegenstandsproblem und ein Abgrenzungsproblem. Das Abgrenzungsproblem besteht darin, dass zwar allgemein das religiöse Leben theoretisch beschrieben werden soll. Dieses aber ist derartig vielfältig und in ständiger Transformation, dass es zuweilen schwer fällt, neue Phänomen-Entwicklungen zu erfassen und zu fassen. Dies zeigt sich beispielsweise am Theorieproblem der Beschreibung neuerer Spiritualität. Das Gegenstandsproblem ist also die Aufweichung eines harten Verständnisses von Religion und Frömmigkeit wegen der diffusen Fülle von religiösen und religioiden Praxen, welche erlauben, beispielsweise den Sport oder das Gesundheitswesen religionstheoretisch zu rekonstruieren. Auf diese Weise kann alles, was irgendeinen Sinn ergibt oder aus dem Sinn gezogen wird, als religiös beschrieben oder sogar vereinnahmt werden. Hier liegt aber auch das Methodenproblem: Wenn sich aufweitet, was religiös sein kann, dann sind die methodischen Zugänge kaum mehr zu bündeln. Jedes Phänomen, das als religiös erkannt wird, muss schließlich auf eigene Weise beschrieben werden und kann nur noch schwer in den kulturellen Gesamtzusammenhang eingeordnet werden.

Die Praktische Theologie reagiert auf ihre eigene Krisenhaftigkeit in der Regel mit Differenzierung und mit dem Nachvollzug von Paradigmenwechseln. Sofern sich die Praktische Theologie der Differenzierungen von „Kirche und Religion, Institution und Individuum, Theologie und Frömmigkeit" (Gräb 2002: 35) verdankt, so verdankt sie sich auch den binnenwissenschaftlichen Differenzierungen im Fach selbst und der Wissenschaften, deren Methoden man entlehnt. Denn die Nachbarwissenschaften entwickeln sich auch weiter und können in das praktisch-theologische Methodenarsenal eingespeist werden.

Die Krisenhaftigkeit ist ihr Potential an Kreativität. Weil es, solange es Christentum in einer wie auch immer gearteten Moderne gibt, auch Praktische Theologie geben wird, befindet sie sich in einer kreativen Dauerkrise. „Mit der Praktischen Theologie insgesamt hat der Protestantismus die historische Krisenerfahrung im Umkreis des Ersten Weltkriegs [...] gleichsam als Strukturmuster auf Dauer gestellt: Sie reflektiert die Möglichkeitsbedingungen protestantischer Glaubens- und Lebenspraxis in der Perspektive ihrer erfahrenen Krisenhaftigkeit" (Drehsen 2002: 243). Sofern die Praktische Theologie eine Praxistheorie vor allem protestantischer Kultur ist (Gräb), kann man auch sagen, dass die Krise der protestantischen Kultur die Krise der Praktischen Theologie ist. Die Fragen und Verunsicherungen der Praxis finden ihre Reflexionsgestalt in der Theorie und von dort ihren Weg zurück in die Praxis. Deshalb liegen Vergewisserung und Krise nahe beieinander, sie sind zwei Seiten einer Medaille.

Wenden wir nun den Blick vom Inneren des Fachs Praktische Theologie auf einige seiner Gegenstände.

2. Religiöse Krisenphänomene als Gegenstand der Praktischen Theologie

Die Praktische Theologie beschäftigt sich mit zweierlei Arten von Krisenphänomenen. Einmal geht es um die Krisenphänomene der engeren evangelischen Religionspraxis und Kultur, und einmal um die der weiteren Religionspraxis im Kontext von Atheismen, naturwissenschaftlich-materialistischen Erklärungen und historischem Denken. Diese beiden Arten lassen sich inzwischen allerdings nicht immer genau trennen, wie sich an den Neuen Religiösen Bewegungen zeigt.

2.1 „Apokalyptische Momente" als Gegenstand der Praktischen Theologie

Weil Sinnverluste oder Sinngebungen religiöse Prozesse sein können, welche in Ritualen und Gottesdiensten Gestalt erhalten, spielen sie in der Praktischen Theologie eine Rolle. Die Homiletik befasst sich deshalb auch mit der Predigt apokalyptischer Texte. Die Kirchenjahresendzeit und die Adventszeit als Erwartungszeit sind apokalyptisch konnotiert. Das Gericht ist in den Evangeliumstexten zu den letzten Sonntagen im Kirchenjahr besonders präsent und wird auch im zugeordneten Liedgut thematisiert (EG 147 „Wachet auf, ruft uns die Stimme" in Strophe 1 als Entsprechung zu Mt 25,1–13 am Ewigkeitssonntag oder EG 6 „Ihr lieben Christen, freut euch nun" als Wochenlied zum zweiten Advent; vgl. auch EG 150 „Jerusalem, du hochgebaute Stadt" hauptsächlich zu Apk 21; EG 9,6 bezieht sich auf die endzeitliche Wachsamkeit nach Lk 12,35). Erwartet wird nicht nur das, was bereits in Bethlehem geschehen ist und also mythisch-liturgisch jährlich nachvollzogen wird, sondern auch das letzte Kommen Jesu als wirkliche Neuigkeit und Neuheit. Die Apokalypse ist im Kreuzigungs- und Auferstehungsgeschehen virulent, welche allein schon sprachlich apokalyptisch ausgedrückt werden (z. B. Mt 27,45.51–53; vgl. die musikalische Umsetzung in Bachs Matthäus-Passion), so dass der Kar- und Osterzyklus viel stärker apokalyptisch ausgerichtet ist als üblicherweise in der Verkündigung hörbar.

Auf das individuelle Leben bezogen spielt die Weltapokalypse nur in apokalyptisch gestimmten Zeiten eine Rolle, die eigenen und gesellschaftlichen Katastrophen und Krisen hingegen sind öfter präsent. Durch das Zulaufen des Lebens auf Sterben und Tod bildet es im Kleinen die großen Prozesse ab. Entsprechend beschäftigt sich die Seelsorgelehre mit individuellen Krisen. Eduard Thurneysen zeichnet diese Krisen in ein zeittypisch dezidiert krisenhaftes Verständnis der Gemeinde ein und baut die Krise der Kirche von der Krise der individuellen Frömmigkeit her auf: „Darum sind Krise und Verfall da, weil die Bewegung der Buße in der Gemeinde erlahmt, ja weithin erstorben ist. Die Buße ist die Wurzel, aus der das Leben der Gemeinde aufsteigt" (Thurneysen 1948: 254). Solche Rückgriffe auf biblisch-eschatologische Sprach- und Denkmuster in Verbindung mit einem Dekadenzmodell beschwören eine Heilung von etwas, das als zerrüttet interpretiert wird. Weil aber an einem Idealzustand gemessen wird, der reichlich abstrakt ist, bleibt auch zumindest in diesem Punkt das Heilmittel schwach.

Typisch für die Theologie und Praktische Theologie der Krise ist der kirchliche und gemeindliche Zugriff. Die individuelle Krise ist nur Merkmal einer allgemeinen. Andere Traditionen halten den religiösen Eigenwert persönlicher Krisenerfahrungen fest. Die mystische Tradition kennt, exemplarisch bei Johannes vom Kreuz, die Nacht der Gottesferne. Die lutherische Tradition benennt die Anfechtung als existentielle Krise und zugleich als glaubensinhärente Erfahrung. Die Glaubenskrise ist integraler Bestandteil religiöser Existenz (Haas 1989: 16). Könnte man mit Gott und Welt immer eins sein, gäbe es keine Krisen. Weil aber das Leben eine zeitliche Struktur hat, kann es nur punktuell sich mit Gott oder der Welt eins fühlen (mystische und sakramentale Momente). Das ist die eine Seite. Die andere Seite ist eine Entwicklung einer eigenen Spiritualität angesichts der Krisenhaftigkeit des eigenen Lebens, die sich mal stärker mal schwächer in jedem Leben zeigt. Spiritualität ist so betrachtet eine Krisenbewältigungspraxis. Seelsorge ist dabei Lebensbegleitung an den persönlichen Knotenpunkten und in Krisenzeiten. Seelsorge bietet Deutung von Krise und Relativierung zu Erfahrungen an. In diesen Bereich gehören auch die Notfallseelsorge und die Krankenhausseelsorge. Dabei muss Krise nicht negativ gemeint sein, sondern kann auch Übergangsphasen und

Schwellenzeiten meinen, also etwa bei (Erwachsenen-)Taufen, Hochzeiten und Konfirmationen. Die Krise unterscheidet, egal wie lange sie dauert, ein Vorher und ein Nachher, und verlangt und verdient deshalb religiöse und liturgische Artikulation des Unterschieds.

Ein besonderes Beispiel bietet das Gebetsleben. Spiritualität ist derzeit an den meisten Fakultäten kein evangelisches praktisch-theologisches Fach, spielt aber überall eine Rolle. Bildlich gesprochen ist sie das Herz der Religion, und somit können ihre Veränderungen unter Umständen entweder als latenter oder sogar offensiver Krisenherd oder als innovativer Motor betrachtet werden. Das Reden mit dem persönlichen und personalen Gott ist urbiblische und grundchristliche Praxis aufgrund bestimmter Überzeugungen der Möglichkeit dazu. Die Rede von „Gebetskrise" (Cullmann) oder gar von „Gebetskollaps" (Ebeling) wiegt deshalb schwer, und sie hat in der Tat gute Gründe. Aber sie basiert – notwendigerweise? – auf theistischen Vorstellungen und platonisierenden Weltbildern. Man könnte die Gebetskrise in weitreichende Veränderungen in Anthropologie und Kosmologie unter naturwissenschaftlichen Bedingungen einzeichnen. Eine innovative und zugleich sinnvolle Deutung und Wiederermöglichung des Betens unter neuzeitlichen Bedingungen zu präsentieren, gelingt noch nicht wirklich. So ist die erfahrene Krise ein Lamento über Verluste einer vermeintlich heilen aber definitiv vergehenden Welt – nicht der physischen, aber der mental-kulturell konstruierten. Sie wird über ein religiös-kulturelles Dekadenzmodell plausibilisiert, wie man es biblisch schon beispielsweise aus der deuteronomistischen Geschichtsschreibung kennt. Damit steht man in der eschatologischen Tradition des Deutens von Zeichen auf die letzten Ereignisse. Dazu müssen natürliche oder soziale und kulturelle Phänomene überhaupt als bedeutungsvolle Zeichen erkannt werden. Dieser Mühe unterziehen sich nicht nur apokalyptisch ausgerichtete Randgruppen, sondern auch die herkömmlichen Institutionen.

2.2 Säkularisierungsangst als Theorie- und Programmmotor

In den Debatten um Strukturreformen angesichts kirchen- und religionssoziologischer Analysen und Voraussagen spielen Veränderungen der spirituellen Ebene kaum eine Rolle, sondern die Strukturen der Institution stehen im Fokus. Für ihre Anpassung an eine veränderte kirchensoziale Wirklichkeit wird apokalyptischer Jargon – bewusst oder unbewusst – benutzt. Im EKD-Papier *Kirche der Freiheit* von

2006 spielen „12 Leuchtfeuer" eine bestimmende Rolle. Sie setzen umgebende Dunkelheit mit entsprechenden Gefahren des Scheiterns voraus. Gibt sich das Papier insgesamt optimistisch und innerweltlich-uneschatologisch, so wird es unter der Hand von säkularen Bedrohungsszenarien getragen, die an apokalyptische Zeichen in Zeiten der Trübsal erinnern. Aus der Sicht der Institution ist dies sicher richtig. Für unser Thema ist daran bemerkenswert, wie religionskulturelle Veränderungen als apokalyptische Zeichen gelesen werden. Das Papier ist ein Beispiel für die völlige Ausschaltung der eschatologischen Dimension des Christentums in den mitteleuropäischen protestantischen Großkirchen. Vielleicht wäre der Impuls stärker, wenn die Hoffnung auf Änderung von Gott her intensiver wäre und nicht nur Behauptung und Schnörkel.

Auf ähnlicher Klaviatur spielt das Lied „Ein Schiff, das sich Gemeinde nennt" von Martin Gotthard Schneider [EG 609]. „Das Schiff, es fährt vom Sturm bedroht durch Angst, Not und Gefahr, Verzweiflung, Hoffnung, Kampf und Sieg [...]". Man fragt sich, warum die Welt als feindliches Gegenüber zur Gemeinde und Kirche betrachtet wird, so dass Realitäten als Drangsale apokalyptischer Mächte auf das Schifflein einstürzen. Diese Unterscheidung von Kirche und Welt ist nichts Neues und hat Gründe, aber die gefühlte und geäußerte Bedrohung kommt aus Verlustängsten. Diese weisen auf ein ideales Bild der Vergangenheit hin, und zwar nicht vor allem der Urkirche, sondern der Reformation und insbesondere des 19. Jahrhunderts. Der Höhepunkt der Konfessionalisierung mit ihrer intensiven vereinsstrukturellen Verkirchlichung definiert die gefühlte Fallhöhe. Die Ideale sind immer noch die des 19. Jahrhunderts, nämlich eine Totalbeteiligung am Gemeindeleben und Totalidentifikation der Mitglieder mit ihrer Institution. Wie sich die Totalität der Zuwendung Gottes zu seinen Gläubigen auch anders symbolisieren ließe, ist dann der Versuch ganz anderer, offenerer und punktuellerer Gemeindemodelle, auch jenseits des Parochialprinzips.

Das Krisengefühl und die Krisensprache begleiten die Kirche in bestimmten Kontexten immer wieder. Die große Krise nach dem Ersten Weltkrieg schlug sich in der Suche nach Deutungsmustern nieder, z. B. in der Rezeption von Oswald Spengler. Dessen Klassiker *Der Untergang des Abendlandes* hatte eine griffige Formel für ein dystopisches, postapokalyptisches Lebensgefühl in einem darniederliegenden Nachkriegsdeutschland geliefert. Man konnte sich in der Deutung von Geschichte in Zyklen an Muster theologischer Geschichtsschreibung erinnert fühlen, die Niederlage als quasi naturgegebene historische

Notwendigkeit verstehen und etwaige Schuld- und Verantwortungsfragen relativieren.

Das Krisengefühl hielt in den Bereichen kirchlichen Lebens verschieden an: Die Spaltung der Kirche und Kirchen in einen bekennenden, einen intakten und einen zerstörten Teil während der nationalsozialistischen Diktatur hat nach dem Krieg keine längere und tiefgreifende Krisenzeit hervorgebracht. Vielmehr entstand, jedenfalls nach außen hin, eine restaurierte und zugleich theologisch modernisierte Kirche. Restauriert insofern, als dass es keine große Reform der Gestalt der Landeskirchen gab, außer dass sich ehemalig preußische Kirchenprovinzen zu Landeskirchen erhoben, und modernisiert insofern, als für die 50er und frühen 60er Jahre eine zugleich konservierende Fortwirkung der dialektischen Theologie zu spüren war. In der Predigt äußerte sich das in der verallgemeinernden Beschreibung von Martin Doerne, dass „eine gespenstische Monotonie" von den Kanzeln wehe. Die theoretische und praktische Unmöglichkeit, auf allen Gebieten kirchlichen und religiösen Lebens die Dialektische Theologie in Dialektische Praxis zu überführen, brachte eine restaurative Sicht auf Kirche und Gemeinde hervor. Mit den Reformprogrammen z. B. von Ernst Lange wurde dem entgegengesteuert und versucht, die sich verbreiternde krisenhafte Kluft zwischen Religionspraxis und gepredigter Theologie wenn nicht zu schließen so doch zu verringern.

In den krisenhaften Zeiten gibt es je nach Perspektive verschiedene Stimmungen. Die an Mitgliedern und Einfluss abnehmenden Großkirchen leben im Modus der Klage über ihr Verschwinden und zünden letzte Leuchtfeuer in einer als Dunkelheit befürchteten Zukunft an, um welche sich der „heilige Rest" scharen kann – „Wachstum gegen den Trend" erscheint so als inneres Wachstum an der Anfechtung. Die Anfechtung ist in diesem Fall keine Glaubenskrise, sondern eine institutionelle. Auch die zuweilen hörbare Rede vom „Gesundschrumpfen" der Kirche ist letztlich ein eschatologisches Gedankengut, weil es auf eine reine Gottesverehrungsgemeinde zielt, also gar keine reale, volkskirchliche, noch so kleine Gemeinde anstrebt. Hier leben Reinheitsvorstellungen der Offenbarung des Johannes in Bezug auf die Sammlung der Heiligen am Ende der Zeit auf. Schon deshalb kann Gesundschrumpfen kein Rezept für eine reale Kirche diesseits der Parusie sein.

Für die christlich-charismatischen Gruppen und für etliche Neue Religiöse Bewegungen, sofern sie nicht so kurzlebig wie ihre Gründergestalten sind, sind Krisenzeiten hingegen fruchtbare Zeiten. Sie besitzen die Deutungsmuster, in genau der richtigen Zeit zu leben. Ihr Problem besteht dann in der Verlängerung dieses Gefühls in der egalisierenden Routine der verrinnenden Zeit. Der Elan des apokalyptischen Lebensgefühls führt zu einem inneren Druck, Aufgaben vor dem imminenten Ende auszuführen, also etwa ein bestimmtes Quantum Mitglieder als Repräsentanz der Anzahl der Erlösten zu werben (Zeugen Jehovas) oder gleich ein ganzes Volk dem Messias zuzuführen (bestimmte Varianten des christlichen Zionismus in Bezug auf das Judentum). Aus dieser Zeitknappheit folgen zuweilen auch ein innerer Rigorismus, eine unbedingte Klarheit über die Aufgaben, ohne die der innere Zusammenhalt auseinanderbrechen würde. Abspaltungen treten deshalb oft wegen der Fragen über die richtige Lebensweise auf. Es gibt durchaus eine strenge Ethik und Moral des apokalyptischen Lebensgefühls, an dessen anderen Ende auch ein völlig libertinärer Lebensstil stehen kann (vgl. als Extrembeispiele aus dem radikalen Pietismus die asketische Gruppe im evangelischen Kloster Ephrata Cloisters des Johann Conrad Beissel und die libertinäre „Rotte" um Eva von Buttlar). Die Dringlichkeit und die völlig unterschiedlichen Gründer- und Führungsgestalten bringen aus derselben Motivation unvereinbare Konzepte hervor.

Bevor wir uns das neuere Tableau etwas genauer ansehen, betrachten wir den Umgang mit apokalyptischen Vorstellungen in verschiedenen Künsten, denn diese transportieren und verbreiten weiter, was im engeren Raum kirchlicher Kommunikation des neueren Mainstream-Protestantismus oftmals ausfällt (wenn man die Zeiten kurz nach dem Ersten Weltkrieg gesondert betrachtet und die kirchliche Kunst kurz nach dem Zweiten Weltkrieg). Bestimmte Kunst imaginiert Heil und Unheil, Anfang und Ende, Kataklysmus und Paradies, Gemeinschaft und Individuum unter den Bedingungen der Apokalypse.

3. Apokalypse und Kunst: Utopien und Dystopien

Apokalyptische Vorstellungen haben ihre eigene, große Anziehungskraft. Sie stellen suggestive und intensive Bilder zur Verfügung, um individuelle Ängste oder gesellschaftliche Krisen und Untergangsängste zu formulieren. Die kleine Apokalypse des Lebens in der Vergänglichkeit und im Sterben wird in die großen Zusammenhänge gestellt und darin aufgehoben. Die Künste wie Bildende Kunst, Film und Literatur bedienen sich der Bildwelt und transformieren sie außer bei dezidiert religiösen Kunstwerken zugleich in eine zwar religiös-sinnsuchende, zugleich aber oft immanente Welt. Manchmal entwerfen Künstler auch Mythologien, welche über die Immanenz hinausweisen, aber auch nicht unbedingt eine Neue Welt imaginieren (Max Beckmann, Anselm Kiefer). Obwohl apokalyptische Ereignisse gern als mehr oder weniger nahes Zukunftsszenario bis hin zur fernen Science-Fiction erzählt werden, liegt ihre Attraktivität in der Gegenwartsbeschreibung. Sie halten einen mythischen Spiegel vor. Allein durch die Erzählung von nahezu zukünftigen oder ganz fernen Ereignissen ist klar, dass die Zuschauer in eine Welt versetzt werden, die ein Modell der realistischen Möglichkeiten sein soll. Das Spiel von Noch-Nicht und Schon-Imminent oder sogar Schon-Da war bereits ein Grundzug frühen Christentums und es bildet sich in anderen Medien und Kontexten wieder neu ab. Ebenso ist die deutliche Unterscheidung von Gut und Böse bzw. Heil und Untergang in den apokalyptischen Bildern leicht zu treffen und somit eine Hilfe zur Lebens- und Weltdeutung.

3.1 Apokalypse in moderner Bildenden Kunst

Der Erste Weltkrieg löste bei vielen Künstlern Bewältigungsstrategien aus, die sich in Kunstwerken symbolisierten. Ihre imaginierten Apokalypsen und erhofften Reinigungsgewitter einer maroden Kultur schlugen in das komplette Ausgeliefertsein in eine zuweilen als Naturereignis erfahrene Gewalt um. Individualität und Kultur verschwanden in Uniformität und Granattrichtern. Max Beckmann, Otto Dix und viele andere zogen aus der Bildwelt der Offenbarung und anderer biblischer Texte eine Interpretations- und Darstellungsmöglichkeit des Erlebten, vor allem im Abgleich mit den ihnen aus der Ausbildung bekannten christlichen Motivtraditionen. So konnte in Dix' altarähnlichem Bild *Der Krieg* (1929–1932) der Christus am Kreuz nach Grünewalds *Isenheimer Altar* zu einem anonymen Soldaten in einem apokalyptisch verwüsteten Schützengraben werden, das Leiden aktualisieren und zugleich überhöht symbolisieren. Die Frage nach dem Sinn – im *Isenheimer Altar* durch den Kontext anderer Bilder der Heilsgeschichte gegeben und durch die Funktion als Heilsvergegenwärtigung in einer Kirche im Zusammenhang mit der Eucharistie legitimiert – ergibt sich aus der Form als Triptychon und aus der Ausstellung vor der „Gemeinde" der Betrachter, welche betroffen werden. Vorstellungen wie Erlösung oder Heil sind dabei jedoch nur Reminiszenzen, und der Sinn entsteht in der Kommunikation über das Werk.

3.2 Apokalypse in Film und Literatur

Die Apokalypse ist zunächst ein literarisches Phänomen, und zwar seit den biblischen und außerbiblischen Texten. Dann gibt es wieder einen romantisch-apokalyptischen Neueinsatz – etwa durch Jean-Baptiste Cousin de Grainvilles *Le Dernier Homme* (1805) und Mary Shelleys *The Last Man* (1826) bis zu den Filmen des „atomaren Holocaust" (etwa FIVE bereits von 1951). Diese Erzeugnisse haben oft einen kulturkritischen Impetus. In Film und Literatur dienen Versatzstücke der Apokalyptik zur Erzählung sozialer und kultureller Verschiebungen, aber auch zur unmittelbaren, emotionalen Vergegenwärtigung individueller existentieller Schrecken und der Kontingenz menschlichen Lebens überhaupt. In und nach der militärischen oder ökologischen Katastrophe wird der Mensch erst richtig und elementar sichtbar, denn es bleiben in der Extremsituation nur wenige kulturelle Artefakte, und Betroffene müssen sich unmittelbar mit sich selbst, den Mitmenschen und der feindlichen Umwelt auseinandersetzen. Am Einzelschicksal wird das Erleiden der Vorgänge für Zuschauer und Leser erlebbar. Diese Vorgänge finden nicht als Ende der Welt statt, sondern in der Zeit als eine dunkle Epoche. Manche Sci-Fi Filme nehmen zwar die komplette Zerstörung der Erde in den Blick, nicht jedoch des ganzen Universums, wie es bei biblischen Apokalypsen mit einer neuen Schöpfung vorausgesetzt ist (wie immer auch die Verbindungen zwischen alter und neuer Schöpfung aussehen mögen). Deshalb ist es eigentlich widersinnig, von (post-)apokalyptischen Filmen zu reden, denn sie behandeln genauer die Zwischenzeit nach den Katastrophen und vor der Neuschöpfung, ohne jene als einen Akt vollkommener Neuheit aus Gottes Willen ins Auge zu fassen. So steht eher die Sintflutgeschichte Pate denn die Offenbarung des Johannes. Die Genre-Bezeichnung „dystopisch" trifft das Gezeigte und Gemeinte besser.

Katastrophenfilme beschäftigen sich mit menschgemachten Unglücken (THE TOWERING INFERNO; FUKKATSU NO HI; 28 DAYS LATER u.v.a.m.) und solchen, in denen der Mensch einer gewalttätigen unbeherrschbaren, gefühllosen und gleichgültigen Natur ausgeliefert ist (EARTHQUAKE; TITANIC; DER UNTERGANG DER POSEIDON; TWISTER). Solche Stoffe sind so attraktiv, dass es immer wieder Remakes gibt. In den Extremsituationen kommen die Überlebensinstinkte hervor, jedoch manches Überleben ist an soziale Interaktion gekoppelt. So gesehen sind Katastrophenfilme Essays über ethisches Verhalten und den Wert von Sozialität. In einem Hochhaus, einer

Stadt, auf einem Schiff wird das ganze Drama der Rettung exemplarisch aufgeführt.

Die meisten Katastrophenfilme spielen mit der Vorstellung, dass die Katastrophe kurz bevorsteht, dass die ferne Zukunft gleich heute oder zumindest morgen stattfindet. Das Eschaton ist jetzt! (Roland Emmerichs Klima-Katastrophenfilm THE DAY AFTER TOMORROW von 2004 und sein Mayakalender-Doomsday-Vorhersage-Szenario 2012 von 2009 mit deutlichen Anleihen bei der Sintflutgeschichte). Die Kontingenz wird nicht nur in einer fiktionalen Jetztzeit dargestellt, sondern auch in mythischen Dimensionen, also in der Vorzeit oder in ferner Zukunft, wobei vorzeitlich-mythische Stoffe über die Kämpfe von Gut und Böse gern in Sci-Fi-Szenarien übersetzt werden (BLADE RUNNER mit der Fortsetzung BLADE RUNNER 2049; DUNE [1984]; STAR WARS seit 1977). Manche Filme beschäftigen sich mit der Regression der Gesellschaft ins Archaische nach der Katastrophe (MAD MAX [1979]; nicht offensiv apokalyptisch LORD OF THE FLIES [1963/1990], nach dem Roman von William Golding). Meist ist die postapokalyptische Welt von urzeitlicher mythischer Brutalität. Die neue Welt ist nicht das neue Paradies, sondern die Urwelt, die apokalyptische Zukunft versetzt in einen wilden, unkultivierten Anfangszustand. Der Anfangszustand ist im Genre der apokalyptischen Zombiefilme menschenfeindlich (seit NIGHT OF THE LIVING DEAD). Durch drei Verfilmungen des Stoffs ist der Roman *I am Legend* von Richard Matheson aus dem Jahr 1954 ein Leitfossil der filmischen Interpretation solcher apokalyptischer Vorstellungen. Deutlich am christlichen Vorbild orientiert ist die Figur des Robert Neville aus der neuesten Filmfassung (2007), der sich selbst opfert, damit andere leben mögen, und zwar wegen eines Serums gegen Vampirbisse, das aus Blut, zu dem er Zugang hat, gewonnen werden kann.

Eine Variante ist, dass die Jetztzeit in den Sog der Urzeit gerät, indem Urwesen auf irgendeine Weise überleben oder erweckt werden (GODZILLA [1954 u.ö.]; KING KONG [1933 u.ö.]; JURASSIC PARK; THE LOST WORLD [1925, nach der Romanvorlage von Arthur Conan Doyle] u.v.a.m.). Monster wüten vorzugsweise in New York als dem Symbol westlicher urbaner Kultur. Das Urwesen, Zombies oder die Aliens konzentrieren ihre Angriffe auf solche Herzstücke menschlicher Hybris und zeigen wörtlich die Brüchigkeit. Doch in der Regel erreichen sie ihr Ziel nicht, so dass in der zerbrechenden Kultur auch schon der Keim des Neuen steckt (z. B. Ende der normalen Filmfassung von I AM LEGEND), oder die Menschen lassen sich kathartisch bekehren (THE

Day the Earth Stood Still [1951], dessen Neufassung von 2008 den Hauptort des Geschehens von Washington nach New York verlegt).

Invasionen durch unkommunikative und in der Regel aggressive Aliens werden wie Naturkatastrophen behandelt und befehdet. Etliche Aliens kommen im Unterschied zu Zombies mit technisch avancierten Geräten, so dass der Kampf gegen sie mit Solidarität und Intelligenz als eine Technik- und Gesellschaftskritik verstanden werden kann (Cyberpunk).

Von traditionsgeschichtlicher Bedeutung ist in diesem Zusammenhang H. G. Wells *Krieg der Welten*, nicht nur, weil der Text ein frühes und auch filmgeschichtlich einflussreiches Beispiel für die Gattung der Alien-Invasion ist. Die Hörspielfassung von 1938 (auf der Basis des Buchs von 1898) wurde angeblich von einigen Radiohörern als Bericht über eine tatsächliche Invasion Außerirdischer gehalten und soll Befürchtungen ausgelöst haben.

Auch Meteore werden in das apokalyptische Vokabular eingebaut und als akute Bedrohung inszeniert: Im Film Armageddon müssen Fachleute für Ölbohrungen einen Asteroiden anbohren und sprengen. Subtiler ist Lars von Triers Film Melancholia, in dem sich Vernichtung der Erde durch einen heranfliegenden Stern und private Erlösung im Untergang verbinden, so dass unklar bleibt, welche und wessen Apokalypse zu sehen ist. Dieser Zusammenhang von privaten Nöten und globalen apokalyptischen Phänomenen thematisieren auch Another Earth oder Take Shelter, in gewisser Weise auch Contact.

Biblische Motive wie die Arche Noah, der Neuanfang, Vernichtung und Erlösung, und Rettergestalten werden zu neuen Mythen der nahen und fernen Zukunft amalgamiert. Die Urbarmachung der Wildnis als Kulturakt führt als selbstzerstörerische Hybris zur weitgehenden Zerstörung der Natur und damit der Lebensgrundlagen der Menschheit. Das Gericht ist kein unmittelbares Handeln Gottes, sondern eine Störung der Ordnung durch den Menschen, auf welche die Natur reagiert und sich selbst durch einen Kataklysmus wieder stabilisiert. Der Umgang der Überlebenden mit ihrer neuen Welt sollte nun ein anderer sein, die Katastrophe war „nur" eine Warnung (Noah [2014]). Die Überlebenden sollten ihr Leben in einem quasireligiösen Akt ändern. Dazu werden sie von Rettern animiert. Messianische Rettergestalten treten sowohl gegen Außerirdische, intelligente Maschinen oder Zombies an (Terminator in selbstreferentieller Ironie ab 1984; Independence Day; Matrix-Trilogie) als auch gegen die Folgen von Vulkanausbrüchen oder Erdbeben (Volcano). Neuere Computerspiele ermöglichen Spielern, in diese postapokalyptische Rolle zu schlüpfen (z. B. FALLOUT-Reihe).

Dass diese Umkehr und Buße in der dystopisch-pessimistischen Variante unmöglich ist, macht z. B. Walter M. Millers Roman *A Canticle for Leibowitz* (1960) anschaulich. Nach der Zerstörung der westlichen Zivilisation in einem Nuklearkrieg baut sich über Jahrhunderte wieder eine neue technologische Gesellschaft auf, die sich unvermeidlich auf den nächsten Krieg zutreibt und sich sehenden Auges tatsächlich in den Zirkel der Selbstzerstörung begibt.

Die postapokalyptische Landschaft als Wüste und die Bedrohungsszenarien bringen Grundprobleme zur Sprache, durchaus mit religiöser Konnotation. Die Apokalypse vereinfacht und klärt. Der Roman *Die Straße* von Cormac McCarthy (2006) schildert die Reise eines Mannes mit einem Jungen. Er ruft schon in der Wegmetapher den Exodus durch die Gefahren von Menschen und Umwelt auf, und das Ziel ist, eine freundlichere Umgebung zu finden. Unterwegs erfahren die beiden die unbekannte Bedrohung des Menschlichen, die Suche nach Schutz und Liebe um den Preis eines Lebens für andere. Die beiden bilden den Nukleus der Menschlichkeit in totaler Feindlichkeit. Am Ende steht kein offenes, bunt blühendes Paradies, aber eine fragile Hoffnung auf Zukunft.

Weite Wirkung entfaltete der japanische Film BATORU ROWAIARU. Auf ihn beziehen sich etliche neuere Filme (THE MAZE RUNNER; THE HUNGER GAMES). Die Dystopie existiert in der geordneten Welt. Er spielt in einer nicht zu fernen, ja mit der Gegenwart verwechselbaren postapokalyptischen Welt, in der eine Schulklasse auf eine Insel entführt wird, um ein Spiel spielen zu müssen, das auf der Tötung der Gefährten basiert, so dass es nur einen Sieger als Überlebenden geben kann. Die entstehenden Gewaltorgien spielen auf dem Hintergrund einer vulgärdarwinistischen Deutung postmoderner Leistungsgesellschaften, gegen die doch nur die Liebe mächtig ist.

3.3 Apokalypse in Kirchenbau und kirchlicher Kunst

Zum Bereich Kunst und damit in den genuinen Interessensbereich der Praktischen Theologie gehört der Kirchenbau. Man könnte auch andersherum sagen, dass die Kunst als Kommunikationsmittel von Symbolen vor allem wegen des Kirchenbaus und seiner Ausstattung in der christlichen Religion zu ungeheurer Entfaltung kam. Manche Kirchen sind dem Bild des Neuen Jerusalem nachgebaut, ebenso wie die vier erhaltenen romanischen Radleuchter, z. B. der in der Kirche der Großcomburg – sowohl dieses Ausstattungsteil als auch die ganze enthobene Anlage auf einem Berg präfigurieren die Gottesstadt (zur im Wortsinn einleuchtenden und zugleich bestreitbaren These, dass die Kathedrale Abbild des Himmels sei vgl. v. a. Hans Sedlmayr). Als eine musikalische Entsprechung zu diesem Bild könnte Olivier Messiaens Orgelwerk *Apparition de l'église éternelle* von 1932 gehört werden. So versinnbildlicht die erste Zeile aus dem lateinischen Kirchweihhymnus die gebaute Kirche als Himmlisches Jerusalem: *Urbs Jerusalem beata, dicta pacis visio*. In der vorreformatorischen und katholischen Kirchenbautheologie wirken manche Kirchbauten wie Bollwerke gegen eine feindliche Welt und mit den Türmen zugleich als Stadtmauer mit Toren, z. B. das Westwerk von Maursmünster/Marmoutier und andere aufwändige und zugleich abweisende Turmfassaden bis in die Neuzeit.

Der Raum besteht nicht nur aus einem Innen, sondern auch aus einer Außenhaut. Sie schafft die Grenze zwischen feindlicher Welt und himmlischer Vorahnung, zwischen Profanität und Sakralität. Dämonen besetzen die Fassade romanischer Kirchen; abwehrend skulptierte Fabelwesen oder schon bereits niedergehaltene Wesen wie Löwen tummeln sich, oder die „verkehrte Welt" imitiert die Menschenwelt, also dass Tiere Musikinstrumente spielen (San Zeno Verona Westfassade) oder Menschen jagen (Königslutter). In das Himmlische Jerusalem tritt jeder nur ein über die Schwelle des Gerichts. Viele (West-)Portale sind mit Darstellungen ausgestattet, welche die Endereignisse nach den Evangelien, nach der Apokalypse des Johannes und damaliger Höllenvorstellungen zusammenschauen. Man betritt den heiligen Raum durch das Gericht und die Heilsverheißung hindurch auf die „andere Seite", man tritt gewissermaßen in ein Bild des „Jenseits". Beispiele bieten Autun, Moissac, Conques, Reims Nordquerhaus, die Portale der Münster in Bern oder Freiburg i. Br. als spätgotischer Nachklang zu den romanischen und hochgotischen Portalen. Gewissermaßen als Abbreviatur der apokalyptischen Motive findet sich bei kleineren Kirchen und Portalen nur ein *Agnus Dei* im Tympanon. Das Gleichnis von den Jungfrauen (Mt 25,1–13) ist in der Portallaibung beispielsweise des Straßburger Münsters so angebracht, dass die Betretenden ohne weit den Blick heben zu müssen den eschatologischen Ruf zur Wachsamkeit vor Augen geführt bekommen. Noch zentraler ist dieses Motiv an der Gallus-Pforte des Basler Münsters sichtbar, in Kombination mit Darstellungen der Werke der Barmherzigkeit, welche somit eine Ethik der Wachsamkeit und des Wartens inhaltlich füllen. Bemerkenswert ist, dass aus der apokalyptischen Bildfülle diejenigen sich zu Klassikern entwickelt haben, die sich mit dem Schicksal der individuellen Seele beschäftigen. Auf den Portalen spielen also die Ereignisse der Trübsal oder das Verschwinden von altem Himmel und alter Erde eine untergeordnete Rolle. Man lässt jene Welt hinter sich, wenn man in den Kirchenbau tritt und zur Eucharistie strebt.

An bereits vorromanischen Kirchen befinden sich Auferstehungs- und Weltgerichtsdarstellungen, allerdings auch innen an der Westwand. Geht man nach dem Gottesdienst wieder in die Welt hinaus, wird man gewarnt. Beispiele aus mehreren Epochen: St. Johann in Müstair, Sant'Angelo in Formis bei Capua, Torcello, Breisach, Scrovegni-Kapelle in Padua, Sixtinische Kapelle, St. Ludwig in München – beide letztere Beispiele mit charakteristischer Wanderung des Motivs hinter die Wand des Hauptaltars und somit nicht den Hindurchgehenden temporär präsent, sondern als Ziel den Feiernden ständig vor Augen. Ähnliches ist im Dresdner Barock in der 1739 geweihten Dreikönigskirche mit dem Sandsteinaltar von Johann Benjamin Thomae, der das Gleichnis von den klugen und den törichten Jungfrauen plastisch zur Ansicht hat, zu beobachten; vgl. auch die Felderdecke von Gottfried Lucas aus dem Jahr 1671 in der Dorfkirche von Leubnitz-Neuostra, die an zentraler Stelle das Weltgericht und die Auferstehung der Toten zeigt, umgeben von den Passionswerkzeugen in weiteren Feldern. In der Dresdner Darstellung des Gleichnisses von den klugen und törichten Jungfrauen erkennt man über eine Mauer ragend die Gebäude des himmlischen Jerusalem. Das ist die konsequente Überschreitung der Apokalypse zur neuen Schöpfung; ein Gedanke, den man bereits etwa am Triumphbogen von Santa Prassede in Rom oder in Apollinare in Classe bei Ravenna und als Apsismosaik in Santa Pudenziana vor Augen geführt bekommt.

Das Gericht samt den apokalyptischen Begleiterscheinungen ist auch an anderen Orten in Kirchen beinahe ubiquitär durch weitere Medien der Verkündigung präsent. Dazu gehören die Tafelmalerei etwa von Hans Memling, Danzig und Rogier van der Weyden, Beaune; als Paradiesgarten mit dem Lamm Gottes auf dem unteren Register des Genter Altars; die Musik z. B. im Requiem mit der Sequenz des *dies irae*, oder in protestantischen Kontexten Bachs Kantate BWV 70a zum 2. Advent, auch die an den 26. Sonntag nach Trinitatis angepasste und erweiterte Kantate 70. Das apokalyptische Thema ist bis in die zeitgenössische Musik hörbar, z. B. bei Olivier Messiaen mit dem *Quatuor pour la fin du temps* von 1941/42 über Apk 10,1–7. Auch Skulpturen wie der Engels- bzw. Gerichtspfeiler im Straßburger Münster von ca. 1230–1250, der als vor Krieg warnendes Motiv in der wiederaufgebauten Stiftskirche Stuttgart wiederkehrt und Zerstörung und Wiederaufbau der Kirche in einen apokalyptischen Zusammenhang rückt, gehören ins Programm. Schließlich sind großformatige Bildteppiche wie diejenigen der Kathedrale von Angers von 1373–1382 zu nennen, sofern diese tatsächlich zeitweise im Kirchenraum aufgehängt wurden. Auch Epitaphien bieten im protestantischen Barock die Flächen, eschatologische und apokalyptische Motive anschaulich zu machen. Der Raum wird damit zu einem Grenzraum zwischen Jetzt und neuer Schöpfung, sogar vielmehr schon zu einem umgrenzten Raum mit Qualitäten aus der neuen Schöpfung, welche im Jetzt symbolisiert werden kann.

Auf dem Hintergrund dieser Aufladungen versteht sich die wirkmächtige Interpretation des „heiligen Raums' als orientierender Gegenort in einer chaosbedrohten Welt" (Failing 1998: 116). Dabei ist „Orientierung" normalerweise die zum Orient, heißt: nach Osten. Die aufgehende Sonne des Sonntags weist auf die Auferstehung und die neue Schöpfung *(ex oriente lux/*„Licht aus dem Osten"). In der Kalotte der Hauptapsis thront in (vor-)romanischer und byzantinischer Kunst oft Christus in seiner *maiestas domini* („Majestät des Herrn"), von der Mandorla umgeben. Solcher Kirchenbau ist deshalb ein eschatologisches Zeichen von jenseits der Apokalypse, vom Dunkel zum Licht, von der Gottferne zum Leben. Bauen heißt ordnen und hinordnen. Diese Vorstellungen kehren im Kirchenbau nach dem Zweiten Weltkrieg wieder, markantestes und stimmigstes Beispiel dafür ist die Dreifaltigkeitskirche in Hamburg-Hamm.

Sakrale Räume übernehmen im Sinn eines Sanktuariums immer noch eine Mahn-, Schutz- und Segensfunktion gegen „apokalyptische Mächte" wie Krieg oder Behörden, welche eine Abschiebung durchsetzen müssen (vgl. Failing 1998: 114). Heiligtümer zu schänden, ist deshalb ein unvergessliches Sakrileg und Zeichen der tiefsten Erniedrigung. Solange sie bestehen sind Sanktuarien Orte der Beheimatung und Bergung. Solche Funktionen können durchaus auch protestantische Kirchengebäude übernehmen, wie die immer wieder aufflackernden Diskussionen um Recht und Berechtigung von Kirchenasyl anschaulich machen. Sie sind zwar keine heiligen Räume *per se,* sondern nur durch das Kommunikationsgeschehen des Gottesdienstes, der darin stattfindet, aber die Gebäude werden durch ihre Geschichte oder symbolischen Zuschreibungen zu dauerhaft quasisakralen Identifikationsorten. Sie repräsentieren die Verlässlichkeit und den Widerstand der Religion gerade auch in krisenhaften Zeiten. Dies tun sie auch für viele Personen, die sich von der Institution Kirche entfernt haben.

4. Veränderungen der Religionslandschaft durch „Neue Religiöse Bewegungen": Über apokalyptische Lebensgefühle

Warum werden bestimmte religiöse Bewegungen als neu bezeichnet? Sie sind dies aus der Sicht der Apologetik der etablierten Kirchen, in deren Gesichtsfeld solche Bewegungen, egal wie alt sie sind oder wie alt sie sich verstehen, seit dem mittleren 19. Jahrhundert vermehrt aufgetreten sind. Als regelrechte Bedrohung wurden sie seit dem Zweiten Weltkrieg mit dem rapiden Verfall des kirchlichen Einflusses und der Abwanderung von einigen Mitgliedern in solche Neue Religiöse Bewegungen (NRBs) aufgefasst. Abspaltungen aus der eigenen Tradition werden seltener als Neue Religiöse Bewegungen verstanden, also charismatisch-pfingstlerische Freikirchen oder Gemeinden, obwohl sie alle Züge von Neuen Religiösen Bewegungen tragen. Innerchristliche Neue Religiöse Bewegungen wurden ausgeschieden und wanderten in innere Emigration ab oder in freiere Länder aus. Manche christliche Neue Religiöse Bewegungen konnten und können innerhalb der institutionalisierten Kirchen existieren, also etwa seit dem Pietismus bestimmte Gruppen, neuerdings Kommunitäten und evangelische Orden. Heute können ausgeschiedene Neue Religiöse Bewegungen nicht mehr weit verdrängt werden und siedeln sich in Industriegebieten im Weichbild der Städte an. Andere christliche und nichtchristliche Neue Religiöse Bewegungen kaufen alte Immobilien wie Schlösser oder ehemalige Klöster auf, etablieren sich gewissermaßen in Vorgängerbauten und tragen zum religiösen Pluralismus einer Region bei. Im Grund begann das Christentum auch als Neue Religiöse Bewegung, und die Ordensgründungen und die Kirchen der Reformation sind allesamt als innerchristliche Neue Religiöse Bewegungen entstanden und brachten ihre spezifischen Spiritualitäten hervor. Weil die stetige Ausdifferenzierung dem Gedanken der einen Kirche Jesu Christi zu widersprechen scheint, werden die neuen Bewegungen von den „alten" oft diffamiert, während diese sich oft als eigentliche oder wiedergewonnene Qualität verstehen. Diese Eigenschaft verbindet beispielsweise die Franziskaner und die Reformation.

In der Wendezeit des 19. zum 20. Jahrhundert konnte Ernst Troeltsch die meisten besonderen religiösen Sozialformen als Sekten bezeichnen.

Sie waren als Abspaltungen immer irgendwie auf die Kirche bezogen, und sei es negativ. Das 19. Jahrhundert war aber schon zuvor ein ungemein fruchtbarer Herd für spiritistische, esoterische, neupagane, ariosophe Bewegungen, welche sich vereinigten, spalteten und neu formierten. Sie entstanden unabhängig oder in direkter Opposition gegen das Christentum und seine Kirchen und sind deshalb heute unter dem Begriff Neue Religiöse Bewegungen zusammengefasst. Als Religionsphänomene sind sie Gegenstand Praktischer Theologie. Die Kontaktflächen sind die Religionspraxis von Christen, welche ihre Praxis mit Elementen solcher Bewegungen anreichern und das Handeln der Kirchen im sich differenzierenden Religionsfeld. Außerdem entstehen die meisten relevanten Neuen Religiösen Bewegungen in der westlichen Kultur. Sie stehen, ob sie wollen oder nicht, in einer mehr oder weniger starken Beziehung zum christlich-religiösen Urgrund dieser Kultur.

Betrachtet man also die ganze heutige westliche religiöse Landschaft, so ist die Unterscheidung zwischen kirchlichen und Neuen Religiösen Bewegungen schwierig geworden und ständig im Fluss. In apokalyptischer Hinsicht jedoch kann man sagen, dass man bei den etablierten Kirchen eher weniger eschatologische Ausrichtung findet, dafür bei bestimmten Neuen Religiösen Bewegungen umso mehr, aber auch nicht bei allen. Die eher esoterisch-innerlich und die magisch orientierten spirituellen Bewegungen aus dem New Age sind wegen ihrer gnostisch-platonisierenden Tendenz nicht so sehr an heilsgeschichtlichen Entwicklungen und Finalen interessiert, sondern an persönlich-geistigen Aufstiegen oder an ganzheitlichem Wachstum. Die naturreligiösen und neuheidnischen Neuen Religiösen Bewegungen kennen keine ausgeprägte Geschichtstheologie, welche zu Endzeiterwartungen führen könnte. Ähnliches gilt auch für spirituell-gnostische Erlösungsbewegungen, Gesundheitsreligionen und Körperkulte. Ihre dogmatische Einfachheit und fehlendes Geschichtsbewusstsein entheben sie der Entwicklung von ernsthaften Relationen zu anderen Bewegungen, Religionen oder ihrer eigenen Historizität.

Hexen arbeiten eher in Netzwerken wie andere Esoteriker auch. Deshalb kann man nicht immer von „Bewegung" sprechen. Die meisten der neuheidnischen Angebote von Hexen und keltischen Druiden gehören in den Gesundheitsbereich, von Religion zu sprechen wäre zu viel, wenn man die Merkmale einer Religionsgemeinschaft nach den Kriterien für eine Körperschaft öffentlichen Rechts anlegt. Solchen Netzwerken fehlt eine ausgeprägte Mythologie und Theologie und eine stabile Organisationsform als Bestandteil von „Religion", wobei manche solche Merkmale entwickeln (z. B. Wicca). Aus dem Feminismus speisen sich Hexen, freie Priesterinnen und Kartenlegerinnen, wobei es auch männliche Pendants gibt.

Die neuheidnischen Sekten, ob apokalyptisch oder spirituell ausgerichtet, sind Seismographen der gesellschaftlichen Wandlungen. Sind atomar-apokalyptische Sekten zugleich ein Totenkult und Todeskult, so sind andere wie Osho aus Zeiten der sexuellen Revolution entsprechend freizügig. Das apokalyptische Lebensgefühl kann sich bis zur Selbstzerstörung steigern wie 1978 beim Massenselbstmord der Gruppe *Peoples Temple* unter Jim Jones in Guyana.

Für den Charakter apokalyptischer christlicher Neuer Religiöser Bewegungen ist das Verständnis der Offenbarung des Johannes wichtig – sie kann als ein Bedrohungsszenario oder als ein Heilsszenario betrachtet werden. In manchen säkularen Varianten ist das Heilsszenario erhalten (Arbeiterparadies), in anderen fehlt es und die Untergangsstimmung dominiert (Waldsterben, „Weissagung der Cree", „Grenzen des Wachstums"/*Club of Rome*, „Doomsday-Argument" zum Bevölkerungsanstieg). Charakteristisch ist, dass säkular-eschatologische Heilsszenarien durch menschliche Pläne und technische Möglichkeiten herbeiführbar sein sollen. Letzte Hürden können ausgeräumt werden (Vernichtung von Feinden in Form von Krankheiten oder Menschen, Herstellung eines Reinheitszustandes, Züchtung von idealen Menschen, Umleitung von Flüssen etc.). Die religiöse Variante kann bis hart an das Kommen dafür arbeiten (z. B. christlich-zionistische Judenmission), aber es gibt in diesem Fall eine Grenze der menschlichen Handlungsfähigkeit in Sachen Apokalypse. Gruppen, welche den dritten Tempel in Jerusalem wiedererrichten wollen, setzen nicht unbedingt auf eigene physische Gewalttätigkeit, sondern auf ein göttliches Eingreifen etwa als Erdbeben, welches den Bauplatz frei machen würde.

Neue Religiöse Bewegungen entstehen durchaus wegen der Unglaubwürdigkeit des säkularen Fortschrittglaubens, stehen aber programmatisch selbst für einen Fortschritt oder Rückschritt, jedenfalls für eine Alternative zu einer als kulturell verstandenen Endzeit eines Wertesystems. „Geschichtlich gesehen hat das Aufkommen neuer Religiosität [...] seinen Grund in den Krisenphänomenen, die mit der wissenschaftlich-technischen Zivilisation zusammenhängen. [...] Die Herrschaft der instrumentellen Vernunft provoziert den romantischen Gegenschlag" (Hempelmann 2001: 16).

Man kann auch die Bezeichnung „Neue Religiöse Bewegungen" problematisieren und „neureligiöse Bewegungen" vorziehen. Durch die innerweltliche Ausrichtung handelt es sich um Religion eines neuen Typs. Aus dem weiten Feld des New Age entwickeln sich spirituelle holistische Religiositäten ohne theistisches-personales Gottesbild, eben in bewusster Absetzung vom traditionellen Glauben. Für unseren Zusammenhang ist zumindest bemerkenswert, dass im Vergleich zu den spektakuläreren eschatologischen Gruppierungen diese Ausrichtung durch ihre Flexibilität und individuelle Adaptierbarkeit die dauerhaft attraktivere ist.

Um die amorphe Fülle an Bewegungen zu strukturieren, werden typologische Einteilungen vorgenommen. Diese orientieren sich aber an westlichen Traditionen, so dass neuere fernöstliche Bewegungen nicht richtig zu fassen sind. Für einen Anfang hilft die Typologie von Rüdiger Hauth im TRE-Artikel zu Sekten (Hauth 2000). Er unterscheidet biblisch-apokalyptische, apostolisch-endzeitliche Gruppen, Sekten mit Neuoffenbarung, spiritistisch-spiritualistische, esoterisch-neugnostische Gruppen, Heiler-Sekten und Jugend-Sekten. Die inzwischen außer Gebrauch gekommene Bezeichnung „Sekte" sollte man um das Panorama auf weitere Neue Religiöse Bewegungen erweitern und die Gesundheitsbewegungen auch fernöstlicher Färbung (nicht unbedingt Herkunft) hinzunehmen. Außerchristliche Sekten sind die neuheidnischen Gruppen, davon manche mit völkischen Ansichten, und überhaupt fernöstliche Religionen, wie sie für westliche Anhänger transformiert wurden und sich als mehr oder weniger große Gruppen etabliert haben. Im breiten Grenzbereich zwischen Christentum und nichtchristlichen Religionen bewegen sich okkulte und theosophische Gruppen.

„Jugendreligionen" war der frühere Begriff für Neue Religiöse Bewegungen. Da die Mitglieder dieser Bewegungen nicht notwendig Jugendliche sind, ist der Begriff verschwunden. Er stammt aus der Zeit, als man die Jugendprotestbewegungen und die Abwanderung von Jugendlichen in manche Gemeinschaften als gegen die damalige Mehrheitsreligionslandschaft gerichtet sah (z. B. das Aufkommen von Hare Krishna oder Scientology). Jugendreligionen sind heute eher in bestimmten Musikszenen zu finden, gerade solche, welche sich neuheidnischer Symbole wie des Thorhammers bedienen (verschiedene Richtungen in der Metal-Szene).

Ein anderer Begriff ist „Kult". Das Wort enthält in Bezug auf bestimmte Gruppen eine protestantisch-intellektualistische Kultkritik und geht damit weitgehend an Wesen und Inhalt vorbei. Übrig geblieben ist es in populären Wortschöpfungen wie „Körperkult" oder

„kultig". Das Wort Kult fand durch ethnologisch-soziologische Untersuchungen der melanesischen „Cargo-Kulte" Verbreitung und Ansehen, zumal mit den Ergebnissen eine westliche Kultur- und Konsumkritik verbunden werden konnte. Die Cargo-Kulte sind in der Regel millenaristisch ausgerichtet und erwarten eine Heilszeit der (Waren-)Fülle.

Schließlich muss das Wort „Bewegung" problematisiert werden. Bewegung setzt ein einigermaßen klares Ziel voraus. Man kann versuchen, Kategorien von Neuen Religiösen Bewegungen nach Zielen zu finden, aber sie werden doch sehr vielfältig sein. Die meisten Neuen Religiösen Bewegungen sind Bewegungen eigener Qualität. Für offenere Phänomene wie die Erwartung des Weltendes im Zusammenhang mit dem Maya-Kalenderwechsel im Jahr 2012 müsste auch genauer eruiert werden, was die Individuen und Gruppen eigentlich erwarteten und aus welchem Grund sie sich selbstorganisiert an bestimmten Orten versammelten (DiTommaso 2014: 319).

Die Bezeichnung „Gruppe" ist aus soziologischen Gründen nur dann treffend, wenn die Personenzahl über längere Zeit konstant bleibt oder wächst. Das Wort „Szene" trifft den modischen und vorübergehenden Wandel besser. Es gibt eine Psychoszene, eine esoterische Szene etc. Szene ist wenig organisiert und doch wiedererkennbar. Allerdings stammt das Wort aus der Theatersprache und hat im neuen Zusammenhang einen leicht abschätzigen Ton. Das Wort „Netzwerke" trifft immerhin die Kommunikationskanäle und beschreibt den teils informellen Charakter.

Viele Neue Religiöse Bewegungen sind ein Phänomen der Globalisierung. Eine Großzahl entstand ab den 40er Jahren des 19. Jahrhunderts. Bekannt geworden ist vor allem die *Kirche Jesu Christi der Heiligen der Letzten Tage* (Mormonen). Mit dem Nachlassen des institutionellen Zugriffs auf die Kirchenmitglieder setzten sichtbarere individuellere Sinnkonstruktionen ein. Sie wurden durch die Reisemöglichkeiten des 19. Jahrhunderts befördert – etwa wäre die Entstehung der Theosophie ohne die Aufenthalte von Helena Blavatzky, Annie Besant und anderen in Indien nicht denkbar, genauso wie der Einfluss von etwa Swami Vivekananda auf den Westen ohne für damalige Verhältnisse schnelle Verkehrs- und Kommunikationsverbindungen wahrscheinlich unterblieben wäre. Das „Weltparlament der Religionen" von 1893 in Chicago steht für das Entstehen eines „interspirituellen" Zusammengehörigkeitsgefühls, das durch Personen wie Vivekananda enorme Impulse erhielt – sozusagen ein spirituelles

Pendant zu den Weltausstellungen, deren eine 1893 im gleichen Jahr ebenfalls in Chicago stattfand.

Die Entstehung von Neuen Religiösen Bewegungen geht weiter. Ufo-Religionen gibt es seit den Möglichkeiten der Raumfahrt, zuvor hätte es auch keinen Begriff dafür gegeben, auch wenn Science-Fiction-Autoren schon vorher sich einen Kontakt zwischen Irdischen und Außerirdischen vorstellten. Inzwischen sind *Raëlianer*, *Heaven's Gate* oder die *Aetherius Society* entstanden. Das Wort „Ufo-Glaube" ist despektierlich, weil beispielsweise die *Aetherius Society* nicht im populären Sinn an Ufos glaubt, sondern an außerirdische Mächte. Sie reichert ihr Gut mit theosophischen Gedanken an. Insgesamt ist diese Gesellschaft synkretistisch (Jesus, Buddha und Krishna spielen eine Rolle). Der „nächste Meister" wird in der Tat in einem Ufo kommen. Ein apokalyptisches Moment liegt darin, dass sich die Mitglieder auf ausgewählte heilige Berge retten können. Die Sekte *Heaven's Gate* dagegen ging davon aus, dass dem Kometen Hale Bopp ein Raumschiff folgen und dass die Erde recycelt werden würde. *Scientology* ist in der Tradierung eines galaktischen Mythos eine Ufo-Religion, aber ohne apokalyptischen Zug. Das identifikatorische Gewicht des apokalyptisch anmutenden Mythos vom galaktischen Diktator Xenu, welcher versuchte, die überflüssigen Bürger seines Planeten auf die Erde zu bringen und dort zu zerstören, ist von außen schwer zu bestimmen.

Der Übergang ins Jahr 2000 mit den Befürchtungen eines Computer-Zusammenbruchs brachte eine eher mediale Aufgeregtheit unter dem Titel Y2K. Ebenso wurde eine Interpretation und Dramatisierung eines Datums in einem Maya-Kalender zum medialen Ereignis. Der 21. Dezember 2012 führte aber durchaus einige Menschen in verschiedene Weltgegenden und auf bestimmte Berge, wo sie das Ende erwarten wollten (z. B. der Pic de Bugarach in den Pyrenäen oder der Rtanj in Serbien). Andere astrologische Interpretationen von Himmelskonstellationen führen Anhänger von Neuen Religiösen Bewegungen z. B. auf den Mount Shasta in Kalifornien. Abgesehen vom letzten Maya-Hype aktualisierten sie damit religionsphänomenologisch die sakrale Bedeutung von Bergen und traten zugleich in das Konzert jener Neuen Religiösen Bewegungen, welche gerade Berge als „Kraftorte" bestimmen (z. B. *Aetherius Society*). Warum ein Maya-Kalender mehr Wahrheit beanspruchen sollte als andere ist eine Frage nach der Attraktivität fremder, in diesem Fall sogar untergegangener Religionen und Kulturen. Bei der Rezeption und Aufbereitung des Maya-Kalenders handelte es sich um ein einmaliges Phänomen, denn das Datum ist verstrichen und die Maya-Kultur ist noch nicht genügend als Lieferant von spirituellen Inhalten zur Ausbeutung entdeckt und aufbereitet. Solche Importe aus anderen kulturellen Regionen und Zeiten funktionieren immer ähnlich, nämlich nur als Bruchstücke und im Einbau in Sinnsysteme anderer Plausibilität, aber unter dem Vorzeichen von Ursprünglichkeit und Originalität, worin ihre Attraktivität liegt. Das impliziert eine Doppelgleisigkeit: Die eigene Kultur wird historisch betrachtet, vorzugweise im Verfall und des Inputs bedürftig. Die Geber- oder besser Entnahmekultur wird hingegen unhistorisch als echt und ursprünglich und damit als qualitativ höherwertig angesehen.

4.1 Unterwegs zum Reich Gottes oder zum Omega-Punkt

Pierre Teilhard de Chardin SJ hat mit der Formulierung „Omega-Punkt" darauf abgehoben, dass die Evolution ihren Kulminationspunkt außerhalb ihrer selbst hat und dass ihre treibende Kraft die Liebe ist. Eine solche Eschatologie ist vollkommen unapokalyptisch. Seine Ansicht steht hier für jene breite Strömung, das Christentum, ja die Menschheit oder die Kultur, in Entwicklungsbahnen zu sehen, die höher oder gar zur Vollendung führen. Sie gehen von der Perfektibilität dieser Welt in dieser Welt aus. Bei Teilhard de Chardin liegt der Konvergenz-Punkt außerhalb und verschließt sich damit ideologischen Weltverbesserungsabsichten. Schon biblisch zeichnet sich die Frage ab, was es bedeutet, wenn das Reich Gottes anbricht, ja schon da ist. Wie verhält sich dieses Reich zum Ende der Welt? Was kann man tun, um den Anbruch zu beschleunigen oder ihn richtig zu erleben? Aus dieser eschatologischen Grundstimmung bestimmter Teile des Protestantismus im 19. Jahrhundert folgte ein expansiver Drang nach innen und nach außen. Die missionarischen Bestrebungen der Erweckungsbewegungen beinhalteten das Bestreben der Vollständigkeit und das Ende der Welt zu erreichen und damit das Ende der Welt herbeizuführen oder zumindest den Anbruch der Herrschaft Christi. Diese Expansion wurde durch nationales Sendungsbewusstsein ergänzt. Die britische Politik, im „Great Game" ein weltumspannendes Empire zu errichten, war auch vom missionarischen Protestantismus durchzogen und fand ihren Niederschlag beispielsweise und weitreichend in der *Balfour-Erklärung* von 1917, welche dem jüdischen Volk Unterstützung zusicherte, in Palästina eine „nationale Heimstätte" zu errichten. England verstand sich als Kultur- und eben auch Religionsträger. Andere

Staaten standen dem nicht nach, so dass beinahe alle europäischen Staaten ab der Mitte des 19. Jahrhunderts eine kirchliche Präsenz in Jerusalem errichteten, egal welcher hauptsächlichen Konfession. Ihre nationale Konsolidierung in Europa geschah durch eine Verankerung am religiösen Ursprungsort, je nach Interessenslage verbunden mit missionarischen Anstrengungen und der Einrichtung von kulturellen Infrastrukturen wie Krankenhäuser und Schulen neben den üblichen Kirchenbauten.

Nicht alle Gruppen dachten von Anfang an global, sondern eher separierend. Sie suchten einen Ort in der Welt, wo sie ihre exemplarischen und auf die Gruppe bezogenen Ideale verwirklichen und auf die Parusie warten konnten. Sie drangen nur auf den Rückzug aus der Welt (Hutterer, Amische, Mennoniten als Täufergruppen). Ihnen ging der Zeitdruck ab, etwas vor der Parusie erledigen zu müssen, aber nicht der Dualismus von Gläubigen und Welt.

In den USA konnten aus dem Mainstream ausgeschiedene bzw. sich selbst separierende Gruppen wie die *Harmony Society* („Harmonie-Gesellschaft") des Johann Georg Rapp aus Iptingen in Württemberg unterkommen. Dabei spielte die eschatologische Ausrichtung eine Rolle, denn die lutherisch fundierte Landeskirche war aus ihrer ständischen, gesellschafts- und herrschaftsstabilisierenden Tradition heraus uneschatologisch – erst später kamen mit einem gemäßigten Pietismus solche Strömungen in Mission und Diakonie zum Tragen. Die Gruppe um Rapp vertrat ein Amalgam aus Ideen von Emanuel Swedenborg und Jakob Böhme. Sie wurde 1785 aus der Landeskirche ausgeschlossen. Solche pietistisch motivierten Gruppen lehnten oft die üblichen Sakramente oder kirchlichen Riten wie auch die Konfirmation ab bzw. die zugehörigen Ordnungen. Das Zeremonielle widersprach dem freien und immer wirksamen Geist. In Amerika suchten viele „die neue Welt" und verglichen sich mit der Sammlung Israels zum Weltende. Der Aufbruch ins Neue war oft mit einer Rückbesinnung auf die Urkirche verbunden. Die Herrnhuter Aufbrüche und die anderer eschatologisch motivierter Gruppen in viele Weltgegenden Christus entgegen speisten sich aus diesem Elan. Die Wiederkunft wurde an irdische Orte geknüpft, zu denen man ziehen sollte. Die Gruppe um Rapp versuchte in ihrer Gründung „Harmonie" im Geist der Jerusalemer Gemeinde zu leben. Die Gruppe nahm drei Gründungen vor, um schließlich im Jahr 1829 die Wiederkunft Christi zu erwarten (zur Rappschen Gemeindebildung und zu anderen separatistischen Gruppen vgl. Ehmer 2003).

Der Reich-Gottes-Gedanke hat gerade im 19. Jahrhundert signifikante Veränderungen erfahren.

Johann Christoph und sein Sohn Christoph Blumhardt in (Bad) Boll stehen für diesen Prozess des Ausgangs der utopischen Spiritualität ins Religiös-Soziale. Andere wie Theodor Fliedner, Gustav Werner und Friedrich Bodelschwingh übersetzten den Elan, das Reich Gottes zu verwirklichen, also die Restzeit unbestimmter Dauer zu nutzen, ins Diakonische. Hier ermäßigen sich die eschatologischen und apokalyptischen Anteile des Christentums in Gesellschaftsaktivität und bringen wieder die Bewährung des Glaubens im Alltag zur Geltung. Jedenfalls sahen viele ihre Gegenwart als Zeit der Heraufkunft des Reichs Gottes, also als Heilszeit.

Richard Rothe sah die Übereinstimmung von Kirche, Reich Gottes und Kulturstaat als Ziel der sittlichen Entwicklung, und doch hielt er daran fest, dass damit nicht das Ende der teleologischen Geschichte erreicht sei. Bei ihm blieb die Differenz zwischen irdisch erreichbarer Realität und Idealität zur neuen Schöpfung erhalten.

Dagegen erscholl dann der Ruf der jungen Dialektiker wie schon bei der „apokalyptischen" Reaktion gegen das (vermeintliche) Auslaufen des institutionellen Christentums im Sinn der Ritschl-Schule von Johannes Weiß: Reich Gottes! Gleicher Begriff, völlige Sinnänderung. Das Reich Gottes ist kein völliger Ausgleich von Kultur und Kirche, sondern ein Einbruch eines ganz anderen, und Kirche erhält im eschatologischen Bewusstsein wieder eine starke Rolle. Die Frage nach dem absoluten Ende und Neuanfang blieb aber auch da weitgehend ausgeklammert.

4.2 Unterwegs nach Armageddon

Ganz anders geartet als die Höherentwicklungstheologie ist jene, welche eine Dekadenztheologie vertritt. Die Menschheit treibt auf das schreckliche Ende zu, und wer die Zeichen zu lesen versteht, erkennt, dass die Zeit da ist, oder zumindest bald. Die Heilszeit liegt erst hinter einer Katastrophenphase, die noch durchlebt werden muss. Das Reich Gottes ist nicht schon offensichtlich oder verborgen präsent oder zumindest bald da, sondern schrecklich fern.

„Weltendsgemeinschaften", zu denen die Zeugen Jehovas genauso zählen wie der Orden *Fiat Lux von Uriella* und in millenaristischen Aspekten auch *Universelles Leben* von Gabriele Wittek, leben auf unterschiedliche Weise vom Zeitdruck der imminenten Katastrophe und der Rettung durch sie hindurch.

Innerhalb der christlichen Neuen Religiösen Bewegungen mit eschatologisch-apokalyptischer Ausrichtung kann man zwischen prämillenaristischen, millenaristischen, amillenaristischen und postmillenaristischen Anschauungen unterscheiden. Es geht um die Frage, ob Gläubige vor oder nach der großen Trübsal (engl. *Tribulation*, Apk 7,14; Mt 24,21) bzw. vor oder nach Anbruch der tausendjährigen Herrschaft Jesu nach seiner Parusie (*Second Coming*) am Ende der Zeit entrückt werden, oder ob Jesus vor oder nach dem Millennium der Friedenszeit kommt. Die Frage stellt sich, weil sich die Abläufe der biblischen apokalyptischen Texte in dieser Sache nicht eindeutig ergeben und aus moderater hermeneutischer Sicht eigentlich auch nicht ergeben können. Prämillenarismus vertreten beispielsweise Baptisten, Sieben-Tages-Adventisten, die Neuapostolische Kirche und manche Pfingstgemeinden. Der damit verbundene Dispensationalismus geht von meist sieben Zeitaltern („dispensations", eine engl. Übersetzung von οἰκονομία) verschiedener Dauer aus – eine traditionelle Zahl nach den Wochentagen, die auf Augustin zurückgeht und in den mittelalterlichen Weltchroniken illustriert wurde. Die weite Verbreitung und Wirkung dieser Ansichten geht auf die Bibel-Kommentierung von Cyrus I. Scofield zurück. Die *Scofield-Bible* erschien erstmals 1909 und erweitert 1917.

Die traditionellen Kirchen vertreten meist einen Amillenialismus, das heißt sie folgen einer symbolischen Deutung der biblischen Angaben zu den Endereignissen und versuchen keine Harmonisierung von Bibelstellen mit säkularen Ereignissen, welche als Zeichen gedeutet werden. Biblisch ist für solche Re-Konstruktionen vor allem Apk 20 einschlägig. In der landeskirchlichen Tradition wurden die beschriebenen Vorgänge auf die Vergangenheit des reformatorischen Kampfes gegen die päpstliche Kirche verstanden, so dass die Heilszeit der Wiederkunft bereits als angebrochen aufgefasst werden konnte. Erst ab dem 16. Jahrhundert wurde ein futurischer Chiliasmus wieder virulenter.

Die andere Religionsgeschichte der USA hat Wurzeln in der religiösen Situation Englands und beschreibt größere Gruppen in eschatologischer Ausrichtung. Die Brüderbewegung *Plymouth Brethren* (hier waren auch die Eltern von Aleister Crowley aktiv), von John Nelson Darby (1800–1882) gegründet, dem Promotor des Prämillenarismus, sind dem Anglikanismus entwachsen. Der Methodismus galt als bereits zu formal und institutionalisiert. Die Gruppe um Darby und andere entwickelten eine große Dynamik, die bis heute anhält. Erweckungsbewegungen waren und sind von geschichtstheologischen Endzeitvorstellungen geprägt. Alle Berechnungen und Deutungen von Zeichen beruhen auf einer Gewissheit in der Zuordnung heutiger Phänomene auf Beschreibung in antiken Texten, denen ein futurisch-prophetischer Gehalt ausgelesen wird. Der bekannte Autor und apokalyptische Kommentator im dispensationalistischen Milieu Hal Lindsey kann gar nicht anders als den Nukleartod in der Offenbarung des Johannes beschrieben zu sehen, ohne in Betracht zu ziehen, dass es eines Tages vielleicht ganz andere Vernichtungsmechanismen geben könnte. Dies zeigt, wie zeitgebunden aber auch auf die jeweilige Gegenwart gemünzt die Vereindeutigungen sind. Die Offenbarung des Johannes und andere apokalyptische Stellen werden als genuine Offenbarungen verstanden, anders als die Offenbarung anderer Bibelstellen oder der Selbstoffenbarung Gottes in der Person Jesu. Das, was auf die Epoche der Entstehungszeit jener Texte bezogen war, wird umstandslos und doch mit Mühen auf die Gegenwart übertragen. Hal Lindsey sendet bis heute im amerikanischen Fernsehen seine Welt- und Geschichtsdeutung, indem er Ereignisse im Sinn einer Katastrophenparanoia kommentiert. Diese Armageddon-Theologie ist das Gegenteil von Utopie, denn alles läuft auf einen Endkampf an einem konkreten Ort in Israel hinaus. Die Sehnsucht nach Erlösung ist unterlegt mit der Faszination am Horror der Vernichtung, und vielleicht auch mit der selbstgewissen Haltung, zu den Erwählten zu gehören (vgl. Zeugen Jehovas). Hal Lindsey schreibt in seinem Klassiker *The Great Late Planet Earth*: „With the United Arab and African armies neutralized by the [communist] Russian invasion, and the consequent complete annihilation of the Russian forces and their homeland, we have only two great spheres of power left to fight the final climatic battle of Armageddon: the combined forces of the Western civilisation united under the leadership of the Roman Dictator and the vast hordes of the Orient probably united under the Red Chinese war machine" (Hal, *The Late Great Planet Earth* 151). Lindsey beschwört die Angst vor den „Horden" (!) herauf. Menschen – Gottes Geschöpfe – werden dämonisiert und verteufelt. Lindsey malt das blutige Tableau des Endkampfes als Massensterben. Er hat den konkreten Schlachtplan im Tal Jesreel schon vorliegen: „Some troops will doubtlessly be airlifted in as well, and this large valley is suited for that, too" (ebd. 153). Es ist ein mythologisches Weltbild, indem die Erzählungen über den Sinn, Beginn, Ende und Gang der Welt in ein logisches und konkretes Ablaufschema gepresst werden. Das ist der Tribut des modernen Denkens, dass es Mythen nicht Mythen sein lassen kann, sondern zu Berichten herabwürdigt und damit entwertet und ihrer Wahrheit beraubt.

Dass dispensationalistische Vorstellungen nicht durch den Lauf der Geschichte obsolet werden, sondern ihnen ständiges Aktualisierungspotential eignet, zeigt der Erfolg des bisher vierteiligen Films *A Thief in the Night*, dessen erste Folge 1972 zu sehen war. Er ist das Vorbild für die Roman- und schließlich auch Film-Serie *Left Behind* von Tim F. LaHaye und Jerry B. Jenkins. Die vielbändige Erzählung in Gestalt eines anfänglich spannenden Thrillers berichtet von der „Rapture", also der Entrückung von Auserwählten mitten aus dem Leben. Dies führt zu Chaos, weil beispielsweise Piloten auf dem Flug verschwinden oder Familien auseinandergerissen werden. Zurück bleiben unter anderem solche, die ihre zweite Chance zur Bekehrung suchen und eine „tribulation force" bilden, um den apokalyptischen Lauf der Geschichte mit dem Endkampf in Armageddon/Megiddo zu bestehen, um dann dem wiederkommenden Christus zu begegnen. Israel wird erst am Ende der Zeit erlöst, die „Rapture" vor der großen Trübsal betrifft nur Christen, und folgerichtig gibt es in der Romanfolge nur einen Juden in der „tribulation force". Hintergrund für diese Ansicht ist eine Interpretation von Jer 30,7 „Wehe, es ist ein gewaltiger Tag, und seinesgleichen ist nicht gewesen, und es ist eine Zeit der Angst für Jakob […]", nach der King James Version ist die Phrase „the time of Jacob's trouble" für den Dispensationalismus fundamental geworden.

Solcher auf die Spitze getriebener Dispensationalismus prämillenaristischer Art wirkt in dieser Ausprägung gnadenlos. Darin bildet er das schiere Gegenstück zu Auffassungen eines sanften Wachstums des Reiches der Liebe. Welt und Kultur werden auf ihren heilsgeschichtlichen Sinn vollkommen unterschiedlich gedeutet. Immerhin sind solche Gruppen nicht *per se* gewalttätig, sie sind nur auf das katastrophale Ende vorbereitet. Manchen anderen apokalyptisch-millenaristisch gesinnten Gruppen eignet durchaus ein Gewaltpotential, oft gegen sich selbst gerichtet (*Heaven's Gate*; Sonnentempler; Branch-Davidianer/ *Students of the Seven Seals*; *Peoples Temple*).

Der heutige evangelikale Zionismus dispensationalistischer Prägung hat die pietistischen Auswanderer in die Neue Welt beerbt. Hatten letztere erst spät an Judenmission gedacht, ist die Unterstützung des Staates Israel für erstere zentral. Der evangelikale Autor Hal Lindsey formuliert paradigmatisch in *The Late, Great Planet Earth* für die gegenwärtige Endzeit: „The Jew is the most important sign to this generation" (Hal, *The Late Great Planet Earth* Vorsatzblatt). Die Problematik der Identifikation eines multiethnischen und multireligiösen konkreten Staates mit einer einheitlich aufgefassten religiösen Größe fällt nicht auf. Die Lesart der Eroberung Jerusalems durch israelische Truppen 1967 als Zeichen der Endzeit hat einen Schub im christlichen Zionismus gebracht. Dieser ist politisch breit gefächert, darunter gibt es Bestrebungen, jüdische Gruppen in ihrer Absicht, einen dritten Tempel zu errichten, zu unterstützen (vgl. Gallaher 2010: 214). Die Wiederherstellung Israels ist unabdingbar, damit die Endereignisse in Jerusalem und Megiddo stattfinden können. Dem Judentum kommt nun eine notwendige positive Heilsbedeutung zu, anders als früher, wo es eine negative Heilsbedeutung zugeschrieben bekam. Dieses prämillenarisch-dispensationalistische Denken führt zu politischen Aktivitäten, um den Boden für den Anbruch der Herrschaft Jesu Christi zu bereiten. Die Begeisterung über messianische Juden und ihre spirituelle und materielle Unterstützung rührt teilweise auch aus der Hoffnung, in ihnen ein Zeichen des Anbruchs und der Hinwendung eines ganzen Volkes zu Jesus Christus zu sehen – letzter Schritt der Menschen vor der Parusie. Dass damit das Judentum für eine innerchristliche Eschatologie funktionalisiert wird, spielt keine Rolle. Konkretes Beispiel für christlichen Zionismus ist die Tätigkeit der Christian Embassy in Jerusalem, welche an *Sukkot* (Laubhüttenfest) jährlich einen Marsch durch Jerusalem in Solidarität abhält. Ob allen Israelis die Zielrichtung der willkommenen Unterstützung klar ist, darf bezweifelt werden.

4.3 Die unberechenbare Rationalität der Heilsgeschichte

Aus dem Pietismus kam neben der Verinnerlichung und Individualisierung der Heilssuche und Heilsvergewisserung auch eine Rationalisierung und Systematisierung dieser Wege und der umgebenden Voraussetzungen. Ein Teil davon war die erneute Theologisierung der Weltgeschichte, die ihre Wurzeln im eschatologischen Verständnis früherer, nicht zuletzt biblischer Epochen, hatte. Der Grundsatz des *sola scriptura* wurde auf eine Gegenwarts- und Geschichtsinterpretation angewendet. Die Vorbilder der Theologisierung von historischen Ereignissen als (Heils-)Geschichte sind bedeutend:

Von großem Einfluss auf die Unterteilung der Geschichte in heilgeschichtliche Epochen war Augustins Rede vom 1000-jährigen Reich der Kirche, das von seiner Zeit aus gerechnet noch 600 Jahre dauern würde – die Jahrtausendwende wurde dementsprechend als Endzeit erwartet (Augustin, *De civitate dei* XX 9,2). Er wiederum hatte das Zeitalterdenken dem Propheten-Buch Daniel entnommen (70 Jahrwochen in Dan 9).

Joachim von Fiore eruierte drei Reiche der Heilsgeschichte, und das letzte, dritte Reich des Geistes sollte im Jahr 1260 auf Erden anbrechen. In diesem positiven Entwicklungsmodell herrscht ein Geschichtsoptimismus vor. Anders als Augustin erwartet er das Millennium erst noch und hielt die Zukunft offener.

Ende und Anfang entsprechen sich, und so war es auch schon immer wichtig, nicht nur das Datum der Wiederkehr Jesu oder zumindest den Zeitpunkt einer großen Wende zum Ende hin zu kennen, sondern auch das Datum der Schöpfung zu errechnen. Die bekannteste Berechnung stammt von dem irischen Bischof James Ussher (1581–1656), welcher die Woche ab dem 22. September abends 4004 v. Chr. aus den biblischen Generationenfolgen und „historischen" Berichten als Schöpfungswoche extrapolierte. Solche Versuche zeugen von Vertrauen in die Historizität der Bibel und zeigen sich von neuzeitlicher Bibelkritik und Aufklärung noch nicht beschwert. Dennoch ist die Kompilation von historischem Wissen und seine Interpretation ein Vorläufer des historischen Denkens – jedoch noch nicht zur Kritik, sondern zur Bewahrheitung. So erscheinen diese Versuche auch als religiöse Selbstvergewisserung und als Wahrnehmung der eigenen Krise in einem Zeitalter von Bürgerkriegen in Gestalt von konfessionellen Kämpfen. Die Berechenbarkeit nach hinten durch die Geschichte zum Anfang müsste eine Berechenbarkeit nach vorne zum Ende erlauben, sofern der Heilsgeschichte eine entzifferbare Rationalität und spezifische Symmetrie innewohnt. „Die Bilder der Apokalypse sind nach der Ansicht, die Jeder mitbringt, einer großen Vieldeutigkeit ausgesetzt. Aber eben diese Vieldeutigkeit findet ihr sicherstes Regulativ nur in der Nachweisung der chronologischen Ordnung, die darin herrscht. Denn wie könnte die Wahrheit sich besser bewähren, als wenn die geweissagten Ereignisse nach einem bestimmten Chronismus auch eintreffen?" (*Prüfung der apokalyptischen Zeitrechnung* IV). Genaugenommen handelt es sich aber um keine Korrelation von Daten, sondern um Identifikationen von vermeintlichen Realien unterschiedlichster Epochen, z.B. Babylon = Rom, und zwar mit dem Argument der eintreffenden Prophetie. So wird der Ausleger selbst unter der Hand zum Propheten, dessen Autorität nun nicht mehr auf einer *neuen* Mitteilung Gottes beruht, die als Ereignis eintrifft. Seine Methode ist nicht Eingebung durch Gott, sondern vermeintlich rationale Schriftauslegung. Wahrheitskriterien sind keine Stimmigkeiten im Gottesbild und der Erfahrung, sondern letztlich äußere Harmonisierung von Abläufen, die als göttliche Ökonomie verstanden werden (Bengel, *Erklärte Offenbarung Johannis* 576). Gottes Handeln erscheint so zwangsläufig und seiner eigenen chronologischen Rationalität unterworfen. Tatsächlich ist diese angestrengte Rationalisierung aus Sicht eines narrativen und historischen Verständnisses von Bibeltexten und des ganzen Kanons willkürlich. So handelt es sich um apologetische Versuche, Glauben doch auf rationale Weise als mächtig zu erweisen in einer Welt, welche sich selbst rapide rationalisierte.

Viele Berechner des Anbruchs der Endzeit oder der Parusie wollten dieses Ereignis selbst erleben und überlebten es dann. Johann Albrecht Bengel immerhin berechnete eine Zeitenwende auf das Jahr 1836, also würde er es auf Erden nicht erleben. Apk 19 und 20 spielen bei den chiliastischen Berechnungen und Vorstellungen eine zentrale Rolle (wie bereits beim Täufer Melchior Hofmann, welcher das Ende auf das 1533 berechnet hatte und jenes Jahr überleben sollte). Die erste Hälfte des 19. Jahrhunderts war solch eine hoffnungsvolle Zeit. In Amerika errechnete William Miller die Parusie zuerst auf das Jahr 1843 und dann auf 1844, und auch er erlebte das Verstreichen dieses Datums und seine Gefolgschaft als The Great Disappointment. Andere schöpften aus der großen Enttäuschung Hoffnung, so dass sich unter anderem die Sieben-Tages-Adventisten bildeten und der Religionsvorläufer der Bahai, Bab, seine Berufung im Jahr 1844 erlebte, so dass sich spätere Bahai durch Miller bestätigt sahen. Solche Modellrechnungen wurden zu instrumentalisierbaren Selbstläufern.

Aus der Schwierigkeit der rechnerischen Ausdeutung der biblischen Texte ergeben sich Möglichkeiten der Deutung der eigenen Zeit und Kultur. Auf der einen Seite ging es ihnen um den Erweis einer Logik der erzählten Zeit in der Bibel als Heilsgeschichte und auf der anderen um den Erweis, dass das Ende erreicht ist. Der Versuch, die Wiederkunft Christi zu errechnen, ist nicht nur ein religiöses Unterfangen, sondern ebenso ein religions- und kulturkritisches. Ereignisse und Verhältnisse werden nach Kriterien taxiert, ob und inwieweit sie als Epochenmarker auf die Endzeit zu verstehen werden können oder schon Ereignisse der Endzeit selbst sind. Die Schwierigkeit, sich schon am Ende der Endzeit zu verorten, führte nach dem Ausbleiben der Wiederkunft zu dispensationalistischen Ansichten.

4.4 Armageddon revisited

Die eschatologische Erwartungsfreude scheint derzeit im europäischen Mainstream-Protestantismus ruhig, und die Praktische Theologie hat sich deshalb anderen aufregenden Themen als der Apokalyptik und Eschatologie zugewendet. Dabei kann man im Sinn einer praktisch-theologischen Handlungstheorie sowohl Nutzen als auch Schrecken der Unsicherheit und Sehnsucht sehen. Eine gewisse energetische Unruhe, welche nicht von Zukunftsängsten, verordneten Gemeindezusammenlegungen, Stellenstreichungen, Schrumpfungsprozessen oder niedrigen Taufzahlen genährt wird, sondern von der Erwartung, dass Welt, Kirche und das eigene Leben auf Gott zulaufen, könnte als lebendige Spiritualität der Hoffnung gewertet werden. Wenn aber eine Dekadenztheorie mit ihrem Drohpotential als Gesetz verwendet wird, ist die Erwartung unevangelisch. Der Grundsatz *sola scriptura* ist ohne den Bezug auf das, was „Christum treibet", zu manipulativ einsetzbar und zu sehr von privaten Interessen geleitet, die Gott ein zwanghaftes Handeln unterstellen. Man muss aber nicht gleich die Welt in Armageddon versammeln wollen, um zu erkennen, dass „das Leben ein Ziel hat" (Ps 39,5). Jedoch führt ein zu metaphorisches Schriftverständnis in Bezug auf die Letzten Dinge zur Entschärfung des Skandals mancher biblischer Texte und ihres Anspruchs. Der Weg zum erhofften und ersehnten Ziel hat allein schon biblisch verschiedene Bildwelten der Hoffnung und der Befürchtung hervorgebracht. Sie verbindet immerhin die Gewissheit der umfassenden Gegenwart Gottes.

Beziehungs- und spannungsreich fasst das Gerichtsportal an der Kathedrale von Reims (1220–35) solche Vorstellungen zusammen. Das Drama der Auferstehung und des Gerichts wird gestützt von einem Mittelpfeiler (Trumeau), welchem der barmherzige Christus und schöne Gott, der Beau Dieu, vorsteht. Der Weltenrichter ganz oben zeigt seine Wundmale. Ob das Reich Gottes sich schon verwirklicht – und vielleicht in Gestalt einer oder der Kirche sichtbar wird – oder ob es erst noch kommt: Alles Geschehen bezieht sich auf den Auferstandenen, der gelitten hat, *pro me*. Es ist die Glaubenskunst, in der Fülle und Widersprüchlichkeit der Bilder doch eine Einheit zu erkennen und einen gangbaren Weg zu sehen und einzuschlagen.

5. Praktische Theologie im Neuen Jerusalem

Von dem, was nach dieser Welt kommt, kann man nur in Bildern reden, und so bleiben Aussagen spekulativ, aber aus gutem Grund. Immerhin: Das mächtigste Bild ist das von einer Stadt, also einem Gemeinwesen, dem Neuen Jerusalem. Auch wenn Gott dort von Angesicht zu Angesicht gesehen und mit ihm unmittelbar kommuniziert werden kann, so kann und wird es dort auch eine Praktische Theologie geben. Auch wenn man nicht mehr im Glauben sondern im Schauen lebt, so wird doch eine Kommunikation untereinander stattfinden. Sofern Praktische Theologie Theorie der Praxis ist, wird sie dann möglich sein. Sie wird aber noch mehr Theorie der Praxis des Schauens sein als sie jetzt schon ist. Sie wird sicher keine Krisenwissenschaft sein, sondern eine Wissenschaft vom Ganzsein und Heilwerden. Sie wird eine Kommunikationstheorie vom fehlenden Missverständnis erarbeiten und vom Glück und Staunen der unmittelbaren Gemeinschaft mit Gott.

Quellen- und Literaturverzeichnis

1. Quellen

2012 (Roland Emmerich, US 2009).
28 Days later (28 Tage später, Danny Boyle, UK 2002)..
A Thief in the Night (Donald W. Thompson, US 1972).
Armageddon (Michael Bay, US 1998).
Augustin: *De civitate dei*/Vom Gottsstaat, Bd. 2: Buch 11–22, übers. von Wilhelm Thimme, eingl. und erläutert von Carl Andresen (BAW), Zürich/München 1978.
Batoru rowaiaru (Battle Royale, Kinji Fukasaku, JP 2000).
Bengel, Johann Albrecht: *Erklärte Offenbarung Johannis oder vielmehr Jesu Christi. Aus dem revidierten Grund-Text übersetzt durch die prophetischen Zahlen aufgeschlossen und allen, die auf das Werk und Wort des Herrn achten, und dem, was vor der Thür ist, würdiglich entgegen zu kommen begehren, vor Augen geleget durch Dr. Johann Albrecht Bengel. Neue Ausgabe, ausgestattet mit einer Verdeutschung aller fremden oder schweren Ausdrücke so wie mit einer Vorrede von Wilhelm Hoffmann Diaconus zu Winnenden, nebst einem Anhange bisher noch ungedruckter apokalyptischer Briefe Bengels, mitgetheilt von Pfarrer Burk in Thailfingen*, Stuttgart 1834.
Blade Runner 2049 (Denis Villeneuve, US 2017).
Blade Runner (Ridley Scott, US 1982).
Contact (Robert Zemeckis, US 1997).

Cousin de Grainville, Jean-Baptiste: *Le Dernier Homme*/Der letzte Mensch, übers. aus dem Französischen von Sylvia Schiewe, mit einem Nachw. von Gerhard Poppenberg, Berlin 2015.

Doyle, Arthur Conan: *The Lost World*, Erstausgabe London 1912/Die vergessene Welt, übers. aus dem Englischen von Karl Soll, Berlin 2016.

Dune (Der Wüstenplanet, David Lynch, US/MX 1984).

Earthquake (Erdbeben, Mark Robson, US 1974).

Fallout 1–4 (Interplay Entertainment und Bethesda Game Studios, US 1997/1998/2008/2015).

Five (Die letzten Fünf, Arch Oboler, US 1951).

Lindsey, Hal (with C. C. Carlson): *The Late Great Planet Earth*, New York 1992 (Erstauflage 1970).

Fukkatsu no hi (Virus/Overkill – Durch die Hölle zur Ewigkeit, Kinji Fukasaku, JP 1980).

Gojira (Godzilla, Ishiro Honda, JP 1954).

Golding, William: *Lord of the Flies*, New York 2016 (Erstauflage London 1954).

I am Legend (Francis Lawrence, US 2007).

Independence Day (Roland Emmerich, US 1996).

Jurassic Park (Steven Spielberg, US 1993).

King Kong (King Kong und die Weisse Frau, Merian C. Cooper und Ernest B. Schoedsack, US 1933).

Left Behind (Vic Armstrong, US/CA 2014).

Lord of the Flies (Herr der Fliegen, Peter Brook, UK 1963; Harry Hook, US 1990).

Mad Max (George Miller, AU 1979).

Matheson, Richard: *I am Legend*, London 2022 (Erstausgabe New York 1954).

Matrix I–III (Lilly und Lana Wachowski, US/AUS 1999/2003/2003).

McCarthy, Cormac: Die Straße, übers. aus dem Englischen von Nikolaus Stingl, Reinbek 2008.

Melancholia (Lars von Trier, DK 2011).

Miller, Walter M.: *A Canticle for Leibowitz*, New York 2006 (Erstauflage der Gesamtausgabe Philadelphia 1960)/Lobgesang auf Leibowitz, übers. aus dem Englischen von Jürgen Saupe, Neuausgabe München 2000.

Prüfung der apokalyptischen Zeitrechnung mit näherer Berichtigung der Termine und Deutung der Bilder aus der „erklärten Offenbarung" des Prälaten Dr. J.A. Bengel, Stuttgart 1840 (Verfasser unbekannt).

Night of the Living Dead (Die Nacht der lebenden Toten, George A. Romero, US 1968).

Noah (Darren Aronofsky, US 2014).

Shelley, Mary: *The Last Man*, The Novels and Selected Works of Mary Shelley Bd. 4, hg. von Jane Blumberg u. a., Lodon/New York 2016.

Spengler, Oswald: *Der Untergang des Abendlandes*, Ungekürzte Sonderausgabe in einem Bd., München 1998 (1.Aufl. 1918 [Bd. 1]/1923 [Bd. 2]).

Star Wars (Krieg der Sterne, George Lucas, US 1977).

Take Shelter (Take Shelter – Ein Sturm zieht auf, Jeff Nichols, US 2011).

The Day After Tomorrow (Roland Emmerich, US 2004).

THE DAY THE EARTH STOOD STILL (DER TAG, AN DEM DIE ERDE STILLSTAND, Robert Wise, US 1951; Scott Derrickson, US/CA 2008).
THE HUNGER GAMES (DIE TRIBUTE VON PANEM – THE HUNGER GAMES, Gary Ross, US 2012).
THE LOST WORLD (DIE VERLORENE WELT, Hary O. Hoyt, US 1925).
THE MAZE RUNNER (MAZE RUNNER – DIE AUSERWÄHLTEN IM LABYRINTH, Wes Ball, UK/US 2014).
THE POSEIDON ADVENTURE (DIE HÖLLENFAHRT DER POSEIDON, Ronald Neame, US 1972).
THE TERMINATOR (James Cameron, UK/US 1984).
THE TOWERING INFERNO (John Guillermin, US 1974).
TITANIC (James Cameron, US/MX 1997).
TWISTER (Jan de Bont, US 1996).

2. Sekundärliteratur

DiTommaso 2014: DiTommaso, Lorenzo: „Superflat"-Apokalyptik im Internetzeitalter, Concilium 50/3 (2014), 314–320.

Drehsen 2002: Drehsen, Volker: Traumata und Transformationen. „Krisenerfahrungen" in der Praktischen Theologie des Protestantismus im 20. Jahrhundert, in: Gräb, Wilhelm (Hg.): Praktische Theologie und protestantische Kultur, Gütersloh 2002, 218–248.

Ehmer 2003: Ehmer, Hermann: An der Schwelle der endzeitlichen Ereignisse. Separation und Auswanderung aus Württemberg zwischen der Französischen Revolution und dem Jahre 1836, Mecklenburgia Sacra 5 (2003), 183–201.

Failing 1998: Failing, Wolf-Eckart: Die eingeräumte Welt und die Transzendenzen Gottes, in: ders./Heimbrock, Hans-Günter (Hgg.): Gelebte Religion wahrnehmen. Lebenswelt – Alltagskultur – Religionspraxis, Stuttgart u. a. 1998, 91–122.

Gallaher 2010: Gallaher, Carolyn: Between Armageddon and Hope: Dispensational Premillennialism and Evangelical Missions in the Middle East, in: Dittmer, Jason/Sturm, Tristan (Hgg.): Mapping the End Times. American Evangelical Geopolitics and Apocalyptic Visions, Farnham 2010, 209–232.

Gräb 2002: Gräb, Wilhelm: Praktische Theologie als Praxistheorie protestantischer Kultur, in: ders./Weyel, Birgit (Hgg.): Praktische Theologie und protestantische Kultur, Gütersloh 2002, 35–51.

Grethlein/Meyer-Blanck 1999: Grethlein, Christian/Meyer-Blanck, Michael: Geschichte der Praktischen Theologie. Dargestellt anhand ihrer Klassiker, Leipzig 1999.

Grethlein/Schwier 2007: Grethlein, Christian/Schwier, Helmut: Praktische Theologie. Eine Theorie- und Problemgeschichte, Leipzig 2007.

Haas 1989: Haas, Alois M.: „Die Arbeit der Nacht". Mystische Leiderfahrung nach Johannes Tauler, in: Fuchs, Gotthard (Hg.): Die dunkle Nacht der Seele. Leiderfahrung und christliche Mystik, Düsseldorf 1989, 9–40.

Hauth 2000: Hauth, Rüdiger: Art. Sekten, TRE 31, Berlin/New York 2000, 96–103.

Hempelmann 2001: Hempelmann, Reinhard: Einführung, in: ders. u. a. (Hgg.): Panorama der neuen Religiosität. Sinnsuche und Heilsversprechen zu Beginn des 21. Jahrhunderts, Gütersloh 2001, 12–20.
Köhler 1941: Köhler, Walther: Ernst Troeltsch, Tübingen 1941.
TRE: Müller, Gerhard u. a. (Hgg.): Theologische Realenzyklopädie, 36. Bde, Berlin/New York 1976–2004.
RGG: Betz, Hans Dieter u. a. (Hgg.): Religion in Geschichte und Gegenwart. Handwörterbuch für Theologie und Religionswissenschaft, 8Bde. & Register, Tübingen 2008^4 (1986^3 hg. von Kurt Galling).
Thurneysen 1948: Thurneysen, Eduard: Die Lehre von der Seelsorge, München 1948.
Voigt 2003: Voigt, Ferdinand (Hg.): Ernst Troeltsch Lesebuch. Ausgewählte Texte (UTB 2452), Tübingen 2003.
Vondung 1988: Vondung, Klaus: Die Apokalypse in Deutschland, München 1988.

3. Literaturhinweise zum vertiefenden Studium

Böcher, Otto: Johannes-Offenbarung und Kirchenbau. Das Gotteshaus als Himmelsstadt, Neukirchen-Vluyn/Ostfildern 2010.
Chryssides, George D./Wilkins, Margaret Z. (Hgg.): A Reader in New Religious Movements, London/New York 2006.
Collins, John J. (hg.): The Oxford Handbook of Apocalyptic Literature, Oxford 2014.
Hammer, Olav/Rothstein, Mikael (Hgg.): The Cambridge Companion to New Religious Movements, Cambridge 2012.
Horn, Eva: Zukunft als Katastrophe (S. Fischer Wissenschaft), Frankfurt 2014.
Langenhorst, Georg: „Die Apokalypse ernährt ihren Mann" (W. Genazino). Apokalyptische Strömung in der deutschsprachigen Literatur, in: Riedl, Gerda u. a. (Hgg.): Apokalyptik. Zeitgefühl mit Perspektive? Paderborn 2011, 227–251.
Nagel, Alexander-Kenneth u. a. (Hgg.): Apokalypse. Zur Soziologie und Geschichte religiöser Krisenrhetorik, Frankfurt 2008.
Nigg, Walter: Das ewige Reich. Geschichte einer Hoffnung, Zürich 1954^2.
nova religio. The Journal of Alternative and Emergent Religions, Berkeley/New York, seit 1997.
Raedel, Christoph: Faszination des Endes. Theologie und Fiktion in der „Left-Behind"-Buchreihe, Berlin 2010.
Sinabell, Johannes u. a. (Hgg.): Lexikon neureligiöser Bewegungen, esoterischer Gruppen und alternativer Lebensweisen, Freiburg u. a. 2009.
Wieser, Veronika u. a. (Hgg.): Abendländische Apokalyptik. Kompendium zur Genealogie der Endzeit (Kulturgeschichte der Apokalypse 1), Berlin/New York 2013.

Zusammenschau

Stefan Beyerle

Apokalyptik als zentrale Peripherie

1. Zentrum und Peripherie

Die vor allem in den Sozialwissenschaften akzeptierte Unterscheidung von „Zentrum" und „Peripherie" verliert in der Apokalyptik und der damit verbundenen Forschung ihre Trennschärfe. Als relationale Begriffe schließen sich „Zentrum" und „Peripherie" gegenseitig aus: Weil die Peripherie nur in ihrem Verhältnis zum Zentrum erst zur Peripherie wird, und *vice versa*, ist eine Zuschreibung, etwa von Personen oder Objekten, zu Zentrum und Peripherie zur selben Zeit ausgeschlossen. Die Sichtweise ist allerdings dann zu modifizieren, wenn man der Relation von Zentrum und Peripherie eine Dynamik zugesteht.

Auch wenn der dynamische Aspekt in der aktuellen raumsoziologischen Debatte eine zentrale Rolle spielt, wobei der Diskurs auch für apokalyptische Vorstellungen fruchtbar gemacht werden kann (vgl. dazu Beyerle 2021: 19–24.31–38), sollen in dieser Zusammenschau dynamische Akzente der Apokalyptik vornehmlich auf kanonischer, historischer und theologisch-hermeneutischer Ebene den Befund skizzieren. – Die Terminologie „Kanon/kanonisch" wird hier beibehalten, auch wenn sie in historischer Hinsicht weitgehend anachronistisch ist, da ihre Anwendung auf autorisierte religiöse Texte, etwa der christlichen „Bibel", nicht vor der zweiten Hälfte des 4. Jahrhunderts n. Chr. datiert. – Auch wenn die Apokalyptik als „zentrale Peripherie" eigentlich ein Oxymoron markiert, erscheinen apokalyptische Motive und Denkformen sowohl in den zentralen als auch in den eher randständigen Diskursen der Theologie. Die in den Zeitläuften und theologischen Positionen zumeist durchlässigen Grenzziehungen zwischen Zentrum und Peripherie weisen der Apokalyptik in Theologie, Kultur (Kunst, Musik, Literatur) und Philosophie immer wieder unterschiedliche „Standorte" zu (vgl. bereits Koch 1970).

2. Die Apokalyptik zwischen Zentrum und Peripherie – kanonische Dimensionen

Schon kanonisch-biblisch gehört die Apokalyptik, zumindest in den westlichen Kirchen, an den Rand. Die spätestens seit dem 19. Jahrhundert genre-spezifische und genre-generierende Johannesoffenbarung bildet den Abschluss des Neuen Testaments und gehört zu den späten Texten des zweiten Kanonteils. Nun kann der mit der Johannesoffenbarung markierte Abschluss des Kanons auch als Auszeichnung aufgefasst werden; dies gilt zumindest jenseits von orthodoxen, kritischen und ablehnenden Haltungen gegenüber diesem Buch (vgl. Nikolakopoulos 2012: 777f.787 u. 789 Anm. 39; vgl. auch Hieke 2013: 248) bis hin zu Martin Luther. Es erweist sich etwa an der Bücheranordnung des gewichtigen Kodex *Vaticanus* aus dem 4. Jahrhundert n. Chr., der beide Testamente bezeugt und in der Schlussstellung des Danielbuches (AT) und der, allerdings nicht mehr in den Handschriften überlieferten, Johannesoffenbarung (NT) mutmaßlich eine „apokalyptische Rahmung" konstruiert. Ein weiterer Septuaginta-Kodex *Alexandrinus* aus dem 5. Jahrhundert n. Chr. verknüpft Motive aus der am Ende des Alten Testaments vororteten Sirach-Überlieferung (Sir 51,30) mit Apk 22,12 zum Abschluss des Neuen Testaments (vgl. Hieke 2013: 234f.238f.). Außerdem verweisen Motive und Formelgut, wie die „Textsicherungs-" oder „Kanonformel" (Apk 22,18f.), im Schlussabschnitt der Johannesoffenbarung auf das Ganze des biblischen Kanons (Apk 22,6–21; vgl. Hieke/Nicklas 2003: 69–82.108–112).

Dennoch fristen die beiden einzigen Bücher der Gattung Apokalypse des Alten (Danielbuch) und Neuen Testaments (Johannesoffenbarung) eher ein Nischendasein. Das gilt bereits mit Blick auf die 2018 nochmals revidierten sechs Predigtreihen der Perikopenordnung der Gliedkirchen der EKD, die das Danielbuch nur dreimal berücksichtigen, zum Sonntag Rogate (Reihe III: Dan 9,4f.16–19), zum Himmelfahrtstag (Reihe IV: Dan 7,1–3.19–14) und zum Totensonntag (Reihe V: Dan 12,1b–3), wobei es sich bei Dan 9 um einen Gebetstext ohne apokalyptische Motive handelt. Ähnliches ist zur Johannesoffenbarung zu konstatieren: Von acht Perikopen stammt die Hälfte aus den nichtapokalyptischen Sendschreiben in Apk 1–3. Dieser Befund ist umso signifikanter, wenn man die den Kirchenjahresabschnitten zugeordneten (liturgischen) Leitthemen berücksichtigt, die in vielen Fällen apokalyptische Untertöne besitzen, etwa bei den Stichworten „Neuer Himmel, neue Erde", „Gottes Reich unter uns", „Protest gegen den

Tod" oder „Mit Gott neue Wege gehen" (vgl. Wagner 2019: 421.423. 425.427.429.431.433.435.437).

Auch die unterschiedlichen Handreichungen und Rahmenordnungen der Bundesländer zum Religionsunterricht sind bei expliziten Apokalyptik-Themen wie Gericht, Unterwelt oder Engel eher zurückhaltend, betonen mithin etwas zu rasch die kulturell-zeitgenössische Dimension, etwa beim Thema „Apokalypse im Film", und integrieren nichtsdestoweniger immer wieder „Apokalyptisches" im Kontext religiöser Oberbegriffe, etwa im Zusammenhang der Fragen nach „Zukunft" oder „Heilserwartung". Nicht nur die materialen Kanon*ausformungen* sondern auch die Kanon*anwendungen*, die ganz wesentlich die hermeneutische Seite des Kanons repräsentieren, zeigen ein ambivalentes Verhältnis zur Apokalyptik, indem sie die Apokalypsen der Bibel(n) und das darin enthaltene apokalyptische Weltbild lediglich in Auswahl oder als „Steinbruch" zur Untermauerung bereits anderweitig erhobener Theologumena gebrauchen. Sowohl die Position der Apokalypsen im Kanon westlicher Kirchen als auch ihr Gebrauch weisen zudem zentrale als auch periphere Akzente aus.

Zuletzt ist noch einmal auf die christliche Orthodoxie zurückzukommen. Während die kanonische Geltung der Johannesoffenbarung in der Orthodoxie lange umstritten war (s. o.), hat die äthiopisch-orthodoxe Kirche ihren Kanon massiv erweitert, etwa um die Apokalypsen des *äthiopischen Henochbuches*, einer äthiopischen Fassung der griechischen *Esra-Apokalypse* oder das *Jubiläenbuch* – ohne diese kanonischen Erweiterungen wären uns wichtige apokalyptische Texte heute nur noch bestenfalls ausschnittsweise bekannt, etwa aus den Handschriften vom Toten Meer. Zugleich zeigt dieser Befund, dass es auch innerhalb christlicher Denominationen unterschiedliche Haltungen zur Apokalyptik gab.

3. Die Apokalyptik zwischen Zentrum und Peripherie – historische Dimensionen

In der akademischen Theologie orientieren sich die Wahrnehmungen und Beschäftigungen mit der Apokalyptik, wie etwa auch im kulturell-politischen Kontext (s. o. Einführung, Punkt 2. und 3.), zumeist an den äußeren Anreizen der Zeitläufte. Dies wird schon an der Beschreibung des literarischen Phänomens Apokalyptik als Krisenphänomen deutlich. Durch die Geschichte des Judentums und Christentums hindurch findet man immer wieder Anlässe, die sich als Krisen erwiesen haben oder auch *ex post* als solche interpretiert wurden und werden. Dies reicht von der „syrischen Religionskrise" (167–164 v. Chr.) unter Antiochus IV. über die „jüdischen Kriege" (68–70 und 132–136 n. Chr.), die frühen Christenverfolgungen, etwa unter den römischen Herrschern Domitian (81–96 n. Chr.) oder Diokletian (303–311 n. Chr.), dann auch „Zeitenwenden", orientiert an den konstruierten Kalendarien, Katastrophen wie Erdbeben (1755 in Lissabon; vgl. Bammé 2017: 19–25), bis hin zu Pandemien und ökologischen Endzeitszenarien.

Nicht selten bleibt als einzige Gemeinsamkeit der die *Apokalypsen* hervorrufenden Zeitläufte nicht mehr als ein Krisenereignis, ohne dass notwendig die verursachende „Krise" oder die reagierende „Apokalypse" in hinreichender Weise beschreib- und daher vergleichbar wären. Die historische Apokalyptik-Forschung begegnet diesem Defizit, indem sie fluide Eigenheiten der Apokalyptik diachron nachverfolgt und einordnet. Letztlich liegt hier der Grund für die teilweise stark divergierenden Beschreibungen und Definitionen von *Apokalyptik* und *Apokalypse*, letztere als literarische Gattung (vgl. dazu Beyerle, 29–33; Frenschkowski, 74–79). Am Ende orientiert sich die Kriteriologie dessen, was *apokalyptisch* genannt werden kann, an Grad und Intensität der Katastrophe, auf die die Apokalypsen reagieren – so können nur universale bzw. kosmische Ereignisse apokalyptische Ausmaße besitzen. Im Rückblick auf jene Katastrophen vollziehen die Interpretationen, spätestens in der Moderne, eine Gleichsetzung jener Katastrophe mit der Apokalypse und nehmen damit einen postapokalyptischen Standpunkt ein – auch wenn das Adjektiv *postapokalytisch* ein Oxymoron, einen Selbstwiderspruch, anzeigt (DiTommaso 2014: 496).

Aus den voranstehenden Überlegungen wird über die Unterscheidung von *Apokalyptik* – als Motivkonstellation, Stimmung, Denkbewegung und Tradition – und *Apokalypsen* – als literarische Gattung – hinaus eine weitere Differenzierung deutlich, die sich mit dieser Begrifflichkeit verbindet: So kann eine *Apokalypse* sowohl ein katastrophales Ereignis kosmischen Ausmaßes als auch eine literarische, künstlerische und im engeren Sinne religiöse Reaktion auf und Auseinandersetzung mit der Katastrophe meinen. Aus historischer Perspektive rückt jene Katastrophe für den postapokalyptischen Blick mit zunehmendem zeitlichem Abstand immer stärker aus dem Zentrum in die Peripherie. Etwa Ereignisse wie die Religionsverfolgungen in der Antike oder auch neuzeitliche Katastrophen, wie das Erdbeben in Lissabon (1755), sind gegenwärtig kaum noch Teil des kulturellen Gedächtnisses – anders als etwa in den Tagen Immanuel Kants (vgl. Künzli 1998: 289f.). Allerdings evozieren bestimmte „Erinnerungsräume", die sich aus aktuellen Ereignissen, kulturellen oder religiösen Entwicklungen und weiteren Anlässen ergeben, immer wieder die Rückkehr der Apokalypse ins Zentrum. Solche Anlässe tun sich etwa in den allfälligen Zeitenwenden, zuletzt dem Jahrtausendwechsel (vgl. Thompson 1997), oder in den politischen Konflikten des 20. Jahrhunderts kund (vgl. Gray 2010).

Wie bereits angesprochen zeichnen sich jene Anlässe durch eine konkrete oder bisweilen auch konfuse Krisenwahrnehmung aus (zur Antike s. o.), bei deren Bewältigung immer wieder religiöse Strategien in den Fokus geraten. Etwa die „Krisen" der beiden Weltkriege im 20. Jahrhundert sind eng mit dem politischen Aufkommen von Totalitarismen in Nationalsozialismus (Gray 2010: 89–117; Vondung 2018: 39–47) und Kommunismus (vgl. Zimdars-Swartz 1998: 286–289; Gray 2010: 61–89) verbunden, deren Narrative mit religiösen Motiven, bis hin zu einem innerweltlichen „Heilsversprechen" und dem „Ende der Geschichte", geradezu durchtränkt sind (vgl. Cattaruzza 2018: 208.212–215). Der Wechsel zwischen Zentrum und Peripherie apokalyptischer Ideologien vollzieht sich dabei in einem zeitlichen Nacheinander. In der Chronologie ist das Zentrum in der Zeit zwischen den Weltkriegen verortet. Oswald Spenglers monumentales Werk *Der Untergang des Abendlandes* (zwischen 1918 und 1922 erschienen) markiert, dokumentiert, ja kritisiert einen Kultur- und Gesellschaftspessimismus bzw. formuliert eine Zivilisationskritik – im Kontext eines in der Gesellschaft fast allgegenwärtigen Antisemitismus – und kondensiert damit Befindlichkeiten, die mit zu den Voraussetzungen der größten, wahrhaft „apokalyptischen", und auch „post-apokalyptischen", Katastrophen der europäischen Geschichte gehören (vgl. Beßlich 2002: 43–52.92–97; Demandt 2017: 9–19.63–74.155–169). Allerdings wird man Spengler bestenfalls mit Blick auf die Vergangenheit und Gegenwart wegweisende Einsichten bei der Versöhnung von Mensch und Natur zuschreiben können, am apokalyptischen Thema, der Zukunft, versagte *Der Untergang des Abendlandes* auf der ganzen Linie (vgl. Bammé 2017: 104f.) – ein Schicksal, das Spengler mit vielen modernen Apokalyptikern teilte.

In seinem Tagebuch von 1919 sprach Thomas Mann mit Blick auf Oswald Spenglers „Apokalyptik" von „Décadence-Aufklärung" (Beßlich 2002: 56) – auch wenn Spengler selbst den Begriff „Dekadenz" nicht gebraucht haben mag (vgl. Demandt 2017: 161). In der zeitlichen Peripherie der Apokalypsen des Totalitarismus in der ersten Hälfte des 20. Jahrhunderts findet jene „Décadence" in Haltung und Epoche des *Fin de siècle* oder der *Belle époque* schon im 19. Jahrhundert ihren Nährboden. Die apokalyptische Krisenhaftigkeit dieser Epoche brach sich in den Werken vor allem zweier Schriftsteller Bahn: Oscar Wilde (1854–1900) und Joris-Karl Huysmans (1848–1907). Letzterer setzte der Personifikation des *Fin de siècle*, dem „Dandy", in seinem Roman *À rebours* (1884; dt. *Gegen den Strich* 1897) ein literarisches Denkmal. Im Roman werden unterschiedliche Krisenszenarien aufgerufen, die dem Protagonisten Jean Floressas Des Esseintes, einem Pseudonym des „historischen" Dandys Robert Comte de Montesquiou-Fezensac (1855–1921), in der Bildbetrachtung der (biblischen: Mk 6,14–29 par.) Salome-Darstellung des Malers Gustave Moreau (1826–1891) zum Vehikel der Überwindung einer Sinnkrise und zur individualisierten Ersatzreligion werden (vgl. Engelbrecht 2021: 108–114).

Auch Oscar Wilde befasste sich in einem Einakter (1893) mit dem Salome-Stoff. Jochanaan, wie Johannes der Täufer im Drama heißt, beschuldigt Salome als „Tochter Sodoms" und „Tochter Babylons, durch die das Übel in die Welt gekommen sei". Er kündet „den Tag des Herrn" an, an dem der „Erlöser der Welt" kommt. Ästhetisch, in Literatur (Wilde, Huysmans) und bildender Kunst (Moreau), dient die Salome, auch wenn sie im NT namentlich nicht genannt wird, als *Femme fatale* und erotische Projektionsfläche (vgl. Engelbrecht 2021: 111) in einer Krisensituation, in der die Ästhetik zum Vehikel wird, um die persönliche in der weltlich-universalen Krise des *Fin de siècle* zu spiegeln.

Bereits in der ersten Hälfte des 19. Jahrhunderts wurde der Weg zu den endzeitlichen Krisenszenarien in den Romanen von Mary Shelley (1797–1851) gebahnt. Sowohl ihr berühmtester Roman *Frankenstein or The Modern Prometheus* (1818) als auch *The Last Man* (1825) haben ihre Wurzeln in einer gemeinsamen Sommerfrische, unter anderem mit George Gordon (Lord) Byron (1788–1824), 1816 am Genfer See. Aufgrund eines massiven Vulkanausbruchs in Indonesien war Westeuropa in jenem Sommer von Kälte, Dunkelheit und Regengüssen, bisweilen sogar Ernteausfällen, heimgesucht worden, die als „apokalyptisch" wahrgenommen wurden. Lord Byron selbst veröffentlichte in diesem Jahr seine Untergangsvision in dem Gedicht *Darkness*. Die literarische Verarbeitung der Katastrophe fokussiert dabei ganz auf den Untergang der Menschheit, verbleibt also innerhalb von Utopie bzw. Dystopie, ohne auf die religiöse Idee des endzeitlichen Gerichtes zurückzugreifen (vgl. Horn 2014: 45–76). Diese „postapokalyptischen" Zukunftsvisionen treten spätestens in der Literatur des 19. Jahrhunderts ins Zentrum apokalyptischer Denkstrategien und wirken bis in die Gegenwart hinein, wie Romane von Guido Morselli (*Dissipatio humani generis* oder *Die Einsamkeit* 1977), Paul Auster (*In the Country of Last Things* 1987), Cormac McCarthy (*The Road* 2006) oder Theresia Enzensberger (*Auf See* 2022) dokumentieren.

4. Die Apokalyptik zwischen Zentrum und Peripherie – theologisch-hermeneutische Dimensionen

Die nur sehr weitmaschige Rekonstruktion der historischen Dimension der Apokalyptik zwischen Zentrum und Peripherie beschreibt Grundmuster apokalyptischen Denkens bis in die Gegenwart hinein. Jene Grundmuster bestehen etwa aus einem Bewusstsein für universale Katastrophen und einem damit eng verknüpften Krisen-Setting. Aktuelle Apokalypse-Theorien haben in Anlehnung an diese Grundmuster eine „apokalyptische Matrix" erarbeitet (vgl. Nagel 2008: 53–67; Beyerle 2017: 3–20) – nicht zu verwechseln mit einer auf den recht plakativen Dualismus von Gut und Böse hinauslaufenden „apokalyptischen Matrix" (so Trimondi 2006: 11–13). Die Matrix erlaubt, Aspekte der Apokalyptik zeitindifferent und auf unterschiedliche Wissenschaften (Soziologie, Theologie, Kulturwissenschaften) hin zu vergleichen. Sie beabsichtigt also mehr als die lediglich „profane" und „christliche" Eschatologien unterscheidende theologische Binnenperspektive (vgl. Boysen 2021: 59–120). Zudem: Bereits an der Begrifflichkeit wird deutlich, dass die *Apokalyptik* in christlicher Perspektive als Teilbereich der *Eschatologie* eher in der Peripherie verortet ist (s. a. Körtner, 157–162; die Einleitung, 14–20.).

Unter der Berücksichtigung religionsgeschichtlicher (s. Pezzoli-Olgiati, 182–185), kultureller (s. Schneider, 221–226) oder soziologischer Perspektiven auf die Apokalyptik weitet sich nicht nur der Horizont, sondern gerät die Apokalyptik als einende Denkfigur (vgl. DiTommaso 2014: 473–483) oder Tradition, im Sinne einer „Matrix", ins Zentrum der Betrachtungen. Nach Alexander-Kenneth Nagel gehört zur apokalyptischen *Semantik* eine dualistische Polarisierung, die in drei unterschiedlichen Deutungskategorien, phänomenologisch, anthropologisch-symboltheoretisch und modernisierungstheoretisch, zu einer apokalyptischen Tiefenstruktur führt (Nagel 2008: 55–58). Die *Syntax* kann als tendenziell hermetisch beschrieben werden (Nagel 2008: 60); Stichworte sind: Geheimnis, Zukunft-, oder, im Sinne der „regressiven Apokalypse", Vergangenheitsorientierung, dramatischer

Stil. Schließlich betont die *Pragmatik* entweder das Erdulden (Quietismus) oder das Handeln (Aktivismus) und steuert damit auf Trost oder Aufruhr zu (Nagel 2008: 62–65). Auch neuzeitliche und zeitgeschichtliche Phänomene wie Pandemien oder die „Prepper"-Szene lassen sich mit dieser Matrix erschließen (vgl. Nagel 2021: v. a. 51–78).

Die theologisch-hermeneutische Frage nach der Apokalyptik in Zentrum und Peripherie hat zunächst von den antiken Quellen, den *Apokalypsen* (s. Beyerle, 29–35), auszugehen. Die ältesten Apokalypsen im antiken Judentum wurden unter dem Namen des vorsintflutlichen Protagonisten Henoch gesammelt. Bereits die Sammlungen umspannen einen Zeitraum vom 3. Jahrhundert v. Chr. bis zum 6. Jahrhundert n. Chr. (vgl. VanderKam 1996: 33f.; Szönyi 2018: 301–303). Die antiken und spätantiken Rezeptionen des henochischen Materials zeigen, dass sie innerhalb der oben erläuterten Matrix syntaktisch einer progressiven, auf das zukünftige Gericht hin orientierten Hermeneutik folgen, was sie etwa von den Utopien und Dystopien der Literatur des 19. und 20. Jahrhunderts, die auf die Gerichtsmotivik verzichten, unterscheidet (s. o. Punkt 3.). Unterstrichen wird der Gerichtsgedanke durch die Prominenz der Theophanie-Szene in 1Hen 1,3–9 und des Gerichts an den Wächtern bzw. Engeln in 1Hen 6–11, einschließlich der dualistischen Trennung in gute und böse (Engel-)Mächte (vgl. Gen 6,1–4 und dazu VanderKam 1996: 35–42.46.52f.60–88).

Der Befund ist mit Blick auf die Apokalyptik als „zentrale Peripherie" signifikant: Einerseits haben sich henochische Gerichtstheophanie und Engel-Dualismus („Wächter-Mythos") im Neuen Testament in der peripheren und späten Überlieferung des Judas- und der Petrusbriefe entfaltet. Andererseits zeigt die frühe Wirkungsgeschichte, dass insbesondere der Engel-Dualismus prominent in der gesamten römischen Welt rezipiert wurde, von Justin dem Märtyrer bis zu Augustinus, vom 2. bis 5. Jahrhundert n. Chr. (VanderKam 1996: 87f.). Nach bestenfalls Einzelspuren hinterlassenden Verarbeitungen des Henoch-Stoffes in mittelalterlichen Überlieferungen, etwa in der rabbinischen Literatur, betonen moderne Adaptionen vor allem die mythisch-magische Seite der Wächter-Erzählung (vgl. Szönyi 2018: 310–318).

Auch wenn mythisch-magische und apokalyptische Weltbilder eng miteinander verflochten sind, zeigt die Wirkungsgeschichte der Wächter-Episode, dass keineswegs zentrale apokalyptische Aspekte angesprochen sind (s. o. zur Matrix). Dies gilt auch schon in einigen früheren, noch in der Antike verorteten Rezeptionen des Henoch-Stoffes. Damit erweisen die ältesten, apokalyptischen Henoch-Texte Henoch als „generationenübergreifenden Menschen" (VanderKam 1995: v. a. 6–14), der, zumal unter Berücksichtigung seiner im Zweistromland spielenden Vorgeschichte, insbesondere in den ältesten Überlieferungen als Protagonist in einem apokalyptischen Weltgeschehen agierte. Es konnten sich dann über das apokalyptische Zentrum hinaus, gleichsam in der „Peripherie", weitere religiöse und kulturelle Themen jenem Henoch beigesellen.

Im christlichen Kontext war keine Apokalypse theologisch so wirksam – und auch genrebildend – wie die Johannesoffenbarung. Zugleich operiert diese Apokalypse mit inhaltlichen und sprachlichen Mitteln, die auch in der apokalyptischen Literatur so nur in diesem Text begegnen. Inhaltlich und im Aufbau des Textes fällt auf, dass in der Anordnung der Visionen eine Leerstelle bleibt: Kompositorisch bilden insbesondere die Plagenvisionen des letzten Buches der christlichen Bibel ein komplexes Gebilde (vgl. auch Frenschkowski, 99f.). Die drei Siebenerreihen der Siegel- (Apk 6,1–8,1), Posaunen- (8,2–11,19) und Schalenvision (16,1–21) im apokalyptischen Zentrum der Johannesoffenbarung sind ineinander verwoben und zielen in retardierender Weise auf das endzeitliche Gericht (vgl. Müller 1995: 30–33.36f.). Der Weg dorthin wird jedoch durch zwei strukturelle Chaoskennzeichen der irdischen Welt charakterisiert, die in der Textur der Johannesoffenbarung selbst sich widerspiegeln: eine literarisch konstruierte, Raum und Zeit nahezu auflösende „Zerrüttung" (vgl. Sommer 2015: 575–585) und vor allem ebenjene narrative Leerstelle im Kontext der Schalenvision. Während das siebte Siegel die endzeitliche Ruhe verheißt (Apk 8,1) und die siebte Posaune im Engelgesang (11,15–19) die ewige Gottesherrschaft und den himmlischen Tempel ankündigt, folgen auf das Ausgießen der siebten Schale (16,17–21) Erdbeben und Hagelplage.

Zur mit literarischen Mitteln konstruierten Versinnbildlichung der irdischen Chaos-Welt dürften auch die sogenannten Solözismen in der Johannesoffenbarung beitragen. Dabei handelt es sich um grobe sprachliche und syntaktische Fehler, Verstöße gegen die Grammatik im Koine-Griechischen, bis hin zum Anakoluth, die bisweilen gehäuft auftreten und unterschiedlich interpretiert werden können. Betroffen sind etwa Kasus-, Genus- und Numerus-Inkongruenzen (vgl. Apk 1,4–6.14–16; 14,14.19; 17,3–5; 21,9) bis hin zu nur noch hypothetisch zu erschließenden Sinnzusammenhängen (vgl. 11,18; 19,20; 21,27; vgl. Bauer 2007: 73–76). In den Interpretationsvorschlägen seit dem 18. Jahrhundert dominieren Ansätze, die von einem bewusst eingesetzten Sprachmittel des Verfassers und einem vom Semitischen beeinflussten Griechisch ausgehen (vgl. dazu Bauer 2007: 76–86). Mit neueren Interpretationen des Befunds wird man davon ausgehen können, dass die „irreguläre" Sprache als Stilmittel in der Johannesoffenbarung eingesetzt wurde, etwa zur sprachlichen Konstruktion von Chaos- und Schockmomenten (vgl. Paulsen 2015: v. a. 15–25).

Die Textur des letzten Buchs der Bibel versinnbildlicht kompositorisch und sprachlich die apokalyptische Katastrophe. Es verharrt allerdings nicht in dieser Katastrophe. Gerade im Gegensatz zu den Dystopien der Neuzeit und Zeitgeschichte (s. o. Punkt 3.) findet die Johannesoffenbarung ihren Ziel- und Endpunkt in der Vision des „himmlischen Jerusalem" (Apk 21,9–22,5). Nicht die Verstrickung in die an das Chaos, die Katastrophe oder – biblisch gesprochen – das „Böse" verfallene Welt betont und beinhaltet diese Apokalypse. Vielmehr zeigen gerade die Anspielungen an auch schon in der Antike bezeugte dystopische Motive, dass die Johannesoffenbarung auf eine heilvolle, wenn auch verwandelte Welt hin abgefasst wurde (vgl. Karrer 2022). Rechnet man, etwas holzschnittartig, dem Dystopischen die Katastrophe und dem Utopischen das kosmische Heilsversprechen und seine Verwirklichung zu, dann ergibt sich auch für das letzte biblische Buch ein auffälliges Nebeneinander von „Zentrum" und „Peripherie": Während im Horizont der Utopie die dystopischen Motive zu Chaos, Gewalt und Schrecken quantitativ in der Johannesoffenbarung überwiegen, bleiben sie hinsichtlich des Gesamtverständnisses der Apokalypse doch „peripher". So steht im Fokus der heilvolle Abschluss der Komposition, der vor dem Hintergrund der bedrängenden und überbordenden Katastrophenszenarien nur umso deutlicher ins Zentrum rückt. Neben der kanonischen Dimension (s. o. Punkt 2.) enthüllen also auch theologisch-hermeneutische Akzente der Johannesoffenbarung eine Verortung, oder besser: Bewegung der apokalyptischen Matrix zwischen Zentrum und Peripherie, die sich in Heilsgewissheit („himmlisches Jerusalem") und Chaoswelt unterscheiden lässt, ohne dass sich dabei Heil, neben Unheil, trennscharf in Zentrum und Peripherie aufzuteilen vermag.

5. Ausblick

In jüngster Zeit ist die Frage nach der Gattung *Apokalypse* und damit auch die Frage nach den Kriterien der *Apokalyptik* wieder in die Kritik geraten (vgl. auch Frenschkowski, 74–79). Man könnte den Eindruck gewinnen: Je inflationärer die Begriffe *apokalyptisch* und *Apokalypse* in der Alltagssprache Verwendung finden, desto zurückhaltender verfährt die akademische Welt in Theologie und Geschichtswissenschaften beim Gebrauch dieser Zuschreibungen. Wie eng etwa prophetische und apokalyptische Vorstellungen miteinander verknüpft sind, zeigt die fünfte oder Adlervision im *4. Esrabuch* aus dem 2. Jahrhundert n. Chr. In 4Esr 12,11f. heißt es:

[11] Der Adler, den du vom Meer aufsteigen sahst, das ist das vierte Reich, das in einem Gesicht deinem Bruder Daniel erschienen ist. [12] Es wurde ihm aber nicht gedeutet, wie ich es jetzt dir deute oder (bereits) gedeutet habe. (Übersetzung: Schreiner 1981: 389)

Die Autorität einer apokalyptischen Vision und ihrer Deutung wird ausdrücklich mit dem Verweis auf eine Vision aus dem Danielbuch (Dan 7–12) verknüpft, wobei der Danieltext selbst in antik-jüdischer und dann wieder in christlicher Überlieferung als „Prophetie" aufgefasst wurde (vgl. Najman 2014: 41.44–48). Die sich mit der Schriftautorität verbindende Frage nach den Gattungen, ob Weisheit, Prophetie oder Apokalypse, erhellt, dass die Gattungsgrenzen fließend und sicherlich nicht an eine wie auch immer zu beschreibende Kanonform gebunden sind. Die Beschränkung auf eine „kanonische" Apokalyptik, das zeigen nicht zuletzt die Handschriften vom Toten Meer (s. Beyerle, 58–63), ist jedenfalls historisch anachronistisch und theologisch nicht zielführend. Sowohl apokalyptische Denkbewegungen, Motive und Formen als auch die apokalyptische Matrix (s. o. Punkt 4.) lassen sich nicht innerhalb „kanonischer" Grenzen, wie immer sie definiert werden und auf welches Schrifttum sie sich auch beziehen mögen, vereindeutigen.

Natürlich erschließen unterschiedliche Kanones auch die kanonhermeneutische Dimension der Apokalyptik (s. o. Punkt 2.). Doch ergeben sich daraus keine hinreichenden Verständniszusammenhänge für das apokalyptische Denken insgesamt, wenn man zumal bedenkt, dass etwa der lutherische und reformierte Kanon mit Dan 2; 7–12 und Apk nur zwei Texte der Gattung *Apokalypse* ausweist. Die kanonhermeneutisch diversen Verstehensweisen von Apokalyptik ergeben sich aus einem weiteren Text, den das *4. Esrabuch* überliefert (4Esr 14,42–46):

[42] Der Höchste gab den fünf Männern Einsicht. So schrieben sie das Gesagte der Reihe nach auf in Zeichen, die sie nicht kannten, und saßen vierzig Tage lang da. Sie schrieben am Tag [43] und aßen in der Nacht ihr Brot. Ich redete am Tag und schwieg nicht in der Nacht. [44] In den vierzig Tagen wurden

vierundneunzig Bücher geschrieben.[45] Als die vierzig Tage zu Ende waren, redete der Höchste mit mir und sagte: Die ersten Bücher, die du geschrieben hast, leg offen hin. Würdige und Unwürdige mögen sie lesen.[46] Die letzten siebzig aber sollst du verwahren, um sie den Weisen aus deinem Volk zu übergeben. (Übersetzung: Schreiner 1981: 404f.)

Welche Bücher oder Schriften sich hinter den „letzten siebzig" Verwahrten für die „Weisen aus deinem Volk" verbergen, sagt der Text des *4. Esrabuches* nicht. Die verbleibenden vierundzwanzig Bücher könnten sich auf das Alte Testament bzw. den Tanach beziehen, wenn man etwa folgende Zählung voraussetzt: fünf Bücher der Tora (Gen–Dtn), je vier Bücher der vorderen (Jos, Ri, 1–2Sam, 1–2Kön) und hinteren Propheten (Jes, Jer, Ez, XII-Prophetenbuch) sowie elf Bücher der Schriften (Ps, Hi, Spr, Ruth, Hhld, Pred, Klgl, Est, Dan, Esra/Neh, 1–2Chr). Weil nach 4Esr 14,42 die Schriftwerdung durch die göttlich vermittelte Einsicht erfolgt, können alle vierundneunzig Bücher als „inspiriert", im Sinne der Prophetie, gelten. Zudem dürften die siebzig nicht näher identifizierten Bücher in den Kontext der geheimen Offenbarungen gehören, einem Topos, der in apokalyptischen Schriften, wie etwa dem *Jubiläenbuch*, durchaus geläufig ist und dem sich auch das *4. Esrabuch* selbst zurechnen dürfte. Die über den „Kanon" hinausweisende Produktion apokalyptische Schriften und Denkfiguren beginnt also bereits in den antiken Texten selbst. Damit erweitert die Apokalyptik den Horizont für Rezeptions- und Wirkungszusammenhänge bis hinein in die Neuzeit.

Quellen- und Literaturverzeichnis

1. Quellen

4Esr/4. Esra: Schreiner, Josef: Das 4. Buch Esra (JSHRZ V/4), Gütersloh 1981.
1Hen/äthiopischer Henoch: Uhlig, Siegbert: Das äthiopische Henochbuch (JSHRZ V/6), Gütersloh 1984.
Jub/Jubiläen: Berger, Klaus: Das Buch der Jubiläen (JSHRZ II/3), Gütersloh 1981.

2. Sekundärliteratur

Bammé 2017: Bammé, Arno: Die Apokalypse denken, um den Ernstfall zu verhindern. Unheilsprophetie von Spengler bis Sloterdijk, Marburg 2017.
Bauer 2007: Bauer, Thomas Johann: Das tausendjährige Messiasreich der Johannesoffenbarung. Eine literarkritische Studie zu Offb 19,11–21,8 (BZNW 148), Berlin/New York 2007.

Beßlich 2002: Beßlich, Barbara: Faszination des Verfalls. Thomas Mann und Oswald Spengler, Berlin 2002.

Beyerle 2017: Beyerle, Stefan: „Many of Those Who Sleep in the Land of Dust Shall Awake!" (Dan 12:2). Towards a Matrix of Apocalyptic Eschatology in Ancient Judaism, in: Chalamet, Christophe u. a. (Hgg.): Game Over? Reconsidering Eschatology (TBT 180), Berlin/Boston 2017, 3–20.

Beyerle 2021: Beyerle, Stefan: Raum. Phänomene und Wahrnehmungen im Alten Israel und im antiken Judentum, in: Karl, Katharina/Winter, Stephan (Hgg.): Gott im Raum?! Theologie und *spatial turn*: aktuelle Perspektiven, Münster 2021, 19–48.

Boysen 2021: Boysen, Knud Henrik: Eschatologisches Denken. Ein theologischer Essay über Kategorien, Typen und Interaktionen profaner und christlicher Gegenwartsdeutung (T–K–H 34), Leipzig 2021.

Cattaruzza 2018: Cattaruzza, Marina: Political Religions, Apocalypticism, and the End of History. Some Considerations, in: Al-Bagdadi, Nadia u. a. (Hgg.): The Apocalyptic Complex. Perspectives, Histories, Persistence (Comparative Studies in Religion, History, and Society Series), New York/Budapest 2018, 203–219.

Demandt 2017: Demandt, Alexander: Untergänge des Abendlandes. Studien zu Oswald Spengler, Köln u. a. 2017.

DiTommaso 2014: DiTommaso, Lorenzo: Apocalypticism and Popular Culture, in: Collins, John J. (Hg.): The Oxford Handbook of Apocalyptic Literature, Oxford 2014, 473–509.

Engelbrecht 2021: Engelbrecht, Martina: Kunst als Religionsersatz. Joris-Karl Huysmans' *À rebours* aus kunstgeschichtlicher Perspektive, in: Kempter, Klaus/dies. (Hgg.): Krise(n) der Moderne. Über Literatur und Zeitdiagnostik, Heidelberg 2021, 105–114.

Gray 2010: Gray, John: Politik der Apokalypse. Wie Religion die Welt in die Krise stürzt, Stuttgart 2010³.

Hieke 2013: Hieke, Thomas: Jedem Ende wohnt ein Zauber inne …. Schlussverse jüdischer und christlicher Kanonausprägungen, in: ders. (Hg.): Formen des Kanons. Studien zu Ausprägungen des biblischen Kanons von der Antike bis zum 19. Jahrhundert (SBS 228), Stuttgart 2013, 225–258.

Hieke/Nicklas 2003: Hieke, Thomas/Nicklas, Tobias: „Die Worte der Prophetie dieses Buches". Offenbarung 22,6–21 als Schlussstein der christlichen Bibel Alten und Neuen Testaments gelesen (BThSt 62), Neukirchen-Vluyn 2003.

Horn 2014: Horn, Eva: Zukunft als Katastrophe (S. Fischer Wissenschaft), Frankfurt a. M. 2014.

Karrer 2022: Karrer, Martin: Dystopien der Apokalypse in Auseinandersetzung mit der griechisch-römischen Kultur, KuD 68 (2022), 208–227.

Koch 1970: Koch, Klaus: Ratlos vor der Apokalyptik. Eine Streitschrift über ein vernachlässigtes Gebiet der Bibelwissenschaft und die schädlichen Auswirkungen auf Theologie und Philosophie, Gütersloh 1970.

Künzli 1998: Künzli, Arnold: Gotteskrise. Fragen zu Hiob, Lob des Agnostizismus (Rowohlts Enzyklopädie), Reinbek 1998.

Müller 1995: Müller, Ulrich B.: Die Offenbarung des Johannes (ÖTK 19), Gütersloh/Würzburg 1995².

Nagel 2008: Nagel, Alexander-Kenneth: Ordnung im Chaos – Zur Systematik apokalyptischer Deutung, in: ders. u. a. (Hgg.): Apokalypse. Zur Soziologie und Geschichte religiöser Krisenrhetorik, Frankfurt a. M./New York 2008, 49–72.

Nagel 2021: Nagel, Alexander-Kenneth: Corona und andere Weltuntergänge. Apokalyptische Krisenhermeneutik in der modernen Gesellschaft (Kulturen der Gesellschaft 48), Bielefeld 2021.

Najman 2014: Najman, Hindy: The Inheritance of Prophecy in Apocalypse, in: Collins, John J. (Hg.): The Oxford Handbook of Apocalyptic Literature, Oxford 2014, 36–51.

Nikolakopoulos 2012: Nikolakopoulos, Konstantin: Die Apokalypse des Johannes und die orthodoxe Liturgie. Anknüpfungspunkte zwischen Apokalypse und orthodoxem Kultus, in: Frey, Jörg u. a. (Hgg.): Die Johannesapokalypse. Kontexte – Konzepte – Rezeption (WUNT 287), Tübingen 2012, 775–791.

Paulsen 2015: Paulsen, Thomas: Sprache und Stil der Johannes-Apokalypse, in: Alkier, Stefan u. a. (Hgg.): Poetik und Intertextualität der Johannesapokalypse (WUNT 346), Tübingen 2015, 3–25.

Sommer 2015: Sommer, Michael: Die literarische Konzeption von räumlicher und zeitlicher Wahrnehmung in der Johannesoffenbarung, Bib. 96 (2015), 565–585.

Szönyi 2018: Szönyi, György E.: „His Dark Materials." The Early Apocalypticism of Enoch Recycled in Modern and Postmodern Times, in: Al-Bagdadi, Nadia u. a. (Hgg.): The Apocalyptic Complex. Perspectives, Histories, Persistence (Comparative Studies in Religion, History, and Society Series), New York/Budapest 2018, 299–321.

Thompson 1997: Thompson, Damian: Das Ende der Zeit. Apokalyptik und Jahrtausendwende, Hildesheim 1997.

Trimondi 2006: Trimondi, Victor und Victoria: Krieg der Religionen. Politik, Glaube und Terror im Zeichen der Apokalypse, München 2006.

VanderKam 1995: VanderKam, James C.: Enoch. A Man for All Generations (Studies on Personalities of the Old Testament), Columbia 1995.

VanderKam 1996: VanderKam, James C.: 1Enoch, Enochic Motifs, and Enoch in Early Christian Literature, in: ders./Adler, William (Hgg.): The Jewish Apocalyptic Heritage in Early Christianity (CRI III/4), Assen/Minneapolis 1996, 33–101.

Vondung 2018: Vondung, Klaus: Apocalyptic Violence, in: Al-Bagdadi, Nadia u. a. (Hgg.): The Apocalyptic Complex. Perspectives, Histories, Persistence (Comparative Studies in Religion, History, and Society Series), New York/Budapest 2018, 35–62.

Wagner 2019: Wagner, Thomas: Anhang 1: Alttestamentliche Themen und Texte in der Perikopenordnung, in: Bauks, Michaela: Theologie des Alten Testaments. Religionsgeschichtliche und bibelhermeneutische Perspektiven (UTB 4973), Göttingen 2019, 429–437.

Zimdars-Swartz 1998: Zimdars-Swartz, Sandra L. und Paul F.: Apocalypticism in Modern Western Europe, in: Stein, Stephen J. (Hg.): The Encyclopedia of Apocalypticism. Bd. 3: Apocalypticism in the Modern Period and the Contemporary Age, New York 1998, 265–292.

Autorinnen und Autoren

Basse, Michael, geb. 1961, ist Professor für Evangelische Theologie mit dem Schwerpunkt Kirchen- und Theologiegeschichte am Institut für Evangelische Theologie der TU Dortmund.

Beyerle, Stefan, geb. 1964, ist Professor für Altes Testament / Hebräische Bibel an der Theologischen Fakultät der Universität Greifswald und „Extraordinary Researcher" der Faculty of Theology – School of Ancient Language and Text Studies der North-West University in Potchefstroom (Südafrika).

Frenschkowski, Marco, geb. 1960, ist Professor für Neues Testament unter besonderer Berücksichtigung der Religionsgeschichte der Hellenistisch-Römischen Welt an der Theologischen Fakultät der Universität Leipzig.

Körtner, Ulrich H.J., geb. 1957, ist Professor für Systematische Theologie (reformiert) an der Evangelisch-Theologischen Fakultät der Universität Wien.

Pezzoli-Olgiati, Daria, geb. 1966, ist Professorin für Religionswissenschaft und Religionsgeschichte an der Evangelisch-Theologischen Fakultät der Ludwig-Maximilians-Universität München.

Schneider, Jörg, geb. 1970, ist Kirchenrat der Evangelischen Landeskirche in Württemberg im Dezernat 1 für „Theologie, Gemeinde und weltweite Kirche" und Privatdozent der Evangelisch-Theologischen Fakultät der Universität Tübingen im Department Praktische Theologie.

Herzlich gedankt sei der Mitautorin und den Mitautoren für ihre Beiträge und Geduld. Im lange währenden Bearbeitungs- und Editionsprozess mussten sie auch Einschränkungen in Kauf nehmen. Der Herausgeberin und den Herausgebern der Reihe „Themen der Theologie" gilt der Dank für wichtige Sachhinweise. Außerdem haben sich Alessandro G. K. Casagrande, PhD, und Herr stud. theol. Jacob Nadolny um die Korrekturen bei der Herausgabe der

Texte und um die Registererstellung verdient gemacht. Gedankt sei auch den Mitarbeiterinnen und Mitarbeitern des Verlages Mohr Siebeck bei der Betreuung des Bandes.

Technischer Hinweis: Verweise auf Quellen und Sekundärliteratur erfolgen im Text in Klammern unter Angabe von Verfasser:innen-Namen, Erscheinungsjahr und Seitenangaben. Verweise innerhalb des Bandes nennen die Verfasserin oder den Verfasser, ohne Erscheinungsjahr, und gegebenenfalls Seitenangaben innerhalb des Bandes.

Stellenregister

Hebräische Bibel

Genesis
1	118
6,1–4	5, 262
6,4	40

Exodus
6,16–20	42
7–12	100
8,15	86
15,22–26	51
19–24	35
24	48
32	51

Numeri
13,33	40
14,21	92

2. Samuel
7	54

2. Könige
1,2f.6.16	57

Jesaja
6	100
9	54
11	54
11,9	92
24–27	33, 36–38
24,23	18
34–35	36
43,16–21	100
43,18f.	91
43,19	3, 52
56–66	37
59,1–20	37
63,7–64,11	37
65–66	36
65,17	3, 16, 52, 91
66,22	3, 16, 52, 91

Jeremia
23,1–4	49
25,11–12	52
27–28	5
29,10	52
30,7	246
31,31–34	100

Ezekiel
1–3	100
20,32–38	100
33,2.6f.	49
37–39	36
37,26	100
38–39	33
40–48	36

Hosea
2,17	100
11,8–11	100
11,11	100

Amos
5,7	18
6,12	18

Joel
3	36

Micha
3	5

Haggai
2,21–24	8

Sacharja
1–6	33, 36f.
4,7.12	8
6,11f.	8
9–14	33, 36
9,9f.	54
13–14	36

Psalmen
2	54
39,5	250
74,1	49

Kohelet
	51

Daniel
1–6*	38, 55
1	10
1,4.20	98
1,4	2
2	4, 6, 15, 30, 32f., 35, 38, 48, 50, 52, 56, 66, 118, 132, 265
2,18f.	22, 47
2,20–23	47
2,27–30	33, 47
2,28f.	19
2,28	47
2,34f.	85
2,44	6, 18
2,47	47
4,9	47
4,22–24	118
6	62
6,11	10
7–12	1, 4, 10, 22, 32f., 35, 48, 56, 265
7–10	38
7–8	30, 39, 56
7	6, 15, 38, 40f., 49, 50, 52, 54f., 66, 84, 87, 129
7,1–3.19–14	256
7,1–8	3, 5, 65
7,2–14	47
7,9f.	41, 54
7,10	55
7,11–18	85
7,13f.	41, 65
7,13	54
7,15–28	47
7,19–28	47
7,27	55, 138
8,11–13	11
8,15f.	54
9	49, 58, 63, 248, 256
9,3	10
9,4f.16–19	256
9,27	39, 57
9,24–27	50, 52, 118
10,1	33
10–11	55
10–12	31, 56, 63
11,21–39	56
11,31	39, 57
11,33–35	2
11,33.35	34
11,33	98
11,34	35, 109
12	58
12,1–3	56, 64, 256
12,1	54
12,3.10	2, 34
12,3	90
12,11	39, 57

Schriften neben der Hebräischen Bibel

Abraham Apokalypse	32, 44, 75, 81	1–36	10, 32, 35, 39, 49, 56f., 65
Ascensio Jesesaiae	33, 44, 103, 105	1–5	21, 35, 48
		1	39
Assumptio Mosis	42f., 49, 75	1,3f.	10
		1,2–9	48
2. (gr.) Baruch	3, 11, 18f., 32f., 35, 43, 46, 48, 75	1,3–9	17, 262
		2–5	39
29	100	5,8	98
32,2–4	43	6–11	3, 5, 10, 21, 33, 40, 262
32,6	3, 46, 53		
39–40	50	6,6	10
49–51	90, 107	8,1–4	10, 48
54	110	10,2	40
56–74	50	10,16	58
		12–36	64
3. (syr.) Baruch	18, 22, 32–34, 45f.	12,3f.	34
		14	48, 52f., 88, 100
		15,1	34
4. Esra	5, 11, 18f., 32f., 35, 43f., 46, 48, 53, 75; 78, 109, 257	15,2	19
		22	5, 48, 64
		37–71	32, 41, 46, 54
		45,4f.	16
4,40–43	90	46	54
4,44–52	90	48,2–6	54
7,1–44	90	56,5–7	41
7,26–44	91	62,5	54
7,75	3, 46, 53	71	54
9,26–10,59	43	72–82	10, 32f., 39f., 54, 60, 65, 99
10	90		
10,25–59	198	72,1	46, 53f.
11–12	43, 50	74,2	54
12,11f.	265	75,3	54
12,38	98	78,10	54
13	54, 110	79,6	54
13,24	90	80–81	5
14,22–26.46f.	34	85–90	4, 10, 16, 30, 32, 35, 40, 48–52, 56f., 60
14,25f.	98		
14,42–46	265f.		
		89	10, 40, 49
1. (äth.) Henoch	33, 44, 75, 78, 173, 257	89,28	51
		89,32	52

90,37f.	53	*Psalmen Salomons*	18, 100
91,6–10	10		
91,11–17	10, 16, 21, 32, 35, 40, 46, 48–50, 53, 56–58	*Pseudo-Theodotion*	33
		Sapientia Salomonis	31, 64
92–105	110		
92,1	34	*Sedrach-Apokalypse*	34
93,1–10	10, 16, 21, 32, 35, 40, 48–50, 56–58	*Sibyllinen*	7, 41, 45, 65, 67, 76, 80, 103, 123
106,13–17	10		
		Sirach	75, 256
2. (slaw.) Henoch	32, 34, 42, 44, 46, 75, 99	*Testament Abraham*	32, 44
3. (hebr.) Henoch	33	*Testament Levi*	32, 42, 46
Jubiläenbuch	16, 32, 41, 48, 91, 257	*Vita Adae et Evae*	43
		Zephanja-Apokalypse	32, 42
1. Makkabäer	39, 56f.		
2. Makkabäer	34, 56	*Zusätze zu Daniel*	33

Schriften vom Toten Meer (Qumran)

1Q21	42	4Q403	18
1Q32	60	4Q410–413	99
1QH^a	62f.	4Q415–421	99
1QM	47, 53, 61	4Q423–426	99
1QM 3,8f.	22	4Q489	59f.
1QM 6,6	88	4Q521	18, 55, 59, 61
1QM 10,8–11	61f.	4Q542	42
1QM 12,7	18	4Q543–549	42
1QpHab	48, 62	4Q552–553	60, 66
1QS	61	4Q554	60
1QSa	61	4Q554a	60
2Q24	60	4Q555	60
4Q243–245	40	4QapocrJer A–B	60
4Q246	55, 59f.	4QapocrJer C^{a-f}	60
4Q248	56, 60f.	4QDan^c	39
4Q339	5	4QEn^a ar	39
4Q385	55	4QEn^{a-e} ar	60

4QEn^(c–g) ar	60	4QWords of	
4QEnastr^a ar	39	Michael ar	60
4QInstruction	31, 48, 91	5Q15	60
4QLevi^(a–f)	42	6Q23	60
4QMysteries	31, 91	11Q18	60
4QpsDan	60		

Neues Testament

Matthäus

5–7	19
6,10	7
7,13f.	94
7,21	87
10,23	95
11,25f.	97
12,28	18
13	18
13,30	86
24–25	96
24,21	244
24,45–25,30	95
25,1–13	221, 232
25,31–46	85, 97
25,32–46	17, 94
26,53	101
27,45.51–53	222
27,52f.	95
28,18-20	108

Markus

1,15	93
2,23–28	88
4	18
4,10–12	94
4,11	86
4,26–29	86
4,30–32	86
8,27–33	88
8,38	87
9,1	87, 95
10,17–31	94
10,23	87
10,28–31	98
12,34	86
12,35–37	88
13	32, 85, 93f., 96, 99, 102, 109
13,1f.	93
13,2	94
13,8	173
13,10.14	19
13,14–23	94
13,14	93
13,30	95
13,21–23	107
13,32	95
13,24–27	93
13,28f.	95
14,62	87
15,33–39	87, 95

Lukas

1,52	86
10,13–16	95
10,23 aus Q	86
11,20	86
11,30–32 aus Q	86
12,16–21	95
12,32	94
12,35	221
13,28f. aus Q	87
16,16	95
16,19–31	95
17,20–37 aus Q	94
17,20f.	95
18,7f.	95

19,41–44	95
21	96
21,22–25	95
21,36	103
22,28.30 aus Q	88
22,35–38	109
23,43	95
24,21	101

Johannes
1,1–18	22
3,14	107
3,17	94, 96
3,18–21.36	96
3,18	97
5,24–29	97
5,24f.	96f.
5,27	97
5,43	97
6	96
6,46	97
6,69	97
8,28	107
10,24–26	97
10,38	97
11,24	96
11,42–17,3	97
12,31	97
12,32.34	107
12,48	96
14–17	97
14,2f.	96f.
14,11–20	97
14,16	119
14,18	97
15,16	97
16,33	176
17,2	97
20,22f.	97

Apostelgeschichte
1,1–12	95
7,55f.	87
11,28	98
17,32	90
21,9	98
21,10f.	98

Römerbrief
4,17	90
4,24	91
6,1–11	106
6,23	167
8	80
8,13–30	90
8,38f.	91
9–11	92
10,9	91
11,25	91f.
13,11f.	90
13,11	105
14,10	80
16,17–20	108
16,20	91
16,25f.	91

1. Korintherbrief
1,8f.	90
2,6–10	91
2,9	110
3,13	90
5,5	90f.
6,3	109
6,9f.	90
7,26.28	98
7,31	90
10,11	90
15	80, 92, 96
15,12	90
15,20.23	91
15,20	95
15,23–28	91
15,24.28	92
15,26	107
15,35–49	90
15,51	91
16,22	89

Stellenregister

2. Korintherbrief

1,9	90
1,14	90
1,22	92
4,4	91
4,8f.	176
5,1–10	107
5,5	92
5,10	80, 91
5,17	91
7,11	91
12,1–5	91
12,7	91

Galaterbrief

1,4	91
4,4	89, 91
6,15	91

Epheserbrief

1,10.21–23	107
1,14	92, 107
2,6	106
3,4–7.8–12	91
6,8	80
6,12	107

Philipperbrief

1,23	90, 107
2,5–11	89
3,5	89
3,17–21	92

Kolosserbrief

1,5	107
1,13	107
1,15–20	22
1,16f.19f.	107
1,18	95
1,26–28	91
2,10.15	107
2,12	106
3,1–4	107
3,1	106f.

1. Thessalonicherbrief

4	90, 92
4,15.17	90
4,15	91
4,16f.	89f.
5,1–24	92
5,1–11	94
5,2	90

2. Thessalonicherbrief

2,2	104, 106
2,3	108
2,4	104
2,6.7	104

1. Timotheusbrief

2,4	94
4,1	108
4,10	94

2. Timotheusbrief

1,9f.	91
2,18	106
4,1.8	107
4,3	108

Titusbrief

1,2f.	91

Hebräerbrief

3–4	107
6,1–3	79
6,17	107
9,27	107
10,25	99, 107
10,26–30	107

Jakobusbrief

5,8	99

1. Petrusbrief 103

1,20	91
4,7	99

2. Petrusbrief	103	13,18	137
3,9	94	14,14.19	263
3,10	81	15–16	100
3,13	16	16,1–21	263
		16,6	98
1. Johannesbrief		16,17–21	263
2,18f.	97	17	210
4,1–6	108	17,1f.	186, 191
4,1–3	97	17,3–5	263
		17,7–17	207
3. Johannesbrief	108	17,8–18	99
		18	186
Johannesapokalypse		18,4	105
1–3	256	18,10.19	82
1,1f.	207	18,11–20	101
1,3	99	18,12f.	186
1,4–6.14–16	263	19–20	249
1,4.9	56	19,11–16	100, 104
1,6	88	19,13	100
1,17	158	20	199, 244
2–3	207	20–21	118
2,7	100	20,1–10	91, 101
2,8	158	20,2	120
2,13	98	20,4f.	8
4–5	99f.	20,6	88
5	101	20,9	109
5,10	88	20,11–15	17
6,1–8,1	263	21	210, 221
7,14	244	21,1–22,5	11, 198
8,1	263	21,1.5	92
8,2–11,19	263	21,1f.	200
9,13–21	136	21,1	16
10,1–7	233	21,3	205
10,7	98	21,9–22,5	263
11	94	21,9–27	187
11,9	133	21,9	163
11,15–19	263	21,10	188
12	202, 217	21,12	199
12,7–12	102	21,24f.	101
12,14	105	21,25	77
13,1–10	3	21,27	101
13,5	137	22,1–5	187
13,9–10,18	207	22,2	101
13,11–18	128	22,7–19	98

22,8	56	22,15	124
22,10	99, 207	22,18f.	256
22,12	256	22,20	89
22,13	158		

Schriften neben dem Neuen Testament und Apostolische Väter

Didache	89, 96, 102	*Hermas*	33
Diognetbrief	93	*Paulusapokalypse*	43, 102
Buch Elchasai	96	*Petrusapokalypse*	43, 102
5.–6. Esra	103		

Antike Schriftsteller

Aemilius Sura	6	Justin	82, 208
Augustin	101, 120, 208, 244, 248	Laktanz	65, 82, 104, 119
		Makarius Magnes	90
Calpurnius Siculus	82	Minucius Felix	81
Cicero	76, 81, 88, 95	Origenes	80f., 208
Commodian	108	Philo	78, 93
Corpus Hermeticum	76, 95	Phlegon	82
Cyprian	119	Plato	64, 90
Diogenes Laertius	81	Plinius der Ältere	59
Einsiedler Gedichte	82	Plinius der Jüngere	80
Epiktet	81	Plutarch	83f.
Flavius Josephus	56, 59, 97f., 107	Polybios	82
Gregorius Magnus	121	Seneca	81
Hesiod	6	Sueton	93
Hieronymus	120	Sulpicius Severus	109
Hippolyt	104f., 109, 118	Tacitus	93, 109
Horaz	81f.	Tertullian	114, 119
Irenäus	118, 208	Tyconius	120, 208
Iulius Obsequens	82	Vergil	82, 88

Weitere Schriften

18-Bitten-Gebet	88, 90	*Koran*	1, 4
Bahman Yašt	7, 35, 66	*Literary Predictive Texts*	35
Demotische Chronik	67		
Dynastische Prophetie	66	*Lamm des Bokchoris*	35, 67, 84
		Ludlul bēl nēmeqi	51

Marduk-Prophetie	66	*Schulgi-Prophetie*	66
Mischna		*Text A*	66
Sanhedrin X,1	92	*Töpferorakel*	35, 65, 67, 84
MUL.APIN	65	*Uruk-Prophetie*	66
Nag Hammadi	102, 106	*Zand i Vohuman*	
Orakel des Hystaspes	35, 65, 82f.	*Yasn*	7, 35

Sachregister

Apokalyptik/Apokalypse
- Definition(en) 29–33, 74–79, 117, 140, 264f.
- Dialektische Theologie 143–145, 161, 225, 243
- Film 181, 201–206, 228–231
- Handschriften vom Toten Meer 60f., *siehe auch* Qumran
- Kanon 15f., 32, 96, 102f., 117, 121, 255–257
- Kritik, christliche 2f., 14–16, 103–106, 117, 119f., 130f., 140, 161, 175f., 224, 241, 251, 256f.
- Kritik der Aufklärung 139–143
- Kunst/Architektur 181, 185–200, 226f., 231–235
- „kupierte Apokalypse" 4f., 11–13, 21, 143f., 176, 218, 258
- liberale Theologie 1, 41–143
- literarische Gattung 1, 4, 12, 75f., 140
- Literatur 11f., 74f., 181, 193, 196, 228–231
- Rhetorik/Pragmatik 12–14, 170
- Theologie 46f., 77, 159, 162, 164, 172f., 177, 206

Astronomie/Astrologie 7, 10, 39f., 60, 65, 93, 99, 127, 135, 205, 240

Audition *siehe* Vision

Auferstehung 55, 64, 90f., 95–97, 106f. 157f., 163, 218, 234, 250

Böses *siehe* Teufel

Bücher, himmlische 49–51, 207

Chiliasmus/Millenarismus 8, 75, 101, 118–120, 128f., 132–138, 142, 167, 207f., 239, 244–247

Dämonen *siehe* Giganten

Determination 15f., 48–52

Dualismus 36, 52f., 61, 66, 102, 118, 143, 174, 199, 206, 211, 227, 242, 261f.
- Äonendualismus 3, 52f., 91, 164
- ethischer 30, 166f.

Dystopie *siehe* Hoffnung

Engel 36, 40, 49, 53–55, 100–102, 109, 127, 173, 186–190 (mit Abb. 2–4), 193–195 (mit Abb. 7–8), 207, 262
- Deuteengel (angelus interpres) 21f., 30, 36, 47, 55, 76, 173, 207
- in der Umwelt Israels 65
- Wächter 10, 40, 48, 64f., 262

Eschatologie 15, 17, 21f., 30f., 37f., 53, 61f., 64, 75, 80, 85, 89, 92–95, 100, 110, 117–119, 132, 137, 145, 157–162, 168f., 182, 199, 261
- futurische und/oder präsentische 96–98, 106–108, 161, 169, 198, 227, 241

Ethik/Ethos 19f., 80, 93, 119, 142, 160, 166f., 175, 177, 207, 226, 232f., *siehe auch* Dualismus

Extremismus 2, 8, 89, 226

Geheimnis 47f., 62, 78, 86f., 91, 109, 168

Gericht 17, 48f., 64, 83, 94f., 121, 158, 175f., 199, 230, 232, 250, 262f.

Geschichte 48–52, 55–58, 124–126, 162–164, 168, 173, 208, 236, 247–249
- Symbolisierung 49, 99, 128f.
- Mythologie 78, 99

Sachregister

Gewalt 3–6, 15, 20, 174, 208–210, 231, 246
Giganten/Dämonen 39f., 88, 107, 232, 245
Gnosis 77, 97, 102, 106, 118, 171, 236

Himmel/Jenseits 42f., 46, 49f., 64, 77, 99, 101f., 107, 110, 126, 184, 193, 197, 232f.
Hoffnung 6f., 17f., 20, 36f., 64, 83, 89f., 96, 107f., 135, 145, 160, 164–167, 170– 174, 176f., 250
– Dystopie 77, 101, 204f., 224, 226–231, 260–262, 264
– Naherwartung 1, 19, 29, 63, 90–95, 99, 103–106, 118–120, 130, 136f., 161, 168f., 229, 255
– Utopie 7f., 20, 75, 98, 101, 169, 226f., 245, 260, 262, 264
Hölle *siehe* Unterwelt

Islam 1f., 4f., 76, 123f., 128–131, 134, 186f., 209f.

Jesus (Christus) 18f., 85–89, 92–97, 100, 103, 106f., 110, 118, 158, 162f., 165f., 168f., 175f., 240, 246f.
– Antichrist 93, 97, 102–104, 108f., 120–123, 126–128, 131, 134

Kalender 41, 48–50, 52, 65, 99, 118, 240f., 258
Kommunikation 182f., 185, 197, 205f., 209f., 227, 231f., 234, 239, 251
Kosmos/Welt 16f., 52, 80–84, 100, 164f., 170–174, 183, 206, 258
Krisenphänomene 4f., 12, 21, 30, 40f., 44f., 76f., 105, 164, 167, 169–172, 181, 207, 209, 215f., 218, 220–223, 225, 230, 236f., 257f.
– Erdbeben 21, 81, 83, 215, 230, 237, 258, 263

– Katastrophe, nukleare 144f., 228, 231, 245
– Seuchen (Pest etc.) 83, 121, 126f., 135, 204, 258, 262
– „syrische Religionskrise" 4, 35, 38f., 50, 56f., 258
Kult/Kultur 10f., 181–211, 218, 220f., 227–229, 236–239, 243, 259f.

Makkabäer 34f., 56f., 109
Medien 3, 14, 47, 77, 145, 181f., 184–186, 193, 197f., 201f., 205f., 210, 233, 240
„Menschensohn" 54f., 87f.
Messianismus 8f., 17–19, 41 46, 53–55, 67, 75, 84, 87f., 100f., 165–167, 230, 246f.
Monotheismus 53, 84
Montanismus 105, 118f., 208

Offenbarung 31f., 47f., 51, 54, 61–63, 67, 75f., 167f., 170, 173, 205, 245, 266
Orakel 41, 102

Papsttum 123, 125–127, 129–134, 244
Prophetie 33–38, 46, 62, 89, 91, 98f., 106, 109f., 119, 172, 248f., 265f.
Pseudepigraphie 55–58, 98

Qumran/Texte vom Toten Meer 16, 30, 34, 39f., 42, 54f., 88f., 58–63

Satan *siehe* Teufel
Schöpfung/Neuschöpfung 3, 16, 22, 46, 50, 52f., 64, 89–92, 108, 157, 171, 174, 206, 228, 233f., 243, 248
Schrifthermeneutik 52–54, 56, 58, 102f., 122f., 125, 133, 141, 173, 248–250, 265f.

Täuferbewegung 3, 95f., 132–134, 166, 242, 249
Tempel 10f., 53, 61f., 93
Teufel 101f., 120, 127, 174
– Antichrist, *siehe* Jesus (Christus)
– Böses (Prinzip/Haltung) 3, 22, 29, 52f., 64, 91, 101f., 143, 172
– personifiziert 8, 91, 101f., 120, 127, 130, 174
Tod und Todesüberwindung 37, 44, 95, 107, 127, 160f., 175, 196 (mit Abb. 9), 203f., 218
Tora 35, 61–63, 92, 110

Unterwelt/Hölle 13, 43, 64, 66, 77, 102, 110, 124, 126f., 232
Utopie *siehe* Hoffnung

„vaticinia ex eventu" 5, 58, 66f., 99
Vision/Audition 1, 5f., 12, 22, 36, 38f., 42f., 47f., 50f., 54, 66, 76f., 101f., 122, 144, 160, 184f., 198, 205–208, 251, 260, 263, 265

Weisheit 33, 35, 38, 47, 51, 53, 76
– mantische 31, 34, 37, 58, 78
Weltreiche
– Gottesreich 85–89, 120, 138, 157, 161, 167f., 176f., 241, 243, 250
– „translatio imperii" 6–8, 18, 49, 52f., 66f., 82, 85, 88, 110, 118, 125, 129, 131, 133, 136, 139f., 142f., 248

Namensregister

Allison, Dale C. Jr. 19
Alsted, Johann Heinrich 135
Anz, Thomas 144
Antiochos IV. (Epiphanes) 2, 5, 10f., 35, 38–40, 50, 57, 258
Aquin, Thomas von 123
Ariès, Philippe 127
Askani, Hans-Christoph 18, 20
Assel, Heinrich 18f.
Auster, Paul 261

Bach, Johann Sebastian 222, 233
Bammé, Arno 258f.
Barnes, Robin 138f.
Barth, Karl 22, 144, 161, 163
Basse, Michael 8, 14, 17, 63
Bauer, Thomas Johann 263f.
Beckmann, Max 227
Beissel, Johann Conrad 226
Bengel, Johann Albrecht 8, 137f., 249
Benjamin, Walter 166, 169
Bernhardt, Johann Christian 39, 57
Beyerle, Stefan 4f., 7, 12, 30, 44, 48, 54f., 59, 79, 173, 198, 255, 258, 261f., 265
Bickermann, Elias 47, 57
Bloch, Ernst 145, 164f.
Blumhardt, Christoph 243
Blumhardt, Johann Christoph 243
Böcher, Otto 199
Bockelson, Jan 8
Bodelschwingh, Friedrich 243
Böhme, Jakob 242
Bonhoeffer, Dietrich 177
Boyer, Paul 141, 145
Boysen, Knud Henrik 17, 20f., 261
Brocker, Manfred 17

Bucer, Martin 133
Bullinger, Heinrich 134
Bultmann, Rudolf 87, 97, 161, 169
Bush, George W. 3
Buttlar, Eva von 226
Byron, George Gordon (Lord) 260

Calov, Abraham 158
Calvin, Johannes 130, 158
Casale, Ubertino da 126
Cattaruzza, Marina 259
Clairvaux, Bernhard von 123f.
Coccejus, Johann 136
Cohn, Norman 8, 129
Collins, John J. 5, 7, 12, 19, 30, 32, 37, 53, 59, 63f.
Comenius, Johann Amos 135
Cortázar, Julio 11
Cosenza, Telesphorus von 127
Cranach, Lucas d. Ä. 131
Cranmer, Thomas 134
Crossan, John Dominic 89

d'Anjou, Louis 191
Dante, Alighieri 102, 126
Darby, John Nelson 141, 244
Deutz, Rupert von 123
DiTommaso, Lorenzo 239, 258, 261
Dix, Otto 227
Dolcino, Fra 126
Doyle, Arthur Conan 229
Drehsen, Volker 219f.
Duhm, Bernhard 37
Dupuy, Jean-Pierre 20
Dürer, Albrecht 129, 192–195
Dürrenmatt, Friedrich 193, 196–198, 211

Edwards Jonathan 138f.
Engels, Friedrich 162
Enzensberger, Theresia 261

Failing, Wolf-Eckart 234
Ferguson, Niall 9, 11, 21
Fincel, Job/Hiob 135
Fiore, Joachim von 8, 124f., 127f., 139, 208, 248
Fliedner, Theodor 243
Freising, Otto von 124
Frenschkowski, Marco 4, 6, 14, 16f., 22, 32f., 45, 63, 117
Frey, Jörg 7f., 53, 97
Fried, Johannes 117
Friedlieb, Philipp Heinrich 158

Gehlen, Arnold 10
Gerhard, Johann 136
Gerson, Jean 127
Gese, Hartmut 36
Ghaffar, Zishan 4
Gilliam, Terry 204
Gogarten, Friedrich 144
Gräb, Wilhelm 220
Grainville, Jean-Baptiste Cousin de 228
Gray, John 7, 21, 259
Gregorius Magnus (Gregor I.) 121, 124
Grethlein, Christian 219f.

Hagen, Joost 44
Hall, John R. 3, 207
Hanson, Paul D. 31, 37f.
Hauth, Rüdiger 238
Hegel, Georg Wilhelm Friedrich 163
Heidegger, Martin 145
Hellholm, David 3
Hempelmann, Reinhard 237
Hengel, Martin 91
Hilten, Johann 129f.
Hoffmann, Christoph 141
Hoffmann, Gottlieb Wilhelm 141

Hofmann, Melchior 133, 249
Hohenheim, Theophrastus von (Paracelsus) 130
Horsley, Richard 77
Hus, Jan 128, 133
Hut, Hans 133
Huysmans, Joris-Karl 260
Jenkins, Jerry B. 246
Jonas, Hans 171
Jung-Stilling, Johann Heinrich 141

Kant, Immanuel 19, 139f., 259
Käsemann, Ernst 15, 79, 175
Kaube, Jürgen 3, 14
Karrer, Martin 98, 264
Kaufmann, Thomas 130f.
Kiefer, Anselm 227
Kierkegaard, Søren 13, 140
Klötzer, Ralf 133
Koch, Klaus 46, 79, 255
Kolumbus, Christoph 129
Körtner, Ulrich H. J. 8, 15, 17f., 21f., 140, 143, 145, 159, 166, 261
Koschorke, Albrecht 13
Kovacs, Judith 181, 184, 186, 207, 209
Kremsier, Johann Militsch von 127
Kretschmar, Georg 118, 121–123
Kues, Nikolaus von 128f.
Künzli, Arnold 8, 259
Kürbis, Anja 117
Kurschus, Anette 2

LaHaye, Tim F. 246
Lang, Fritz 201
Langenfeld, Aaron 3
Langenstein, Heinrich von 128
Lawrence, David Herbert 12
Leade, Jane 136
Leiden, Jan van/Johann von 8, 133f.
Leppin, Volker 130, 134
Lessing, Gotthold Ephraim 139
Lindsey, Hal 245–247
Löhr, Hermut 3
Lombardus, Petrus 159

Lucas, Gottfried 233
Lücke, (Gottfried Christian) Friedrich 33, 47, 74, 140
Luther, Martin 130–134, 158, 256
Lyotard, Jean-François 13
Lyra, Nikolaus von 125, 131

Maier, Gerhard 118, 120, 129, 136f.
Marx, Karl 13, 143
Matern, Harald 4
Matheson, Richard 229
Mathijs, Jan 133
McCarthy, Cormac 231, 261
Mead, Joseph 138
Melanchthon, Philipp 131, 134
Messiaen, Olivier 232f.
Metz, Johann Baptist 17, 166, 168–170, 177
Meyer-Blanck, Michael 219
Miller, Walter M. 231
Miller, William 249
Moeller van den Bruck, Arthur 8
Moltmann, Jürgen 15, 22, 162, 164–167, 170
Montier-en-Der, Adso von 122
Moreau, Gustave 260
Morselli, Guido 261
Müntzer, Thomas 8, 132f.

Nagel, Alexander-Kenneth 2, 4, 261f.
Newsom, Carol A. 2, 12, 32
Newton, Isaac 139
Nicolai, Philipp 134f.
Nitzsch, Carl Immanuel 33, 47, 140
Northcott, Michael Stafford 209
Nostredame, Michel de 130

Oetinger, Friedrich Christoph 8
O'Hear, Natasha F. H. 186, 192f.
Olivi, Petrus Johannis 125
Olrik, Axel 83
Overbeck, Franz 142f., 160f.

Pannenberg, Wolfhart 15, 162–164
Paul, Jean 141
Petersen, Johanna Eleonora 136f.
Petersen, Johann Wilhelm 137
Pezzoli-Olgiati, Daria 9, 11, 22, 63, 129, 181f., 202, 261
Plöger, Otto 46
Poetovio, Victorinus von 208
Portier-Young, Anathea E. 5, 56
Pseudo-Methodius 122

Rad, Gerhard von 31
Räisänen, Heikki 209
Rahner, Karl 177
Rapp, Johann Georg 242
Rauschenbusch, Walter 140
Rendtorff, Trutz 19
Reynolds, Bennie H. 31, 60
Ritschl, Albrecht 140, 142
Rössler, Dietrich 163
Rothe, Richard 243
Rousseau, Katherine 199
Rowland, Christopher 37, 181, 183f., 186, 207, 209
Rudolph, Enno 9
Rüpke, Jörg 184
Russell, Charles Taze 142
Rutherford, Joseph Franklin 142

Sauter, Gerhard 145, 158, 167f.
Savonarola, Girolamo 129, 208
Schäfer, Peter 53, 100
Schipper, Bernd U. 67, 207
Schleiermacher, Friedrich 19, 159f.
Schmid, Konrad 6, 16, 46
Schneider, Martin Gotthard 224
Schneider, Jörg 5, 8–11
Schockenhoff, Eberhardt 20
Scholem, Gershom 165–167
Schweitzer, Albert 20, 160, 175
Scofield, Cyrus Ingerson 141, 244
Sedlmayr, Hans 232
Seebaß, Gottfried 132, 135, 138, 141
Shelley, Mary 228, 260

Sigarelli, Gerardo 126
Smith, Joseph 142
Sokel, Walter H. 144
Sommer, Michael 11, 263
Spengler, Oswald 224, 259
Spener, Philipp Jakob 136f.
St. Victor, Hugo von 159
Staehelin, Ernst 127f., 135, 138
Stamm, Hugo 2, 5, 8, 16
Steinicke, Marion 124
Stolz, Fritz 182
Stifel, Michael 131f.
Strabo, Walahfried 122
Swedenborg, Emanuel 242

Taubes, Jacob 7f., 10, 13
Taxacher, Gregor 2, 15
Teilhard de Chardin, Pierre SJ 241
Thomae, Johann Benjamin 233
Thompson, Damian 6, 259
Thurneysen, Eduard 161, 222
Tillich, Paul 177
Tilly, Michael 118
Trier, Lars von 205, 230

Trimondi, Victor 261
Trimondi, Victoria 261
Troeltsch, Ernst 19, 215, 235

Unrau, Christine 13
Ussher, James 248

VanderKam, James C. 262f.
Vondung, Klaus 4, 11, 21, 143, 176, 218, 259

Wallmann, Johannes 135f.
Weigel, Valentin 135
Weiß, Johannes 20, 142, 160, 243
Wells, Herbert George 230
Werner, Gustav 243
Wilckens, Ulrich 163
Wilde, Oscar 260
Wilhelm-Schaffer, Irmgard 127
Wolter, Michael 12, 31
Wyclif, John 128

Zeh, Julie 11
Zolles, Christian 4, 11–14, 30